新编21世纪教育学系列教材

教育法学

劳凯声 著

中国人民大学出版社
·北京·

图书在版编目（CIP）数据

教育法学/劳凯声著. --北京：中国人民大学出版社，2023.8
新编21世纪教育学系列教材
ISBN 978-7-300-31789-2

Ⅰ.①教… Ⅱ.①劳… Ⅲ.①教育法-法的理论-中国-高等-教材 Ⅳ.①D922.161

中国国家版本馆CIP数据核字（2023）第098360号

新编21世纪教育学系列教材
教育法学
劳凯声　著
Jiaoyu Faxue

出版发行	中国人民大学出版社		
社　　址	北京中关村大街31号	邮政编码	100080
电　　话	010－62511242（总编室）		010－62511770（质管部）
	010－82501766（邮购部）		010－62514148（门市部）
	010－62515195（发行公司）		010－62515275（盗版举报）
网　　址	http://www.crup.com.cn		
经　　销	新华书店		
印　　刷	天津中印联印务有限公司		
开　　本	787 mm×1092 mm　1/16	版　　次	2023年8月第1版
印　　张	21.25 插页1	印　　次	2023年8月第1次印刷
字　　数	485 000	定　　价	58.00元

内容简介

本书是教育法学专家劳凯声教授从教几十年积淀的学术成果。作者利用自己丰富的教学经验和经世致用的学术态度，构建了一个以国家与教育、政府与学校、教育平等与教育选择等关系为基础的法律分析视角，对教育的基本问题进行了深入分析，提出了教育法治合理实施的前提和原则。本书所讨论的许多论题，如国家教育权与公民受教育权、政府分权与学校自主办学权、教师教育权与学生受教育权、教育的多元、平等与自我选择、教育法的功能与价值等，对我国教育法研究和教育改革实践具有重要启发和深远影响。

本书适合教育学专业的师生作为教材使用，也适合作为一线教师的培训教材。

作者简介

劳凯声　首都师范大学特聘教授，教育科学学院首席专家，博士生导师。兼任中国教育学会教育政策与法律研究分会理事长、教育部法律咨询专家委员会委员、教育部基础教育课程教材专家工作委员会委员。主要研究领域为教育政策与法律、教育学原理。发表论文百余篇；编著有《教育法论》、《变革社会中的教育权与受教育权：教育法学基本问题研究》、《我国教师社会经济地位研究》、《规矩方圆——教育管理与法律》、《中国教育法制评论》（24卷）、《改革开放三十年：教育政策与法律卷》、《新焦点：当代中国少年儿童人身伤害研究报告》、《教育学》、《教育法学》、《高等教育法规概论》等。

目录

绪 论

一门学科独立的主要标志表现在它是否形成了自己独立的研究对象和研究范式，就此而言，教育法学近年来在我国获得了迅速的发展。尽管产生于教育学和法学交叉之处的这门学科还不可避免地带有母学科的某些痕迹，但是作为一门新兴学科，教育法学的研究目的、研究对象已开始具有自己的鲜明个性，并已初步形成学术共同体共同认可的包括概念范畴、原理原则、研究方法在内的一整套研究范式。因此教育法学的学科性质逐步明晰、理论体系逐步完善，正发展成为一个相对独立的知识部门。

一、教育法学的学科性质

（一）教育法学是法学和教育学的一门分支学科

教育法学继承了法学和教育学的相关学术成果，是一门以法学和教育学的方法论为基础，以教育法为学科对象，研究教育领域社会关系的法律调节的特定知识部门。虽然教育法学是近年来才发展起来的一门学科，但对教育法的理论研究从 19 世纪就已开始。19 世纪中叶产生于西方国家的行政法学为了反对和制止封建君主的专权，提出了“依法行政”的思想，建立了“法制行政”的理论规范。之后，随着国家与教育关系的日益紧密，德国早期的行政法学者最早提出了教育立法的思想，认为依陶冶的本质自然发展的教育制度，一经国家以法的形式规定，即形成了国家教育制度和教育行政。据此他们提出了教育的法律适应性原则，认为教育作为公众的事业，国家应以立法的形式对其进行干预，并提出这种干预的原理、内容和界限，从而开创了对教育立法问题的理论研究。早期的研究就其性质而言，基本上没有超出行政法学的范围。从国际视野看，教育法的理论研究从行政法学中分离出来，形成一个独立的研究领域，大致是从 20 世纪 50 年代末才开始的。这是因为在大多数国家，从 20 世纪 50 年代开始，教育在社会生活中的影响作用有了突飞猛进的变化，依法治教的要求越来越强烈，导致对教育的法律调整越来越广泛，在调整对象、原则、处理方式等方面的特点越来越突出，教育法也就越来越难以为传统的行政法部门所包容。

教育法学是从两个起点出发发展起来的。对教育学而言，一个庞大而具有确定调节作用的教育法律法规体系彻底改变了人们对于教育的传统认识。教育法的产生及其作用展示了这样一个事实：在现代社会中，教育事业的普及发展、教育教学活动的有序实施都不能不依赖法律的保护、促进和协调，从一定意义上甚至可以说，一部现代教育的发展史就是一部教育立法史。因此，教育法理所当然地成为教育学十分关注的一个重要问题。对法学而言，随着教育法功能、范围的日益扩大，其所涉及的教育制度规定、教育事务的处理等，都须依据专门的知识。因此教育法制定与实施的专业性越来越强，不仅需要法学专业知识，而且需要利用教育学的理论研究成果，了解和掌握教育活动的特点和教育发展的趋势，由此教育法开始成为法学应用性研究的一个重要方面。

教育法学与行政法学有着密切的学科渊源关系。尤其是进入 20 世纪上半叶以来，随着各国行政范围的急剧扩张，除了财政、税收、国防、外交等传统领域外，社会的经济、文化、教育、科技、环境、社会福利、医疗卫生等事务也都不同程度地纳入了国家行政的范围，因此教育法也就逻辑性地归属于行政法，成为该部门法的下位法，教育法学也相应地成为行政法学的一个分支。但是，教育法从其内容看又很难为单一的行政法部门所包容，因此教育法与行政法之间的关系就不简单是一种取代或隶属的关系。二者之间的区别在于，教育法所调整的社会关系除了一部分具有行政法律关系的性质外，有许多社会关系不同程度地具有一种区别于行政法律关系的独自特点，需要专门的法律制度来调节。因此，虽然行政法学包括了对教育法的研究，行政法的一般理论以及行政组织法、行政行为法、行政程序法和行政诉讼法等领域的研究，都会对教育法学的发展产生重要的影响，但行政法学没有也不可能涵盖有关教育法学研究的全部范围和全部问题。对教育法学的研究除了必须具有行政法学的理论基础之外，还必须具有其他相关学科的专业知识。尤其是教育法学研究对象所涉及的人才培养方面的法律，其目的都在于管理、保护和促进智力开发，要求从尊重知识、尊重人才出发制定这方面的法律，从而使教育法律关系区别于一般意义上的行政法律关系，成为一类包括了行政法律关系和其他相关法律关系在内的，具有复合性特征的法律关系。由此可知，行政法学和教育法学之间并非一种简单的包容关系，前者不能简单地包括或代替后者。

作为一门相对独立的学科，教育法学的基本问题一般包括：(1) 教育法的学科理论问题。如教育法产生、演变的历史，教育法的功能和作用，教育法的调整对象和调整方法，教育法的体系、内容等。(2) 国家、法律与教育的关系。包括国家与教育、政府与学校关系的历史演变及表现形式，国家教育权、社会教育权与公民受教育权及其相互关系等。(3) 基本教育制度的法律形式。如义务教育制度、职业教育制度、高等教育制度、学位制度等。(4) 国家教育行政机关的法律地位及其权责的划分；教育行政机关的行政作用，如教育行政中制定行政法规和规章、发布行政命令、采取行政措施以及实施行政监督的机构、权限、程序和要求等。(5) 学校及其他教育机构的法律地位、学校及其他教育机构的权利与义务、学校及其他教育机构的举办和运行等。(6) 学生的法律地位，包国家，这种功能的性质、大小和范围都是不同的。在我国，依法治教是依法治国基本方略的重要组成部分，体现了法律至上、依法治国的理念、意识和精神，是现代国家教育管理有序进行的基本要求。依法治教就是一种法治行政，即把教育行政管理的各个方面，用法律的形式加以明确的规定，确保国家对教育的管理有法可依、有法必依、执法必严、违法必究。这样一种法治行政的观念应包括如下三个含义：

一是职权法定。其法理意义在于明示行政权是有限的、可数的，并为行政机关划定了所行使职权的外围边界。行政主体必须在法律规定的权限范围内行使其行政职权，不得越权，否则就是一种非法的权力，不具备法律效力。

二是控制自由裁量权。这是法律、法规赋予行政主体基于客观实际情况，通过主观的合理判断做出灵活选择的权力。在现代法治国家中，自由裁量权的授予与对这一权力的控制是相伴而行的，因此控制行政自由裁量权是依法行政、依法治国的必然要求。

三是权责一致。行政主体的用权要受监督，违法要追究，侵权要赔偿。如果其行为违法越权，侵犯公民、法人或其他组织的合法权益，则应依法承担法律责任；如果其行为造成公民、法人或其他组织人身权、财产权的损害，则应依法赔偿受害者的损失。

从法治行政的角度理解依法治教，虽然近年来有了很大的发展，教育行政管理无法可依的状况也在逐步改变，然而这并不说明就没有问题了。由于我们长期以来缺乏严格依法办事的习惯，一些管理者在行使手中公权时缺乏必要的制约；领导意志、以言代法现象在日常生活中仍然存在，这些现象表明推进依法治教仍然是当前教育法制建设的重要任务。

教育行政的法制化要求不仅必须建立一套完善的法律制度，还必须建立一支能适应法制化管理的教育行政管理者队伍。为了适应现代教育行政管理的需要，提高行政管理效率，教育行政管理者必须认识行政管理的特点，必须掌握与行政管理有关的科学，否则就谈不上依法治教。为此，教育行政管理者必须学法懂法，严格依法实施行政管理，成为称职的教育行政管理者。为此加强教育法学的学习和研究，提高各级行政部门管理者的法律意识水平，严格遵纪守法，处处依法办事就是教育法制建设的一项重要工作。

3. 加强教育法学研究是完善法学和教育学学科建设的需要

随着教育立法的开展，在我国，教育法律法规的数量越来越多。这些法律规范深入到了教育领域的各个方面和层次，形成了独特的教育调整机制，对教育活动和教育关系产生重要的影响，无论是法学还是教育学，都不可能无视这种调整机制及其作用的存在。教育法学作为一个相对独立的学科研究领域，通过对教育与法律的共同问题的研究，不仅可以深化本学科的研究水平，而且能使法学和教育学学科都得到进一步的发展和完善。

新中国成立后的教育法制建设始于1979年，随着国家法制建设的深入发展，人们才逐渐认识到教育法制的重要性。教育界和法律界真正开始关注教育法问题是在1986年《义务教育法》颁布以后，因此教育法的理论研究无论是研究范围还是研究水平距离一个独立学科体系的应有水平都还有较大差距。可以说，教育法学在我国，无论是在法学领域还是在教育学领域仍是一个较为薄弱的研究领域。但是，从当前的法学教育、教师教育、公共管理的发展来看，都迫切要求加强教育法学的研究，否则就不可能建立科学的、联系实际的法律科学和教育学。因此，为了加强这两门学科的建设，必须同时加强对教育法学的研究。

二、国外教育法学的发展与现状

（一）国外教育法学的发展

20世纪50年代以来，在许多国家，由于教育法调节领域日益广泛，法律关系日益复杂，因此教育法在调整对象、原则、处理方式等方面的特点也就越来越突出，教育法的理论研究开始从原来的行政法学中分离出来，逐步形成一个独立的学科领域。一门以教育法作为研究对象的学科——教育法学由此崛起，并取得了令人瞩目的进展。

教育法学是从两个逻辑起点出发发展起来的。对教育学而言，一个庞大而有效的教育法体系改变了人们对于教育的传统认识。教育法的存在及其作用展现了这样的事实：现代教育的发展不能不依赖法律的保护、促进和协调，一部现代教育发展史在一定意义上就是一部教育立法的历史。因此，教育法开始成为教育学十分关注的一个重要问题。在国外，许多教育学教科书都辟有专章讨论教育法问题，如美国巴特勒大学的赫松（Hessong R. F.）和威克斯（Weeks T. H.）合著的《教育概论》一书，第五章即为“教育的法律基础”，此外第六章“教育的控制与管理”、第八章“教育组织”及第九章“对教学的要求”都大量涉及美国教育法规①。此外，对于法学而言，随着教育领域内的立法范围日益广泛，立法的专业性越来越强。制定教育法律，不仅要懂得法学知识，而且要研究教育发展的规律和教育活动的特点，利用教育学的理论研究成果和研究方法。因此，教育立法作为一个特殊的对象，开始成为法学应用性研究中的一个重要方面。

从两个方面发展起来的教育法理论研究自然而然地携起手来，如20世纪60年代美国出版的一套“美国学校法丛书”，就是由美国俄亥俄州教育协会律师德鲁里（Drury R. L.）和杜克大学教育学教授博尔梅尔（Bolmeier E. C.）共同主编的。因此可以说，教育法学是继承了先前法学基础理论和行政法学的一切有益因素，包括了教育体系中产生的全新的诸多现象和诸多关系，以法学和教育学的方法论为基础形成的一门学科，是研究学校教育关系的法律调节的特定的知识部门。作为一门应用性很强的学科，它不仅在法学和教育学中都占有一席之地，而且具有越来越强的独立性。

早期国外教育法学的学科发展以两德统一前的联邦德国、美国和日本为盛，现分述如下。

1. 联邦德国

联邦德国是教育立法最早的国家，教育法研究也开展较早。早在1957年，联邦德国国际教育研究所的赫克尔（Heckel H.）出版了《学校法学》一书，该书对学校制度的法律构成及其管理、教师的法律关系、学生的权利与义务、学校的权利与职责等方面的法律与法理进行了系统阐述，被认为是世界上第一本系统的教育法学著作。该书影响很大，多次再版，1986年出版机构出版了他的继任者阿芬那留斯（Avenarius H.）修订的第六

① HESSONG R F，WEEKS T H. Introduction to education［M］. Macmillan Publishing Company，1987.

版，可见其影响之大①。除此之外，20 世纪 60 年代以后，由于学制改革和立法实践的推动，还出现了不少教育法学的专题著作，例如赫克尔的《学校法与学校政策》(1967)、著名宪法学者克莱因（Klein F.）与人合著的《教育权利以及在人口稠密地区的实现》(1969)、黑内克（Henecke F.）的《国家与教育》(1972) 等。这些书涉及了国家的教育行政责任、教师的教育自由、父母的教育权、儿童的受教育权、学校立法的前提条件、现代国家的教育计划等问题，研究侧重于对事实与法律的分析与评价。1967 年，联邦德国的《青少年法》杂志开始刊登有关教育法的文章，并因此改刊名为《青少年法与教育法》。

2. **美国**

美国的现代法制是从英国普通法发展而来的，因此历来重视判例的汇编、解释与研究。爱德华兹（Edwards N.）的《法院与公立学校》可谓最早的学校判例法的研究著作之一。第一部成体系的教育法学著作当数诺尔蒂（Nolte M. C.）和林（Linn J. P.）合著的《学校法——教师手册》。该书在判例基础上建立起学校法学的基本理论体系，所涉及的理论课题包括美国教育制度的法律基础，教师的身份规定，雇佣合同关系，教师的权利、义务与责任等方面。同类著作还有高尔克（Gauerke W. E.）的《学校法》(1965)、约翰逊（Johnson G. M.）的《教育法》等。从近年来出版的教育法著作看，理论研究、法规研究和判例研究并重的特点很突出。例如瓦朗特（Valente W. D.）的《学校法》一书，系统地论述了法律、政治与教育之间的关系，公立学校与私立学校的法律地位，学校组织管理的法律法规，宗教与教育，教职工、学生的权利与义务，教育机会的均等，教育经费的筹措与拨付等方面的问题。该书既有理论分析，又有法条解释，同时每章都附有判例介绍，体现了美国教育法学的实证主义传统。

在美国，教育法学在 20 世纪 50 年代就被列为高等院校的正式课程，约有 80%的教育学院开设了这门课。1954 年全美教育法问题研究会（NOLDE）成立，这大概是世界上最早的教育法学组织了。此外，为了加强教育法的研究以及教育法知识的普及，美国杰斐逊法律图书公司还于 1972 年出版了一份名为《法律与教育杂志》的刊物，以促进教育工作者与法律工作者的合作研究。

3. **日本**

第二次世界大战后日本的教育发生了根本性转变，美国式的民主思想和教育价值观奠定了日本教育改革和教育立法的基础。20 世纪 50 年代，随着教育法规体系的形成，日本学界对教育法的研究掀起了高潮。初期的著作主要是法规解说和教育判例汇编。20 世纪 50 年代后期到 60 年代初，由于教育法律关系的复杂化和教育行政纷争的不断增多，出现了一些专题研究著作，例如宗像诚也的《教育与教育政策》(1961)、星野安三郎的《宪法与教育》(1961) 等。这些著作的内容主要涉及教育的国家管理原则、教育行政的法治主义、学校的自治权利等。20 世纪 60 年代中期由于“学力主义”的泛滥，教育裁判较多涉及教育机会均等、国民教育自由等问题，因此大大扩展了教育法的研究内容，诸如教育自由，教师的权利、义务与责任，公民的学习权利等成为教育法学的新课题。

---

① HECKEL H，AVENARIUS H. Schulrechtskunde [M]. 6e. Luchterhand，1986.

1963年，兼子仁的《教育法》一书出版，这是日本第一部阐明教育法学基本原理的权威著作。作者运用比较方法，研究了国民的教育自由与学习权、保障国民教育权的公共教育制度、教师的教育权与父母的教育要求权、教师职务的专业性和特别身份保障、教育行政、学校管理的教育条件筹措性等基本理论问题，构成了日本教育法学的基本理论体系。

1970年，日本成立了“教育法学会”，并出版了《日本教育法学会年报》，进一步推动了教育法学的研究。

（二）国外教育法学的主要理论课题

1. 对受教育权的研究

教育的现代化就其最本质的意义而言，就是教育的普及化。二战后在西方国家兴起的“教育民主化”运动的一个基本口号“受教育权平等”，实际上就是要求创造更好的条件，促进教育的进一步普及，使更多的人获得受教育机会，以便适应现代社会的需要。20世纪50年代以来，西方国家的教育法从以往强调受教育的义务性质转变为强调它的权利性质，这表明受教育权的内容和范围已经有了较大变化。受教育不仅是一种政治权利或经济权利，更重要的是一种个人天然的学习权利。学习权说把受教育权看成是个人发展所需要的主动权利，是个人为自身积极生存创造幸福而享有的权利。这种观点意味着教育法学的出发点正从教育主体的教育基本权利转移到学习主体的受教育基本权利方面来。当然，从另一个角度看，对受教育权问题的重视也反映了受教育权的平等问题在世界各国都是一个远未解决的问题。许多国家尽管已经实现了基础教育乃至高等教育的普及，但在教育条件和效果方面仍然存在着严重的社会歧视，从而导致教育实际上的不平等。这种社会冲突激起社会底层群众的不满和反抗，酿成深刻的危机和矛盾，同时也不利于社会经济的发展，因此引起许多有识之士的忧虑。许多人认为，受教育权的平等不仅要从行政上、财政上加以保证，更要从制度上、法律上加以保障。国家应按照法律面前人人平等的原则，谋求建立一种所有人都能适应其能力升学的学校体系；同时，必须采取具体的措施以便使所有人都不因外部条件而妨碍其接受教育。

2. 对国家教育权分配的研究

自从教育被纳入国家管理之后，西方国家就始终存在着集中控制与地方分权的不同模式。在一些国家，根据宪法的规定，教育管理权属于地方政府所有，因此一直实行教育管理的地方分权制度；而在另一些国家，却沿袭了古罗马的法律和行政传统，在教育上实行的是中央集权制度。近几十年来，科学技术和社会政治的发展把集权和分权两个相对矛盾的因素带到教育立法领域的争论中来。一方面，为了促进受教育机会的均等和建立教育质量的统一标准，许多人主张国家更有力地干预教育，加强权力集中。另一方面，为了保障纳税人的利益以及更好地适应地方发展的需要，许多人又主张给予地方乃至学校和教师更大的权力，实行权责下放。

一般说来，在中央集权和地方分权的不同教育管理体制下，不仅教育管理的职权职责有很大不同，就是教师与发薪人之间的关系、学校内部的师生关系、学生与课业的关系，以及学校教学计划的制定，对定额、管理和考试的要求以至教师和学生的行动方式都有不同的安排。目前的发展趋势是，教育管理权力分配方式不同的国家，都在取对方之长，补自己之短。但是这种变革要取得成效，并非易事。西方教育法学面临的问题乃是：在加强教育管理权力集中的同时，如何使教育更具有地方特点，适应地方发展的需要，以及如何创造一种既具有较高的教学质量和学术水平，又与大众化的时代要求相结合的学校教育模式。

3. “教育自由”原则的研究

“教育自由”是体现西方教育价值观的一个概念，它反映了西方国家不同阶层的人对多元文化的关注，以及要求更多地和更有力地参与教育的愿望。“教育自由”在不同的国家含义有所不同，主要是理解上的宽窄之别。广义的“教育自由”一般包括人民的教育参与自由、学校的办学自由、教师的教学自由和学术自由、父母的教育自由以及学生的教育选择自由和学习自由等。狭义的“教育自由”主要指学校设置自由、学校办学自由和教师教学自由。在联邦德国，上述所谓的自由在传统上只存在于大学之中，中小学除了学校设置上的自由，其他方面则处于国家的严格监督之下。到20世纪50年代末，教育学界首先起来批判这种“被动管理式的学校”，认为这种学校管理扼杀了教育的生命力，使学校变得毫无生气。他们要求实行教育自治，实行学校民主化。教育理论上的这一变化引发了教育法立法原则上的变化。赫克尔在他的《学校法学》中首先提出了“教师的教学自由”的概念，他认为，“只有当教师自己是自由的时候，他才能为了自由而进行教育”。因此中小学校应当具有相当于大学中的教学自由的“学校自治”，必要限界内的学校自治应得到法律的保障，这是教育政策与教育立法的重要课题。在日本，“教育自由”还扩展到了国民的教育自由，东京教育大学名誉教授家永三郎诉文部省的教科书诉讼案是一桩历时几十载的著名案例，从该案裁决的几次反复看，国民的教育自由与国家的教育权是双方争论的一个主要焦点。1970年的杉本判决认为教育权以父母为中心，存在于全体国民那里，国家不存在决定教育内容的权利。这一判决招致了长达十几年的有关国民教育自由问题的争论。西方教育法学中“教育自由”观念的出现大大扩展了教育立法的领域，激起人们对国家、法与教育之间关系的研究热情。

4. 对教师权利与义务的研究

有关教师的法律问题主要包括教师的法律地位、教学自由权的含义和保障、工资待遇和工作条件、教师的教学事故与责任处理等。西方国家国立和公立学校的教师按法律规定具有国家公务员或地方公务员的身份，私立学校的教师则是学校法人所属职员。一个公立学校的教师，应当享有宪法规定的全体公民都享有的自由权利。但是教师工作所具有的特殊身份决定了他必须审慎地和有限度地使用这些权利。由于教师对学生有着重要的影响，因此其言行必须符合特别的法规制度，“使学生免受破坏性教义和思想的危害”。美国很多州都规定教师“有权在遵守法律的前提下按照他们的愿望去结社、思想和信仰”，但同时他们“无权在学校按照自己的主张来为州工作”，只能按州政府制定的规则去做。美国在20世纪五六十年代曾采取了许多措施来控制教师的言行，通过立法或行政手段要求教师进行“忠诚宣誓”并进行“忠诚调查”。其结果是损害了美国不同政治集团的利益，引起许多人的不满。美国大学教授协会（AAUP）认为，教师是否称职的唯一标准应是他能否胜任学术和教学。美国教育界中许多人认为：“政府要努力做的事情是制定一项政策，它一方面能辨别异端思想，另一方面能辨别应受谴责的损害自由思想的行为。”这场争论由于美国最高法院宣布“忠诚宣誓”的做法违宪而告结束。

有关教师的另一重要问题是教师的社会地位问题，这是 20 世纪 60 年代以来随着世界各国的教育热而产生的一个普遍性的问题。由于中小学教师社会地位偏低，因此教师职业不受欢迎，从业人员来源不断缩小。在美国，人们普遍认为美国教育质量下降的最大原因是忽视教师的社会地位和作用。不少教育专家和政府决策者呼吁，如果不解决教师工资和社会地位下降问题，解决教育的问题就只能是空谈。1966 年 10 月，联合国教科文组织召开特别会议专门研究这一问题，通过了《关于教师地位的建议》，指出由于“在教育事业发展中教师这种职务对人类和近代社会发展所作出的重大贡献，因而必须确保教师的应有地位”。这里所谓的教师地位，被特别注明为“社会按教师任务的重要性和对教师能力的评价而给予的社会地位或敬意，以及所给予的工作条件、报酬和其他物质利益”。这一建议对各国的教育立法有一定的影响。

5. 对学生权利与义务的研究

学生的权利与义务问题是教育法学研究中的一个重要课题。学生这一概念在不同国家意义有一定差异，反映了不同国家文化长期积累起来的学生地位的细微差别。一般说来，学生受教育权的保障问题是各国教育法学研究中的一个重要方面，它要求公共教育政策必须以培养和造就“健康人格”为基本出发点。这不仅意味着入学机会的平等，而且要求教育的条件、教育的效果乃至个人的发展机会都应体现对学生人格的尊重。学生应当有根据自己的意愿选择学校、教师乃至某类课程的权利，以便体现公民的学习权利和自由。

学生的人权保障与学校教育的关系问题一直是西方国家比较突出的一个问题，它涉及教育管理与学生自治，学校的思想、行为控制与学生的社会政治活动权利，学生生活指导与私生活自由等许多方面。从形式上看，欧美国家对学生比较“放纵”。许多人认为，一个自由、宽松的环境有利于塑造勤学和竞争的氛围。而在日本，则比较侧重家长式监管的学校生活制度，但近几十年来也有很大变化。日本临时教育审议会 1986 年 1 月 22 日的审议报告认为：“过度的统一主义、过分的管理主义教育、体罚的横行、过多的注重分数的考试竞争、学生之间的矛盾、教师问题的增多等病态现象，不难看出，这些都是因为没有采取足够重视的措施而表现出来的，是与培养身心健康的国民的教育基本法精神相矛盾的。”但是，学生的这种“自由”并非无限度，西方各国都制定有各种各样的校园法规，以此来规范学生的行为。对学生的权利与义务的研究渗透着价值观和伦理观上的文化差异，涉及学生的政治倾向和行为举止。如 20 世纪 70 年代，学生的个人仪表在许多国家都是一个颇有争议的问题：有的支持对学生长发和发型所作的规定；有的则主张修饰是个人的自由，法律对仪表的限制只应限于在校时间，并且这种限制要合理并与教育目标有关。美国仅从 1969 年至 1972 年间就有 70 余件教育判决与长发限制有关，可见其分歧之大。

西方教育法学的研究课题还有不少，例如教育政策与教育法规、公立学校与私立学校、宗教与教育、教育判例研究等。总体而言，经过数十年的学科建设历程，该学科获得了较大的发展，已成为一门相对成熟的学科。

三、教育法学在我国的发展

我国教育法学研究起步虽然较晚，至今才 40 多年时间，但取得的进展是令人瞩目的。这一发展大致可以分为如下三个阶段：

教育法理论研究的初始时期（1979—1984 年）。这是法制建设的起步阶段，人们的法制意识、法制观念还很淡薄，指导法制建设的理论水平很低。因此这一时期的研究成果主要表现在对我国教育立法的重要性、迫切性的论证以及对美国、日本、联邦德国、苏联等发达国家教育立法状况的研究、介绍上。结合我国实际情况研究教育立法问题的文章大多限于对单项教育法规的研究，如民族教育立法、初等教育立法、高等教育立法、教师法等。1984 年 10 月 27 日，全国人大教科文卫委员会在北京召开了新中国成立后的第一次教育立法座谈会，会后各地报刊登载了一批有关教育法的研究论文，推动了我国教育法的研究工作。1984 年 12 月 18 日，《中国教育报》刊登了《抓紧教育立法开展教育法学研究》一文，提出了“具有中国特色的社会主义教育法体系”的概念，勾勒了我国教育法学研究的基本范围，并对教育法学的学科性质做出界定。

教育法理论研究的全面开展时期（1985—1994 年）。从 1985 年开始，出现了一个研究教育法的高潮，一批研究教育法的论文发表。该年 5 月，中共中央通过了《关于教育体制改革的决定》，把教育立法列为改革的目标之一。1986 年、1987 年，一批教育法律、法规出台，推动了教育立法的理论研究，其中《义务教育法》的颁布大大推动了我国教育界与法律界关注教育立法问题，教育法理论研究滞后的状况开始得到改善。此后短短数年间发表的数十篇有关论文及出版的若干本教材、专著，基本上可以归纳为如下三个方面的内容：整体探讨教育法问题，如教育立法的意义、性质、地位及教育法的原则、调整方法、体系结构等；教育基本法、义务教育法、高等教育法、教师法等法律的立法研究；国外教育立法的实践与理论的介绍。对教育法学的基本理论问题也开展了较为广泛、深入的探讨，如教育法在法律体系中的定位、教育法学学科性质、教育权与受教育权问题、高等学校法人地位等。

教育法理论研究的继续深入时期（1995 年至今）。1995 年，《教育法》颁布、实施后，一系列教育法律、法规的出台，为依法治教提供了重要的法律依据，由此推动了教育法学研究的深入发展。这一时期发表的论文数量激增，新的研究课题陆续产生。同时，随着司法开始介入教育领域，有关教育的民事、行政、刑事案件逐年增加，法律实务中出现了一系列急需解决的问题，这些都对教育法学提出了新的、亟待解决的课题，从而大大推动了教育法的理论研究工作。

此外，在教育法的学术研究刊物与学术组织建设方面也有重大进展。1993 年，湖南省教委创办了我国第一份研究教育与法律的专业期刊——《教育政策法规研究》。2002 年，由北京师范大学教育政策与法律研究所主编的《中国教育法制评论》（集刊）出版。2000 年 10 月，经北京师范大学、华东师范大学、国家教育行政学院、中国人民大学、沈阳师范大学等高等学校倡议，中国教育学会教育政策与法律研究分会成立。该研究分会近年来召开了一系列有关的学术研讨会，推动了教育法理论研究的深入发展。

从法律的角度看，改革就是旧社会关系的打破和新调整机制的建构。在教育体制改革过程中，教育领域的各种社会关系正在发生深刻的变化：一些旧的社会关系消失了，一些新的社会关系产生了，还有一些社会关系虽然还存在，但其性质却发生了变化，这样一种社会的深刻变迁对法律的调整内容及其方法都提出了全面的挑战。为此，教育法学面临的任务就是如何为建立完备的教育法制、实现依法治教服务，这是我国教育事业改革与发展的客观要求，也是我们总结历史上的经验教训而得出的深刻结论。根据我国政治法律制度的现状，教育法学研究当前面临的主要课题有：

（1）教育法治问题研究。教育法学研究关注如何完善包括法律、行政法规、地方性法规在内的比较完备的教育法规体系，保证教育工作的各个方面都有法可依，以及不同法律效力的法律规范如何协调发展，真正发挥其调节作用。此外，研究者特别关心的是如何建立与现代法治社会相适应的法律文化，维护教育法所体现的价值原则，力促观念和思维方式的更新与转变，使现代社会的教育观念、法律观念融入人们的行为之中，形成实施教育法的良好文化氛围。

（2）教育公共性研究。教育作为现代社会公共政策体系的重要组成部分，应当坚持并信守教育的公共性质。为此，教育法学研究特别关注法律制定、实施过程中的公平公正问题，关注公共教育的运行如何更有效地坚持教育应有的价值取向，发挥法律的调节功能，使教育运行在任何时候都不背离教育的公共性质。

（3）教育权配置研究。教育权在教育系统内部上下左右之间的配置主要是通过法律来予以规定和协调的。在教育权的分配上如何保持集中和分散的合理张力，这是教育法研究的重要课题。近几十年来我国的简政放权改革把集中和分散这两个相对矛盾的因素带到了教育立法的领域中来。为了解决好集中和分散的问题，创造一种既具有较高的教学质量和学术水平，又与大众化的现代要求相结合的学校教育模式，法律必须在集中和分散之间保持一种合理的张力，即在教育权的分配上保持集中和分散的合理张力。

（4）公民受教育权研究。受教育权是公民接受教育的机会和获得受教育的物质帮助的权利，是由宪法确认和保障的公民基本权利。从宪法价值的角度看，通过普及教育，培养人的能力，为每一个人的生活与尊严提供必要的基础，反映了法治社会的价值选择与发展趋向，在宪法和基本权利体系中表现出独特的价值功能。为此受教育权成为教育法学研究的一个重要课题，重点在如何运用法律维护受教育权，有相应的法律措施予以救济，使之不受他人的侵犯。

（5）学校自主办学权研究。在近年来的教育体制改革中，随着学校法人制度的建立，公办学校已逐步具有了可以进行自主办学活动的可能性。但由于公办学校属于公益性机构，在按照教育本身要求自主办学的同时，必须对其权能做出必要的限制。教育法学关注公办学校自主办学权的法律规制，关注如何保障学校的教学环境和教学秩序，改善办学条件，保护学校、教师和学生的合法权益。此外，研究者还特别注意研究在向学校赋权中的学校与政府的关系问题，即一方面应排除政府对学校办学的过度行政干预，另一方面法律在制度规定上不应简单地把学校这种社会组织与企业等量齐观，政府对学校的作用不能因此弱化甚至退出。

（6）政策决策过程的合法化研究。教育政策作为一种公共政策，应体现教育的公共性质。为此，教育法学关注教育政策的公正、公平和公开，关注教育政策运行中的程序性控制问题，探讨如何发挥法律对教育政策的调节功能。教育法学还关注教育政策过程的规制，研究通过国家司法机关对教育实施过程的监督和审查来发挥对教育的影响，监督各级政府和教育主管部门的行政行为；保证每个公民都能够对政府和教育机构采取法律行动，以此来制衡政府或教育机构采取的对己不利的教育举措。

（7）教师法律地位研究。我国法律把教师职业引向专业化的范畴，这意味着要进入这一行业必须符合具体的资格要求并由专门的机构和严格的操作程序决定这种职业资格。这些都必须通过法律来实现。教育法学关注如何通过法律来确立教师的专业地位、保障教师的专业权利。此外，作为专业人员的教师与政府、学校之间构成的法律关系性质及其调整形式也是教育法学的研究课题之一。

（8）法律责任与法律监督研究。为真正做到执法必严、违法必究，教育法学关注如何有效地保护教育事业的健康发展，追究并处理违反教育法的行为；如何完善法律监督制度，对教育法的实施情况进行有效的监督，同一切违法与犯罪行为做斗争。此外，为在教育行政中体现法律的严肃性，司法对教育的调整作用也是教育法学研究的一个重要课题，向教育法学提出了一系列相关的理论问题。

通过教育法学的理论研究和普及，批判和摈弃那些阻碍法制进步和改革的东西，教育广大人民树立新的现代法制观念，这是教育法学研究的当务之急。

第一章
教育法的历史沿革

在现代社会中，随着大规模立法活动的深入开展和法律功能的日趋扩大，教育与法律的关系越来越密切，法律对国家与教育关系的调整作用越来越大，以至于可以这样说，一部现代教育的发展史，从某种意义上可以看成是一部教育立法的历史。那么在现代社会中，教育与法律的这种关系是如何形成的？教育又是如何在法律的调节下得到发展的呢？

第一节　教育法的产生

现代国家产生以后，为了维护社会经济和社会生活的稳定与发展，依法治国开始成为现代国家的普遍原则，这就把法律在社会生活中的作用提到了一个新的高度。根据依法治国的原则，国家机关的一切活动都应以法律为依据，不能超出法律所规定的范围。这一原则还要求在法律面前人人平等，反对超越法律之上的特权。由此可见，法治成为一种观念和实践，完全不同于专制社会中单纯依靠专权来治理国家的人治。它要求国家必须用法律来治理，人人都应在法律之下，依法办事，不允许任何人置身于法律之上而不遵守法律。

一、理性的选择

在现代社会中，法律的影响作用已遍及社会生活各个领域，人们的行为方式无不打上法律的印记。人们处处都可以感受到法律的存在，感受到法律与社会变革和发展的密切关系。作为一种高度专门化的社会组织手段，法律对教育同样在产生越来越大的作用，全新的教育法治发展阶段从此开启。

1954年，美国最高法院在布朗诉托皮卡教育委员会一案中裁决，在公立学校中依据"隔离但平等"原则对儿童进行隔离的做法剥夺了少数族裔儿童由美国宪法第14条修正案保证的享受平等的法律保护的权利，因此被判违宪。这一判例废除了有关种族歧视的法律，改写了美国教育的历史，表明法律在国家的教育政策方面开始发挥决定性的影响。①

2002年，德国政府修改《联邦教育框架法》，规定不得对能够在规定期限内完成第一学位或者超过期限不多的大学生征收学费。许多州认为联邦的这一新法违犯了教育自主权由州一级掌握与实施的原则，向联邦宪法法院提起了诉讼。从2004年11月9日起，联邦宪法法院开始审查《联邦教育框架法》中的该项规定，并于2005年1月26日做出判决，宣布该法有关禁止高校征收学费的规定无效。依据这份判决，许多联邦州做出了收取大学学费的决定。这表明，司法已经开始制约国家管理教育的权力、影响政府与学校的关系了。②

在我国高等学校，第一起学生状告学校的案件是田永诉北京科技大学拒绝颁发毕业证、学位证行政诉讼案。原告田永为北京科技大学学生，由于违反本校《关于严格考试管理的紧急通知》的规定，在考试补考中夹带写有电磁学公式的纸条被发现，学校决定对田永按退学处理，通知有关部门给其办理退学手续。但北京科技大学没有直接向田永宣布处分决定和送达变更学籍通知，也未给田永办理退学手续，田永继续在该学校以在校大学生的身份参加正常学习及学校组织的活动。在临近毕业时，学校才通知田永所在系部，以其不具备学籍为由，拒绝颁发毕业证、学位证和办理毕业派遣手续。为此，原告请求判令被告为其颁发毕业证、学位证，为其办理毕业派遣手续，同时赔偿经济损失3 000元，并在校报上公开赔礼道歉，为其恢复名誉。

在这一案件中，北京科技大学未依照学校的规章制度就对田永做出退学处分，并且不颁发毕业证、学位证。这种做法违背了作为一所高等学校应有的学术态度，草率而不顾学生前途。北京市海淀区人民法院经调查审理后判决：第一，被告北京科技大学向田永颁发大学本科毕业证书；第二，北京科技大学召集本校的学位评定委员会对田永的学士学位资格进行审核；第三，北京科技大学履行向当地教育行政部门上报田永毕业派遣的有关手续的职责；第四，驳回原告的其他诉讼请求。一审宣判后，北京科技大学提出上诉，北京市第一中级人民法院经审理驳回上诉，维持原判。③

1995年四川省江津市（今重庆市江津区）三名小学毕业生向法院起诉，状告市教委因毕业考试的"标准答案"有误而被扣分，导致升学受阻、高价入学。这是我国依法治教中发生在中小学校的第一起因受教育权受损而状告教育行政部门的行政诉讼案件。江津市四牌坊小学毕业考试的语文试卷出了这样一道题：选择"自作自受"中"作"字的正确读音。校方制定的标准答案是一声。成绩公布后，部分学生家长提出答案有误，认为"作"应为四声，要求学校更正，但未被采纳，结果导致毕业生张鹏、黄佳、庞颖茂

---

① BOLMENER E C. The school in the legal structure [M]. Cincinnati, 1968: 43-44.

② 韩丁. 2006—2014年德国大学学费改革 [J]. 世界教育信息，2015 (10): 32-37.

③ 最高人民法院审判委员会指导案例38号：田永诉北京科技大学拒绝颁发毕业证、学位证案 [N]. 人民法院报，2014-12-26.

三名同学因选择四声被扣去1分，失去升入江津中学的资格，不得不向江津中学分别缴纳6 000元“捐资助学金”，才得以就读这所四川省重点中学。为维护在学业成绩和品行上获得公正评价的权利，三名小学毕业生在发现问题向学校和教委反映未果的情况下诉诸法律。江津市人民法院于1996年6月19日做出判决，撤销被告做出的“自作自受”中的“作”字应为一声的答复。该案在社会上产生强烈反响。此案表明经过全社会的普法教育，学生、家长的法律意识普遍增强，开始懂得运用法律保护自己的权利，大大推动了教育法制建设的进程。①

上述案例表明，随着大规模的立法活动和法律功能的日趋扩展，法律对教育的影响越来越大。可以这样说，如果没有具有强制作用的法律的保障，教育权的这种社会化和国家化几乎是不可能的。因此，凭借法律制度来实现国家对教育的控制就是教育领域的现代化的一个重要标志，现代各国普遍通过立法手段规定全面的教育政策和目标、制定教育发展规划和计划、筹措教育经费和分配教育资源、编写或审定教科书、审批和设置教育教学机构等来控制教育活动。

法律是由国家制定或认可的，以权利和义务为基本内容的社会规范，是由国家保证实施的、人们必须遵循的一种具有强制性的行为规范。我国古代的法家先驱管仲将其比作“规矩”。借助于这种“规矩”，一定的社会关系和社会秩序才得以建立和维护，社会的结构才得以完整和谐，整个社会机体才得以有序运转。因而法律是社会为了存在和发展而必不可少的调控手段。作为一种社会生活的规范，法律随着社会生活的需要而产生，又随着社会生活的变迁而变迁。现代国家的发展，正是在法律的保护和促进下才得以实现的。20世纪中叶以来，法律与社会的这种联系迅速扩展，并且大规模地向社会结构的各个层次渗透，社会生活的各个领域都先后运用法律这一手段来调节各种社会关系。许多过去并不属于法律调整的社会关系，也开始纳入了法律解决和处理的范围，由此新兴的法律领域不断涌现，法律的调节手段和调节技术也在不断更新。社会生活的这种变化要求促进法律的形式合理化和功能普遍化，使法律有可能在新的范围内施加影响。

法律作为社会的上层建筑，从来都是随着国家体制及其主流价值意识的不断变动而变动的，为此不同国家、不同时代都曾产生了各具特点的法律体系及其文化。在法律发展的早期，法律与宗教、道德等其他社会控制手段都对社会关系起着调节和控制的作用，在功能上还没有根本的区别，因此法律的作用是相当有限的。

在世界历史的发展中，法制的发展是与社会的工业化、现代化发展相互交织并相互促进的。随着封建社会内部的新经济成分的产生和发展，封建制度逐渐成为生产力发展的障碍。现代国家产生以后，为了防止社会向封建专制倒退，维护社会经济和社会生活的稳定与发展，依法治国开始成为一个普遍的原则，这就把法律在社会生活中的作用提到了很高的地位。法律开始与宗教、道德等其他社会调节手段相分离，并且逐渐成为一种高度专门化的社会组织形式，并最终成为社会调控的主要手段。法律的这一变迁过程是一个法律社会化、社会法律化的过程，现代法制就是在这一过程中形成和发展起来的。特别是21世纪以来，法律与社会的接触面迅速扩展，并且大规模地向社会的各个层次渗

---

① 刘亚林. 一起因“作”字读音引发的教育行政案件［J］. 人民司法，1996（10）：43-44.

透。社会生活的各个领域都先后运用法律这一手段来调节各种社会关系，完全不同于封建社会单纯依靠君主专权来治理国家。现代社会的发展要求国家必须用法律来治理，人人都应在法律约束之下，依法办事，不允许任何人置身于法律之上而不遵守法律。现代法制渗透到了社会生活的各个方面，社会由此进入了一个崭新的发展阶段。

从教育的发展看，在很长时间里教育曾经是一种民间事务，因此与法律并不存在直接的联系。始于 19 世纪的社会现代化进程对教育的要求就是，复杂的教育运行过程必须做到有序化、科学化，这仅仅依靠社会的自发努力是远远不够的。它要求教育工作必须依准于法，体现国家与社会的整体利益，不允许任何人违背法律。它要求学校的教育教学活动必须有一定的行动方式和程序，一切财物的使用和管理也应有一定的规格和使用规范。只有这样，才能保证学校教育目标、方向的正确以及教育教学活动的连续性和稳定性，由此教育开始逐步纳入了法律解决和处理的范围。可以说，教育的普及发展正是在法律的保护和促进下才得以实现的，这已成为社会现代化进程的一个重要特征。现代各国在发展生产、管理经济和社会以及维护政治统治的过程中，越来越深刻地认识到国家介入和发展教育的重要性，因为没有一个国家能在纯粹自发和私营的基础上普及教育。普及教育总是伴之以各种社会化、国家化的形式开展和实现的。这就要求把过去一直属于私人、地方或教会管辖范围的学校集中到国家手中总体管理，因而对教育的组织和调控就是现代国家的一种基本职能和活动，并成为国家公共事务的一个重要组成部分。

世界各国在进行教育现代化的过程中纷纷对原有的国家体制进行相应的变革，通过一种高度专门化的社会组织形式来推动教育的发展，用立法的手段来保证国家对教育的影响和控制，用行政的手段发展公立学校系统，这就是近代史上的教育国家化。作为一个新兴的法律领域，教育法在这一历史进程中有了极大的发展，其调节手段和调节技术逐步具有了自己的独立个性，从而使教育法有可能在新的范围内施加影响。尤其是 20 世纪以来，随着教育规模的不断扩大、教育制度的日益完善以及教育财政开支的迅速增加，国家对教育的组织作用和强制作用也越来越突出。各国普遍从立法、司法和行政等方面加强了国家对教育事业的调控和组织。国家的这种教育权力，包括加强教育管理的集中性、统一性和权威性，建立强有力的行政系统对各级各类学校及其他教育机构进行管理和监督，对教育领域的各种社会关系进行司法调控等，几乎涉及教育活动的各个环节。在这一过程中，传统的学校体系被打破，不同的学校教育机构纵横联系、统一协调起来，以统一的教学计划、教材和教学质量标准为依据，形成一个幼儿、青少年、成人教育纵横贯通，学校、社会、家庭密切配合的一体化教育体系。显然，复杂的教育运行过程要做到有序化、科学化，保证学校教育目标、方向的正确以及教育教学活动的连续性和稳定性，仅仅依靠学校自身的管理和教师的个人努力是远远不够的，必须借助法律的力量。教育法就是在这一基础上产生的。

二、教育法制

法制，简言之就是国家的法律制度。在世界历史的发展中，法制的建立是与工业化、现代化相互交织并相互促进的。随着封建社会内部的资本主义经济成分的产生和发展，封建制度逐渐成为生产力发展的障碍。现代国家产生以后，为了防止社会向封建专制的倒退，维护社会经济和社会生活的稳定与发展，依法治国开始成为一个普遍的原则。根据这一原则，法制应当是全部国家制度和社会制度的基础，国家机关的一切活动都应以法律为依据，不能超出法律所规定的范围。这一原则还要求在法律面前人人平等，反对特权。许多过去并不属于法律调节的社会关系，也逐步纳入了法律解决和处理的范围。随着现代社会的发展，一批批新兴的法律部门不断涌现，法律的调节手段和调节技术也在不断更新。社会生活的这种变化要求促进法律的形式合理化和功能普遍化，从而使法律有可能在新的范围内施加影响。可以说，现代国家的发展，正是在法律的保护和促进下得以实现的。

教育活动是人类社会的一种极其重要的、广泛存在的社会实践活动。广义的教育可以说是伴随着人类社会的产生而产生的，狭义的教育即学校教育也有数千年的历史。在漫长而曲折的历史进程中，人类在生产劳动和社会生活过程中世代积累和形成的社会历史经验，通过教育传递给后代，并在世代相传的过程中逐步积淀下来，成为人类生存和发展的必要手段。因此，教育一经产生，便具有传递生产知识经验和一定社会的生活规范的职能，对社会的延续和发展起着巨大的推动作用。然而，在现代社会产生以前，在漫长的历史进程中，由于经济生活落后，社会交往隔绝，不同等级之间界限森严，因此教育的这种培养人的功能不能不受到极大的限制。生产劳动的教育是在生产劳动过程中自发进行的，还不足以构成教育的主要方面。学校教育与生产劳动基本上是脱节的，构成一个很少变化的封闭系统，其内容是统治阶级必要的文化知识和教养。因此，进学校、受教育只是少数人的特权，是一种身份的标志。教育规模狭小，主要是教师、学生、家长等私人之间的活动。国家一般不直接管理教育，只是在幕后发挥作用，间接地影响教育。

18 世纪以来的社会现代化进程对教育的最大影响就在于孕育和产生了普及的、社会化的、与现代工业相结合的现代教育这一崭新的教育形态。现代教育的目的直接受到现代生产发展的影响，新的科学技术在现代生产中的不断应用使更新的、效率更高的生产工具代替了旧的生产工具。现代生产能力的扩大对劳动者提出了更高的素质要求，必须具备相应的知识水平才能适应这一要求，从而决定了劳动者普遍接受学校教育、学习文化科学知识的必要性。此外，现代生产的发展，就一个具体的劳动过程来说，要求加强微观管理的科学性；而就全社会的劳动分工来说，又要求加强宏观管理的科学性，因为无组织、低效率、铺张浪费、经济失调是现代生产的大敌。现代社会的社会生活和社会生产不能仅凭管理者的个人经验，更不能靠管理者的想当然来管理和运行，而只能凭借先进的科学知识，才能使社会生活和社会生产有条不紊。于是经济科学、管理科学、法律科学等方面人才的培养也开始成为现代教育目的的一个重要方面。可以说，现代社会中的教育活动，已经与经济发展、人才培养紧紧地联系在一起，其目的指向全体社会成员，指向科学知识的传播，指向劳动者和管理者知识水平的提高。现代各国都充分认识到教育的重要意义，无一例外地通过国家的力量来推行普及和发展教育的政策。

然而，现代法制不仅仅是静态意义上的一套法律或法律制度，就其更深层的含义来说，现代法制是指按照民主的原则把国家事务制度化、法律化，并严格地依法办事的一种治国方式。它要求国家事务必须有法律可循，不允许任何人置于法律之上而不遵守法律。为此，法律功能必须普遍化，必须具有自主性、权威性。法制就是一个国家法律上层建筑的整个系统，是以现行法为核心的包括相应的法律意识、法律实践等这样一些相互联系、相互作用、相互补充的法律元素的大系统。在这个系统中，核心元素是现行法系统，另外还包括一系列法律实践（法律的制定、适用、遵守、监督、保障及法律解释等法律实践活动）以及与现行法相适应的法律文化（法律观念、法律意识、法律价值取向）。在这个意义上，“法制”与“法治”“法律化”是通用的，它不仅是法律发展的现代形态，同时也是衡量社会形态是否实现现代化的重要尺度。

建立完备的教育法制，实现依法治教，这是教育事业改革与发展的客观要求，也是我们总结历史上的经验教训而得出的深刻结论。我国的教育法制建设经过了几十年的努力，虽已取得了重要的进展，但与依法治教的要求还有相当大的差距，因此建立健全的教育法制仍是依法治教的首要任务。根据我国政治法律制度的现状，在我国，一个健全的教育法制应是以一套完备的教育法律法规为核心的，包括相应的法律实践和法律文化在内的法律系统。这是一个以行政法为主体，民法相配合，辅之以必要的刑法手段，并以其他法律手段为适当保障手段的完整的法律调控机制。

这样的一个教育法制应当有如下几个基本特征：

第一，有完善的法制保证贯彻国家对于教育的基本方针、原则，明确教育的地位和作用，规定教育的根本任务，使各级各类教育的培养目标、学制、各级各类学校的规格及其基本的管理制度规范化，为教育行政管理提供明确的依据和目标。

第二，有完善的法制保障公民的受教育权，不受任何机关、组织和他人的侵犯。在公民受教育权受到损害时，有相应的法律措施予以救济。

第三，有完善的法制保障学校的教学环境和教学秩序，改善办学条件，保护学校、教师和学生的合法权益。

第四，有完善的立法制度和包括法律、国家行政法规及地方性法规在内的比较完备的教育法律体系，保证教育工作的各个方面都有法可依，不同法律效力的法律规范协调发展，真正发挥其调节作用。

第五，有明确的法律责任规定，做到执法必严、违法必究，有效地保护教育事业的健康发展，追究并处理违反教育法的行为。

第六，有完善的法律监督制度，对教育法的实施情况进行有效的监督，同一切违法与犯罪行为做斗争。

第七，有与现代法治社会相适应的法律文化，维护教育法所体现的价值原则，革除时弊，力促观念和思维方式的更新与转变，使现代教育观念、法律观念融入人们的行为之中，形成实施教育法的良好文化氛围。

要达到以上目标，不仅需要制定一套完备的法律，而且要在法律的遵守、适用、监督、救济、宣传以及相应法律文化的建设等方面花大力气为之奋斗。可以说，这是一项巨大的社会性的法治工程。

第二节　国外教育立法的发展

教育法同其他法律制度一样，都是历史的产物。教育法并非自古就有，它是伴随着现代社会和现代教育的产生发展而产生发展的。了解教育法发展的一般进程和特点，可以为我们理解教育法的原理、性质和作用提供深厚的基础。

一、零星立法阶段

在社会发展的早期阶段，法律与宗教、道德等社会控制手段在性质上并无根本的区别，它们分别调节和控制着各种社会关系，法律在其中所调整的范围是相当有限的。随着社会管理的逐步精细化，法律开始与宗教、道德等其他社会调节手段相分离，成为一种高度专门化的社会组织形式，并最终成为社会调控的主要手段。教育法制就是在这一过程中形成和发展起来的，是现代国家的一个重要立法领域，是解决教育领域中种种问题和矛盾，保证、巩固、促进和发展教育的最有效的机制。

教育法最早起源于西方国家。文艺复兴以后，就有人提出了教育立法的主张。著名的捷克教育家、《大教学论》一书的作者夸美纽斯（John Amos Comenius）在欧洲各国进行教育改革时就曾提出，应当给予学校充分的权力，使学校可以像各个国家一样制定自己的规章。在制定教育法规时，应充分考虑儿童的尊严，保证向儿童提供其发展自身天赋能力、达到自我实现所必需的各种条件。制定法规还应时刻记住教育为自己制定的最终目的。在 16 世纪的宗教改革运动中，德国新教领袖马丁·路德（Martin Luther）提倡广设学校，普及教育，在群众中传播新教。他主张学校应由公费负担，政府有强迫人民送子弟入学的责任。在他的影响下，德国各公国纷纷通过和颁布法令，推行初等教育。新教普及的瑞士、荷兰、苏格兰等地也纷纷制定法令，设置学校，实行强制入学。这一时期的教育一般都具有浓厚的宗教色彩，与此相应的教育法令直接由教会制定和发布。由此可见，在普及义务教育实施之前，近代国家就已经发展出一种具有宗教性质的义务教育学校。虽然这些学校大多把持在各个教派手中，往往成为教派斗争的工具，但是对普及教育仍起到了一定的推动作用。

现代意义的教育立法是在机器大工业和现代工厂制度的基础上产生的。现代工厂制度下的工人是丧失了一切者，他们一无所有，只能受雇于资本家，忍受残酷剥削，成为机器的一个部件。现代工厂制度还把大批妇女和儿童卷入工厂中，使他们成为廉价的劳动力。童工劳动对未成年儿童的大规模摧残把整整一代人推向了贫困和愚昧的深渊，损害了他们的身心健康，因而造成了极其严重的社会问题。童工雇佣劳动的问题促使工人阶级觉醒，为改变自己的命运而奋起斗争。迫于社会劳动力再生产的需要和工人运动高涨的形势，一些国家开始关注这一问题，并将之反映在这一时期制定和颁布的工厂法中。这些有关雇佣劳动的立法规定了工厂内部的劳动时间、劳动纪律、劳动保护、工资福利、实施义务教育以及工厂主对在生产中致残工人的物质责任、劳动保险等条款。工厂法中的教育条款整个来说虽然微不足道，但还是把初等教育宣布为工厂劳动的必要条件。一般认为，世界上最早出现的工厂法是英国议会1802年通过的《学徒健康和道德法》。1833年，英国议会又通过了《工厂法草案》。其后，许多资本主义国家也都相继制定了工厂法。工厂法中的教育条款，可以说是最早的现代教育立法形式。

二、专门对普及义务教育进行立法的阶段

从19世纪下半叶开始，由于科学技术的进一步发展，在许多国家，人们逐步认识到劳动者的智力因素对于提高劳动生产率的作用，并由此开始意识到普及教育的必要性。由此开始，各主要资本主义国家相继开始直接干预教育，推行义务教育制度。所谓义务教育，其最直接的意义就是国家通过法律手段，对一定年龄范围内的儿童实施一定年限和一定程度的强迫教育。普及义务教育立法主要有三大特征，即强制性、免费性和世俗性。

普及义务教育的强制性是指国家依法采取必要的强制措施，强制法律规定应受教育者履行上学的义务，否则就要追究其法律责任。受教育就其对个人发展的意义而言，它本身也是人的一种基本需要。但这一需要并不是一开始就能为人们所意识、所追求的。人们在尚需为温饱、为生存付出极大代价的时候，是不可能考虑自己的教育问题的。就是在物质生活有了改善后，由于人们意识不到教育对自身的意义，因此在普及教育的初期，各国才普遍经历了一个强迫入学的教育发展阶段。

普及义务教育的免费性是指国家为了推行义务教育而采取免收学杂费的措施。世界各国的经验是，没有免费的教育就没有强制教育，而没有强制教育就没有普及教育。因此，义务教育是否免费就成了能否普及教育的一个关键问题。当然，各国的“免费”一词的法律含义是各不相同的。除了免除一定年限的学费之外，许多国家还规定公立学校应向学生免费提供一系列物质和服务条件。义务教育的普及程度和免费范围不可避免地要受到社会生产力发展程度的制约，没有起码的社会剩余劳动，就不可能普及相当程度的义务教育。只有当社会生产力有较大发展时，国家才会有充分的力量实行完全免费的义务教育，并且逐步延长义务教育的年限。

普及义务教育的世俗性是指用法律手段保证教育与宗教的分离。在欧洲，教育传统上属于教会管辖范围内的事务，是教会进行宗教宣传和教派斗争的工具。在许多国家，教会几乎控制了全部教育事业，教师职业基本上被教士垄断，教学大纲须由教会审定，教育内容渗透了宗教精神，儿童自幼就受到宗教思想的麻醉。因此，当国家意欲控制教育、建立国民教育制度、普及和发展教育的时候，普遍采取的首要措施就是摆脱教会对教育的控制，以世俗教育取代宗教教育。实行世俗教育实质上是一场国家与教会之间争夺教育领导权的权力斗争，必然会遭到来自教会的反抗。因此各国普遍借助于法律的强制力来取消教会垄断教育的特权，把教育的领导权控制在国家手中。

三、广泛进行教育立法阶段

广泛开展教育立法的历史进程是随着现代国家加强社会生活各个领域的行政控制的过程而出现的。近代资本主义国家的政治制度赖以建立和存在的理论基础是权力分立说。权力分立不仅是这些国家政权建立和活动的基本原则，而且也是国家权力分配和运行的基本原则。权力分立说的出发点是以权力制约权力，防止权力的滥用，为此国家权力应严格实行立法、行政、司法分权，相互牵制。但随着资产阶级地位的巩固，它在政治上开始要求政治权力的集中，对于代议制度、政党制度和竞选制度的兴趣逐渐淡化，因此在国家机关的权力划分、管理层次和范围等方面，都出现了强化行政权力的趋向，在国家机构中大大扩大了行政权力。这一趋向从19世纪中期开始酝酿，20世纪初开始，20世纪30年代至50年代在主要的资本主义国家达到了高潮。在教育上，各国政府由过去的消极作为转变为积极作为，加强了对教育的全面干预和控制，纷纷建立和健全教育行政部门，对从初等教育直至高等教育的整个教育领域实施行政管理。

在这一时期，许多国家通过法律手段开始更多地干预社会的经济、文化、教育和社会公共事业，法制建设渗入社会各个领域。教育立法更受重视，大量有关教育的法律相继产生，丰富了教育法制的内容，推进了教育的普及与发展。不少国家在宪法或法律中规定了公民的受教育权以及国家的教育义务，保障了教育的普及与发展。由于法律向教育的各个层次的渗透，许多原来不属于法律调节的社会关系开始进入了法律调节的领域，因此教育立法的内容和技术也越来越复杂化。为此各国的立法机关都通过授权的方式，把相当一部分的立法任务交由行政机关执行，行政立法由此获得了相当的发展。各国政府通过它所取得的行政立法权，根据需要进行经常性的立法活动。从教育法的数量看，行政机关制定的规范性文件数量已大大超过了立法机关的立法。

四、教育的综合法治阶段

二战以来，各国教育又有了突飞猛进的发展，促成这一发展的主要是如下两个因素：一是二战后科学技术的迅猛发展。现代科技的这一发展趋势使社会的生产技术、生产组织、劳动市场结构和劳动的性质乃至社会生活方式都发生了急剧的变化，整个社会的劳动变换性和职业流动性随之剧增。传统的学校教育显然已经不能适应这种变化的要求。因此各国教育改革都以转变功能为目标，以重视教育在国家发展中的战略地位，突出服务经济为基本特点。很多国家的政府不断地强化对人才需求的危机感和紧迫感，重视发展教育，并根据社会经济发展的需要随时对教育进行调整和变革。二是随着物质生活和精神生活的日益丰富和提高，人们开始把教育看作个人的一种不可剥夺的基本权利，要求享有一种机会均等的、有利于促进个性全面发展的、有助于人的潜能得到发挥的教育。在这种情况下，传统的教育制度概念受到了巨大的冲击。人们普遍认为，把个人的生活分为两半，前半生受教育、后半生工作，并据此建立学校的教育制度已不再具有科学根据，当代教育应当面向所有的人群，应当有助于每个人探索和开拓新的生活，应当在每个人需要的时候以最好的方式提供必要的知识和技能。教育的这一变化使得教育活动中的各种因素及其相互关系呈现出一种复杂多变的局面。这就要求把教育看作一个整体，看作社会大系统中的一个相互联系的子系统，把教育立法看作一项综合性的法治工程。在加强教育立法的同时注重教育法治工程与整个社会工程的协调。

这一时期的教育立法表现为它自觉地、主动地适应社会整体发展的需要，全面地进入教育领域，系统地认识它所调整的对象，合理地调节教育领域发生的各种内外关系。因此，教育法在广度和深度上都有了飞速发展。从广度上看，教育法律法规在所有法律法规中所占的比重越来越大。许多国家在自己的宪法中对教育的功能、形式，国家的教育责任，公民的受教育权等都做了明确的规定。在宪法之下，又有为数众多的法律、法规、司法原则等补充了宪法性教育条款并使之具体化。这些法律文件规范着教育活动的各个方面。从深度上看，教育立法已经深入教育活动的内外部，对教育的调节开始形成一个综合性的法治工程。许多国家在二战后纷纷制定了教育基本法或具有基本法性质的学校总法，并对已有的教育法律规范进行整理、汇编，使之系统化，以便更好地规划、协调、完善本国的教育立法。在这一基础上形成了一个严密完整的教育法体系，有效地发挥着综合调节作用。

以上概述的是主要西方国家教育立法发展的大致情况。教育发展是当今世界各国普遍关注的重大问题。各国的历史证明，社会的文明进步在很大程度上取决于教育的发展。经济的竞争、科技的竞争归根到底是人才的竞争、教育的竞争，为此世界各国都把教育放到了重要位置。世界各国发展教育的一条重要经验，就是通过法律这一高度专门化的社会组织手段来实现对大规模教育事业的调控和发展。社会发展从来不是一个自发的过程，不会自动解决各种社会问题，不会自动带来教育的发展。教育发展必须通过一种社会的理性手段，来保证教育协调有序地运行，如此才能使教育真正发挥它在现代社会中应有的作用。教育法制就是现代教育发展中的一个理性的选择，是世界各国发展教育的共同经验。

第三节 我国教育法制建设的沿革

1978 年，以党的十一届三中全会为标志，新中国的历史开始了一个新时代。对新中国的法制建设而言，一个全新的发展阶段从此开启。经过了大规模的立法活动，现在法制建设已获得了巨大的发展。今天，人们处处都可以感受到法律的存在，感受到法律与社会变革和发展的密切关系。可以说，法律的影响遍及社会生活各个领域，人们的行为方式无不打上法律的印记。

教育法制建设是党的十一届三中全会所确立的依法治国的一个重要组成部分，是与改革开放同步进行的制度变革进程。作为一种高度专门化的社会组织手段，法律对教育正在发生越来越大的组织和调节作用。

一、改写中国命运和前途的选择

历史的经验告诉我们，教育的发展需要一个良好的环境，需要法律的保障。一个法制完备的教育体系才是富有效率的、充满活力的教育体系。从1949年一直到“文化大革命”结束，由于认识上和体制上的原因，我国教育法制建设经历了一段曲折的历程。新中国成立初期，我国在建设新教育制度的同时曾经制定过一些必要的法规，但是，在经历了短暂的几年过渡之后，并没有出现自觉的教育立法活动。相反，从1957年起，教育立法工作基本上处于停滞状态，就连解放初期制定的一批法规也逐渐丧失了权威性。尤其是“文化大革命”的十年，本来就已处于停顿的法制建设遭到了严重的破坏。学校的正常教学秩序被打乱。学生的学习权利和教师的教育权利遭到践踏，甚至连起码的人身权利都得不到保障。

1982年12月，第五届全国人民代表大会第五次会议制定了新的宪法，这是我国法制建设史上的一个重要里程碑。1982年宪法规定了国家的法制原则，它庄严宣布：“一切国家机关和武装力量、各政党和各社会团体、各企业事业组织都必须遵守宪法和法律。一切违反宪法和法律的行为，必须予以追究。任何组织或者个人都不得有超越宪法和法律的特权。”这一规定是新中国成立30多年法制建设经验和教训的总结。宪法有关教育的规定，为教育法的制定，为依法治教提供了最高的宪法依据。除此之外，在教育方面，1980年2月，第五届全国人民代表大会常务委员会第十三次会议通过了《学位条例》。这是新中国成立以来由最高权力机关制定的第一部有关教育的法律。1986年4月，第六届全国人民代表大会第四次会议通过了《义务教育法》，它以法律的形式规定国家实施九年义务教育。这一法律对提高民族素质，推进社会主义现代化建设，加强教育法制都有重要影响。1993年10月，第八届全国人民代表大会常务委员会第四次会议通过了《教师法》。这部法律明确了教师在我国社会主义现代化建设中的重要地位，对教师的权利、义务、任用、考核、培训和待遇等方面做了全面规定，是我国教师队伍建设走向规范化、法制化的根本保障。

同期，国务院制定了《扫除文盲工作条例》《幼儿园管理条例》《残疾人教育条例》《普通高等学校设置暂行条例 》等16部有关教育的行政法规，初步结束了我国教育工作无法可依的局面。除此之外，国务院还对新中国成立以来制定的数百件教育行政法规进行了整理和汇编。各地有权制定地方性法规的人民代表大会及其常务委员会，根据自己所辖地区教育发展的需要，颁布了一系列地方性法规。国务院各部委以及省级人民政府也制定了一大批有关教育的政府规章，从而大大丰富了教育法的内容。

进入20世纪90年代以来，依法治国逐步深入国人心中，成为一种社会普遍接受的价值观和判断是非的标准。在这一理念的推动下，通过法治来推进教育事业的改革与发展已经得到社会的普遍认同。制定一部教育基本法律，完善教育法制，实现依法治教就成了当时教育立法工作中的一项重要任务。

为了加快教育法制建设，确保教育事业尽快地、全面地走上法制轨道，迫切需要制定一部教育工作的根本法、母法。因此可以说，制定《教育法》，是教育事业改革与发展的需要，是全面实现“依法治教”的需要。1995 年 3 月，第八届全国人民代表大会第三次会议通过了《教育法》。作为一部教育领域的基本法律，《教育法》的通过标志着我国教育法制建设进入一个新的发展时期，它对于确保教育在国民经济和社会发展中的战略地位，落实国家优先发展教育的重大决策，促进教育的改革与发展，建立社会主义市场经济体制和进行社会主义现代化建设，具有重大的现实意义和深远的历史意义。此后，第八届全国人民代表大会常务委员会第十九次会议于 1996 年 5 月 15 日通过了《职业教育法》，第九届全国人民代表大会常务委员会第四次会议于 1998 年 8 月 29 日通过了《高等教育法》，使职业教育和高等教育领域的工作有了法律依据。

二、教育法制建设的进展

（一）教育法律法规已成体系

我国《宪法》第 19 条规定：“国家发展社会主义的教育事业，提高全国人民的科学文化水平。国家举办各种学校，普及初等义务教育，发展中等教育、职业教育和高等教育，并且发展学前教育。国家发展各种教育设施，扫除文盲，对工人、农民、国家工作人员和其他劳动者进行政治、文化、科学、技术、业务的教育，鼓励自学成才。”经过几十年的努力，我国已初步形成了一个根据一定标准、原则建立起来的，集中反映社会制度、国家制度原则和国家政权组织以及公民基本权利义务的教育法体系。教育法体系是以《教育法》作为调整教育关系的“母法”，以下位的法律、法规、规章构成的一个协调有序、完整统一的法律体系，为我国教育事业的依法治教奠定了法律基础。

1. 教育法体系的含义

教育法体系是国家法律体系中的一个子系统。就其性质和内容而言，它是国家制定的以教育内外关系为主要调整对象的法律规范的总和。同法律体系一样，教育法体系并不是一国现行法律规范的简单叠加。教育法必须反映国家的意志，反映教育发展规律的要求，反映教育与社会的经济、政治、文化等其他要素的关系。教育法要正确地反映这些关系和要求，就不能是随意制定的一堆法律的杂烩，就必须是以宪法确定的基本原则为指导思想，以不同内容的法律规范组成的若干部门法为横向结构，以不同适用范围和效力等级的法律规范构成的不同层次为纵向结构的严密、完整、协调发展的一套法律规范。

法律体系是按照一定的原则组合而成的法律部门或法律层次，不同法律部门或法律层次相互协调一致，形成完整统一的制度系统。为此，法律体系一般应包括如下几个方面的内容：

（1）构成法律体系的法律规范必须是一国内具有确定法律效力的现行法律规范。

（2）组成法律体系的法律规范根据所调整的社会关系性质和构成要素的不同，分别形成若干个并行的法律部门。这些法律部门的并行关系，就构成法律体系的横向结构。

（3）组成法律体系的法律规范根据其适用范围和效力的不同，形成等级不同的层次。这些不同等级层次的法律、法规之间的相互关系，即构成法律体系的纵向结构。

（4）作为系统化的要求，法律体系要求其内部法律、法规之间的横向联系和纵向联系都应相互协调统一，具有体系的有机性和整体性，即内容上的和谐一致和形式上的完整统一。①

教育法是国家制定的用以调整教育关系的法律规范的总和。从广义上说，它主要包括：全国人民代表大会及其常务委员会审议通过的有关教育的法律、法规；国务院制定的教育行政法规；省级地方人民代表大会及其常务委员会制定的地方性教育法规；民族自治地方人民代表大会及其常务委员会颁布的有关教育的民族自治地方性法规；中央和地方教育主管部门发布的教育行政规章以及其他具有法律效力的教育规范性文件。教育法不仅是我国法律体系的一个重要组成部分，而且它本身也在宏观国家法律体系之下，构成了一个下位的结构体系，即以调整教育法律关系的法律、法规、规章等各种具有法律效力的规范性文件为基础，按照一定的横向联系和纵向联系所组成的内容和谐一致、结构完整统一的法律体系。

从体系化的角度看，我国的教育法体系已基本形成了较为完整的体系框架。根据制定机关的不同和法律形式的不同，这一法律体系可以划分为若干不同的层次；根据法律规范内容的不同，这一法律体系可以划分为若干不同的单项立法部门。具体来说，纵向五个立法层次和横向八个立法部门构成了我国教育法体系的基本架构。

2. 我国教育法体系的纵向结构

教育基本法是教育法体系纵向结构的第一个层次。它是以宪法为依据制定的教育领域的基本法律，主要规定我国教育的基本性质、地位、任务、基本法律原则和基本教育制度等。作为教育领域的基本法律，教育法是协调教育部门内部以及教育部门与其他社会部门相互关系的基本准则，也是制定教育部门其他法律法规的依据，因此应当由全国人民代表大会制定。1995 年制定通过的《教育法》就是这样的一部教育领域基本法律。

部门教育法是教育法体系纵向结构的第二个层次，主要调整各个教育部门的内外部关系。根据规范内容的不同以及我国的具体国情和实际需要，其大致由义务教育法、职业教育法、高等教育法、成人教育法、学前教育法、民办教育促进法、学位法和教师法八个教育立法部门组成。每一立法部门由全国人民代表大会常务委员会制定单行法律。

教育行政法规是教育法体系的第三个层次，主要是为实施教育法和各单行法而制定的规范性文件。此外，属于较为具体的问题，教育法或各单行法未予规范的问题，也可由行政法规加以调整。属于这一层次的行政法规由国务院制定和发布，它是我国教育法的主体，应根据教育事业发展的需要予以增加。

地方性法规、自治条例、单行条例是教育法体系的第四个层次。其中地方性法规是省、直辖市和有地方立法权的人民代表大会及其常务委员会为执行国家有关教育的法律、行政法规，根据本行政区域的实际需要而制定的规范性文件。自治条例、单行条例则是民族自治地方的人民代表大会依照当地民族的政治、经济和文化的特点而制定的规范性文件，其规范着各地方政治、经济和文化等各方面的活动，其中有关教育活动的法律规

① 李连宁．我国教育法规体系刍议［J］．中国法学，1988（1）：77-82.

范是教育法体系的重要组成部分。

行政规章是教育法体系的第五个层次，属于这一层次的规范性文件一般由国务院各部、委以及地方省级人民政府制定和发布，其效力要低于行政法规。行政规章的制定主要依据法律和行政法规，并且可以因实际工作的需要而决定其内容。属于这一层次的还有省、自治区、直辖市及省、自治区人民政府所在地和经国务院批准的较大的市人民政府制定的规范性文件。由于各地实际情况存在着一定的差异，因此各地根据行政需要而制定的规章也就因地而异。

3. 我国教育法体系的横向结构

我国教育法体系的横向结构由八个教育立法部门构成，分别制定相关的单行法律予以规范，分述如下：

《义务教育法》是调整实施义务教育而产生的各种社会关系的单行法。我国义务教育包括通常意义的普通初等教育和普通初级中等教育，因此，义务教育法的调整范围主要包括实施普通小学教育、普通初级中学教育中产生的重要关系和问题。

《职业教育法》是以实施职业教育涉及的社会关系为调整范围的单行法。在我国，职业教育包括各级各类职业学校教育和各种形式的职业培训。

《高等教育法》是以高等教育部门内外部关系为调整范围的单行法。我国高等教育通常包括专科教育、本科教育和研究生教育等不同层次，这些都应纳入高等教育法的调整范围。有关学位授予工作中产生的关系及问题也应属于高等教育法调整和规范的范围，因此，已经颁布实施的《学位条例》当然也是包括在这一部类中的。从调整的范围看，除了高等学校的研究生教育之外，还应包括科学研究机构所实施的研究生教育。

《成人教育法》是调整成人教育部门内外部关系的单行法。我国成人教育形式复杂，根据不同的标准可以有不同的分类，例如：根据培养对象的不同可以分为工人教育、农民教育、干部教育等；根据培养目标的不同可以分为学历教育和非学历教育；根据程度的不同可以分为初等、中等和高等成人教育；根据教学形式的不同又可分为广播、电视、函授、面授、自学考试等不同形式的教育。

《学前教育法》是调整学前教育部门内外部关系的单行法，是国家教育制度的重要奠基阶段，对于个人、社会、国家发展来说，都有着十分重要的作用。我国《教育法》第18条规定，国家制定学前教育标准，加快普及学前教育，构建覆盖城乡，特别是农村的学前教育公共服务体系，……为适龄儿童接受学前教育提供条件和支持。

《学位法》是调整学位与研究生教育工作的单行法。现行《学位条例》于1981年起实施，是新中国教育领域的第一部法律。依照《学位条例》规定，我国的学位制度为三级两类学位制（学士、硕士、博士三级，学术学位、专业学位两类），管理机构由国家、地方、学位授予单位三级组成，承担学位评定、证书发放等工作。国务院设立学位委员会，负责领导全国的学位授权审核、学科专业设置等工作。

《民办教育促进法》是以社会力量办学中所出现的各种关系和问题为调整对象的单行法。我国教育法已经规定了一个多元化的学校举办体制，因此除了国家之外，各种社会组织乃至公民个人都可以依法举办学校及其他教育机构。多元化的举办体制必然带来新的社会关系，因此形成了相对独立的法律调节领域。我国民办教育法调整的主要内容应包括社会力量举办的学校及其他教育机构与政府、教育机构的权利与义务等。

《教师法》是调整教育教学活动中以教师为一方而产生的社会关系的单行法。随着现代社会和现代教育的发展，教师已经成为一种人数众多的职业，同时也是教育事业发展中的一个最重要的因素，因而构成了教育调整的一个相对独立的部门。我国教师法调整的主要问题有教师的法律地位、待遇、权利义务、任职资格、职务评定、评价考核、进修提高以及师资培养等方面的内容。

任何一种法律体系，除了取决于该类法律本身的特点以外，也要根据时代的变化而不断变化。教育法体系也不是一成不变的，它总是要随着社会的变化、教育的发展而随时调整自己，以适应时代发展的需要。因此上述教育法体系尚须根据社会发展变化不断改进和完善，但作为一个体系框架已相对稳定，并对中国的教育改革与发展产生实际的影响。可以这样说，教育的普及和发展正是在法律的保护和促进下才得以实现的，而教育法的体系化本身必然会进一步促进法律的形式合理化和功能普遍化，从而使法律有可能在新的范围内施加影响。

（二）我国的基本教育制度

在建立健全我国教育法体系的同时，我国的基本教育制度经过多年的建设，也由不完善走向完善，已逐步形成完整的制度体系。依据《教育法》第二章对国家基本教育制度所做的规定，我国的基本教育制度包括如下方面：

1. 学校教育制度

学校教育制度亦称学制，即国家各级各类学校的体系，它是教育制度的核心。国家建立科学的学制系统。《教育法》第 17 条规定“国家实行学前教育、初等教育、高等教育的学校教育制度”，并且由国务院或国务院授权的教育行政部门规定学制系统内的学校和其他教育机构的设置、教育形式、修业年限、招生对象、培养目标等。这就给学制的进一步改革和发展留下了相应的空间，符合当代迅速变化的教育需要。

2. 学前教育制度

《教育法》第 18 条规定：“国家制定学前教育标准，加快普及学前教育，构建覆盖城乡，特别是农村的学前教育公共服务体系。各级人民政府应当采取措施，为适龄儿童接受学前教育提供条件和支持。”

3. 义务教育制度

《教育法》第 19 条规定：“国家实行九年制义务教育制度。各级人民政府采取各种措施保障适龄儿童、少年就学。适龄儿童、少年的父母或者其他监护人以及有关社会组织和个人有义务使适龄儿童、少年接受并完成规定年限的义务教育。”《义务教育法》第 2 条进一步规定“国家实行九年义务教育制度”，并在第 4 条中规定凡具有中华人民共和国国籍的适龄儿童、少年，不分性别、民族、种族、家庭财产状况、宗教信仰等，依法享有平等接受义务教育的权利，并履行接受义务教育的义务。

4. 职业教育制度和成人教育制度

《教育法》第 20 条规定：“国家实行职业教育制度和继续教育制度。各级人民政府、有关行政部门和行业组织以及企业事业组织应当采取措施，发展并保障公民接受职业学校教育或者各种形式的职业培训。国家鼓励发展多种形式的继续教育，使公民接受适当形式的政治、经济、文化、科学、技术、业务等方面的教育，促进不同类型学习成果的互认和衔接，推动全民终身学习。”

《职业教育法》则对职业教育体系做了相应的规定，并对实施及保障中产生的各种问题进行了规范，使职业教育的发展更有保障。该法规定了职业教育的两种基本形式，即职业学校教育和各种形式的职业培训，并建立和实行劳动者在就业前或上岗前接受必要的职业教育的制度。它对设置职业教育机构的基本要求也做了授权性规定。

对于成人教育，国家虽未制定法律，但在地方性法规、政府规章及相关政策文本中对成年公民实施的各种类型和形式的教育有大量规定，主要包括学历教育和各种非学历性的成人教育如扫盲教育、岗位培训、再就业培训、继续教育等。

5. 教育考试制度

《教育法》第 21 条规定：“国家实行国家教育考试制度。国家教育考试由国务院教育行政部门确定种类，并由国家批准的实施教育考试的机构承办。”

考试制度是公平选拔人才的一个重要措施，包括普通和成人高等学校招生考试、全国硕士研究生招生考试、高等教育自学考试等。上述考试是由国务院教育行政部门确定实施，由经批准的实施教育考试的机构承办，面向社会公开、统一举行，其结果作为招收学历教育学生或者取得国家承认学历、学位证书依据的测试活动。

为维护国家教育考试的权威，教育行政机关制定了相关的规定。如教育部 2004 年发布、2012 年修正的《国家教育考试违规处理办法》，就是根据《教育法》及相关法律、行政法规制定的行政规章。该行政规章为维护国家教育考试的公平、公正，保障参加国家教育考试的考生、从事和参与国家教育考试工作的人员的合法权益，而对国家教育考试违规行为做了认定与处理规定。

6. 学业证书和学位制度

《教育法》第 22 条规定：“国家实行学业证书制度。经国家批准设立或者认可的学校及其他教育机构按照国家有关规定，颁发学历证书或者其他学业证书。”第 23 条规定：“国家实行学位制度。学位授予单位依法对达到一定学术水平或者专业技术水平的人员授予相应的学位，颁发学位证书。”我国的《学位条例》是关于学位制度的法律。该条例规定，我国学位分为三级，即学士、硕士、博士；同时规定学位授予权为国家专有的行政权力，由国务院设立学位委员会，负责管理全国学位授予工作，其主要成员由国务院任免。学位制度的建立，为我国专业技术人才的培养做出重要贡献。

此外，其他教育法律法规对学业证书、学位证书也做出了相关的规定。如《职业教育法》第 11 条规定：“实施职业教育应当根据经济社会发展需要，结合职业分类、职业标准、职业发展需求，制定教育标准或者培训方案，实行学历证书及其他学业证书、培训证书、职业资格证书和职业技能等级证书制度。”第 51 条规定：“接受职业学校教育，达到相应学业要求，经学校考核合格的，取得相应的学业证书；接受职业培训，经职业培训机构或者职业学校考核合格的，取得相应的培训证书；经符合国家规定的专门机构考核合格的，取得相应的职业资格证书或者职业技能等级证书。”

7. 扫除文盲制度

《教育法》第 24 条规定：“各级人民政府、基层群众性自治组织和企业事业组织应当采取各种措施，开展扫除文盲的教育工作。”扫除文盲一直是我国政府教育工作的一个重点，按照国家规定具有接受扫除文盲教育能力的公民，应当接受扫除文盲的教育。1993年修订的《扫除文盲工作条例》第7条规定，个人脱盲标准是，农民识1 500个汉字，城镇居民识2 000个汉字，能够看懂浅显通俗的报刊、文章，能够记简单的账目，写简单的应用文。它还规定“凡年满15周岁以上的文盲、半文盲公民，除丧失学习能力的以外，不分性别、民族、种族，均有接受扫除文盲的权利和义务”，并规定了扫盲教育的组织领导、实施机构及考核方式。1995年教育法又重申了上述原则。扫除文盲不仅是政府的责任，也是文盲、半文盲公民的义务。

8. 教育督导和评估制度

《教育法》第25条规定：“国家实行教育督导制度和学校及其他教育机构教育评估制度。”教育督导和评估是政府对教育工作进行宏观管理的一种重要形式，是依法治教的重要环节。为了保证教育法律、法规、规章和国家教育方针、政策的贯彻执行，实施素质教育，提高教育质量，促进教育公平，推动教育事业科学发展，国务院于2012年通过了《教育督导条例》。依照该条例规定，教育督导包括县级以上人民政府对下级人民政府落实教育法律、法规、规章和国家教育方针、政策的督导，以及县级以上地方人民政府对本行政区域内的学校和其他教育机构教育教学工作的督导，是政府对教育机构实施宏观管理的重要手段。

三、依法治教逐步落实

1999年第九届全国人民代表大会第二次会议通过的第十三条宪法修正案规定：“中华人民共和国实行依法治国，建设社会主义法治国家。”这意味着依法治国作为我国治国的基本原则得到了宪法的肯定。在教育领域，所谓依法治教就是依据教育的法律法规管理和发展教育。经过多年实践和总结完善，我国对教育的管理已开始转向法治，依法治教的条件已基本具备，具体地体现在以下几个方面：

1. 良好的法律文化环境正在形成，促进了教育法制建设的发展

我国已基本建立了教育法体系的基本框架，为依法治教创造了坚实基础。经过持续的普法教育，人们的公民意识、法律意识、权利意识逐渐增强，逐渐学会了用法律来维护自己的受教育权。学校及各级各类教育结构也从过去计划体制的束缚中解脱出来，开始获得一种确定的法律地位，依法自主办学，大大提高了办学的积极性。

2. 教育行政逐渐走上法治的轨道

随着法律制度的完善，国家对教育管理和调控无法可依的状况有了根本的改观，教育行政部门对学校的管理开始逐步实现以宏观指导为主的行政管理，学校则行使必要的办学自主权。中央与地方、政府与学校之间的职权职责有了较明确的划分，正逐步形成一个有效的权力分工和制约的机制。此外，《行政诉讼法》《行政复议法》《行政处罚法》《国家赔偿法》的通过和实施，更加强了依法行政。可以说，我国教育行政逐渐走向法治的轨道。

3. 司法介入建立了维护社会公平正义的最后一道防线

法律的实施包括法律的遵守和适用两个方面。国家司法机关依照法定的职权和程序，运用法律处理各类案件，就是一种法律适用，这是一种专门化的法律实施活动。司法对教育调整作用的加强，大大提高了广大民众依法治教的信心。按现行法律的规定，违反教育法的行为可能会受到刑事、民事和行政制裁，许多教育纠纷通过行政诉讼制度、行政复议制度、教师和学生申诉制度等来解决，司法审查在教育行政中获得体现。

4. 法律监督体制逐步完善

我国教育法律监督体制包括国家权力机关的法律监督和工作监督、国家行政机关的行政监督、国家司法机关的司法监督和社会监督等方面。

国家权力机关的法律监督首先表现在对其所制定和颁布的法律法规、条例的实施情况进行监督。我国法律规定同级人民代表大会及其常务委员会可撤销同级人民政府不适当的决定，也可撤销下一级人民代表大会不适当的决定，同级人民代表大会可撤销其常务委员会不适当的决定。这就保持了一种有效的监督。同时权力机关的监督作用还表现在它对行政机关、审判机关和检察机关工作的监督上。一方面，它要求同级政府对其负责并报告工作；另一方面，权力机关还可以行使咨询权和视察权，对重大问题可组织调查委员会进行调查处理。

国家行政机关的行政监督包括上下级行政机关的相互监督和特设行政检察机关对行政机关的监督。在教育系统中，还有一种特殊的对教育的行政监督，即教育督导制度。依照法律，教育督导职权由国家教育主管部门行使，地方县以上均设教育督导机构。教育督导的主要任务是对下级人民政府的教育工作、下级教育行政部门和学校的工作进行监督、检查、评估、指导，保证国家有关教育的方针、政策、法律法规的贯彻执行和教育目标的实现。

国家司法机关的司法监督主要包括检察机关对公安机关、法院等司法机关的司法监督和法院对行政机关的司法监督两个方面，对于教育法的实施而言，主要是后者。法院通过对特定案件的审理，可以改变教育行政机关做出的某一具体行政行为，判定该特定行为是否违法，并拥有建议处分的权力。随着公民和各组织的法律观念的加强，教育行政、教育民事和教育刑事案件的受理会逐步增加，教育行政活动会更多地受到司法的监督，以保障教育教学活动有条不紊地进行，保障公民的受教育权和教育机构、学校等组织的合法权益不受侵犯。

社会监督包括社会各团体及人民群众的监督，这是宪法赋予的权利。它规定公民及各社会团体可以采取批评、建议、检举、控告、申诉等监督教育行政机构和学校等组织的活动是否符合有关法律法规，并有要求法律救济的权利。

四、教育法制建设任重道远

我国的教育法制建设虽然有了较大的进展，但在持续、深入发展的教育体制改革面前，仍面临着巨大的挑战。以政府与学校这对基本的社会关系为例，在计划体制下，它是一种以命令与服从为基本内容的内部隶属性关系，即特殊的行政法律关系。然而从 20 世纪 80 年代实行改革开放以来，我国教育的发展出现了前所未有的新局面，一种教育管理和办学的新形式正在出现，从而带来教育领域内社会关系的分化和改组。这种变化表现在政府与学校关系的调整上，其基本问题就是如何形成一个既有利于政府进行统筹管理，又有利于调动各种社会力量参与办学的积极性，学校又有较大的办学自主权这样一种新型管理关系。这意味着政府必须转变职能，在加强宏观管理的前提下向学校放权。这势必会使政府和学校的主体地位及职权职能发生很大的变化，并且使原先相当大的一部分具有行政性质的法律关系发生性质上的变化。

具体来说，上述这种变化正导致传统的政府与学校二者之间的关系，在改革的过程中逐步演变为举办者、办学者和管理者三个主体之间的关系。其中举办者的职能主要是投资举办学校、提供必要的办学条件、决定学校发展方向及人才培养规格、任命和聘任校长、对办学活动实施监督等。我国 1995 年实施的《教育法》已经突破了原先的由政府独家办学的旧格局。按照法律规定，举办者可以是各级政府，也可以是企业、事业组织、具有法人资格的社会团体和公民个人，它们可以单独举办，也可以联合举办。办学者是以学校校长为首的学校办事机构，它是组织和实施学校教育教学活动的实体，行使法律规定的办学权力，在专业设置、招生、就业指导、教学工作、科学研究、社会服务、筹措和使用教育经费、人事管理、职称评定、工资分配、对外交流等方面拥有法律规定的权利。管理者是行使国家教育行政权的政府，负责统筹规划和宏观管理全国和所辖地区的教育工作，用计划、法律、经济、评估、信息服务以及必要的行政手段对教育实行组织和领导。

教育领域中举办者、办学者和管理者的角色分化深刻地触及了教育领域的传统关系模式，对现行的教育体制构成了新的挑战。上述变化尽管还处于萌芽状态，各方主体的地位及其权责尚不明晰，但已经开始反映在社会生活的各种纠纷和矛盾中，并对法律提出了新的要求。

历史经验告诉我们，教育的发展需要一个良好的环境，需要法律的保障。一个法制完备的教育体系才是富有效率的、充满活力的教育体系。因此，我们在推进教育事业的发展时，必须十分重视教育法制建设，真正实现依法治教的最终目标。我国的教育法制建设虽然有了较大的进展，但在持续、深入发展的教育体制改革面前，又面临着巨大的挑战。

建立完备的教育法制，实现依法治教，这是我国教育事业改革与发展的客观要求，也是我们总结历史上的经验教训而得出的深刻结论。因此，建立健全教育法制仍是我国教育的首要任务。根据我国政治法律制度的现状，一个健全的教育法制应是以一套完备的教育法律法规为核心的，包括相应的法律实践和法律文化在内的法律系统，这是一个以行政法为主体，民法相配合，辅之以必要的刑法手段，并以其他法律手段为适当保障手段的完整的法律调控机制。

第二章

教育法的原理

第一节　教育法概说

一、教育法的定义

在人类文明进步史上，法律的功能形态并不是固定不变的，而是随着社会生活的需要而产生，又随着社会生活的变迁而变迁，因此各个时代都产生了各具时代特点的法律。在法律发展的早期阶段，法律与宗教、道德等社会控制手段的功能区别并不像今天这样明显，虽然都对社会关系起着调节和控制作用，但法律并不是一种独立的社会控制要素，而是附属于其他力量的一种辅助手段，因此所调整的范围及功能都是相当有限的。如我国历史上，在大一统的封建专制政权和严密的宗法制度下，存在着一个超乎一切法律之上的至高无上的权力，这就是君权。封建君主一人拥有至高无上、主宰一切的权力，这就形成了封建社会的专制独裁，法律在社会中所及的范围和所起的作用都是极其有限的。

近代以来，法律经历了一个与宗教、道德、行政等其他社会调节手段相分离的过程，由此成为一种高度专门化的社会关系调节形式，并最终成为社会调节的主要手段。法律的这一变迁过程其实就是一个法律社会化、社会法律化的过程，现代法制就是在这一过程中形成和发展起来的。教育法在其中的产生虽然比较晚近，但随着社会的发展以及社会管理经验的积累而发展至今，也已成为现代法制的重要组成部分，对教育的管理和发展发挥着重要作用。

与其他社会领域一样，教育领域也存在着不同身份的主体，这些主体之间构成了不同性质的社会关系。如按维系方式的不同，这些社会关系可以划分为纵向型的行政关系和横向型的民事关系；按功能性质的不同，这些社会关系又可以划分为经济关系、政治关系、文化关系和教育关系；等等。所有这些社会关系或基于国家机关的单方面意志而产生，或通过法律关系参加者的共同意思表示而形成，由此构成了公法关系和私法关系两大关系类别。教育权和受教育权是教育领域的一对互相依赖又互相制约的基本矛盾，教育法调整的所有关系都是在国家教育权和公民受教育权互动的过程中发生的，因此教育法所调整的社会关系虽然错综复杂，但在复杂的社会关系系统中，主要调整的是公民实现受教育权以及国家行使教育权力过程中所发生的各种社会关系，是以国家机关所从事的教育管理活动、学校及其他教育机构所实施的自主办学活动、公民个人进行的学习研究活动，以及社会组织和公民所开展的与教育相关的服务促进活动中发生的，国家机关、学校教育机构、教师、学生或其家长、社会组织以及公民个人之间所发生的关系为主要规范对象。在我国，教育法的这种调整作用大多数情况下是在行政法的范围内通过行政方法实现的，因此教育法就其基本性质而言，应当看成是具有行政法性质的一类法律规范的总称。但是，教育法在创制方法、适用主体和调整手段等方面又有着自己的特点，因此又不完全等同于行政法。特别是在社会多元化、横向化发展的今天，教育法的独特性对其调整作用的发挥有着越来越重要的意义。

大致说来，教育法的这种独特性表现在以下几个方面：

1. 教育法调整的法律关系产生于宏观教育事业管理和微观学校办学活动

从宏观教育事业发展以及微观教育教学活动的过程看，教育法主要涉及的是这样一些社会关系，即中央与地方政府的教育管理权限分工关系、政府与学校关系、学校与社会关系、学校与教职员工关系、学校与学生关系等。这些法律关系按照法律主体在法律关系中所处的地位不同，可以分为纵向型法律关系和横向型法律关系。

纵向型法律关系是指在不平等的法律主体之间所建立的权力服从关系，是一方主体依据职权直接要求他方主体为或不为一定行为的法律关系。法律必须赋予这一关系中的所有主体一定的法律地位和相应的活动方式，使之符合国家意志和公益性要求。但是政府主体的存在及其行政权力的行使是其中的一个必要条件，不同级类的政府行使国家行政权须具备的资格构成了教育法规范内容的一个方面。由于行政机关所行使的权力具有单方面性和强制性，因此必须遵循法定规则和程序并采取相应的行政行为方式等，这是教育法规范内容的重要方面。

横向型法律关系是指平等主体之间的权利义务关系，权利和义务的内容取决于各方主体的合意，具有一定程度的自治性，这类关系主要是指基于民事法律事实形成的权利与义务关系。学校与行政机关、企事业组织、集体经济组织、社会团体及个人之间，在一定的条件下也会形成横向型的法律关系，这时当事人之间的地位是平等、自愿的，并且一般是等价、有偿的。这类关系涉及面颇广，例如人身、财产、学校环境、人才培养合同、智力成果转让乃至学校有偿服务中所涉及的权益等，都会产生民事权益所有和流转上的必然联系。当然，其中相当一部分社会关系是由民法确认和调整的，因此一般并不属于教育法调整的范围。但也有一些具有明显横向特征的教育关系，往往并不属于民法的调整范围，这类关系伴随近年来社会转型和教育改革的发展而日益突出。例如由于扩大了学校的办学自主权，学校在执行国家的政策、法令、计划的前提下，有权与外单位开展联合办学，或建立教学、科研、生产联合体；有权与国外办学机构开展合作办学；有权向学生收取学杂费；有权在双方平等自愿的基础上聘用和管理教师；在办学体制上，除了国家办学外，鼓励社会组织、个人和其他社会力量办学；积极倡导行业部门、地方政府及企业、科研机构与学校之间开展联合办学；等等。

虽然这类教育事务的调整仍须经公权力的规范才能保证其得到落实，但与其他具有强权力属性的公共事务相比，这类教育事务的调整具有一种准公共的性质。如《义务教育法》第 2 条规定了国家实行九年义务教育制度，这意味着有关义务教育的事务应由政府履行。这类事务包括制定义务教育发展规划，举办义务教育学校，保障不同社会群体的受教育机会，帮助各少数民族地区和边远贫困地区发展义务教育事业，推进义务教育制度的改革，推广使用全国通用的普通话和规范字等。由于这类公共事务所具有的准公共性质，其中相当一部分已由学校教育机构履行，或由政府和学校教育机构共同履行。在这些新出现的种种关系中，各主体之间的关系一般并不具有行政法上的纵向性质，而构成一类特殊的具有民事性质的横向型关系，需要教育法与相关民事法律共同来调节。

2. 教育法虽属行政法，但二者并非总则与分则、上位法与下位法的关系

从法的创制方法、适用主体和调整手段看，教育法与行政法有着不可分割的联系。教育法产生于行政法，以行政法所具有的性质为教育活动提供了行为规则，调整的教育事务既包括教育行政机关与学校、学校与学生、教师与学生、学校内部的教育事务，也包括教育行政机关、学校、学生、教师与其他国家机关、社会组织、公民在举办、管理、实施以及参与教育的各种活动中产生的外部教育事务。在有目的、有意识、有组织地培养人的教育活动中，教育法为所有参加教育教学及相关活动的主体行为提供标准和指明方向，表达了国家对于教育的要求和意志，构成了一类纵向型的、以命令与服从为基本内容、以隶属性为基本特征的调整方法。依据这一调整方法，不同主体之间一般都具有不对等性，不论处于服从地位的对方意见如何，都必须履行作为或不作为的义务，不得自行否定其效力。其中行政机关以及法律、法规授权的学校组织是行政权力的行使者，其行为具有某种强制性，必须遵循法律规定的规则和程序。从教育法的实施方式看，其主要是通过对行政行为的规范，确定行政主体的权力界限、权力配置和权力关系，建立权力运行秩序等。除此之外，教育法对教育管理过程中的其他主体也都赋予其一定的法律地位，规定其活动的方式，使其符合国家意志和公益性要求。

虽然教育法具有行政法的部门法特点，但是其与行政法部门的关系并非总则与分则、上位法与下位法的关系，而是有着自己的特点。近年来，一些教育公共事务从原先的政府职能中分离出来，开始由社会和市场负责。这类教育事务包括学校的举办经营、自主招生、毕业生就业、社会教育培训、竞争性教育服务产品的提供等。这些教育事务主要涉及与社会成员切身利益相关的服务性职能，因其具有委托的可能性，所以可以下放给社会组织和市场主体来承接。其中所谓的社会组织主要是指事业单位和社会团体，两类社会组织的成立目的虽有不同，但自主管理是其共同特点，为此适宜承接由政府职能中转移出来的非营利性服务职能，保证公共服务的公益性质。尤其是作为事业单位的公办学校，虽因其在履行这类公共事务时具有法人资格，可自主做出决定，但其行为仍须受公益性的制约，为此处理公共事务的方式与一般法人相比就要受到法律上的限制。而市场主体则是以自主开展经营活动为存在方式的市场经济组织，通过自由协商和交易提供具有竞争性的教育产品，向有不同需求的个人提供多种选择。这种做法既可提高效率，同时也可降低公共事务的运营成本。

上述教育事务的执行主体复杂多样，其中既有公益性组织，也有营利性组织，不同主体所具有的法律地位存在较大差异，制约着这类公共事务的运营方式。国家在其中的职能在于通过信息公开和对公共事务运营主体的监督，确保这类公共事务的正常运营。国家权力的行使程序应当由法律设定或确认，并以一定的方式、步骤体现于行政活动或诉讼活动中，以此杜绝权力异化，保证公民实体结果的实现与保障。

3. 教育法的调节手段具有强制性与非强制性相结合的特点

法律是以国家强制力为保证而得到实施的，这是法律与政策、道德以及其他社会规范的重要区别。虽然任何一种社会规范都有一定的强制力，但法的强制力与其他社会规范的强制力不同，它是以国家名义所表现出来的强制性。违反了法律的规定，损害了法律所确定的法律关系主体的权利，或是不履行自己的法定义务，就要受到法律规定的制裁。然而现代法治追求的目标是促进更多的社会协商、运用更少的国家强制、实现更高的自由。滥用国家强制力不仅会浪费法治资源，还会损及法治的正当性。为此法治的要义首先在于区分各种社会关系秩序化的难易程度，选择强弱有别的行为规则去实现对社会的调整，达到法治的目标。就行政法而言，一般是通过以下两种不同的实施方式来体现法治的这一精神的：一种是靠规则本身所具有的强制力，一种是通过社会为确保规则的实施而组织起来的约束力。为此，行政法律规范除了通常意义上的以国家强制力保证实施的强制性规范之外，还包括国家法律中具有指导性、号召性、激励性、宣示性的非强制性规范，以及国家机关制定的规范性文件中的法律规范，这些规范通常并不运用国家强制力来保证实施，因此属于非强制性规范。此外，政治组织创制的各种自律规范、社会共同体创制的各类自治性规范，在一定条件下也可能成为具有一定约束力的行为规则，参与社会关系的调整。

法律规范一般都是规定事前的作为，以此教育人们应该怎样做。事后的制裁仅是实现法律所规定事项的一种手段，而不是法律规定的目的所在。教育法也是如此，但比较而言，教育法的规范更强调事前教育的作用，为此其适用的范围和强度与其他法相比有很大不同。教育法的规范按其强弱程度的不同可以归结为两类：一类是运用国家强制力保证实施、对违法行为明确规定追究法律责任的法律规范；另一类是法律、法规中没有明确法律责任的法律规范，主要通过法律的实施对人们的行为发生直接或间接的引导影响。此外，学校为规范其自身活动及组织成员行为而制定的学校章程、内部规章制度等，具有准法律的性质，在遵循法律保留原则前提下的规定对主体行为也起着某种规范性作用。

运用国家强制力保证实施的法律规范体现的是教育法应当具有的强制功能，为此对违法行为的法律责任追究应当有明确的规定。1998 年 3 月 6 日国家教育委员会发布的《教育行政处罚暂行实施办法》第 9 条规定，这种具有强制性的规范主要是指教育行政处罚，其种类包括：警告；罚款；没收违法所得，没收违法颁发、印制的学历证书、学位证书及其他学业证书；撤销违法举办的学校和其他教育机构；取消颁发学历、学位和其他学业证书的资格；撤销教师资格；停考，停止申请认定资格；责令停止招生；吊销办学许可证；法律、法规规定的其他教育行政处罚。教育法的这种强制作用只是针对特定的违法行为，如果没有违法行为的发生，教育法规定的强制作用就不会彰显。这类制裁性规定形式比较简单，范围比较有限，并且法律制裁中涉及民法、刑法者，应当服从民法与刑法的规定，而不能以行政制裁取代民事、刑事法律规定的法律制裁。

法律、法规中没有明确法律责任的法律规范，在数量上要远多于强制性法律规范。这类法律规范虽也是由国家制定或认可并以国家之力而得以实施，但不同于强制性法律规范之处在于，它们一般通过法律实施对人们的行为发生的直接或间接的影响来达到目的。近年来开展的治理体系建设使政府与公民之间开始形成一种以政府意志与公民自治相结合的多元共治的调整机制，为此法律调整更强调这类法律的作用，有助于使公民从对国家权力的单向度接受和服从，转向基于参与、协商而达到的认同和自愿遵从。①

二、教育法的渊源

法律渊源简称法源，通常指法律的创立方式以及法律文件的表现形式。在社会生活中，存在着各种各样的社会规范，规范着人们的社会行为，但只有成为法律渊源的社会规范才成为国家机关、公民和社会组织为寻求行为的根据而获得具体法律的来源。不同国家机关制定或认可的法律各有其不同的效力等级，不同的法律又因其调整对象、调整方法的不同而各有其特定的表现形式和技术特点，由此产生了分别调整不同社会关系的法律渊源。

法源有不同的类别。从不同的理解角度出发，法源可以做如下两种分类：从关系入手可以分为直接渊源和间接渊源，前者为成文法，后者可以是判例、惯例甚至法理。从形式入手可以分为正式意义上的法源和非正式意义上的法源，前者主要指以规范性法律文件形式表现出来的成文法，如立法机关或立法主体制定的宪法、法律、法规、规章和条约等；后者主要指具有法律意义的观念和其他有关准则，如正义和公平等观念，政策、道德和习惯等准则，还有权威性的法学著作等。我们在此讨论的法源主要是指前者。

法律规范区别于其他社会规范如道德规范、组织规范、宗教规范的一个重要标志，就是其在法律渊源上具有自己特定的表现形式，与其他社会规范构成了明显的差异性。为此，要把某种意志上升为法律这种特殊的社会规范，必须使这种意志采取法律表现形式。

只有了解我国的法律渊源，才能明了我国的法律有哪些形式或种类，并进一步明了国家机关、公民和社会组织为寻求行为的根据而如何获得具体法律的来源。教育法是由众多有关教育的法律规范组成的，通常有两种情况：一种情况是有关某一方面教育活动的规范包括在一部单一的规范性文件中，例如《教育法》《教师法》等；另一种情况是有关教育活动的规范性条款包括在其他法律文件或法律规范之中，例如《民法典》中有关

① 罗豪才，宋功德. 行政法的治理逻辑［J］. 中国法学，2011（2）：5-26.

幼儿园、学校和其他教育机构过失侵权的责任规定就属于这种情况。根据我国《宪法》规定的原则，教育法的法源大致包括以下几种类别。

（一）宪法

宪法是国家的总章程，是我国一切立法的依据。《宪法》由国家的最高权力机关即全国人民代表大会制定，具有最高的法律地位和法律效力，是最高层次的法源。其他形式的法律、法规都必须依据宪法制定，并为贯彻宪法服务，不得与宪法相违背，否则归于无效。

宪法作为教育法的法源，可以从两个方面去理解：一是规定了教育法的基本指导思想和立法依据；二是直接规定了教育教学活动的基本法律规范。

1. 规定了教育法的基本指导思想和立法依据

（1）规定了中国各族人民将继续在中国共产党的领导下，在马克思列宁主义、毛泽东思想、邓小平理论、“三个代表”重要思想、科学发展观、习近平新时代中国特色社会主义思想指引下坚持人民民主专政，坚持社会主义道路，坚持改革开放，不断完善社会主义的各项制度，发展社会主义市场经济，发展社会主义民主，健全社会主义法治，贯彻新发展理念……（序言）；

（2）规定了国家机构实行民主集中制原则（第 3 条）；

（3）规定了社会主义法制原则（第 5 条）；

（4）规定了有关国家根本制度和任务的原则（第 1、2 条）；

（5）规定了各民族一律平等、保障各少数民族的合法权利和利益、帮助各少数民族地区加速经济和文化的发展，各民族都有使用和发展自己的语言和文字的自由，都有保持或改革自己的风俗习惯的自由等项原则（第 4 条）。

2. 规定了教育教学活动的基本法律规范

（1）规定了教育的国家管理原则（第 19 条）；

（2）规定了公民的受教育权（第 46 条）；

（3）规定了公民有进行科学研究、文学艺术创作和其他文化活动的自由（第 47 条）；

（4）规定了父母的教育义务（第 49 条）；

（5）规定了教育管理的权限，如在第 89 条、107 条和 119 条，规定了国务院、县级以上地方各级人民政府和民族自治地方的自治机关领导和管理教育工作的权限。

宪法是国家的根本法，维护宪法的稳定是国家稳定的基础，因此对宪法的修改须按照不同于制定和修改一般法律的特别程序来进行。我国《宪法》第 62 条规定，全国人民代表大会有权修改宪法。宪法的修改由全国人民代表大会常务委员会或者五分之一以上的全国人民代表大会代表提议，并由全国人民代表大会以全体代表的三分之二以上的多数通过。

（二）法律

《宪法》规定，全国人民代表大会及其常务委员会均有权制定法律。这里所说的法律，不是指广义的法律（各种法律规范的总和），而是指由国家最高权力机关及其常设机构所制定的规范性文件，即狭义的法律。

在我国，这种法律形式是整个社会主义法律的重要法源之一，其法律地位和法律效力仅次于宪法。依据法律制定机关和调整对象的不同，法律又可分为基本法律和基本法律以外的法律两种。

基本法律是全国人民代表大会制定和发布的、通常规定和调整某一方面带根本性、普遍性的法律。《宪法》第62条规定，全国人民代表大会有权“制定和修改刑事、民事、国家机构和其他的基本法律”。《教育法》是由第八届全国人民代表大会第三次会议通过的，属于教育领域的基本法律。

基本法律以外的法律是由全国人民代表大会常务委员会制定和发布的、通常规定和调整的对象较窄、内容较具体的一类法律。《宪法》第67条规定：全国人民代表大会常务委员会有权“制定和修改除应当由全国人民代表大会制定的法律以外的其他法律”。《义务教育法》《职业教育法》《高等教育法》《学位条例》《民办教育促进法》《教师法》等都是由全国人民代表大会常务委员会通过的，属于基本法律以外的法律。与基本法律相比，这类法律的调整对象一般面较窄，内容也较基本法律具体。

基本法律和基本法律以外的法律，都具有同等的效力，都渊源于宪法，其效力低于宪法，而高于全国人民代表大会及其常务委员会以外的其他国家机关制定的规范性文件。

法律所规定的通常是社会关系中某些基本的和主要的方面。教育关系属于社会关系中的一个基本的和主要的方面，凡属调整教育关系的基本法律规定，针对全国性教育方针、基本原则、基本制度的法律确认，对全国性的或具有普遍性的教育行政机构和学校之间的法律关系的确认，对教育法律关系主体基本权利和义务的设定以及对教育行政管理进行调节、监督的基本规定等，一般皆须全国人民代表大会及其常务委员会制定相应的法律。

（三）行政法规

行政法规是国务院为领导和管理国家各项行政工作，根据宪法和法律，按照行政法规规定的程序而制定的各类规范性文件的总称。法律关于行政权力的规定由于常常比较原则、抽象，因而还需要由行政机关进一步具体化。行政法规就是对法律内容具体化的一种主要形式。我国《宪法》第89条明确规定，作为最高国家行政机关，国务院可以根据宪法和法律，规定行政措施，制定行政法规，发布决定和命令。《立法法》第65条据此也规定，国务院根据宪法和法律，制定行政法规。因此，国务院根据需要在自己的职权范围内有权制定和发布各种行政法规。这类规范性文件所处的法律层级决定了其不得与宪法、法律相抵触，既不能变更宪法、法律的具体条款，也不能违背宪法、法律的原则、精神及其隐含的要求。这些规范性文件内容广泛、数量众多，在不同范围内和不同程度上具有确定的法律约束力，是教育法体系中数量最多、在实际工作中起主要作用的一类法源。

行政法规的立法范围包括为实施某部法律而需要通过行政法规加以规定的事项，以及《宪法》第89条规定的国务院行政管理职权的事项等。此外，应当由全国人民代表大会及其常务委员会制定法律的事项，国务院根据全国人民代表大会及其常务委员会的授权可先制定行政法规。但这类行政法规一般在制定法律的条件成熟时，应由国务院及时提请全国人民代表大会及其常务委员会制定法律。

由于行政法规所涉范围广泛，因此其名称比较多样，一般使用条例、办法、规定、章程、指示、决定、通知等。其中对某一方面的行政工作作比较全面、系统规定的，可称“条例”“章程”等；对某一方面的行政工作作部分规定的，可称“规定”“决定”等；对某一项行政工作做比较具体规定的，可称“办法”“指示”“通知”等。它们之间的区别是：在范围上，条例、规定适用于某一方面的行政工作，办法仅用于某一项行政工作；在内容上，条例比较全面、系统，规定则集中于某个部分，办法比条例、规定要具体得多；在名称使用上，条例仅用于法规，规定和办法在规章中也常用到。行政法规以“命令（令）”发布，经国务院总理签署公开发布的行政法规均由新华社发稿，《国务院公报》《人民日报》全文刊载。

根据《宪法》，国务院还有权发布命令和决定，其中具有规范性特征的规定，也是法源之一。国务院作为我国最高权力机关的执行机关，它在教育方面所制定、发布的法规、决定和命令等规范性文件，对全国范围内执行宪法和法律中有关教育方面的规定具有重要意义。

依照行政诉讼法的规定，行政法规是人民法院进行行政审判的正式依据之一，这肯定了行政法规对于行政审判活动的绝对约束力。行政法规可以直接依据宪法、全国人民代表大会及其常务委员会制定的法律，对一般公民法人或其他组织在行政管理领域的权利义务做出具体规定。对于各种行政违法行为的处罚，可以在符合宪法、法律的前提下，做出带有创制性的规定，并且可以在不违背宪法、法律基本精神的前提下，对社会生活中某些尚未受到法律调整的社会关系做出行政法调整。

（四）地方性法规

《宪法》第 100 条规定：“省、直辖市的人民代表大会和它们的常务委员会，在不同宪法、法律、行政法规相抵触的前提下，可以制定地方性法规，报全国人民代表大会常务委员会备案。设区的市的人民代表大会和它们的常务委员会，在不同宪法、法律、行政法规和本省、自治区的地方性法规相抵触的前提下，可以依照法律规定制定地方性法规，报本省、自治区人民代表大会常务委员会批准后施行。”根据这一规定，地方性法规是指省级人民代表大会及其常务委员会（包括省、自治区、直辖市的人民代表大会及其常务委员会），省、自治区的人民政府所在地的市和国务院批准的较大的市的人民代表大会及其常务委员会所制定的规范性文件的法律形式。根据宪法规定，地方性法规的立法目的在于根据本行政区域的具体情况和实际需要，实施宪法、法律和行政法规，其前提是不得同宪法、法律和行政法规相抵触。省级地方性法规在制定、发布时须报全国人民代表大会常务委员会备案。设区的市级别的地方性法规在制定、发布时须报本省、自治区人民代表大会常务委员会批准。地方性法规的名称，通常有条例、办法、规定、规则、实施细则等。地方性法规只在本行政区域内有效。

（五）自治条例和单行条例

自治条例和单行条例属于自治法规。在我国，自治法规由民族自治地方的人民代表大会及其常务委员会制定和发布。《宪法》第 116 条规定：“民族自治地方的人民代表大会有权依照当地民族的政治、经济和文化的特点，制定自治条例和单行条例。自治区的自治条例和单行条例，报全国人民代表大会常务委员会批准后生效。”这些自治条例和单行条例中有关教育的内容，也是教育法的法源。

（六）行政规章

《宪法》第 90 条规定，国务院“各部、各委员会根据法律和国务院的行政法规、决定、命令，在本部门的权限内，发布命令、指示和规章”。《地方各级人民代表大会和地方各级人民政府组织法》第 74 条第 1 款规定：“省、自治区、直辖市的人民政府可以根据法律、行政法规和本省、自治区、直辖市的地方性法规，制定规章，报国务院和本级人民代表大会常务委员会备案。设区的市、自治州的人民政府可以根据法律、行政法规和本省、自治区的地方性法规，依照法律规定的权限制定规章，报国务院和省、自治区的人民代表大会常务委员会、人民政府以及本级人民代表大会常务委员会备案。”根据以上法律规定可知，行政规章是国务院所属各部、各委员会与省、自治区、直辖市以及省、自治区的人民政府所在地和经国务院批准的较大的市（自治州）的人民政府所制定的规范性文件的法律形式，也是教育法的法律渊源之一。这些行政规章包括了许多教育方面的内容，其中凡属于规范性的内容都是教育法的组成部分。但这类规范的法律效力要低于国务院制定的法规、决定和命令，其内容不得与宪法、法律及法规相抵触，主要是为国家有关教育的法律、行政法规的实施问题而制定，目的在于保证相关法律、法规的实施。

行政规章与行政法规同属于行政机关制定的规范性文件，但二者的区别在于，行政法规的调整对象一般是行政管理领域带有普遍性、全局性、原则性以及意义重大的法律实施问题；行政规章的调整对象则限定在行政管理领域中某些特殊的、局部的、具体的问题；行政法规的制定主体是国务院，即中央政府，而行政规章的制定主体或是国务院所属的各部委，或是有制定行政规章权的地方政府。行政规章对于行政审判活动不具有绝对的约束力，只是人民法院在行政审判活动中的一种参照。为此行政规章对一般公民、法人或其他组织在行政管理领域的权利义务所做的规定，不仅要符合宪法、法律的规定或精神原则，同时还必须以某项具体的行政法规、地方性法规为直接依据，或者有法律法规对其所通过的条文内容的明确授权。尤其是有关罚则条款的规定，只能严格依据行政法规、地方性法规所规定的种类、方式、幅度，而不得越权做出创设性规定。

综上所述，我国教育法的法源是由宪法、法律、行政法规、地方性法规、自治法规以及行政规章构成的。这些不同国家机关制定，具有不同法律地位和效力的法律渊源，构成了我国多种类、多层次的教育法体系。正确认识它们之间的相互关系，有助于我们深入了解教育法的特点，在日常工作中得以更好地依法办事。

三、教育法的部门法定位

（一）教育法的部门法定位问题概述

一个国家的现行法律规范尽管在形式上多种多样，在具体内容上各不相同，在功能上也存在差异，但众多法律并非杂乱无章。若干相关的法律规范构成了法律制度，若干相关的法律制度又构成了一个法律部门，这些法律制度和法律部门之间既存在着差别，又互相联系和制约，共同构成了一个内在协调一致的有机整体。

对法律所做的部门法定位是就一个国家现行法律整体内部的部门法划分而言的。影响各国法律部门划分的因素是多方面的，社会经济因素、法律文化传统的不同决定了各国法律部门分类上的不同特点。罗马法以来的公私法分类学说对西方各国，尤其是大陆法系国家具有深刻的影响。这一学说把国家和个人明确区分，其中公法是共同的国家利益的体现，而私法则是私人利益的体现。二者的区分和对应构成了法律制度的两个基本组成部分。现代各国的部门法基本上是根据这一标准来划分的。按照公私法的这一划分标准，教育法一般被视为公法，是行政法下属的一个分支。但也有不同看法，《大不列颠百科全书》就说："大量有关公共卫生、教育、住房和其他公共事业的实体法，从逻辑上看，可以被认为是行政法整体的一部分；但从实践的观点来看，由于它的内容庞杂，很难纳于单一的体系。"由此可见，教育法在部门法定位上具有某种不确定性。

我国在长期的封建社会中，并没有正式的部门法分类。直至清末沈家本修订法律，才结束了"诸法合体"的状况。新中国成立前的法律分类一直采用大陆法系的公私法分类模式，1949 年以前的民国《六法全书》(六法指宪法、民法、商法、刑法、民事诉讼法、刑事诉讼法）中的划分根据，就是大陆法系的部门法划分标准。新中国成立后，法律理论的研究曾受到苏联观点的影响，部门法划分主要以法律调整的对象、方法为标准。按这一划分标准，我国法律体系的部门法大致有宪法、行政法、刑法、民法、经济法、劳动法、婚姻法、刑事诉讼法、民事诉讼法、组织法等。按这一划分方法，教育法应归入行政法之中。

各国的法律分类虽然各不相同，但教育法属于行政法曾经是普遍为人们所接受的主张，在 20 世纪 50 年代以前并无不同意见。教育法在法律体系中的这一地位是与它当时的作用、性质，与当时教育社会关系领域的广泛程度以及相应法律规范的多寡程度相适应的。

20 世纪 50 年代以来，由于社会经济的迅速发展，世界上大多数国家的社会关系都出现了剧烈的动荡和分化，它同样反映到教育领域中。教育事业的急剧膨胀，使原本相对来说显得较为次要的国家与教育的关系变得非常重要；教育内部结构日益复杂，使原来的调整手段相形见绌；教育与社会相互作用的增强以及教育对社会的全面渗透，不仅使原已存在的教育关系日益引起社会的关注，而且造成了一系列全新的社会关系。教育发展不断地提出新的法律要求，法律大规模地向教育的各个层次渗透，一些原来不属于法律调整的社会关系，也开始运用法律调整的手段，并随着法律规范的增多而逐渐形成了若干具体的法律制度，如学校制度，义务教育制度，职业培训制度，高等学校招生和考试制度，学位制度，教师资格和职务制度，教师聘任制度，课程指导制度，教科书制度，奖学金、助学金和贷学金制度，等等。这些法律制度彼此间互相联系、互相协调、互相制约，构成了一类以共同的社会关系为调整对象的法律体系。教育法的这一引人注目的变化在许多国家的法律界产生了对于教育法地位的不同意见。例如，日本法学界在

20世纪60年代教育法学产生和发展的过程中，就出现了两种对立主张的争论，即“教育行政法规说”和“教育制度独自法说”之争。①

“教育行政法规说”是一种传统的主张，它导源于“国家教育权论”，代表者是当时的日本教育学者相良惟一。他认为教育是国家和地方公共团体的事业，是国家行政的一部分，因此“教育法规也就是有关教育行政的法规”②。“教育制度独自法说”则强调教育具有行政法的调节手段所不能制约的独特性。这一主张的代表者是当时的日本东京都大学教授兼子仁。他认为教育与教育行政不能完全等同，教育制度特有的法理构成了教育法特有的体系和领域。因此教育法规是固有法规，在现行法制中教育与教育行政应具有法的分离性。③ 由于对教育法地位的认识不同，因此对教育法的体系和分类也就表现出很大的差异性。“教育行政法规说”主张教育法的体系与分类应以国家教育法规和地方公共团体（地方政府）教育法规为两大基本部分。与此相反，“教育制度独自法说”主张教育法规的体系与分类应以教育活动与教育制度的内在逻辑为基本依据，分为教育基本法规、有关学校教育和社会教育制度的法规、有关教育职员的法规、有关教育行政与财政的法规等。从已出版的各种教育法学著作看，日本教育法学界还是比较倾向于“教育制度独自法说”。

我国在1949年新中国成立后的很长一段时间内，由于立法工作未能充分开展，法律的数量十分有限，因此在法制工作实践中并不需要明确的部门法分类指导。各种法学著作一般都套用苏联的部门法分类，教育法被归入行政法。20世纪80年代末，随着社会主义法制建设的逐步开展，部门法体系问题逐步受到法学界的重视。在教育法学界展开的对于教育法归属问题的讨论中，大致形成了三种不同的主张。相当一部分学者仍持传统的观点，认为教育法就其性质和内容而言，应归属行政法，是部门法的一个分支。这种主张可见于近年来出版的许多法学著作中。另一种主张认为教育法不应归入行政法，而应另行考虑。中国社会科学院吴大英等学者建议我国社会主义部门法由以下十个部门法组成：（1）宪法；（2）行政法；（3）民法；（4）经济法；（5）劳动法和社会福利法；（6）自然资源法和环境保护法；（7）文教科技法（又可称智力开发法）；（8）刑法；（9）司法程序法；（10）军事法。他们认为文教科技法“主要涉及文化、教育、科学技术方面的法律，其目的都在于智力开发，因而又可称为智力开发法。在我国，迄今为止这方面的法律为数有限且极为分散，从尊重知识、尊重人才、重视文教科技等各种因素来考虑，亟应加强这方面的法律。这一部门法中主要包括以下并行的、第二层次的部门法：教育法、科学法、版权法、专利法、发明奖励法、新闻法、出版法、文艺法、广播电视法、文物保护法等”④。这种主张把文教科技等领域划分为一个独立的部门法，教育法在这个部门法中的地位仍属于部门法的一个亚支。何瑞琨则进一步主张，我国教育法应是一个独立的法律部门，他认为“教育法以特有的教育关系作为调整对象，有独有的法律关系主体和法律基本原则，并有相应的处理方式，因而它成了现代国家法律体系中不可

① 永井宪一，今桥盛胜．教育法入门［M］．东京：日本评论社，1985：8-15．
② 相良惟一．教育法的基本知识［M］．东京：明治图书，1960：11-12．
③ 兼子仁．教育法［M］．东京：有斐阁，1963：4．
④ 吴大英，沈宗灵．中国社会主义法律基本理论［M］．北京：法律出版社，1987：247．

缺少的一个独立的法律部门。教育法在法律体系中独立地位的确立，对法律体系的完善和发展，对教育法制的建设，都有很重要的意义”①。

2011 年 10 月，国务院新闻办公室发布了《中国特色社会主义法律体系》白皮书，该白皮书全面总结了中国特色社会主义法律体系的形成、构成、特征、完善问题，提出中国特色社会主义法律体系是以宪法为统帅，以法律为主干，以行政法规、地方性法规为重要组成部分，由宪法相关法、民法商法、行政法、经济法、社会法、刑法、诉讼与非诉讼程序法等七个法律部门组成的有机统一整体。在这一法律体系中，教育法被明确列为行政法部门。白皮书还依据社会变迁的新情况及时调整了我国的部门法分类，把社会法列为独立的部门法之一。社会法是调整劳动关系、社会保障、社会福利和特殊群体权益保障等方面的法律规范，遵循公平、和谐和国家适度干预原则，通过国家和社会积极履行责任，对劳动者、失业者、丧失劳动能力的人以及其他需要扶助的特殊人群的权益提供必要的保障，维护社会公平，促进社会和谐。②

（二）教育法在我国部门法体系中的定位

从以上对教育法的部门法定位的历史回顾可以看出，一国的法律体系是以本国的全部现行法为基础的，而任何一个国家的法律总是随着社会关系的变化而变化的，因此部门法的划分不是一成不变的。但是任何一种划分方法都必须以一定的标准和原则为基本依据，否则这种划分就无法进行。在实践中，人们经常把教育法看作综合性法律部门。例如美国、德国等国的教育法学著作一般都不把教育法归于单一的法律部门，而把它看成有关教育的各种法规的总和。在我国，也有人根据上述理解，把教育法界说为国家机关依照法律程序制定的有关教育的法律。这样一个泛指的或广义的领域法定义，从一个侧面反映了从事法律实践的人们对教育法制建设的基本理解。在这里，教育法的意思基本等同于教育法律调节领域的法律。一般来说，这种理解也是容许的，人们通常也是从领域法的角度来汇编教育法律法规、编写教材和开设课程的。但是，这一泛指的或广义的教育法定义并不是严格意义上的教育法定义，它无助于人们准确地认识教育法的性质。因为尽管我们可以把教育看作法律调整的一个领域，把教育法看作调节教育领域内社会关系的法律，然而教育法本身并不是调节教育领域全部社会关系的法律。事实上，其他很多部门法都在不同程度地对教育领域的社会关系进行调节。因此，从逻辑上说，上述定义与被定义者的外延是不对等的。忽视这一问题必会使教育法的概念产生歧义，无助于我们理解和掌握我国的现行教育法律法规，也无助于我国教育法体系的规划和建设。

综上所述，我们应当这样来理解教育法的部门法定位：教育法体现了国家对教育的干预和管理，或者统称为国家调控教育的原则。在我国，这种调控大多数情况下都是通过行政方法实现的，因此教育法就其基本的和主要的方面看，仍然具有行政法的基本性质和特点，从逻辑上看将其归于行政法部门是合理的，可以界说为调节教育行政关系的一类法规的总称。但从实践的需要看，教育法由于调整对象的广泛性和复杂性，其内容

---

① 何瑞琨. 中外教育法知识 [M]. 沈阳：辽宁大学出版社，1987：8.

② 中华人民共和国国务院新闻办公室. 中国特色社会主义法律体系 [S]. 北京：人民出版社，2011.

又很难为行政法所完全包容，因此它与行政法的关系就不是简单的母法与子法、总则与分则的关系，而应当是居于宪法之下，以一个总法、若干个教育部门的单行法律、数十个行政法规以及因需要而制定的一批行政规章和地方性法规构成的相对独立的一套法律法规。

如此理解的教育法，可以使我们的立法工作避免放任自流、动荡不定，避免不能容许的重复以至混乱，使法律体系保持逻辑上的自洽性和结构上的相对稳定性。现代世界各国都有相对独立的教育法律法规体系，但一般并不将教育法作为独立的部门法看待，这并不是偶然的。

但是，教育法主要涉及发展教育方面的法律，其目的在于管理、保护、促进人才培养和智力开发，从而使教育法不同于一般意义上的行政法，在调整方法上具有了不同于行政法的特殊性。尤其是近几十年来，一个社会多样化和横向化的进程正在世界范围内展开，由此导致教育的面貌发生根本变化。原先的总体社会结构经过分化和统合，出现了若干具有不同利益追求的社会群体，社会结构逐步趋于多样化。社会的多样性代表着社会的文明程度，维护着社会的公平正义，因而具有极为重要的意义。而社会的横向化发展针对的是以层级制为主要特征的传统社会结构形式，是对其所存弊端的补救、矫正。特别是现代信息技术的发展，通过软件的近乎无限的接入能力、实时通信能力以及超强运算能力，使社会结构的扁平化成为可能。在我国，社会的多样化和扁平化进程大概始于 20 世纪 90 年代的社会转型之时，计划体制下的金字塔式社会结构逐渐出现了向多样化和扁平化结构发展的趋势，公共事务的决策权通过简政放权改革开始向社会的下层移动。在社会阶层结构发生分化和统合的过程中，社会的利益关系出现了向多样化发展的趋势，形成了若干利益追求不同的群体。不同利益群体的利益追求在某些情况下可能趋于一致，但在多数情况下并不完全趋同，而是表现出某种多元化和异质化的特征，导致原先的社会利益均衡被打破，社会运行的基本方式也被迫做出某种应对。

我国社会的多样化和横向化发展趋势虽然缓慢，但对于教育的影响却非常明显。全民教育和终身教育的理论与实践诠释了社会发展多样化和横向化的教育内涵，是对这种发展趋势的理性回应。其中全民教育反映了教育民主化的要求，即通过向民众提供知识、技术、价值观和人生观，使他们获得自尊、自立的地位，改善自己的生活并为社会发展做出贡献。终身教育则为人的持续发展提供了制度保障，针对不同个人及其不同生命阶段的特点和需求，保证每个人都能获得平等的发展机会。由此可见，全民教育和终身教育在价值取向上都要求自主选择能真正成为个人的一种具有合法性、正当性的教育权利。面对教育需求呈现出的多样化、横向化倾向，教育领域内各种社会关系正以一种相互交错的发展之势迅速发展，学校与政府、学校与教师、学校与学生的关系开始呈现出某种不同以往的特点，因而教育法所调整的对象与范围不可避免地会同其他法律部门发生交错。如果对教育法的理解仅止于调节教育行政关系，其结果必定会使教育领域中的很多方面变得无法可依。因此，教育实践对教育法定位提出的要求是必须善于区别必要的交错及不能容许的重复和混乱。从发展的眼光看，随着法律向教育各个层次的渗透，随着公法、私法相互融合的进一步展开，教育法在实践中将越来越难以完全纳入行政法部门体系之中，为此教育法从行政法中分离出去的可能性也是存在的。

第二节　教育法的调整对象

一、法律关系：法律的调整对象

（一）法律关系概说

社会生活中的权利义务关系，其中被法律调整的部分即法律关系。法律关系是由法律所确认和调整的人与人之间的权利和义务的关系。同其他社会关系相比较，这类特殊的社会关系具有如下基本特征：

第一，法律关系是由法律法规所规定和调整的社会关系。任何一种法律关系都是以与这种法律关系相适应的法律规范的存在为前提的，如果不存在相应的法律规范，那么这种社会关系就不会具备法律关系的性质。如人们的友谊关系、恋爱关系等，一般都不由法律来规定和调整，因此不具有法律关系的性质。同时，由于各种法律规范所确认和调整的人们的权利和义务关系的性质不同，法律关系的性质也因此有所不同，如父母和子女的关系是由婚姻法来确认和调整的，因此属于民事方面的法律关系。由此可见，任何一种法律关系必定以与这一法律关系相应的法律规范的存在为前提。

第二，法律关系是以法律上的权利和义务为内容的社会关系。法律关系是国家的法律规范在调整人们行为的过程中形成的一种特殊的社会关系，是以法律上的权利和义务为内容的社会关系。这种权利的行使和义务的履行是由国家的强制力来保障的。任何侵犯他人合法权利和不履行法定义务的行为，都将受到以国家强制力为保障的法律的制裁。由此可见，法律关系不同于其他社会关系的特殊性，不仅在于它以法律上的权利和义务为内容，而且还在于这种权利的实现和义务的履行由国家强制力来保障。

第三，同一社会性质的社会关系，由于涉及不同社会领域而分为不同种类，为此社会关系的不同便构成了划分部门法的首要标准。凡是调整同一种类型社会关系的法律规范，便划归同一法律部门，如调整行政关系的法律规范构成了行政法部门，调整民事关系的法律规范构成了民法部门，调整劳动关系的法律规范构成了劳动法部门，调整婚姻家庭关系的法律规范构成了婚姻法部门，如此等等。由此可见，衡量一个法律部门能否独立，关键是看其所调整的社会关系在整个社会关系体系中的地位如何。例如，在判断教育法是否有条件独立时，应当考虑教育领域的社会关系是否有独立的内涵，这种社会关系的稳定性如何，它的存在对社会发展的影响如何，此类关系对新的法律手段的依赖性如何等。

（二）教育法律关系的特点

教育法律关系主要涉及下述几个方面：行政机关与学校的关系、行政机关与教师的关系、学校与教职员工的关系、学校与学生的关系、学校与社会的关系等。这些关系尽管错综复杂，但依据其主体地位的不同可以分为两类，即具有隶属性质的纵向型教育关系和具有平等性质的横向型教育关系。这种归类方法可见于日本的教育法学著作中。日本学者一般将教育法所确认和调整的社会关系分为第一法律关系和第二法律关系。第一法律关系是指国家、自治体（地方政府当局）、教育行政机关、学校、教员、社会教育机关教职员工以及与教育有关的机关之间权限与责任、义务所构成的法律关系，这类关系一般都属于纵向型教育关系。第二法律关系包括国家、自治体、教育行政机关、教育机关与青少年、学生、父母、国民、研究者、出版社之间由于矛盾纷争所构成的法律关系，这类关系中的相当一部分属于横向型教育关系。可见具有隶属性质的纵向型关系和具有平等性质的横向型关系是教育领域普遍存在的两类法律关系。①

纵向型教育关系是国家行政机关在实施教育行政过程中发生的关系，反映的是国家与教育的纵向关系，即国家如何领导、组织和管理教育活动。一般来说，纵向型教育关系的主体主要包括国家行政机关和其他国家机关、企业事业单位、社会团体以及公民。这类关系主要在如下两种情况下发生：一种情况是国家行政机关在行使教育行政职能时与教育行政的相对方学校及其他教育机构、教职员工、学生及其家长等构成的纵向型关系。企业事业单位、社会团体、公民个人在一定条件下也可以依法参加到这一关系中，充当这一关系的当事人。另一种情况是公办学校作为法律法规授权组织，在行使法定的公权力时，与在校学生之间构成的纵向型关系。这是一种具有特别权力性质的教育管束关系，学校在遵循法律保留原则的前提下对学生的管理具有单方面性和强制性。

纵向型教育关系虽具有行政法律关系的一般性质，但与行政法律关系相比又有很大的差异性。这是因为学校活动是在民主化、科学化的要求下进行的，参与这一活动的主体教师、科研人员以及学生都属于脑力劳动者，从事着精神领域中的创造性活动，这就要求这一关系必须以尊重知识、尊重创见和实践、尊重人的智慧和才干为前提。因此纵向型教育关系与一般行政管理之间的领导与服从、命令与执行的隶属关系不同，它必须同时体现教学民主和学术民主，为学校的创造性工作创造一种宽松、和谐的环境。实现这种关系主要是通过国家宏观指导的管理运作机制，国家通过制定大政方针、培养目标、规划教育事业的发展规模、拨付教育经费以及对学校工作的评估、督导等措施来调控指导学校工作。学校则成为具有自主办学地位的独立实体，具有人事、财政乃至专业设置、教材选用等实权。同时学校必须依靠广大师生和社会各个方面，实行民主办学。纵向型教育关系的上述特征，是教育活动客观规律的体现，它要求法律在调整这方面的关系时，不应将其与一般的行政关系同等对待。

横向型教育关系是不同于纵向型教育关系的另一类法律关系，是在不具有隶属关系的学校与行政机关、企事业组织、社会团体、社区、个人之间在教育活动过程中发生的关系。这类法律关系是在共同意思表示的基础上建立起来的，各方主体之间在教育教学活动中所引起的财产所有和流转是这类关系的主要内容。横向型教育关系涉及面颇广，其中相当一部分社会关系应当由民法加以确认和调整，因而不属于教育法的调整范围。

① 今桥盛胜. 教育法与法社会学［M］. 三省堂，1983：25-28.

但也有一些具有明显教育特征的横向型关系，例如由于扩大了学校的办学自主权，高等学校和职业技术学校在执行国家的政策、法令、计划的前提下，有权在计划外接受委托培养学生和招收自费生；与外单位合作，建立教学、科研、生产联合体。在办学体制上，除了国家办学外，鼓励集体、个人和其他社会力量办学；提倡各单位自办、联办或与教育部门合办各种职业技术学校；在高等教育方面，除了原有的办学体制外，积极倡导部门、地方之间的联合办学。在新的体制下出现的关系和矛盾中，各主体之间一般并不具有行政隶属关系，而构成了一类特殊的具有横向性质的社会关系。为此应制定专门的行为规范来调节这类关系，既有利于规范学校的行为，又有利于保护学校的合法权益免遭侵害。

二、学校与政府关系

学校与政府之间的关系主要表现为政府依法对各级各类学校进行行政管理、行政干预和施加行政影响，学校则处于服从的地位，必须履行行政命令所规定的义务。同时，学校可以依法享有独立自主的办学权利并可以对政府行使以建议批评为中心内容的监督权。作为一种行政法律关系，这一关系的主体、权利和义务都是由行政法律规范预先确定的，当事人没有自由选择的余地。政府机关在与学校建立关系时以国家的名义出现并行使法律规定的职权；在学校不履行规定的义务时，政府机关可以强制其履行，而政府机关不履行职责，学校只能请求其履行或通过有关国家机关提出申诉或诉讼等方式解决。因此，学校与政府的关系具有不对等性，政府机关作为关系的一方，占据着主导地位，政府机关采取的与学校有关的行政行为，都不可避免地会对学校产生直接的权威性的促进、帮助或限制、制约作用。

在许多国家，早期的公立学校曾是教育行政组织权力链上的一个环节，有明确的权力行使人，对何时、何地、如何行使权力等也都有明确的要求。近年来，由于学校中出现了知识价值上升和职权价值下降的趋势，分权问题成为人们讨论的一个热点，其中主要问题是如何分散行政部门的决策权、降低决策集中化的程度，给予学校更多的内部管理、课程决策和教学工作改革方面的自决权，以此提高学校效能、克服官僚主义。尽管有以上这些变化，政府对学校的宏观控制仍然是十分明显的事实，这主要是通过立法、督导和经费三个杠杆的作用来实现的。立法的作用在于严格规定学校组织在教育活动中所拥有的法律地位、权利、应该履行的法律义务和必须承担的法律责任，严格规定学校的体制、目标、任务，以及学校建立和维护符合国家根据利益所需要的学校教育制度。对各级各类学校的督学制度则起着承上启下的作用，做到上情下达，避免和防止政府机关管理学校过程中的官僚主义和命令主义。对教育经费的分配手段则可有效地调整国家办学的重点、方向和控制每所学校的规模。通过以上有效手段，政府机关基本上控制了整个学校系统（包括国立学校、公立学校和私立学校）的大局和方向。这种宏观管住、微观放活的做法要比那种事无巨细，一概由行政机关包揽的办法显然高明、有效。

我国的学校与政府关系是按照统一领导、分级管理的原则建立起来的。根据《宪法》

和其他相关法律的规定，中央和地方之间，以及省（自治区、直辖市）、市（地）、县、镇（乡）四级各有明确的职责。其中县、镇（乡）两级担负着管理农村中小学的重要责任。县一级政府直接管理本县所辖普通中小学、职业中学、职业技术学校以及学前教育机关和校外教育机关。镇（乡）一级是我国农村的基层政权，为充分发挥镇（乡）管教育的作用，镇（乡）成立由镇（乡）政府、企业、学校负责人及财税等有关人员兼职组成的镇（乡）管学机关。镇（乡）管学机关负责履行对本镇（乡）中小学的管理职能，及时传达、指导并督促各学校贯彻落实上级有关文件精神，统筹、监督、指导各学校科学使用和管理教育经费，督促、指导各学校按要求扎实开展教育教学和各项业务工作，切实加强教师队伍建设，努力提高各学校管理水平和教育教学质量。地区、自治州一级政府领导、检查所辖市县的师范院校、高中、完全中学的全面工作。直辖市所辖区、县政府管理所辖中小学、学前教育机构和校外教育机构、职业技术教育学校。凡是培养技术人员和干部的，以教育部门为主综合管理，劳动部门配合；凡是培养后备技术工人的，以劳动部门为主综合管理，教育部门配合。地方政府对职业技术教育学校进行统筹领导，其中面向城市的学校由省和中心城市两级统筹；面向农村的学校由县负责统筹。高等学校与政府的关系可分为三类：一类是由教育部主办和管理的高等学校；一类是由国务院有关部门主办和管理的高等学校；一类是由省、自治区、直辖市主办和管理的高等学校。

我国各级各类学校与政府关系的调整，其基本的问题是如何形成一个既便于各业务部门之间的统筹协调，又能有效调动各级政府和社会各个方面的办学积极性，学校又有较大的自主权的管理关系。长期以来，政府对学校的管理一直沿袭着指令性计划的管理方式，学校很少有自主办学的余地。因此，调整学校与政府的关系，总的指导思想是通过向学校赋权，落实学校的自主办学地位，使学校的办学活动能适应经济和社会发展的需要。为此，应当充分运用法律调整手段，明确学校与政府各自的职能分工。在权利与义务的设定上，应当区别政府的管理职能和学校的办学职能，在加强政府的决策、立法和督导等宏观控制的基础上，落实学校的办学自主权，使学校真正成为独立自主的办学实体。

三、学校与社会关系

学校作为一种具有特定功能的社会组织，与社会各方面存在着广泛的联系。学校与国家机关、企业事业组织、社会团体及其他社会组织和个人之间，既有相互协作、相互支援的关系，又存在复杂的民事权益所有和流转上的关系。在这些关系中，学校是以独立的民事主体资格参与其中的。这就在客观上要求国家通过法律确认学校的独立法律地位，规定学校与企事业单位、集体经济组织、社区组织、社会团体、公民之间的权利义务关系，保护学校的合法权益，促进教育事业的顺利发展。

对高等学校、中等职业技术学校而言，学校与社会关系主要体现在：学校在人才培养、科学、技术开发和推广、社会服务等方面与企业事业组织、社会团体及其他社会组织有着多种形式的合作；企业事业组织、社会团体及其他社会组织和个人通过适当形式，支持学校的建设，参与学校管理；国家机关、军队、企业事业组织及其他社会组织为学校组织的学生实习、社会实践活动提供帮助和便利；学校在不影响正常教育教学活动的前提下，参加当地的社会公益活动；等等。对中小学校而言，学校与社会关系主要体现在：未成年人的父母为其未成年子女接受学校教育提供必要条件，配合学校对其未成年子女进行教育；学校、教师对学生家长提供家庭教育指导；学校同基层群众性自治组织、企业事业组织、社会团体相互配合，加强对未成年人的校外教育工作；图书馆、博物馆、科技馆、文化馆、美术馆、体育馆（场）等社会公共文化体育设施，以及历史文化古迹和革命纪念馆（地），对学校师生实行优待，提供便利，支持学校教育；等等。

《教育法》第32条规定："学校及其他教育机构具备法人条件的，自批准设立或者登记注册之日起取得法人资格。"因此，学校是作为民事主体参与到与社会主体的法律关系中的，在民事活动中依法享有民事权利，承担民事责任。以上列举的学校与社会的各种关系中，学校以独立法人的资格参与这类社会关系，主要受民法的调整。但是近年来这一领域的社会关系趋于复杂，学校经常处于不利的地位，这说明学校的合法权益在这些地方还没有得到有效的保护。为了更好地发展学校与各种社会组织以及公民之间的相互协作和相互支援的关系，同时也为了有效地保护学校的合法权益，学校应当学会用法律手段来保障自己的权利。

如何处理学校与社区的关系问题是学校与社会关系中的一个突出问题。不同社区、不同社区背景以及社区内各种群体的变化，都会对学校产生深刻的影响。学校既受国家的总体社会经济发展规划的制约，又要与所在社区的发展相适应。同时，学校作为社区发展计划的一部分，又对社区的发展起着巨大的作用。20世纪50年代以来，世界各国都普遍地强调学校的地方性，加强学校与社区之间的关系，把带有地方色彩的政策、法规、制度、措施注入学校管理之中。为使学校与社区之间沟通联系，学区还通过成立各类组织或实施相关项目来达到各种不同的目的，如"公民顾问委员会""企业对学校的挂钩资助计划""家长访校计划"等。这些组织和项目是帮助社区和学校获得新的见解、事实、概念的合适媒介。高等学校与社区的联系尤为直接。美国《高等教育法》就规定，以拨款的形式促进高等学校扩大对社区服务的范围，例如开设补充课程和继续教育课程等。学校与社区之间日益紧密的功能联系，使得学校、地方教育行政机构与所在社区的各企业、社会团体、公众、家长之间的关系变得越来越重要，为此设定有关各方面的权利与义务，求得有关主体之间的利益均衡与协调，就是法律调节的一个重要方面。在我国，很长一段时间学校实行"统一领导、分级管理"的体制，即在国家统筹安排下，分别由中央和地方的行政机关作为学校与其所在地方的中介来实现学校与地方的联系。学校的培养计划、招生计划由国家统一制定下达，毕业生由国家统一分配调拨，地方对教育的投资也由国家统一分配给学校。学校与地方之间的联系被分割成两个互不关联的部分，地方缺乏培养人才、珍惜人才的紧迫感、责任感，学校也缺乏主动适应地方发展需要的机制。这种割裂的状态在改革开放中变得越来越不能适应形势发展需要。随着教育体制改革以及社区建设的深入发展，学校与社区的直接的功能联系开始得到重视和加强，学校经国家授权，在学校管理、招生和毕业分配、课程和专业设置、经费筹措和使用等方面都取得了相对独立的权利。同时，国家鼓励地方政府有关行政部门、企事业组织及其他社会力量通过各种形式支持教育事业，介入学校建设，监督学校工作，开展教育评价，并与学校开展教学、生产和科研等方面的协作与联系。这些做法对于调动学校的积极性，提高教育效益，加速社区经济建设的是有利的。

四、学校与教师关系

在学校内部，学校与教师之间的关系就其行政性质而言，是一种由权责分配和学校工作的特性所决定的人事管理关系。在这一关系中，二者所处的地位是不对等的。公办学校教师的法律身份或是事业编制的公职人员，或是学校聘用人员，民办学校教师则是学校法人的聘用人员。因此，学校与教师之间的关系是一种隶属和平等相统一的聘用关系。我国公办学校已逐步以聘用制取代传统的具有行政性质的人事管理制度，这是以合同的形式确定学校与教师基本人事关系的一种管理制度，是通过订立聘用合同，确定双方聘用关系，明确双方责任、权利、义务的一种教师管理制度。相对于传统的教师委任制而言，教师聘用制所构成的学校与教师关系具有某种横向平等的性质。与此同时，为了完成学校工作的共同目标，必须有职责明确的组织分工和许多人在工作上的同心协力与合作，因此，学校又须对教育教学过程进行有效的指挥和协调。教师在进行工作时不容各行其是，必须服从学校的意志。学校依据法律或合同的约定，可以向教师布置任务、监督和评价教师的工作。同时，教师在任用期内享有聘用合同规定的相应权利以及作为公民应享有的其他权利。对于学校侵害教师权利的行为，教师可以通过一定程序提出申诉、仲裁，其中因辞职、辞退及履行聘用合同所发生的争议，也可以向法院提出诉讼。由于立法的影响，学校与教师关系的法律调节已有了很大的发展，特别是有关教师在聘用过程中的合法权益，法律正在逐步完善有关程序、内容和方法。

由于教师是具有较高文化程度和专业技能的职业群体，教学工作在很大程度上依赖于教师个体积极性的发挥，因此学校对教师应进行合理的管理与使用，应根据教师劳动个体化程度较高的特点，给予教师较大的自主权，实行教学民主与学术民主，以利于发挥教师的主动性和创造性。教师除了应服从学校的领导之外，根据学校民主管理的原则，可以通过教职工代表大会行使民主权利，参与学校管理。

五、学校与学生关系

学校与学生的关系，既是教育与被教育的关系，又是管理与被管理的关系。学校对学生的管理，其目的在于使学生既有良好的学习习惯、生活习惯和行为习惯，又有基本的自理能力、自治能力和独立生活能力，同时也在于使学校形成一个良好的教学环境，使教学工作有一个正常的秩序，使学生在学校中能愉快地学习、健康地成长。因此，对学生的管理在一定意义上可以看成一种教育。对学生的管理必须有利于每个学生的全面发展，必须具有教育性，必须做到有管有放、有宽有严，必须体现平等、尊重的精神，重在培养与疏导。

但是，对学生的管理既然是一种管理，就必然涉及管理者与被管理者之间权利与义务的设定，必然会构成以学生管理为前提的法律关系。西方教育法学理论认为，学生如同其他公民一样，是从属于社会的，为此国家赋予他应有的法律权利和自由。同时学生又是家庭的一个成员，是从属于父母的管理和教育的，父母只要依据宪法和法律关于健康、安全、发展和一般福利的规定对其子女进行管教，国家就不能干涉父母对子女的这一自然权利。但由于教育所具有的社会化功能，父母对子女的管理和教育在很大程度上已为学校所取代，由公立的或私立学校来代行父母管理和教育子女的权利。当然，父母对子女的管教权仍然是得到法律保证的。因此学校与学生的关系经常表现为学校、学生及其家长之间的关系。学校有权要求学生家长按法定的就学年龄送子女进学校学习，有权要求学生接受为学生健康而采取的各种安全卫生保健措施，有权对学生进行奖励和惩罚等。同时，学生及其家长也有权要求学校负担保障学生健康和安全的责任，禁止学校对学生进行任何体罚和人格侮辱，按照法律规定要求学校提供符合健康和发展标准的教育条件。

学生在学校除了享有作为一个公民应享有的各种个人权利和自由，诸如言论权、出版权、请求公正处理权、隐私权外，按照教育法的规定还享有免费学习、使用教学和物质手段、享受助学金与奖学金、免费领取课本、参加学校社团、参与学校管理等权利。在享有权利的同时，学生也应履行一定的义务，遵守学校规章制度，接受学校和教师的教育、管理。在西方国家，许多学校与学生及其家长之间的纠纷是通过法律诉讼程序来解决的。这些案例涉及范围广泛，包括干涉学生的信仰自由和宗教自由、学校对学生的种族歧视和性别歧视、公布学生学籍档案、学生在学校因意外事故的损失而要求赔偿、校方拒绝学生上学等等。

我国学校与学生关系的法律调整是建立在贯彻执行国家教育方针，培养德才兼备的社会主义现代化建设人才的基础上的。依照我国相关法律的规定，学校必须加强对学生的管理工作，保证学校正常的教学秩序和教育质量。在学生学籍管理中，坚持健全管理制度、因材施教、鼓励先进，充分发挥学生的积极性，使其在德智体诸方面生动活泼地主动得到发展。学校有权根据入学、注册、成绩考核与记载、考勤、升级与留降级等有关规定对学生进行学籍管理，对德智体美劳全面发展或在思想品德、学业成绩、体育锻炼等方面表现突出的学生给予奖励。对犯错的学生，学校可视其情节轻重给予批评教育或纪律处分。学校从高中起建立学生档案以便更好了解、考察和培养学生，为招生、招工、征兵、毕业分配等工作提供依据。同时，学校也负有保证学生身心健康和人身安全的责任，禁止体罚和变相体罚，禁止侮辱学生的人格尊严，努力防止意外事故的发生。学生在学校享有充分的学习和发展的权利：有参加教育教学活动，按教学安排使用教学设备和设施的权利；有参加各种有利于发展个人特长的健康活动的权利；有自愿参加校内合法社团的权利；有根据有关规定申请奖学金、助学金和学生贷款的权利；有对教育教学工作和学校管理工作提出建议和意见的权利；有根据法定标准获得相应的学业证书的权利；等等。同时，学生有义务接受思想品德和政治教育，完成规定的学习任务，参加学校组织的社会实践活动和公益活动，参加学校组织的体育活动及其他有益于身心健康的活动，遵守学校的管理制度，养成健康的生活方式等。

第三节 教育法的调整方法

法律调整方法主要取决于法律调整的对象，这是从最根本的意义上讲的，实际上立法者面临的形势和任务、法律实现的职能和立法者的主观认识都会对法律调整方法产生或大或小的影响。区分不同的法律调整方法，是使法律体系更加适合生活需要，使法律的内部与外部、上位与下位更加协调，从而提高法律调整的效果。

一、法律调整方法概说

法律调整方法是法律借以作用于社会关系的方式、手段、办法的总称。法律通过有目的、有组织、有保证、有结果的规范性方法来实现对具体社会关系的调整。如果说法律调整的对象问题回答的是法律影响和作用的对象是什么的话，那么法律调整的方法问题回答的则是法律怎样对它的调整对象施加影响，发生作用。

法律调整方法包括确定法律所调整的社会关系的不同主体、确定这种主体之间权利和义务关系的不同形式以及确定法律制裁的方法等。允许和禁止的不同结合形成了法律调整的三种方法，即允许型方法、设定积极义务型方法和禁止型方法。允许型方法是指一定主体依据生活的需要和利益来选择行为方式，主体行为（不行为）的权利是允许方式的内容；设定积极义务型方法要求主体做出某种积极行为、承担某种积极行为的义务，体现自上而下的要求积极作为的命令，主要用于要求主体必须做出某种积极行为的场合；禁止型方法要求主体不为一定行为，承担不为一定行为（不行为）的义务，是保证权利主体实现其权利的必要条件。这三种调整方法都同主体的权利和义务有关。对于个人和组织而言，这些法律调整基于“法无禁止即可为”的原则而施行，主体只要不违反明确、具体的禁止性规范，就是法律所允许的。而对于国家机关及其工作人员行使权力而言，则要求其行为都得有法律的根据、法律的授权，因此是基于“法无授权不可为”的原则而施行的法律调整。

如果以法律调整行为的不同性质为标准，法律调整方法又可以区分为以下两类：一是通过对主体抽象行为的一般规范，实现对社会关系的一般法律调整。宪法和部门法总则对社会关系的调整就属于这类法律调整方法。宪法关于国家政治体制、经济体制的规定，关于国家主席、从中央到地方各级国家机关职权的规定，关于公民基本权利、义务的规定等，就是对主体行为的一般规范。部门法总则关于该部门法基本原则的规定、关于主体权利能力和行为能力的规定、关于合法行为与违法行为一般界限的规定、关于法律责任的一般规定等，也是对主体行为的一般规范。二是通过对主体具体行为的具体规范，实现对具体社会关系的具体法律调整。部门法的分则和单行法律对社会关系的调整就属于这类法律调整方法。部门法在规范人的具体行为、调整具体社会关系时，经常会把主体的一定行为和主体生活中的其他一些事实与一定法律关系的发生、变更、消灭联系起来，引导主体实施正常行为，以取得对自己有利的法律后果。这一调整方法还会规定主体在具体法律关系中的权利义务，为主体在具体社会关系中可以实施的行为和应当实施的行为划定范围，或将主体在具体法律关系中违反义务的行为与一定的法律责任联系起来，要求主体在相互关系中实施正常的行为，警戒主体在相互关系中实施反常的行为。

在法律运行中，个体及法人自觉地对法律的遵守和运用固然重要，但公共组织的作用更为重要。这是因为个人对法律的遵守和运用，只有在个体能够自治的场合发挥作用，一旦自然人或法人自治能力不及之时，就必须借助公共主体的力量推进法律的运行。为此，不论是国家行政机关还是司法机关，在法律的运行中都起着至关重要的作用，因为它决定着“私力救济”能力不及之时的“公力救济”。司法的最终性和在法律救济方面的权威性使其在法律运行中决定着法律调整的权威效果，司法活动的结果应当而且必须成为法律调整的最后也是最权威的结果。

二、教育法的调整方法

教育法的调整方法是反映在教育法的法律规范和法律体系中的，对教育法调整对象施加法律影响的手段。教育法的调整方法虽然范围广泛，内容丰富，但如果以法律对主体法律地位所做的不同确认为标准，教育法调整的法律关系可以区分为纵向型法律关系和横向型法律关系两类。与此相对应，法律调整的方法也可区分为两类。一类是权威型法律调整方法。这是一类直接产生特定法律效果的法律调整方法，是以权力命令为特点，自上而下进行的，主要用于调整管理型的社会关系。这种社会关系的特点在于一方是拥有管理职能的国家机关和法律法规授权的学校组织，另一方是处于服从地位的其他主体，如各级各类学校教育机构、社会培训机构、学校的学生和教职员工等。双方的行为都由法律做出规定，不容选择。另一类是自治型法律调整方法。这是一种不产生特定法律效果的法律调整方法，是以主体间的协作、平权为特点，主要用于调整教育领域内平等主体之间的社会关系。这种方法表现为法律授予社会关系参加者以一定的权利，使其行为有一定的自主性。

教育法的以上两类调整方法又具体地表现为协商、命令、强制、监督等方法。

1. 协商

当代公共行政以平等、交涉、合意为基本特征的转型，导致法律调整中协商行政开始涌现。作为行政民主化语境下的一项改革进展，协商的调整方法是区别于高权行政的一种新的法律调整方法。这一方法强调自愿、平等、公开、诚信、关联性等原则，并以利益衡量为基本原则，把相关主体纳入协商行政范畴，充分发挥其能动性，通过持续协调引导各方达成共识，因此是一种具有主体地位平等性、行政权力非垄断性、行政过程交涉性以及行政行为合意性特征的新型法律调整方法。

从某种意义上说，协商就是一种治理，因为相关主体经由协调、商议而达到的共识体现了国家与公民、政府与社会、公共机构与私人机构之间的合作关系。2014 年全国教育工作会议提出了教育治理的新理念，要求构建新型的政府、学校和社会之间的关系，转变政府职能，形成职能边界清晰、多元主体协商共治的教育新格局，形成自我约束、自我规范的教育管理体制和监督制约机制。在这一治理体系中，协商的可能性已逐步得到体现，如协商调整学校与政府、与教职员工、与学生的关系，协商制定学校章程，建立学校与社会的协商机制，建立学校重大事项的协商决策机制，通过学校听证制度和申诉制度建立学校纠纷的协商解决机制，师生参与学校决策的协商民主机制，建立教师聘用的协商订约机制等，都已开始出现在学校领域，这些具有协商特征的新机制动摇了以高权行政为基本特征的传统法律调整的根基。为此教育行政机关要结合教育实际，规范和推行柔性执法，加强行政指导、行政奖励、说服教育、劝导示范等非强制手段的运用。建立协商机制还要求加强信用监管，建立教育行业诚信档案，与相关部门建立联合惩戒机制，同时鼓励和培育具有专业能力的第三方机构、行业组织，发挥行业自律和社会监督作用，提高协商的效能。

2. 命令

作为行政法调整方法的命令存在于行政处理之中，是一种依职权的法律调整方法，是在特定时间内对特定人或特定事设定义务的具体调整行为。行政命令常见于行政管理过程中，对于处理行政管理实务具有重要作用。但这一调整方法具有明显的局限性，因为作为行政主体的一种强制性调整行为，行政命令一旦做出，便为行政相对方设定了一定的义务，无论该行政命令是否合法或适当，行政相对方都必须依行政命令而为一定的行为或不为一定的行为，否则将引起行政处罚或行政强制后果。

为了更好地发挥公民、法人或者其他组织的积极性，主动性，维护公共利益和社会秩序，在命令调整方法之外，通过行政许可对行政命令做出必要的限制就是一种有效的制约机制。教育部于 2005 年颁布了《实施教育行政许可若干规定》，明确规定了对教育行政部门的行政许可行为。依据该规定，教育行政部门是实施行政许可的主体，可以对法律、行政法规和国务院决定设定的教育行政许可规定具体实施的程序、条件。如高等职业教育学校的设立审批、民办教育审批、中外合作办学审批、学校开设专业的审批、教师资格认定、学位授予等事项，都不再以行政命令的形式做出，而是以教育行政部门的许可审批来实施。如对举行国家资格考试的行政许可，教育行政部门应当依据《行政许可法》的规定，事先公布资格考试的报名条件、报考办法、考试科目以及考试大纲；不得组织强制性的资格考试的考前培训，不得指定教材或者其他助考材料；通过考试，符合条件的，教育行政部门应当授予相应的资格或者颁发证书。公民或法人认为教育行政部门不依法实施行政许可的，可以依法向上级行政机关或者监察机关举报或者投诉，也可以依法申请行政复议或者提起行政诉讼。

3. 强制

行政法上的强制是指行政机关为了预防或制止正在发生或可能发生的违法行为、危险状态以及不利后果，或者为了保全证据、确保案件查处工作的顺利进行而对相对人的人身、财产予以强行控制的一种具体行政行为。行政强制包括行政强制措施和行政强制执行，二者最根本的区别在于：前者是特定的，出于维持社会管理秩序的需要，预防或制止危害社会事件的发生，针对行政相对人的人身、行为、财产或其他权益所做出的限权性强制行为；后者是指因行政相对人逾期不履行行政处理决定，有关国家机关对其采取强制手段，迫使其履行该义务的具体行政行为。行政强制措施应当由行政机关具备资格的正式执法人员实施，其他人员不得实施。行政强制执行不排斥执行和解，行政机关可以在不损害公共利益和他人利益的情况下，与当事人达成执行和解。

2019年，教育部发布了《关于加强教育行政执法工作的意见》，要求教育行政部门增强根据法律、法规、规章规定履行教育管理职权，依法实施行政处罚、行政检查、行政强制的意识和能力。其工作重点包括：查处违法举办学校（包括大中小学校、幼儿园、中外合作办学机构）和应由教育行政部门审批的其他教育机构的行为；查处学校和其他教育机构违规招收学生、违规向受教育者收取费用、违规颁发学位学历证书等学业证书的行为；查处学校和其他教育机构擅自分立、合并，擅自变更名称、层次、类别、举办者，恶意终止办学、抽逃资金或者挪用办学经费等行为；查处教师违法行为；查处父母或者其他法定监护人未依法送适龄儿童、少年入学接受义务教育的行为；查处国家教育考试中的严重作弊行为，以及其他法律、法规、规章明确由教育行政部门以行政执法方式管理的事项。

4. 监督

行政法意义上的监督是指有关机关对行政主体在行政过程中是否依法行政进行监督的活动，是对行政管理过程所进行的监察、督促和控制活动。行政监督不是对国家行政机关及其国家公务员的任何行为进行监督，而是对国家行政机关及其国家公务员在执行公务和履行职责时的失范行为和失效行为进行监督，它包括：上级行政机关和行政领导者对下级行政机关及其国家公务员行政行为的监察、督促和控制；下级行政机关和国家公务员对上级行政机关和行政领导者行政行为的观察、批评和建议；行政监察部门对所有行政机关及国家公务员的监察和督促；审计部门对行政机关财政财务运行情况的审计；等等。根据我国现行法律、法规的规定和行政实践，最常见的行政监督方法有检查、审查、调查、检验、勘验、鉴定等。

教育行政监督是指具有该职能的行政机关对教育行政主体在教育行政过程中是否依法行政进行监督的活动，包括如下两个方面：一是教育行政系统内部的监督，即政府对教育行政部门、上级教育行政部门对下级教育行政部门的监督，教育主管机关对存在隶属关系的有教育行政主体地位的学校及其他教育机构的监督。此外，还包括权力机关、司法机关对教育行政执法的监督，政党团体、社会组织以及公民对教育行政主体执法的监督等。二是教育行政主体对教育行政相对人的监督，即教育主管部门依据《行政许可法》对被许可人从事行政许可活动的监督检查。监督的范围包括法律法规规定的事项，上级主管部门批办的事项，公民、法人或其他组织的投诉举报以及利害关系人的投诉举报等。①

在学校教育领域还有一类特殊的教育行政监督，即教育督导。国务院于2012年颁布的《教育督导条例》规定，应充分发挥教育督导的监督与指导职能，推动地方各级政府依法履行教育职责，促进教育发展。为此建立健全教育行政执法与教育督导的协同机制就十分必要。教育行政部门在执法过程中，发现政府及其有关部门违反法律、法规、规章规定，未依法履行规划、投入、保障、管理等法定职责的，应当提请政府教育督导机

---

① 高家伟. 教育行政法［M］. 北京：北京大学出版社，2007：171-192.

构依法处理。教育督导机构、督学在督导检查过程中发现学校及其他教育机构、教师的违法行为，需要通过行政执法方式处理的，应当及时将违法线索、相关证据移送教育行政部门依法予以处理。

第四节　教育法的法律责任

一、法律责任概说

（一）法律责任的定义

法律责任是法律义务履行的保障机制和法律义务违反的矫正机制，在整个法律体系中占有十分重要的地位。人们对法律责任概念有广义和狭义两种不同的理解，广义上的法律责任包括违反第一性义务和第二性义务而形成的责任关系。第一性义务是指法律规范所规定的不必强制履行的各种应尽的义务，例如法律规定政府对管理和发展教育方面应尽的义务，各种社会组织在教育方面的义务，教育法规定的学校、教师以及学生应该履行的义务等。第二性义务是指由于实际违反了法律规定而应当具体承担的强制履行的义务，比如《教育法》第九章的各种行政处分。这种义务不同于第一性义务，它是由于违反了第一性义务而引起的义务。狭义的法律责任则专指第二性义务，是指因违法行为而必须承担的具有强制性的法律后果。在这里，法律责任首先表示一种因违反法律上的义务关系而形成的责任关系，它是以法律义务的存在为前提的一种承担不利后果的责任方式，具有前因与后果的内在逻辑性。第二性义务的责任追究是由国家强制力实施或者潜在保证的，是法律运行中不可缺少的保障机制，是制止违法、保障权利的重要环节。与其他社会责任不同，法律责任的认定和归结是由国家特设并授权的专责机关依照法定程序规定，运用国家强制力实现的。因此法律责任的认定和归结是国家权力运行的具体体现，是国家对责任人的财产或人身自由的强行限制或剥夺。

（二）法律责任的类别

法律责任是因违反了法定义务或契约义务，或不当行使法律权利而产生，由行为人承担的不利后果。在现代法律生活中，“权利一义务一责任”构成了法律的基本格局，法律责任就是法律运行中不可缺少的保障机制，是制止违法、保障权利的重要环节。法律责任的承担一般具有如下两种形式：制裁性责任和补救性责任。由于法律责任及其执行涉及人的自由、人格、财产乃至生命，因此构成了法学的一个专门研究领域。为了有效地调整社会关系，对法律责任的规定要从法律责任的依据、范围、承担者、认定、执行来展开，司法也要以法律责任的认定、归结和执行为其重要职能。根据违法行为性质及其认定、执行依据的不同，法律责任一般可以分为行政法律责任、民事法律责任及刑事法律责任。

行政法律责任是个人或者单位违反行政管理方面的法律规定所应当承担的法律责

任，包括行政处分和行政处罚两类。其中行政处分是行政机关内部上级对下级违反纪律的行为或者是尚未构成犯罪的轻微违法行为给予的纪律制裁。其种类有：警告、记过、记大过、降级、降职、撤职、开除留用察看、开除。行政处罚的种类有：警告、罚款、行政拘留、没收违法所得、没收非法财物、责令停产停业、暂扣或者吊销许可证、暂扣或者吊销执照等。在教育行政活动中，行政主体在行使行政自由裁量权时的行政不当或行政迟缓行为，以及行政相对人未经批准或注册自行办学、不按规定使用和变更学校名称、在招生工作中徇私舞弊、买卖文凭、不按规定授予学位、教学活动不执行规定的教学计划和教学大纲等行为，都是违反职责的。除此之外，行政法律责任还包括对侵犯他人权利的侵权行为的追究，如行政机关由于不当行政而造成的侵权行为，学校及其他教育机关高收费乱收费，学校对学生的不当惩戒以及对学生安全、健康方面的保护失当等，都有可能造成对学生权利的侵害，对此类行为，除依法追究民事法律责任之外，行为人可能要承担行政法律责任，受到相应的行政制裁。

民事法律责任是指行为主体不履行民事义务时对产生的后果承担的责任。民事法律责任就其内容看，可以划分为侵权行为的民事责任和违反合同的民事责任，这两种民事责任在教育活动中都是存在的。例如学校及其他教育机关由于管理不善或者没有按照责任或义务的要求采取某一行为而对学生造成伤害或损失，那就可以构成侵权性质的法律责任。从当前法律实践看，学校及其他教育机构承担民事责任主要是这一类内容。此外，学校及其他教育机关作为法人，会经常参与各种民事活动，如合作办学、委托培养、有偿服务、知识产权转让、劳动用工、教师聘用等，往往要与其他主体签订各种合同，发生各种民事性质的法律责任。民事法律责任通常是一种损害赔偿责任，在出现法律纠纷时，可以要求追究违反合同的民事责任，请求民事赔偿。

刑事责任是指违反刑事法律规定的个人或者单位所应当承担的法律责任，这一责任只能由有犯罪行为的人或法人组织承担。行为人是否应承担刑事法律责任，只能由司法机关按照刑事法律的规定和刑事诉讼程序来确定。刑事处罚的种类包括管制、拘役、有期徒刑、无期徒刑和死刑等五种主刑，还包括剥夺政治权利、罚金和没收财产三种附加刑。附加刑可以单独适用，也可以与主刑合并适用。为了充分贯彻教育法，我国《教育法》根据需要，规定下列四种违法行为依法追究刑事责任：违反国家财政制度、财务制度，挪用、克扣教育经费的行为；结伙斗殴、寻衅滋事，扰乱学校及其他教育机构的教育教学秩序或者破坏校舍、场地及其他财产的行为；明知校舍或者教育教学设施有危险，而不采取措施，造成人员伤亡或者重大财产损失的行为；在招收学生工作中徇私舞弊的行为。

法律责任具有法律上的强制性，因此需要在法律上做出明确具体的规定。为保证法律授权的机关依法对违法行为人追究法律责任，实施法律制裁，同时也保障个人和单位不违反法律规定的行为不受追究，一般来说，违法行为属于哪类违法范围，就承担哪类法律责任。如果违法行为属于行政违法范围，就要承担行政法律责任；如果行政违法行为同时涉及民事范围或触犯了刑法，那么除了承担行政法律责任外，还要承担民事法律责任和刑事法律责任，以达到维护正常的社会、经济秩序的目的。

二、教育法的法律责任

教育是一种以培养人才这一长远的社会效益为基本宗旨的公益性事业，在现代社会中，其活动都是通过法律的形式加以规范的，特别是最近几十年，随着教育作用和地位的变化，国家的这种法律控制已经变得越来越明显。这种法律控制中就包括对违法行为的法律追究。教育法规定的法律责任是指教育法律关系的主体违反了法律规定的义务时，在法律上应当承担的义务，是由于违反教育法规定的行为所产生的一种法律后果。

（一）教育法的法律责任是一种行政法律责任

教育法调节的社会关系，主要涉及政府与学校、政府与教师、学校与教职员工、学校与学生以及学校与各种社会组织和个人等。这些关系可以分为两大类，即具有纵向隶属性特征的行政法律关系和具有横向平等性特征的民事法律关系。从教育法所调整的社会关系看，主要以行政法律关系为主，因此教育法就其基本性质而言具有行政法的属性，其所规定法律责任应当定性为行政法律责任。如义务教育方面应承担行政法律责任的行为有：侵占、破坏学校的场地房屋和设备；侮辱、殴打教师、学生；体罚学生；将学校校舍、场地出租、出让或者移作他用、妨碍义务教育实施；等等。

作为一种行政法律责任，教育法的法律责任具有以下一些特征：

1. 承担主体具有多重性

从我国现行的教育法律、法规以及司法实践看，承担法律责任的主体既有行政主体，也有行政相对人，具有多重性质。具体来说，按照违法主体的不同，教育法及相关行政法规规定了如下一些法律责任：（1）行政机关违法时应承担的法律责任，承担主体是代表国家行使国家行政权力，对教育进行管理的政府及其主管部门；（2）学校违法时应承担的法律责任，承担主体学校分为两类，一类是法律法规授权或行政机关委托、行使一定行政职权，办理一定行政事务的学校，另一类是行政相对人，即在行政法律关系中处于被管理一方的当事人；（3）教师违法时应承担的法律责任，按照与学校建立的聘用关系不同，教师可分为事业编制和非事业编制两类，其中事业编制教师属于公职人员，非事业编制教师则属于专业人员，二者的法律责任具有性质上的不同；（4）学生违法时应承担的法律责任，按照民法对自然人的分类规定，学生可以区分为无民事行为能力人、限制民事行为能力人和完全民事行为能力人，分别承担不同的责任；（5）相关社会主体违法时应承担的法律责任，承担主体包括企事业单位、社会团体和其他社会组织、公民、驻华的外国组织、在华的外国人等。

2. 法律责任的承担具有相互性

在行政法律关系中，行政主体和行政相对人作为双方当事人，其地位是不对等的。行政主体作为国家管理者是以国家的名义对行政相对人行使职权的，行政相对人必须接受行政主体依法做出的具有法律约束力的命令、决定，如果拒绝接受，其直接对抗的就是国家正常的管理秩序，因此行政法律责任大量地表现为行政违法者对国家承担的责任。但行政法律责任同时也包含国家对行政相对人的赔偿责任，因为行政主体行使的是国家授予的职权，这就要求它必须合理合法地履行自己的职责，如果滥用职权，侵害了相对人的合法权益，给行政相对人造成了一定的损害，则必须按照相应的法律规定给予一定的赔偿。

3. 行政法律责任的追究机关及追究程序具有多元性

由于行政法律责任的承担主体具有多重性，因此做出行政制裁措施的机关及程序就具有多元性。行政法律责任的追究机关既包括国家的权力机关、司法机关，也包括国家的行政机关。由于这些机关的职权范围、活动方式都有明显不同，因此对行政违法行为进行制裁时其适用程序也就各不相同。

（二）行政法律责任的构成要件及免责条件

1. 法律责任的构成要件

法律责任的构成要件是指承担法律责任必须具备的条件。由于教育法相关的法律责任属于行政法律责任，因此其应具备行政法律责任的构成要件。一般来说，行政法律责任的构成要件如下：

（1）行为人已构成行政违法或部分行政不当。

法律责任是通过法律裁判的手段对违法行为所给予的一种否定性评价和谴责，通过责任主体承担相应的带有否定性结果的强制义务来使被破坏了的法定权利义务得到恢复，违法行为得到纠正。因此法律责任必须以违法行为的产生为前提，没有违法行为就不会有法律责任。

行政违法的主体必须是行政法律关系的主体，即行政主体或行政相对人，这意味着国家机关、社会组织以及公民个人只有在以行政法律关系主体的身份从事活动时，其行为才有可能构成行政违法。行政违法根据违法主体的不同可以划分为行政主体的行政违法和行政相对人的行政违法；根据违法行为的方式和状态可以划分为作为的行政违法和不作为的行政违法；根据违法行为的内容和形式的不同可以划分为实质上的行政违法和形式上的行政违法；根据行政行为的效力范围，行政违法又可以划分为内部行政违法和外部行政违法。

行政不当也称行政失当，是指行政主体实施的合法但不合理的行为。根据法律对行政行为的规范程度可以把行政行为划分为羁束行为和自由裁量行为。羁束行为是指在法律做出规定的条件下行政主体严格依照法律做出的行为，一般只发生违法与否的问题，不发生适当与否的问题。而自由裁量行为是指行政主体在法律规定的自由裁量范围内，对法律没有做出相应规定的事件根据实际情况自行选择做出决定的行为，其中不合理地行使自由裁量权的行为可能构成行政不当。相对人的行政不当由于并不影响其行为的法律效力，而且也不会对国家、集体及个人的利益造成损害，所以对其行政不当行为不必追究法律责任，只有行政主体的不当行政才成为行政法律责任的条件。

（2）行为人须具有行政法律责任能力。

责任能力是指行为人能够独立辨认行为后果并承担行为后果的能力和资格。在现行法律中，自然人的责任能力分为完全责任能力、部分责任能力和无责任能力三种；法人或其他组织的责任能力分为完全责任能力和无责任能力两种。衡量自然人的行为能力和责任能力的标准有年龄和智力状况这两个方面。我国行政法对不承担行政法律责任的年龄做了如下规定：14 周岁以下的人属于无行政责任能力人，14 周岁到 18 周岁的人属于限制行政责任能力人。不满 14 周岁的人有违法行为的，不予行政处罚，责令其监护人加以管教。已满 14 周岁不满 18 周岁的人有违法行为的，从轻或者减轻行政处罚。由此可知，对于自然人而言，具有行政法律责任能力是其行政法律责任的构成要件。与自然人不同，企事业单位、机关团体（包括大多数的非法人团体），只要是依法成立、享有法律或有关机关授予的权能，就具备了法定的承担行政法律责任的能力。如果该组织违反有关行政法规，则必须承担与其违法行为相对应的行政法律责任。如果某组织不是依法成立，就没有法律上的行政责任能力，如发生非法办学等行为，不承担行政法律责任。但这并不意味着对其实施的违反行政法规的行为不予追究责任，只是责任不由其承担而已。

（3）行为须具有相应的情节。

这里所说的情节是指行政法规定或认可的，体现行为人的主观恶性程度和行为的社会危害程度，并直接影响到违法行为的认定和责任承担方式选择的主客观情况的总和，主要包括行为的时间、地点、程度、方式、目的、动机、态度等要素。行为人行为是否侵害了受法律保护的社会关系，是否要承担法律上的责任，情节是一个重要的标志，因此情节是行政法律责任的法定构成要件。情节是衡量侵害与否、侵害到什么程度、承担何种行政法律责任的依据，行政违法行为的情节不同，则承担行政法律责任的形式也就不同。《教育法》第 79 条规定了考生在国家教育考试中有非法获取考试试题或者答案，携带或者使用考试作弊器材、资料，抄袭他人答案，让他人代替自己参加考试以及其他以不正当手段获得考试成绩的作弊行为时，应采取的责任追究方式；第 82 条规定了组织或者个人在国家教育考试中违法颁发学位证书、学历证书或者其他学业证书的其他扰乱考试秩序行为的时，应采取责任追究方式。上述规定都明确规定了情节是确定法律责任形式的依据：情节较轻，承担的责任形式就较轻；情节较重，承担的责任形式就较重。

2. 行政违法行为的免责条件

行政违法行为的免责是指行为已构成行政违法，但行为人依法可以不承担行政法律责任。通常情况下，只要行为已构成违法，行为人就应承担相应的法律责任，但为了体现教育与承接相结合的原则，或者体现法律的公平原则，法律也规定一些特殊的行为可以不承担法律责任，这就是法律中的免责。那么，在哪些条件下可以适用免责呢？根据我国现行法律规定及行政实践，行政违法行为的免责条件大致有以下四类：

一是行为人无责任能力。有关这方面的内容前面已经涉及，这里不再阐述。

二是超过时效。对违法行为的处理须在实施违法行为后的一定期限内完成，如果所实施的违法行为已超过法律所规定的处罚时间，则再追究行为人的法律责任就失去了实际意义，因此违法行为经过了法定追究时效，行为人就不再承担行政法律责任。

三是情节显著轻微。违法行为情节轻微，后果不严重，在一定条件下（如经批评教育、主动认错、态度较好等），可以免予处罚。情节显著轻微可以免责在我国的行政法规中规定得最为广泛。

四是符合社会价值取向或者特殊需要。这主要包括正当防卫、紧急避险、利害关系人同意、执行必须执行的命令等，这些在行政实践中都是普遍适用的原则。

（三）行政法律责任的承担方式

在行政法律关系中，行政主体和行政相对人是两类不同的主体，与此相应，行政法律责任的承担方式按主体可以划分为两类。行政主体承担行政法律责任的方式有：通报批评；赔礼道歉，承认错误；恢复名誉，消除影响；返还权益；恢复原状；停止违法行为；继续履行职责；撤销违法的行政行为；纠正不适当的行政行为；行政赔偿；等等。行政相对人承担行政法律责任的方式主要有两类：一类是行政处分，由国家行政机关依照行政隶属关系对有轻微违法失职行为的国家工作人员实施，责任承担的方式包括警告、记过、记大过、降级、撤职、开除等。另一类是行政处罚，由行使行政处罚权的主体依法对违反行政法律规范但尚不够刑事处罚的个人或组织实施，责任承担的方式依照《行政处罚法》第 9 条的规定，有警告通报批评，罚款、没收违法所得、没收非法财物，暂扣许可证件、降低资质等级、吊销许可证件，限制开展生产经营活动、责令停产停业、责令关闭、限制从业，以及行政拘留，法律、行政法规规定的其他行政处罚；根据《治安管理处罚法》第 10 条的规定，治安管理处罚的处罚种类分为警告、罚款、行政拘留、吊销公安机关发放的许可证四种。

教育法规定的违法行为人所承担的法律责任形式有其自身特点。因为教育法虽然仍保留了国家强制力的形式，但这种形式的适用范围和强度与其他法律相比已大有不同。教育法在实施上不仅要通过国家强制力的形式，同时还要依靠各种社会力量的维护，依靠人民的自觉遵守和运用，通过国家强制力与社会强制性相结合的形式来保证其实施，因而表现为一种比较容易、比较简单和比较自然的规范。当然，这并不是说教育法不须运用法律责任的手段，对于违反教育法的行为，必须依照有关的教育法律、法规的规定，追究行为人的法律责任，给予法律制裁。例如：玩忽职守，造成教育事业重大损失的行为；不按规定核拨教育经费或者挪用教育经费的行为；未经批准擅自设立、变更、撤销学校或者招生的行为；在国家教育考试或者学校招生中徇私舞弊的行为；滥发或者伪造学历证书、学位证书及其他证书的行为；利用危险房舍设施进行教育教学及其他活动，造成人身伤亡的行为；侵害学校、教师、学生合法权益的行为；对受教育者滥收费用的行为；妨碍适龄儿童、少年接受义务教育的行为；等等。从以上违法行为来看，违反教育法的法律责任既有行政法律责任，也有民事法律责任，其中情节严重构成犯罪的，还应依法追究行为人的刑事法律责任。2018 年修订的《义务教育法》规定了对违反义务教育法的行为人的责任承担形式，即批评教育、行政处分、行政处罚、经济处罚。然而并不是只有行政法律责任才适用于违反教育法的行为，依照其他法律规定应当承担民事法律责任或刑事法律责任的，应当追究行为人的民事法律责任或刑事法律责任，直至给予民事或刑事制裁。由此可见，从理论上说教育法的法律责任承担形式尽管属于行政法律责任的范围，但从法律实践看则还应包括民事法律责任和刑事法律责任在内。

第三章

国家、教育与法律

社会的现代化进程对于教育而言，其最重要的意义就在于在全社会普及了教育。历史的经验证明，没有一个国家能在纯粹自发的或民间的基础上普及教育，普及教育总是以各种社会化、国家化的形式开展起来的。这就要求把过去一直属于民间或家庭管辖范围的教育事务集中到国家手中，从而使国家直接干预和调控教育发展、有效地发挥国家管理教育事业的作用成为一种历史的必然。在这一历史进程中，国家、教育与法律三者之间的关系发生了深刻变化。国家确立了对于教育的权力，推动了教育的普及发展，同时也使原先相对比较简单的国家与教育关系变得错综复杂，成为法律调节领域的一个重要调节对象。

第一节　教育的国家化和国家教育权的确立

在数千年的历史演进中，教育的职能曾经历过从家庭到社会、从民间到国家的若干次转移，由此教育权也在不同主体之间发生了多次再分配，其中对国家、教育与法律关系最具影响力的就是教育的国家化和国家教育权的产生。

一、教育的国家化

（一）社会现代化进程中的教育国家化发展趋势

大体说来，人类的教育活动包括了两类不同的活动形式，即实施教育的活动和接受教育的活动，并由此产生了有关谁来实施教育和谁来接受教育这样两个相互联系的问题。前者表征的是一个主动性行为，表示施与教育的行为；而后者表征的则是一个被动性行为，表示接受教育的行为。因此“教育权”与“受教育权”也显然具有了不同的内涵。其中教育权体现的是一种对受教育者进行社会化的功能，是先于宪法而存在的一种实施教育的资格，使之享有教育权的主体按照特定的教育目的和意志实施教育活动的组织性支配力。

教育最初是一种民间职能，教育权属于民间。在出现了家庭以后，教育是在亲子、长幼之间自发进行的，因此主要表现为一种家庭职能。在其后数千年的历史演进中，教育权曾发生过若干次转移，经历了家庭与社会之间、民众与国家之间的权力再分配。专门的教育机构学校以及专门的教育职业教师的出现使教育开始成为一个专门化的人类活动领域，由此导致了历史上教育职能的第一次重要转移，教育的职能部分地委托给了学校和教师。第二次教育职能的转移首先发生于19世纪的欧美各国。这一时期在欧美一些先进国家广泛传播的工业主义、国家主义和政治民主的思潮，使得传统的、以家庭为基础的教育遭遇了最严重的挑战。人们普遍相信，儿童是一个国家的未来，儿童教育不仅是民间的事情，国家更应对其发挥积极作用，一种要求国家积极作为、扩大教育机会的呼声越来越高涨。当现代国家从分散的地方权威中兴起后，教育的职能出现了又一次转移，即把过去一直属于私人、地方或教会管辖的教育集中到国家手中。这是一次从民间向国家的教育职能转移，由此教育开始成为一项确定的、具有法定约束力的国家职能。教育的国家化趋势把过去一直属于民间事务的教育集中到国家手中，利用一定的教育教学设施和选定的环境实施教育教学活动，为社会提供持久的知识支持和人才支持，形成独立的、系统的社会组织形式并纳入国家的公共管理之中，这在教育现代化的进程中具有重要意义。为此各国纷纷对原有的教育体制做出相应的变革，通过一种高度专门化的社会组织形式来推动教育的发展，用立法手段保证国家对教育的影响和控制，用行政手段建构公立学校系统，以强制手段普及义务教育，这就是近代史上的教育国家化趋势。

教育的国家化趋势是在社会的现代化进程中出现的，是为普及教育之需而发生的由民间向国家的一次教育职能转移。在现代社会中，没有国家的重视和扶植，教育很难取得持续的进步，也不可能真正实现对社会所有成员的普及。因为复杂的教育运行过程要做到有序化、科学化，依靠民间力量是远远不够的。它要求教育工作必须体现国家与社会的整体利益，不允许任何人违背它；它要求学校的教育教学活动必须有一定的行动规则和程序，一切财物的使用和管理也应有一定的使用规范。只有这样，才能保证学校教育目标、方向的正确性以及教育教学活动的连续性和稳定性。为此世界各国在管理教育事业、促进教育普及方面都做了长期的努力，并最终向着形式的合理化和功能的普惠化发展，从而使教育有可能在新的范围内获得发展，真正惠及社会的所有成员。

随着教育国家化的深入发展，国家的主要教育职能体现为：拨款举办各级各类教育并促进教育机会的公平分配；建立并实施国家教育标准，鼓励各种社会力量举办教育；建立专门化的学校运行机制，保证学校教育机构的自主办学地位；培养师资并建立教师专业化管理的机制等。尤其是20世纪以来，随着教育规模的不断扩大、教育制度的日益完善以及教育财政开支的迅速增加，国家对教育的组织作用和强制作用也越来越突出。各国普遍从立法、司法和行政等方面加强了国家对教育事业的调控和组织，包括加强教育管理的集中性、统一性和权威性，建立强有力的行政系统来对各级各类学校及其他教育机构进行管理和监督，对教育领域中的各种社会关系进行司法调控等方面，几乎涉及教育活动的各个环节。在这一过程中，传统的教育体系被打破，学校、家庭、社会之间以及不同学校教育机构之间纵横联系、统一协调起来，以统一的教学计划、教材和教学质量标准为依据，形成一个幼儿、青少年、成人教育纵横贯通，学校、社会、家庭密切配合的一体化教育体系。

（二）公立学校：教育国家化的标志

200余年的教育发展证明，如果没有一种社会化和国家化的组织形式，教育是很难超越原先的民间和自发的形式，实现教育机会的平等的。普及教育在全世界都是由国家建立公立学校，提供平等的公共教育服务而实现的，这已成为各国现代化进程中的一个共同选择。世界各国在教育国家化的趋势中，纷纷对原有的国家行政体制做出相应变革，用行政手段发展公立学校，以公共渠道提供教育服务，对学校教育机构及其办学活动进行组织和调控，这已成为现代国家的一项基本的权力和责任，并成为国家公共事务的一个重要组成部分。公立学校就是在这一过程中产生的。公立学校是国家根据社会的经济、政治及文化发展的要求建立起来的不同级别和类别、不同培养目标并且构成某种相互衔接关系的机构组织系统，它是一个系统的、由简而繁、由易而难、循序渐进的学校教育教学制度，由此实现教育的普及和发展。因此，公立学校就是教育国家化的一个重要标志。它是一种由国家举办、公共财政维持、以教育机会平等为基本特征的教育体制。

19世纪初，在欧洲一些最先开始现代化进程的国家，学校教育机构已经有了很大发展，出现了大学、作为大学预备学校的中学以及实施初级教育的小学。但这些学校从制度和组织形式看，主要是由其教育对象的出身阶层和社会经济地位等因素来划分的，承担不同教育功能的学校教育机构之间一般并不相互衔接。学校教育的规模狭小，制度不完善，尚未形成统一有序、分工明确的各级各类学校系统。从学校教育机构内部看，教学活动的组织形式主要是个别教学和自学，没有统一的教学计划、教学大纲、教材和质量标准，因此还未能完全取代家庭教育，成为人才培养的主要组织形式。

公立学校的产生和发展是与教育国家化趋势同步的一个历史进程。在这一历史进程中，欧美各国纷纷进行相应变革，发展形成了一种崭新的、以服务公众为目的的学校机构体系和社会规范体系，这就是近代史上的公立学校系统，亦可称为公共教育制度。公立学校系统可以界定为以公共教育服务为基本目标、以政府责任为主要推动力、以公共财政为主要经费来源的一种定型化的教育制度。公立学校的出现使得教育这一原先相对简单的、主要属于民间的事务开始变得复杂起来，教育的提供开始出现公共途径和民间途径两种不同的形式。公共途径主要是指由政府设置的公共教育机构所提供的教育服务，而民间途径则是由社会组织或个人所提供的教育服务。民间途径又可分为不以营利为目的的教育机构提供的教育服务和以营利为目的的教育机构提供的教育服务。所有这些渠道如果以其与市场的关系为标准，又可分为非市场的教育提供途径和以市场为基础的教育提供途径两类。在上述种种教育提供的方式中，政府设置的公立学校是现代社会中教育提供的主体，因而是教育机会平等的最重要的保证因素。

对于教育的普及发展而言，公立学校是最重要的国家保障机制。相对于在这之前存在的互不衔接的、分散的学校教育机构而言，公立学校是一种人才培养的高度专门化的社会组织形式，其基本职能是利用一定的教育教学设施和选定的环境实施教育教学活动，为社会提供持久的知识支持和人才支持。200 余年的现代各国教育发展证明，如果没有一种国家化的制度形式，教育是很难超越原先的自发的和民间的形式，向所有社会成员普及的。公立学校是国家介入教育、积极作为的产物，是国家教育权确立的重要标志。公立学校系统通过法律的形式废除封建社会培养、选拔人才的做法，扩大受教育机会，广泛培养各级各类人才；通过法律的形式打破传统的学校体系，同社会的人才需求结构相适应，把学校纵横联系、相互协调起来，建立统一的教学计划、教学大纲、教材和教学质量标准，形成一个幼儿、青少年、成人教育纵横贯通，学校、社会、家庭密切配合的一体化教育体系。

由于新的公立学校是在家庭之外，通过某种社会化的组织形式来实施的一种高度专门化的人才培养方式，因此它必定会与沿袭了数千年的家庭的或民间的教育传统构成极大的冲突。如何在学校与家庭之间以及国家与社会之间进行选择就是公共教育制度发展中的一个重大问题。事实上，随着现代国家的发展，家庭、学校、社会和国家之间的关系问题最终归结为如下两个基本的问题：教育应当由学校承担还是由家庭承担？教育应当由国家承担还是由民间承担？这两个问题是现代教育发展过程中各国普遍面对、争议极大的问题，并伴随着公共教育制度 200 余年的发展历程，演变成了一系列更为具体的冲突和矛盾，如教育的国家性与民间性、公立学校与私立学校、学校机构的公益性与营利性、精英教育与大众教育等。为此，对学校教育机构的组织和调控就是现代国家的一项基本的权力和责任，并成为国家公共事务的一个重要组成部分。而国家对学校教育的组织和调控主要表现在：根据社会的经济、政治及文化发展的要求，建立不同级别和类别、不同培养目标并且构成某种相互衔接关系的学校机构系统，通过功能不同的学校教育机构来实现社会对人才培养的要求。原本并不相互衔接的学校教育机构按学校层次和类型的不同形成了一种功能上的连续性，构成了由低而高、循序渐进的现代学校体系，或称学制。这一学校体系由下列一系列要素构成：严格定义的学校办学目标、相互衔接的学校关系、由法定受教育年限所决定的学年制或学分制、确定的学校办学标准、递进的学校课程体系、学校师资的专业化管理、教学物资的提供与分配、教育机会分配中的公平机制等。这些要素使不同级类、不同功能的学校得以摆脱杂乱无章的状态，构成一个和谐一致、分工合理、相互贯通的系统。

二、国家教育权

（一）两种教育活动与两种教育权

权利最早产生于人类社会的形成时期，是人们为了更好地生存与发展而必须具有的、可以要求他人为自己利益的实现履行特定义务的权能。最初的权利主要表现为习惯权利，在产生了法律之后，就成为由法律赋予并保障的权利。

教育是人类社会的一种极其重要的社会实践活动。广义的教育可以说是伴随着人类社会的产生而产生的，狭义的教育即学校教育也有数千年的历史。在漫长而曲折的历史进程中，人类通过教育，把在生产劳动和社会生活过程中创造的知识经验传递给后代，并在世代相传的过程中逐步积淀下来，成为人类生存和发展的必要手段。进入近代以来，随着教育作用的日益突出，以及实施教育和接受教育二者关系的日益复杂，在其运行过程中产生了实施教育或接受教育的许可、认定及保障问题，需要通过特定的社会调节手段加以调节，并由此形成了两项重要的法律权利，即教育权与受教育权。广义理解的教育权包括了受教育权，涉及实施教育和接受教育两个方面，这是 20 世纪初我国教育学初创时期就被普遍接受的一种来自西方的观念。如舒新城认为教育权有广狭二义："广义的教育权是指人类受教育、施教育的一般权利，凡属人类均享有此种权利，亦可谓之人权；狭义的教育权则专指国家的施教育权与国民的受教育权，为一国所特有的权利，故亦可谓之国权。"① 按照这一定义，教育权无论是广义的还是狭义的都包括了实施教育和接受教育的双重含义。然而二者毕竟是教育活动的两个不同方面，在主体、对象、目的、手段以及结果等方面都具有性质上的不同。其中教育权是一种为维护特定利益和主张而实施教育教学活动的资格，其主体、对象、目的、内容、手段以及结果方面都有着自己的独特个性。早期的教育权主要由父母行使，学校和教师产生后，虽然教育权部分转移给了学校和教师，但父母对其子女的教育仍负有全部责任，因而具有权能的固有性与存在的合理性。

一般认为，学校、教师的教育权是由父母让渡的，国家教育权是由民间让渡的。因此学校、教师的教育权应以父母权利所不及或不能更好涉及者为限；国家的教育权也应以民间权利不能涉及或者不能更好涉及者为限。在社会发展的早期，对大多数人而言，教育是在社会生产和社会生活中，在长幼、亲子之间自发进行的，主要表现为一种氏族或家庭的职能和权利。随着人类知识经验的逐步积累，知识的专门化程度日益提高，知识传授也逐步专门化，由此产生了专门的教育机构学校。历史上最早的学校大约产生于公元前 3000 年至公元前 2000 年的中国以及古埃及、古巴比伦、古印度、古希腊等。学校机构的出现是教育活动专门化的结果，是教育职能在历史上的第一次重要转移。这是一次发生在家庭与社会之间的教育权再分配，原先由家庭行使的教育职能部分地委托给了学校和教师。父母虽然对其子女的教育持有自己的利益主张，然而当教育在家庭之外进行时，原先存在于家庭内部的教育职能便由于存在着介于家庭与社会之间的学校作用而相形见绌。但是当时的学校规模很小，还不足以构成教育的主要方面，并且不具有功能上的普惠性。学校尽管有国家举办和私人举办之分，但真正的受益者仍仅限于一个极小的范围。对于大多数人而言，社会的生产和生活实践仍然是他们接受教育的主要方式。因此早期的教育主要是一种家庭职能，教育权也主要存在于家庭，国家一般并不介入学校教育，至多是在幕后起着一种间接作用。

（二）国家教育权的产生

国家权力也称作治权或政府权力，由一国的宪法、法律赋予。国家权力由权力主体、

① 舒新城. 中国近代教育史资料：上［M］. 北京：人民教育出版社，1985：421.

对象、目的、内容、手段以及结果等要素构成，其中权力主体是指国家权力的拥有者和行使者；权力对象是指国家权力实施的客体；权力目的是指国家权力实施所要达到的目标；权力内容一般指权力主体的权能和权益，从国家政治角度看，国家权力可包括立法权、行政权和司法权；权力手段是指实施国家权力的各种措施；权力结果是指实施国家权力的效益和后果。

国家权力来自人民，人民把权力赋予国家的最基本的方式是通过选出的代表机关进行立法，使国家权力取得合法性。国家权力的大小及其范围应由宪法、法律授权规定，并在宪法、法律规定的范围内依据宪法、法律通过一定程序行使，此即国家权力的合宪守法性。坚持国家只能行使法律赋予的职权，法律明文禁止之外的权力属于人民，是国家权力取得合法性的一条重要原则。但权力法定只能从形式上判断国家机关的行为是否越权、违法，即看它行使的权力是否有法律根据，事实上国家机关采取的一些行为虽然合法，却可能损害公民利益，因此仅有这一原则是不够的。判断国家权力的行使是否有悖于人民利益的最简单方法，是看国家的法律和政府官员行为是否符合宪法和法律的原则精神。如果人民通过某种方式对法律、政策和行为表示普遍不满或反对，则说明国家权力的行使不符合人民的意志和利益，国家机关就没有理由去行使这些权力。

国家教育权是教育权在数千年的演进过程中经过多次再分配而形成的。教育权从最初的父母，扩展到教师、学校、相关的社会力量、国家等，与此相应形成了家庭教育权、学校及教师教育权、社会教育权、国家教育权等不同的教育权类型。其发展的大致顺序是，家庭教育权的产生要早于学校及教师教育权，民间教育权（学校及教师教育权、社会教育权）的产生要早于国家教育权，国家教育权是在民间教育权的基础上产生的。学校、教师的教育权应以父母权利所不及或不能更好涉及的领域为限，同理，国家的教育权也应以民间权力所不及或不能更好涉及的领域为限。这些主体中的任何一个权力主体在行使教育权时，必须重视其他主体的权力，彼此之间构成一种既互相补充又互相制约的关系。

从教育的发展看，19 世纪以来世界各国的现代化进程为国家教育权的产生提供了必要条件。那个时期的人们普遍认为，儿童是国家的未来，儿童教育不仅是民间的事情，国家更应发挥积极作用，为此许多国家的法律都明确规定了国家在教育中所起的重要作用。国家的这一职能演进改变了国家与教育的既往关系，教育开始成为一项确定的、具有法律约束力的国家职能，并由此产生了国家教育权。

国家教育权是专属于国家的公权力，包括国家对教育所行使的立法权、行政权和司法权等。其从性质而言又可进一步细分。为使论述不至于分散，这里所讨论的国家教育权主要指政府的行政权力，包括政府在领导、规定、管理、发展、举办、施行教育等方面的权力。政府的行政权力代表着社会公共权力，制定和实施公共决策，实现对社会的有序管理，因此就是国家权威性的表现形式。

国家教育权的产生表明，如果没有一种国家化的制度形式，教育是很难超越原先的自发的和民间的形式，向所有社会成员普及的。国家教育权的产生打破了传统的学校体系，作为一种国家权力，国家教育权的一切形式都要适合不同国家政治制度的需要，然而它最终必然会要求自身具有形式的合理性和功能的普遍性，从而使教育有可能在新的社会制度形式下得到普及与发展。

国家教育权作为国内法意义上的一项确定的国家权力，还表现在其对外所具有的独立性上，即国家对其领土范围内的一切教育活动具有管辖权，任何外国组织或个人不经本国政府的批准，不具有在本国领土上实施教育的权利。20 世纪二三十年代，中国曾掀起过一场“收回教育权”的运动，其目的就是要从外国列强手中收回丧失的国家教育权和管辖权。由此可见，国家教育权事实上存在于国家政治生活中。

国家教育权已成为教育学和法学的一个确定概念。美国社会学家科尔曼（J. S. Coleman）曾写道：“教育历来是从属于为控制而进行的斗争的……父母可能对其子女各有自己的利益所在……然而当教育在家庭之外进行时，这一家庭内部的冲突便由于存在着介于家庭与社会之间的学校作用而相形见绌。近年来，第二次转换……正在发生，这是一个从家庭对学校，或从家庭对地方团体向地方团体对州……或地方团体对国家政府的转换。”① 这说明在美国，教育权从民间向国家的转换及国家教育权的产生一直延续到了第二次世界大战之后的数十年间。在日本，东京教育大学名誉教授家永三郎于 1965 年提起的教科书诉讼，在日本法学界引发了一场有关国家教育权的激烈争论。诉讼以日本近现代历史学家、东京教育大学名誉教授家永三郎为原告、以文部省大臣为被告，围绕供高中学生使用的日本史教科书的审定、教科书审定制度及文部省大臣的审定处分是否合宪展开。诉讼由于涉及有关教育权的法理问题而成为日本战后最著名的宪法诉讼之一，其中“国民教育权说”原则上否认国家机关有介入教育内容的权力，认为这是属于教师、父母等国民的权利；“国家教育权说”则承认立法机关、行政机关等国家机关有决定教育内容的权能，否认教师及孩子的父母有教育的自由。1997 年 8 月，日本最高裁判所对此案做出了终审判决。在该案例的审理中，日本最高裁判所认定国民有国民的教育权，国家有国家的教育权，因此国民有编写教科书的自由，而国家有审定教科书的权力，不能以民间的教育权否定国家的教育权，由此可见国家教育权是日本法理学的一个重要概念。②

（三）宪法与国家教育权

国家教育权在组织和调控教育发展方面的作用，表现在它赋予了国家机关在管理文化教育方面的职权和职责，保证了各种国家机关在组织和调控教育方面的职能的实现，使教育事业有序发展。为了确保国家教育权在普及教育、实现教育机会平等方面的决定性作用，国家教育权一般会在宪法中予以体现。许多国家的宪法中都有专门关于教育的条文，甚至有专门关于教育的章节，借由宪法或某种基本法律形式把国家教育权确定下来。我国《宪法》第一章总纲第 19 条规定：“国家发展社会主义的教育事业，提高全国人民的科学文化水平。国家举办各种学校，普及初等义务教育，发展中等教育、职业教育和高等教育，并且发展学前教育。国家发展各种教育设施，扫除文盲，对工人、农民、国家工作人员和其他劳动者进行政治、文化、科学、技术、业务的教育，鼓励自

---

① 劳凯声．教育法论［M］．南京：江苏教育出版社，1993：6-7.

② 菱村幸彦．高校教育判例详解［M］．日本：学事出版株式会社，1980.

学成才。国家鼓励集体经济组织、国家企业事业组织和其他社会力量依照法律规定举办各种教育事业。国家推广全国通用的普通话。”《宪法》总纲对我国教育的规定具有特殊重要的意义，因为《宪法》总纲是关于根本制度和基本国策的规定，与《宪法》其他章节条款是纲与目、统领与被统领的关系，其他章节条款内容是《宪法》总纲内容的具体化，是解释宪法的基础。《宪法》总纲部分第19条的教育规定可以看成国家教育权在宪法中的反映，该条文概括地表述了我国教育的价值取向和基本制度等，对理解国家教育权具有指导性的作用。宪法规定的有关教育的其他条文，涉及国家发展教育事业的目的、基本原则和任务，教育的内容，国家在特殊教育方面的职能，国家在教育管理方面的职责分工等。对这些宪法条文含义的理解必须符合总纲第19条的规定，否则就会偏离宪法的原意。

我国《宪法》在规定上述国家教育职能时并未明确使用“教育权”的概念，其中部分条款使用了政府职权的表述方式，如《宪法》的第89、107、119条等，就是以政府职权为国家权力的表现形式，是依法定位到具体行政主体身上的有关教育的国家权力，是各行政主体实施国家行政管理活动的资格及其权能。宪法有关国家教育权力的表述形式表明，对于任一国家职能而言，无论其表现为权力还是责任，权责之间都存在着不可分割的联系，很难截然划分。世上没有无责任的权力，也没有无权力的责任，为此人们通常都把国家的权力与责任并列而非分列。比如我们可以把宪法规定的国家教育职能理解为国家基于公民受教育权之需而产生的义务，包括对公民的受教育权承担立法责任，提供司法救济，采取行政措施等，这些义务中既有消极作为义务也有积极作为义务。国家在教育方面的积极作为义务主要表现为国家对教育事业的领导、规定、管理、发展、举办、施行等形式，在大多数情况下是国家利益和国家意志的体现，具有明显的主动性、强制性特征。因此国家教育权就产生于国家的这种积极作为义务，甚至可以说，国家教育权就是国家为保障公民受教育权的实现而承担的义务。

（四）国家教育权与民间教育权的博弈

在现代教育运行的过程中，不同的教育权主体之间既可能表现为互相依存的关系，在某些特定历史条件下，这种关系也有可能演变成一种矛盾和冲突的关系，特别是在国家教育权与民间教育权两种教育权的主体之间，这种矛盾和冲突并不少见。

与国家教育权相对应的民间教育权包括公民的教育参与权、学校的办学自主权、教师的教学自由权和学术自由权、父母对子女的教育权和学生的教育选择权等。虽然国家教育权是民间教育权的一种特殊的转化形式，但国家教育权一经形成，二者便结成一种既相互依存又相互对立的关系，这是因为国家权力具有积极和消极这两个方面的作用。国家教育权的积极作用体现在维护社会秩序，增进公共利益，保障公民、法人或其他社会组织的合法权益等。但国家权力主体的积极作为义务对于国家权力相对人而言具有自由裁量性、单方面性和广泛性等特点。权力主体的这一特殊资格和权能使其处于优越的法律地位，成为一种可以直接支配他方当事人的强制力量。在缺乏制约的情况下权力易被违法行使或被滥用，以致侵犯公民、法人或其他组织合法权益，从而产生消极作用。因此国家教育权与民间教育权不仅互相依存，在某些情况下国家教育权也会异化，背离创设权力的初衷，使二者产生互相对立的情况。

因此，国家权力在行使的过程中如果不能受到必要的制约，权力就有可能被滥用。为了避免国家权力的异化，在赋予权力的同时，现代国家都普遍设置了防止权力滥用的监督机制，或以权力制约权力，或以权利制约权力，或以道德制约权力，其作用都是为了避免国家权力的滥用，防止国家权力的异化。

第二节　国家教育权的结构

如何配置国家权力，构成稳定的权力体系，各国有着很大差异。从教育权的结构看，对教育的控制可以有集中型和分权型两种典型的教育权结构形式。与此相适应，教育法的体制及其实施也有两种不同的形式。

一、西方国家教育权的横向结构

国家教育权的横向结构是指国家教育权力在不同国家机关之间进行横向分配所构成的一种结构形式。现代西方国家的政治制度赖以建立和存在的理论基础是权力分立学说，该学说的出发点是以权力制约权力来防止权力的滥用，为此，现代西方国家的教育权也呈现出横向的组织和分配特征。

国家立法权一般可分为两类，一类是制定和修改宪法的权力；另一类是制定和修改普通法律的权力。国家立法机关是行使立法权的权力主体，各国立法机关的名称各不相同。立法机关除了自己制定法律，也可授权行政机关制定法规、条例、决议和命令等具有法律规范性质的规范性文件，因此从广义上说行政机关通过授权取得的行政立法权也是国家立法权的组成部分。体现于立法方面的国家教育权是指立法主体依法按照一定程序制定、认可、解释、补充、修改或废止教育法律的权力，即国家教育立法权。

教育的国家立法权主要针对国家管理教育中基本的、带全局性的问题，如规定国家的教育方针，建立国家的教育制度，统一教育的质量标准，协调教育的内外关系等，通过立法活动即制定最高和最基本的普遍性行为规则来管理教育。大多数国家的立法机关都有权针对教育问题颁布法律，但也有少数国家的宪法规定了立法机关的立法项目，这就限制了立法机关的立法范围。如美国《宪法》就以列举方式规定了联邦及各州共同行使的权力，同时在其修正案第 10 条中规定，美国《宪法》未授予合众国或未禁止各州行使的权力，皆由各州或人民保留。由于管理教育的权力属于《宪法》未加列举的权力，因此由各州行使。但这并不等于联邦在教育上无所作为。根据美国《宪法》第 1 条第 8 项规定，国会有权为共同防卫和一般福利的目的征收赋税，意即联邦有为教育而课税，并在教育财政拨款的范围内立法的权力。第二次世界大战后，在新的科技发展和国际竞争形势下，联邦通过教育拨款法案加强对教育控制的趋势日益明显，联邦的教育立法范围日趋扩大。如 1958 年的《国防教育法》，1963 年的《职业教育法》，1964 年的《经济机会法》，1965 年的《初等与中等教育法》《高等教育法》，1966 年的《成人教育法》，

1975 年的《所有残疾儿童教育法》以及大量的政府法令和司法机关的法律解释，几乎涉及教育的各个领域。当然，联邦立法仍然是受《宪法》限制的，表现在这些法律没有超出为公民的受教育权拨款以及向为国防需要而开设的学校课程拨款这两个方面。大量的有关学校教育的法律由各州制定，大部分州的宪法设有教育专章，明确规定了州政府管理学校的条款。各州的立法相当广泛而具体，涉及学校的所有活动，包括财政职权与职责、校舍标准、教师鉴定、组织机构与行政管理、教育委员会的职责与任命、学校税负、教师雇用、学生校车接送、学校供餐等数百项有关全州学校每日活动的法律及司法意见。

体现于行政方面的国家教育权是指国家行政机关依法对国家教育事务进行直接的、具体的组织和管理的权力，亦可称教育行政权。国家行政机关是行使教育行政权的权力主体。与立法机关不同，行政机关一般要求集中、统一，有明确的隶属体制，通常实行首脑制，即由某一个人掌握最高行政权。行政机关的其他人员同行政首脑的关系是行使权力与服从权力的关系。国家教育行政权的目的在于全面组织和发展教育事业。从广义上说，国家教育行政权具体包括：教育行政立法权，即行政机关制定和发布有关教育的行政法规、规章等规范性文件的权力（广义上的国家教育立法权与广义上的国家教育行政权在此部分存在交叉）；教育行政执法权，即行政机关针对特定对象而规定和采取的形成权、命令权、处罚权和管理权。国家教育行政权的主要内容包括制定教育政策，对有关部门和各级各类学校进行检查和监督，对人才需求、学校发展、专业设置、招生分配、师资培训等项目进行预测和规划，开展教育体制改革，对学校师资和管理人员进行人事管理等。行政机关的设置必须经过法律的认可，为保证行政权力的合法性和确定性。各国一般都要通过法律规定教育行政机关的设置程序、隶属关系、机关性质、人员编制、职权职责等。行政机关的设置一经法律化，即产生直接的法律后果和效力，其变动须经过法律规定的程序，除了经过法律认可的机关外，其他任何社会组织都不能成为行政机关。行政机关的行政活动不同于立法机关和司法机关，是一种执行和组织的活动，是对国家事务进行计划、指挥、协调、控制的务实性活动。为防止越权和侵权，须明确划分行政机关活动的职权、职责，并规定一定的活动程序，做到依法办事，如果缺乏必要保障，就会出现管理系统和管理内容的紊乱和变形。

体现于司法方面的国家教育权主要指国家司法机关行使的对教育纠纷的审判权。国家司法机关是行使司法权的权力主体。其组织方式与立法机关、行政机关有很大不同。近代以来的各国司法机关一般都形成了独立的权力系统。虽然各国的法院组织因国家结构和法院处理事务的权限不同而不同，但都设有多层级别的法院系统，以“法律面前人人平等”等为原则行使国家司法权。国家司法权体现在教育方面，其目的在于制裁违法行为，处理教育纠纷，保证法律规定的教育权利和义务的实现。在许多国家，法院对调整各种教育关系的作用越来越重要，教育诉讼案件呈急剧增加趋势。在美国，第二次世界大战以来教育判例一直呈上升趋势，其中有些判例对美国教育产生了极大影响。例如，有关教育中的种族隔离的合法性问题，就有著名的 1896 年路易斯安那州的普莱西诉弗格森一案，该案中的“隔离但平等”原则，直到 1954 年才由联邦最高法院宣布其违宪。在近 60 年间，它一直是一个有争议的判例。1954 年的布朗诉托皮卡教育委员会案宣布“隔离但平等”原则违宪，规定公立学校必须取消种族隔离。这一案例对美国的教育普及起了很大作用。在日本，法院审理的教育案件数量众多，涉及范围包括国家教育权和教育内容决定权、教育的中立性、入学许可、教育指导、学生惩戒、学校事故等方面。其中一些重要判例，对日本的教育管理有着重要的调整作用。在普通法系国家，法院除具有审判权之外，还对如何适用法律具有最终发言权。在教育立法中，法院可在以下方面做出复裁：有关教育法争议的裁决是否违宪；把某项权力委托给学校行政官员的决定是否必要和合法；行政决定是合理的还是专断的；运用衡平法原则是否对普通法的无效给予事实上的证明；有关学校的决议是否在法律规定的范围内制定；对一个特殊的行为追究责任时，是否如处理民事侵权案件那样能区分审慎尽职或玩忽职守；等等。

二、西方国家教育权的纵向结构

国家教育权力的纵向分配是指国家教育权力在不同层次、级别的权力主体中分配所构成的权力结构。西方各国社会制度和历史传统不同，国家权力的纵向分配也不同。根据机构设置的特点和决策权力的大小来划分，纵向分配的国家教育权力可分为分权制和集中制两种典型的模式。

分权制是指在机构设置上，中央机构与地方机构之间为形成一种平行的、合作的对等关系，上层对下层权力范围内的事务不加干涉，由下层自主决定。教育的地方分权管理一般可以通过以下组织形式实现。一种是利用现有法人，西方国家中以英国为代表。英国的国家体制是君主立宪的单一体制，在教育管理上采取向地方当局分权的做法。1902 年，英国中央政府把本应由它掌握的许多教育管理职能交给地方当局这样的现有法人，中央政府只就重要的政策和问题向下发布指示命令。地方当局由于已经形成一定的功能结构框架，所以可以较容易地在已有框架的基础上规定一种适当的形式，承担管理教育的责任。另一种组织形式是建立一个新的法人，西方国家中以美国为代表。美国通过建立地方教育委员会来管理教育。地方自治的原则要求地方教育委员会的成员由其所管辖地区的居民自由选举产生，作为一个自治机构，独立地、不受制约地行使宪法赋予的教育管理权力。美国由此形成联邦、州和地方三级教育权力系统：联邦一级宏观指导教育，州一级直接控制教育，地方一级因地制宜管理教育。每一层次的职权职责都有法律依据，相互间保持一定的独立性。联邦对教育的作用是通过国会的教育立法和教育部的行政指导、行政协调而实现的。制定法令虽然是国会的职能，但由于教育立法的日益专门化和教育利益的日益多元化，联邦教育部对立法的影响越来越大，教育法律的草案大多由联邦教育部提出，由国会两院的议员审议。此外，联邦行政机构还可针对国会立法，制定相应的实施性法规和规章。这些条例、规定、指导要领、解释、命令和要求的法律约束力虽低于国会法令，但仍统一适用于美国各州。州一级的教育职权一般有：调节州内一切教育事业；确定基本计划的范围和性质；规定最低程度的学校标准；制定最低程度的学校标准；制订财政支出计划；提供咨询服务；管理联邦政府资助的项目，促进教育机会均等；有效利用地方、州和联邦提供的财源，帮助规划教育用品的生产。美国各州都有独立的教育立法权和教育行政权，其教育行政机构一般由州教育委员会、首席教育官员和州教育局组成。教育委员会是州的教育决策机关，其职权是调整教育发展，制定课程计划和质量标准，规定办学条件最低标准，聘用教员，编制州教育预算，制订和实施教育计划，进行教育评价等。首席教育官员的职权通常包括分配州教育专款，执行和解释有关学校的法令，鉴定教师、组织教师培训，提供咨询服务等。教育局的职权是制定规章制度，监督其遵守、实施情况，处理教育实际事务，掌管教育财政，规划、研究和开展教研活动，评定教育工作等。学区是地方教育行政单位。为确保所管辖学校的财源，学区有权通过税收增加收入，并规定债务的限度。学区还有权管辖教职员工，维护学校设施，有权按照州法规定的标准制订或修改教育课程计划，确保教育财源和维护学校设施等。

集中制是指中央机构与地方机构之间表现为一种命令与服从的隶属关系，一切事务的决策权或最终决定权集中在上级机关，下级机关只能根据上级机关的决定、命令和批示行事，向上级机关负责。集中制有两种组织形式：一种是以中央管理为主，权力高度集中；另一种是把相当一部分管理职能转移给地方政府，中央保持对重大问题的决策权和对行政事务的最终决定权。

分权制和集中制各有利弊。分权制有利于调动地方政府发展教育的积极性，能够按照地方的需要发展教育事业，地方对教育的投入会大幅度增加；有利于根据各地区的经济、文化、生产力水平及资源的特点和需要，因地制宜地发展教育事业，使教育更好地为地方经济建设服务，与地方经济社会发展相协调、相适应，从而促进区域经济社会的发展；有利于建立相对灵活的机制，使学校有更多的自主权，发挥各学校的办学积极性；有利于根据地区发展需要进行多种多样的教育改革实验，从而形成各地区以至各学校的办学特色；有利于地方政府多方面发动社会、企业、个人参与发展教育事业，使教育事业成为全社会的事业；有利于中小城镇发展自己的学校，以振兴这些地区的经济和提升其文化。但分权制也有其不足，如：不利于国家协调职能的发挥，国家重点需要的基础性人才和高层次人才需求难以得到保证；缺乏统一的发展教育的目标和标准，地方上容易各行其是，导致各地教育的整体水平和质量参差不齐；由于地区之间办学条件不平衡，拉大了教育的地区差距，造成社会公平的缺失。集中制的优点是：有利于国家集中有限的教育资源，按国家需要实施重点发展；有利于统一教育的目的和目标，贯彻教育方针、政策；易于使教育保持平衡；有利于国家通过干预，管理和控制教育事业的规划、布局和结构；有利于保证国家需要的重点人才的培养和重大教育改革计划的推行。

国家教育权组织和分配的迫切任务不仅在于设计教育权力主体权责系统的最优结构、明确规定机构设置的基本原则、合理划分各级机构的管理职能，还应研究教育管理过程中各种具体的管理关系和管理行为，使来自各方面的作用在法律的调节下协调一致、统筹兼顾、效益明显。

三、我国的国家教育权结构

在我国，教育权作为一种国家权力，其最高的和最终的权力源泉在国家最高权力机关，即全国人民代表大会。《宪法》第 2 条规定，“中华人民共和国的一切权力属于人民。人民行使国家权力的机关是全国人民代表大会和地方各级人民代表大会。人民依照法律规定，通过各种途径和形式，管理国家事务，管理经济和文化事业，管理社会事务”。第3条规定，“中华人民共和国的国家机构实行民主集中制的原则。全国人民代表大会和地方各级人民代表大会都由民主选举产生，对人民负责，受人民监督。国家行政机关、监察机关、审判机关、检察机关都由人民代表大会产生，对它负责，受它监督。中央和地方的国家机构职权的划分，遵循在中央的统一领导下，充分发挥地方的主动性、积极性的原则”。

我国的国家权力结构由国家权力机关、国家行政机关、国家审判机关、国家检察机关构成。这些机关统一行使宪法规定的国家权力，而不是单纯的分立和制衡。在权力结构中，国家权力机关掌握国家的一切权力，其他执行国家权力的机关都必须受国家权力机关的制约和监督，其权力的行使必须对国家权力机关负责。国家教育权力的横向分配基本上按上述结构进行。发展和管理教育是统一的国家权力的一部分。国家发展社会主义教育事业，提高全国人民的科学文化水平。国家举办各种学校，普及初等义务教育，发展中等教育、职业教育和高等教育，并发展学前教育。国家发展各种教育设施、扫除文盲，对工人、农民、国家工作人员和其他劳动者进行政治、文化、科学、技术、业务的教育。但是，统一的国家权力必须通过明确的责任制，通过不同国家机关的分工合作才能实现，其中，国家权力机关具有全权性质，对于教育管理具有最高的和最终的决定权。在教育方面，其主要职权是：教育法律的制定权；对教育行政机关领导人的决定和罢免权；对各项重大的教育问题如教育发展规划、教育经费预算的决定权；对法律、法令、行政法规的遵守和执行的监督权。国家行政机关和司法机关是从属于国家权力机关的执行机关，执行国家权力机关所制定的路线、方针、政策，遵守国家权力机关所制定的宪法、法律和法令，对国家权力机关负责，接受国家权力机关的监督。国家行政机关在教育上的主要职权是：实施国家的有关政策和法律；发布有关教育工作的行政法规、规章、命令和指示；制定教育事业的发展规划和计划；指导教育改革工作；统筹和监督国家教育事业的发展。国家司法机关在教育上的主要职权是：审判有关教育的各类案件，对应当承担责任的行为人或行政主体，依法追究其民事法律责任或刑事法律责任，以维护教育法制和教育秩序，保护学校的合法权益，保护学校师生的教育权利、人身权利和其他权利，保障国家的社会主义教育事业的顺利进行。此外，为保证国家有关教育的政策法规的实施，国家教育权还包括对各级各类教育事业和教育行政机关、学校教育机关的监督权。为实施国家对于教育的监督权，我国还建立了一个包括内部监督和外部监督、职能部门监督、执政党监督和人民群众监督相结合的监督体制，其中包括权力机关对教育的法律监督和工作监督；行政机关对教育的行政监督；司法机关对教育的司法监督；执政党和人民群众对教育的社会监督。

我国国家教育权的结构形式，基本是在总结历史传统和经验并参照国外经验的基础上建立的。这一权力结构以集中统一为特点，对于维护国家的团结统一，促进教育的普及发展，有计划地培养经济建设所需的各级各类人才以及提高全民族的科学文化素质等方面，都发挥了重要作用。

我国教育部是国务院所属的分管教育行政事务的执行机关，对上受国务院行政首长的指挥、监督，对下在所管辖的范围内行使行政管理职能。其主要职权包括：研究拟定教育工作的方针、政策；起草有关教育的法律、法规草案；研究提出教育改革与发展战略和全国教育事业发展规划；拟定教育体制改革的政策以及教育发展的重点、结构、速度，指导并协调实施工作；统筹管理本部门教育经费；参与拟定筹措教育经费、教育财政拨款、教育基建投资的方针、政策；监测全国教育经费的筹措和使用情况；按有关规定管理国外对我国的教育援助、教育贷款；研究提出中等和初等教育各类学校的设置标准、教学基本要求、教学基本文件；组织审定中等和初等学校的统编教材；指导中等及中等以下各类教育的教育教学改革；组织对普及九年义务教育、扫除青壮年文盲工作的督导与评估；统筹管理普通高等教育、研究生教育以及高等职业教育、成人高等教育、社会力量举办的高等教育、成人高等教育自学考试和继续教育等工作；研究提出高等学校设置标准，审核高等学校的设置、更名、撤销与调整；制定学科专业目录、教学基本文件，指导高等学校教育教学改革和高等教育评估工作；统筹和指导少数民族教育工作，协调对少数民族地区的教育援助；规划并指导高等学校的党建工作和各级各类学校的思想政治工作、品德教育工作、体育卫生与艺术教育工作及国防教育工作；主管全国的教师工作，制定各级各类教师资格标准并指导实施；研究提出各级各类学校的编制标准；统筹规划学校教师和管理人员的队伍建设工作；统筹管理各类高等学历教育的招生考试工作；制订各类高等学校招生计划；负责各类高等学历教育的学籍管理工作；归口管理高校毕业生就业制度改革，拟定高校毕业生就业政策，组织实施高校毕业生就业分配工作；规划并指导高等学校的自然科学和哲学、社会科学研究；宏观指导高等学校的高新技术应用研究与推广、科研成果转化和产学研结合等工作；协调并指导高等学校承担国家重大科研项目、国防科技攻关项目的实施工作；指导高等学校国家重点实验室、工程研究中心的发展建设；统筹管理并协调、指导教育系统的外事工作，拟定出国留学和来华留学管理工作的方针、政策；规划并协调、指导对外汉语教学工作；指导我驻外教育机构的工作；负责协调同香港、澳门特别行政区及台湾地区的教育交流；负责教育基本信息的统计、分析和发布；拟定国家语言文字工作的方针、政策；编制语言文字工作中长期规划；制定汉语和少数民族语言文字的规范和标准并组织协调监督检查；指导推广普通话和普通话测试工作；统筹规划学位工作，起草有关学位工作的法规；负责实施国家的学位制度；负责国际间学位对等、学位互认等工作；承办国务院学位委员会的有关具体工作；负责协调“中国联合国教科文组织全国委员会”各委员单位及其他部门、机构与联合国教科文组织开展教育、科技、文化等方面的合作与交流；负责与联合国教科文组织总部、亚太地区办事处、驻京办事处的联系与交流；负责与我国驻联合国教科文组织常设代表团的联络并指导其工作；承办国务院交办的其他事项。根据组织法规定，地方各级政府可设立地方教育行政机关，在本级人民政府的统一领导下，行使国家管理教育的权力，并受教育部的领导或业务指导。

第三节 法律与国家教育权

一、法律对国家权力的制约

由于教育对社会经济、政治和文化发展所具有的重要性，随着近代以来国家对教育作用的日益增大，教育权开始成为一项确定的国家权力。在法律与国家权力这对关系中，国家权力是法律发展的政治基础与力量保障，而法律则是国家权力存在的基本手段和重要工具，可以说法律就是国家权力的象征。具体而言，法律是以双重性质体现其价值的：一方面，法律本身就是国家权力的体现。法律要依法定的权力和程序制定才有法律效力；要有国家权力的支撑才有权威；要有司法救济机制来裁决纠纷、处理违法行为，才能使法律具有实效。因此，没有国家权力，法律的功能就无以发挥。但另一方面，凡是现实意义上的国家权力，都需通过法律才得以确立和运行。一个社会的秩序在很大程度上是依靠配置、调整国家权力的法律规范建立的，国家权力的界定、配置、公法关系的调整以及公法责任的确立就是法律制约国家权力的主要手段。因此，在其现实性上，二者分别代表着构成社会整体利益的两个不同部分，具有不同的甚至是对立的外化形式和角色功能。

现代公法是在现代国家权力发展的推动下得到发展和完善的，教育法则是这一历史进程的产物，是现代国家公法部门的重要调节领域。随着现代教育的发展，教育法不仅数量增长和调整范围扩大，更重要的是，它也可以对规范权力运行、防止权力异化起到应有的作用。这意味着公主体、公利益、公权力等一切公的范畴也是教育法调整的范围。我们可以把政府职权理解为国家权力的表现形式，是依法定位到具体行政主体身上的有关教育的国家权力，是各行政主体实施国家行政管理活动的资格及权能。对于任一国家职能而言，无论其表现为权力还是责任，权与责二者之间都存在着不可分割的联系，都很难截然区分。比如我们可以把《宪法》规定的国家教育职能理解为基于公民受教育权之需而产生的国家义务，包括对公民的受教育权予以保护、承担立法责任、提供司法救济、采取行政措施等，这些义务中既有消极作为义务也有积极作为义务。国家在教育方面的积极作为义务主要表现为国家对教育事业的领导、规定、管理、发展、举办、施行等形式，在大多数情况下都是国家利益和国家意志的体现，具有明显的主动性、强制性特征。因此国家教育权在某种程度上可以说就产生于国家的这种积极作为义务，甚至可以说，国家教育权就是法律确立的国家为保障公民受教育权的实现而承担的义务。

教育发展的历程表明，没有国家的积极作为，教育就不可能发挥其应有的职能，为此确立国家教育权的合法性，实现与维护教育的普及发展，履行和保障对社会及个人所负的教育义务，就是教育法的职能所在。如何防止公权力异化成了建构法律体系中的一个重要问题。其要害在于在赋予公权力的同时，如何监督权力的行使，防止权力的滥用。一般认为可以从以下两个方面来对公权力做出必要的制约：一是以权利制约权力，基本权利以防止公权力对个体自由侵犯为前提形成了社会对国家的监督和制约，即公权力应以公民的权利为根本前提，以保护和实现公民权利为最终目的。二是以道德制约权力，即把外在的价值准则内化为权力主体自身的价值需求和道德自律，通过强化权力主体的道德认识、道德修养和道德意志，培养权力主体自我监督和自我约束的能力，使其自觉规避滥用权力的行为，以此防止公权力的异化。

二、教育法制定中的权力约束

国家权力对社会关系的法律调整，首先是从法律制定开始的，因此制定法律即国家权力的具体体现。法律制定就是国家机关依据法定权限和程序，制定、修改和废止法律和法规的活动，通常又可简称为立法。要建立完善的法制，首先要有完善的立法体制。教育法的制定就是国家法律制定活动的一部分，它是由专门的机构和一套制度所构成的国家立法体制来实现的。

（一）立法权限的划分

1. 立法权限划分概说

立法体制虽然包括立法权的划分、立法权的运行、立法权的载体即立法机关的设置等方面，但其中最主要的是立法权的划分。一个国家采用哪种立法体制，并不取决于人们的主观意志，而是取决于一系列客观因素，如国家性质、国家的结构形式、特殊的国情等因素都会影响国家的立法体制的形式。纵观各国的立法体制，目前主要有单一的立法体制、复合的立法体制、制衡的立法体制以及若干特殊的立法体制。

正如法律一词有广义和狭义之分一样，立法这一概念通常也有广义和狭义两种不同的理解。广义的立法，是泛指有关的国家机关依照法定权限和程序制定各种具有不同法律效力的规范性文件的活动。它既包括国家最高权力机关及其常设机关制定的特定的、具体的规范性文件（狭义的法律）的活动，也包括各级地方国家权力机关及其常设机关和各级行政机关依据法定权限和程序制定行政法规、地方性法规及规范性决定、决议等规范性文件（广义的法律）的活动。狭义的立法，是专指国家最高权力机关及其常设机关，依据法定权限和程序制定特定、具体的规范性文件（狭义的法律）的活动。

在我国，根据宪法的规定，由选举产生的人民代表组成权力机关来行使立法权，但是立法工作本身还有一个权限划分即权力的配置问题。为了更有效和更完全地体现公权力的行使，必须以法律形式明确规定不同国家机关制定和颁布具有不同效力的规范性文件的权限如何划分。在不同性质的国家或同一国家的不同时期，立法权限的划分不尽相同，并不存在统一的、固定不变的模式。我国 1982 年《宪法》建立、完善了人民通过自己的代表机构行使立法权的制度，是新的历史时期为发展社会主义民主和健全社会主义法制而进行的具有重要意义的改革。根据我国现行《宪法》有关规定，全国人民代表大会和全国人民代表大会常务委员会行使国家立法权；国务院根据宪法和法律，行使制定行政法规的职权；省、直辖市、自治区的人民代表大会和它们的常务委员会，在不与宪法、法律、行政法规相抵触的前提下，行使制定地方性法规的职权；民族自治地方的人民代表大会依照当地民族的政治、经济和文化的特点，行使制定自治条例和单行条例的职权。

2. 最高国家权力机关及其常设机关的立法权限

我国的最高国家权力机关及其常设机关是全国人民代表大会和全国人民代表大会常务委员会。宪法规定，它们共同行使国家立法权。在具体的立法权限划分上，由于在性质上和地位上的差异，它们又有不同的分工和侧重。

全国人民代表大会的立法权限是：修改宪法；制定和修改刑事、民事、国家机构的和其他的基本法律；改变或撤销全国人民代表大会常务委员会不适当的决定（《宪法》第 62 条）。全国人民代表大会通过以上形式来行使国家立法权，这种立法权是最高的，是法制统一的基本保证。

全国人民代表大会常务委员会的立法权限是：制定和修改除应由全国人民代表大会制定的法律以外的其他法律；在全国人民代表大会闭会期间，对全国人民代表大会制定的基本法律进行部分的补充和修改，但不得同该法律的基本原则相抵触；撤销国务院制定的同宪法、法律相抵触的行政法规、决定和命令；撤销省、自治区、直辖市国家权力机关制定的同宪法、法律和行政法规相抵触的地方性法规和决议（《宪法》第67条）。以上立法权限原来都是由全国人民代表大会行使的，1982年《宪法》把这部分立法权限划归全国人民代表大会常务委员会行使，这是很有必要的。因为全国人民代表大会常务委员会人数较少，议事方便。常务委员会委员代表各个方面，实际上是常务代表，有相当数量的委员成为专职代表。因此这一机构就能及时地解决立法的需要，承担大量的立法工作，保障社会主义现代化建设的顺利进行。

3. 最高行政机关及其所属机关制定行政法规和规章的权限

我国的最高行政机关是中华人民共和国国务院，又称中央人民政府。它是国家最高权力机关的执行机关，其主要职责就是通过行政立法和其他行政措施，保证最高国家权力机关的各项决定、决议、法律得以贯彻执行。因此，根据宪法和法律制定行政法规就是国务院的重要职权（《宪法》第89条）。行政法规是关于国家行政管理及其事务的各种法律规范的总称，其法律效力仅次于国家法律，除全国人民代表大会及其常务委员会以外，任何机关都无权予以改变或者撤销。我国行政法规是社会主义法制的一个重要组成部分。

除了国务院有权制定行政法规外，国务院的各部和各委员会根据法律和国务院的行政法规、决定、命令，可以在本部门的权限内发布命令、指示和规章（《宪法》第90条）。

4. 地方国家权力机关制定地方性法规的权限

地方国家权力机关是指地方各级人民代表大会。地方各级人民代表大会在本行政区域内，依照法律规定的权限，通过和发布决议（《宪法》第99条）。其中，省、直辖市、自治区人民代表大会是省级地方国家权力机关，它们在本行政区域内，根据宪法和法律，根据本地区的情况和人民群众的愿望，行使地方国家权力，保障人民当家作主。省、直辖市的人民代表大会和它们的常务委员会，在不同宪法、法律相抵触的前提下，可以制定地方性法规，但需报全国人民代表大会常务委员会备案（《宪法》第100条）。由于自治区的自治机关行使地方国家机关的职权，所以自治区的人民代表大会及其常务委员会也可以制定地方性法规。地方性法规是由省级国家权力机关及其常设机关制定和颁布的、在本行政区域内适用的、具有法律效力的规范性文件的总称。宪法关于地方性法规的规定，是我国立法体制的一项重要改革。我们国家很大，各地政治、经济、文化发展很不平衡，这样规定有利于各地因地制宜，发挥主动性、积极性，加速整个国家的建设。

除了省级人民代表大会及其常务委员会外，省、自治区人民政府所在地的市和经国务院批准的较大的市的人民代表大会及其常务委员会，根据本市的具体情况和实际需要，在不同宪法、法律相抵触的前提下，可以制定地方性法规，报省、自治区的人民代表大会常务委员会批准后施行，并由省、自治区的人民代表大会常务委员会报全国人民代表大会常务委员会和国务院备案。这一规定见于1986年12月2日第六届全国人民代表大会常务委员会第十八次会议通过的《关于修改〈中华人民共和国地方各级人民代表大会和地方各级人民政府组织法〉的决定》。这一规定赋予了较大城市制定地方性法规的权力，是我国立法体制改革的新成果，它对于进一步发挥地方的积极性，及时解决地方在社会主义现代化建设进程中所发生的具体问题具有十分重要的意义。

民族自治地方的人民代表大会有权依照当地民族的政治、经济和文化的特点，制定自治条例和单行条例，报全国人民代表大会常务委员会批准后生效。自治州、自治县的自治条例和单行条例，报省或自治区的人民代表大会常务委员会批准后生效，并报全国人民代表大会常务委员会备案（《宪法》第116条），以保证国家法制的统一。

5. 地方各级国家行政机关制定规章的权限

县级以上地方各级人民政府依照法律规定的权限，发布决定和命令（《宪法》第107条）。其中，省、自治区、直辖市以及省、自治区的人民政府所在地的市和经国务院批准的较大的市的人民政府，还可以根据法律和国务院的行政法规，制定规章和其他规范性文件。这一规定有利于在中央的统一领导下，充分发挥各地行政机关的积极性，实行依法行政，提高行政效率。

以上是我国立法体制中的权限划分结构，其基本特点是中央和地方适当分权，授权地方各级国家权力机关及其常设机关和地方各级国家行政机关，在其职权范围内，根据宪法、法律和行政法规制定、颁布具有不同效力的规范性文件。这一立法体制在适当分权的同时又构成一种制约关系，是同我国国家性质和多民族单一制的社会主义国家结构这一具体国情相适应的。我国教育法的制定，就是在这一立法体制下实现的。

（二）立法程序

法律制定的程序又称立法程序，是指国家机关在制定、修改或废止法律规范的活动中，必须履行的法定步骤。因此立法程序就是规定立法权行使的程序，也是一种程序法。在我国，法律的立法程序被规定在《宪法》和《全国人民代表大会组织法》之中。

一切法律、法规在其公布生效之前，都必须经过法定有决定权的机关讨论通过。不同的法律、法规，由于制定机关不同，其制定的法定程序是不同的，但是一般来说，可以分为如下四个步骤：

1. 法律议案的提出

法律议案是指法律制定机关开会时，提请该机关列入议程讨论决定的关于法律制定、修改或废除的提案或建议。提出法律议案是一种法定权力，它与起草法律案不同。起草法律案的单位或个人不一定是有提案权的，例如有些法律是由国务院各有关主管部门起草的，但该法律案必须以国务院为提案人向全国人民代表大会常务委员会提出。根据我国宪法和有关法律的规定，具有向各级人民代表大会及其常务委员会提出有关法律议案的职权的机关和人员有：各级人民代表大会的代表；各级国家权力机关的主席团、常设机关和各种委员会；各级国家行政机关；国家最高司法机关和军事机关。

以上机关和人员在提出制定、修改和废止法律议案和建议后，首先由各专设法制机关对法律草案的内容、技术以及法理等方面进行审查，并须经从广泛征求意见、反复讨论、审议到最后形成提交法律制定机关审议、讨论的正式草案等一系列法律制定的准备阶段。

2. **法律草案的审议**

审议法律草案是指法律制定机关对列入议程的法律草案正式进行审查和讨论。一般来说，法律、法规的决定通过要采用会议的形式。在我国，决定通过法律、法规的权力机关主要是人民代表大会及其常务委员会；行政机关是国务院全体会议和常务会议，各部、各委员会的部务会议和委员会会议，地方人民政府的全体会议。向全国人民代表大会提出的法律草案一般要先经常务委员会审议后才提交全国人民代表大会会议审议。在审议期间还要由法律委员会根据代表审议提出的意见进行审议并提出报告，再由主席团决定提交大会审议，由大会决定是否通过。向全国人民代表大会常务委员会提出的法律草案，一般采取初步审议和再次审议两个步骤，然后由常委会会议决定是否通过。这样做的目的在于保证有充分时间对法律进行周到细致的讨论并听取各方面意见，避免仓促通过。

3. **法律的通过**

法律的通过是指法律制定机关对法律草案经过讨论并进行表决后，表示正式同意，由此法律草案便成为法律。因此，这一步骤是整个立法程序中最重要和最有决定意义的阶段。

为了加强所通过的法律的稳定性和权威性，法律的通过须经法律制定机关代表的一定法定人数的赞成。通常，普通法律须经全国人大代表的过半数通过；宪法须经全国人大代表的三分之二以上的多数通过；全国人大常委会审议的法律草案和其他议案，由常委会全体组成人员的过半数通过；地方各级人民代表大会通过规范性文件，以全体代表的过半数通过。

4. **法律的公布**

法律的公布是指法律制定机关将通过的法律用一定的形式予以正式公布，一般是由法定负责人以命令的形式发布，并正式在公报或报纸上发布。这是立法程序的最后一环。法律被通过以后，如果没有按照法定程序和方式通知公民和国家机关，这一法律就不会有法律效力，就不可能在现实生活中得以实施。这是因为法律是人人必须遵守和执行的行为规范，只有予以公布，才能使人人周知，否则势必会产生各种混乱现象。我国《宪法》规定，中华人民共和国主席根据全国人民代表大会的决定和全国人民代表大会常务委员会的决定，公布法律。其他形式的规范性文件也都有一套法定的公布程序和方式。我国教育法律法规的制定，就是在上述立法程序的运作下实现的。

5. **行政法规、规章的发布**

为了规范行政法规、规章的发布工作，提高行政法规、规章的权威性、严肃性和时效性，使行政法规、规章能及时为社会和公众知晓，便于国家机关、社会团体、企业事业单位及全体公民执行和遵守，1989 年国家教育委员会对依照授权和职权发布行政法规、规章的办法做了程序上的规定。规定要求，经国务院批准、授权由国家教育委员会发布的行政法规，以及国家教育委员会根据法律、行政法规的规定，在职权范围内发布的规章，由委员会主任签署发布令。行政法规、规章发布令包括批准机关和发布机关、序号、行政法规或者规章的名称，通过或者批准日期，生效日期和签署人等项内容。经国家教育委员会主任签署发布的行政法规、规章，《国家教育委员会政报》《中国教育报》应全文刊登。

三、教育法实施中的权力约束

立法的目的在于实施，在于规范人们的行为，调整社会关系。因此，法律的制定和颁布仅仅是依法治教的开始，重要的是使法律规定在社会的实际生活中得到实现。因此，对国家教育权的调节不仅体现在法律的制定方面，同时也体现在法律的实施方面。

（一）教育法实施概说

法律实施是指国家机关及其工作人员以及社会团体和广大公民在自己的实际活动中使法律规范得到实现。因此，法律实施的过程就是法律在现实社会生活中的具体运用、贯彻和实现的过程，就是将法律中所设定的权利与义务关系转化为现实生活中的权利与义务关系，进而转化为人们的行为的过程。但是，法律作为一种意志，它本身并不能自动转化和自我实施。“徒法不能以自行”，法律在社会生活中的实现，必须通过一定的方式。一般来说，法律规范可以分为禁止性规范、义务性规范和授权性规范。禁止性规范禁止人们做出一定的行为，或要求人们抑制一定的行为。例如《义务教育法》第 49 条规定，任何组织和个人不得侵占、挪用义务教育经费，不得向学校非法收取或者摊派费用。同时该法律还用追究法律责任、给予法律制裁的方式去禁止人们作出这样的行为。这些规范就属于禁止性规范。义务性规范责成人们承担一定的积极行为。如《义务教育法》有关义务教育必须贯彻国家的教育方针，实施素质教育，提高教育质量，使适龄儿童、少年得到全面发展的规定就属于义务性规范。授权性规范授予人们可以做出某种行为或要求他人做出或不做出某种行为的权利。如《高等教育自学考试暂行条例》第 3 条规定的我国公民参加高等学校自学考试的权利就属于授权性规范。以上三类法律规范在社会生活中实现的方式尽管不同，但一般来说，人们可以独立地遵守、执行和运用法律，而无须通过专门的国家机关来实现这些法律规范。然而，法律规范的实现还可以有另外的方式，这就是通过专门的国家机关的特定活动，使法律规范在社会生活中得到实现。例如教育法中关于奖励和惩罚的规定、关于授予学位的规定等，都只有专门的国家机关和被授权的公职人员，才能以国家的名义，按照法定的职权，将法律规范适用于具体的人或组织。因此，法律的实施可以有两种方式，即法律的适用和法律的遵守。

（二）教育法的适用

法律适用是法律实施的一种基本方式。广义的法律适用包括国家权力机关、国家行政机关和国家司法机关及其公职人员依照法定权限和程序，将法律运用于具体的人或组织的专门活动。狭义的法律适用则专指国家司法机关依照法定的职权和程序，运用法律处理各种案件的专门活动。不管是广义的还是狭义的理解，法律的适用都是指国家机关及其公职人员以国家的名义实施法律规范的活动，因此，法律的适用同一般的国家机关遵守法律、执行法律、运用法律不同，它具有强制性。

教育法作为行政法，它的适用也是由以上国家机关来实现的。那么在什么情况下，教育法需要由专门的国家机关来适用呢？一般来说有以下几种情况：

当公民、社会团体和一般的国家机关在行使法律规定的权利和义务，需要取得有专门权限的国家机关的支持时，必须由有专门权限的国家机关来适用法律。例如，公民有参加高等教育自学考试的权利，但如果没有高等教育自学考试机构来主持这项工作，确定开考专业，统筹安排考试，建立考籍管理档案等，那么公民就不可能实际地拥有通过自学考试的权利。

当公民、社会团体和一般的国家机关在相互关系中发生纠纷或争议，不可能自己解决时，必须由有专门权限的国家机关来适用法律。例如《义务教育法实施细则》规定，当事人对行政处罚决定不服的，可以依照法律、法规的规定申请复议。当事人对复议决定不服的，可以依照法律、法规的规定向人民法院提起诉讼。当事人在规定的期限内不申请复议，也不向人民法院提起诉讼，又不履行处罚决定的，由做出处罚决定的机关申请人民法院强制执行，或者依法强制执行。在这里，行政复议机构、法院以及做出处罚决定的国家行政机关都属于有专门权限的国家机关。

当公民、社会团体和一般的国家机关在其活动中发生各种违法行为时，必须由有专门权限的国家机关来适用法律，对违法行为进行制裁。教育法所规定的法律责任主要是行政法律责任，法律制裁也主要是行政处分或行政处罚。这些都是由行政机关来实施的。但如果违法行为同时涉及民事范围或触犯了刑律，那么除了由行政机关追究行政责任外，还要由法院追究民事法律责任和刑事法律责任。

以上几个方面说明，法律适用是一种特殊的国家管理活动形式，适用法律的机关要以法律规范为根据来采取措施。因此，为了维护公民、社会团体、国家机关各个方面的权益，正确地、有效地适用法律就是法律适用机关及其公职人员的基本职责。

（三）教育法的遵守

遵守法律是法律实施的又一基本形式。它是指公民、社会团体和国家机关都须按照法律规定的要求去行为，它们的活动都须是合法的行为，而不是违法的行为。

遵守法律是针对一切组织和个人而言的，我国宪法对守法主体做了明确的规定。《宪法》第 5 条规定："一切国家机关和武装力量、各政党和各社会团体、各企业事业组织都必须遵守宪法和法律。一切违反宪法和法律的行为，必须予以追究。"第 33 条规定："任何公民享有宪法和法律规定的权利，同时必须履行宪法和法律规定的义务。"第 53 条规定："中华人民共和国公民必须遵守宪法和法律，保守国家秘密，爱护公共财产，遵守劳动纪律，遵守公共秩序，尊重社会公德。"从《宪法》的规定来看，守法的主体包括两个方面：一是一切国家机关、武装力量、政党和社会团体、企业事业组织。其中特别是国家机关，它们负担着各种社会公共事务，以贯彻执行国家统一意志和利益为原则，因此严格守法、执法是对它们的基本要求。二是所有公民，即一切社会关系的参加者，从国家领导人到每个普通老百姓。人民群众以主人翁的态度自觉遵守法律，贯彻法律，维护法律的尊严，发挥法律的威力，就能有效地保证法律的实施。

从守法的内容来看，这里所说的法是一个泛指的总称，而不是狭义的法律。它应当包括宪法、各部门法和组成各部门法的法律、法规、规定、规则、实施细则等。守法首先应当遵守宪法和法律。宪法是国家的根本大法，是治国的总章程。它规定了国家的根本制度和根本任务，具有最高的法律效力和法律地位。法律是依据宪法制定的二级大法，是对某一社会关系的基本制度和基本任务的确认。宪法和法律都是由最高权力机关制定的，因此守法首先必须遵守宪法和法律。其次，守法还要求遵守所有符合宪法和法律的其他国家机关制定的一切法规和其他规范性文件，如国务院的行政法规、决议、命令、规章；省、直辖市、自治区人民代表大会制定的地方性法规；地方各级人民政府发布的决议、命令；等等。这些法规和规范性文件都是依据宪法和法律，根据本地区、本部门的具体情况，为实施宪法和法律的需要而制定的，因此也应当遵守。

守法在社会生活中有着重要的意义，对于教育法来说同样如此。我国教育法制建设的问题是：一方面，法律制度还不健全，立法缺口仍然很大；另一方面，已有的法规还没得到全面有效的遵守。为了使教育法得到有效的实施，必须创造必要的条件。

首先，应加强对公民的法律意识、受教育权意识的教育，使公民懂得，受教育权的保障，仅有法律制度还是不够的，还有赖于社会对教育法的遵守才能实现。公民法律意识以明确公民的基本权利与义务为核心内容，引导公民树立人格独立、地位平等、社会民主、权利与义务的统一以及在宪法与法律指导和约束下的自由等基本观念，树立作为国家主人的高度自觉和自主精神，是保障和加强教育权利的重要的思想动力。当前社会中还有部分人法律意识淡薄，对受教育权缺乏起码的认识，没有学会运用法律维权；一些政府部门的执法者不重视教育事业，甚至侵害学校和学生的合法权益，这些违反教育法的现象说明，由于人们意识不到受教育权利的价值和意义，教育仍可能被人们轻视，仍可能出现违反教育法的事情。

经过多年的普法教育，公众的法律意识已经有了很大的提高，作为这一意识的微观表现形态，受教育权意识应当得到充分重视。培养公民的受教育权意识，一是要运用各种宣传教育手段，清除等级特权、义务本位等旧的法律观念和意识的消极影响，使人民群众认识、尊重和运用自己的受教育权，自觉履行与之相适应的义务。二是要提高各级政府部门的领导者和每一个工作人员的法律意识水平，严格遵纪守法，处处依法办事，反对任何超越宪法和法律，以权代法的做法。应当在政府机关工作人员中普及法律知识和法制观念，使之懂得自己负有的责任。三是要建立组织健全、制度完善的法律实施监督体系，由专责机关和群众一起对教育法的实施实行有权威的、有效的监督，从而提高广大群众对法律的信任，培养强烈的公民意识和法律意识，使遵守教育法成为每个公民的自觉行动。

其次，法律能否得到遵守，还在于法律是否有实效性。法律只有严密、完备，具有可操作性，才会体现它的法律效力。我国近几十年来社会发展迅速，各种关系随之发生很大变化，这就使已有法律很难一劳永逸地适应变化了的新情况，必须不断根据新情况适时修法，使之真正具有可操作性。此外，我国由于地域广阔，各地经济、文化发展又很不平衡，很难用一个模式来规范全国的教育发展，这就要求各地根据教育法的规定和本地的实际，对教育发展提出切合实际的要求，并把这些要求用地方性法规的形式确定下来，用以调节本地教育的发展。

再次，法律能否得到遵守，还在于执法是否有严肃性。要使法律具有权威性，就必须做到有法必依、执法必严，各级政府、集体经济组织、企事业单位、学校、个人都必须把依法办事作为实施教育的重要原则。

总之，只有加强守法教育，加强法律的实效性和执法的严肃性，教育法才能真正发挥法律效力，才能真正得到普遍的遵守。

四、对法律实施的监督

为了保证法律的实施，必须加强对法律实施的监督，这是行使国家教育权的必要一环。我国已经初步形成了一个通过国家法律制度的制定和运用，来制约和督促社会各个方面执法守法的法律监督体制。这一监督体制包括权力机关的法律监督和工作监督，司法机关的司法监督，行政机关的行政监督，以及党的监督和人民群众的社会监督等方面。

（一）权力机关的法律监督和工作监督

在我国，国家权力机关是指各级人民代表大会。它的监督作用首先表现在对其所制定和颁布的宪法、法律、地方性法规、自治条例和单行条例的实施情况进行监督。全国人民代表大会及其常务委员会可以依照宪法规定，追究一切与宪法相违背的行为。全国人民代表大会可以改变或撤销全国人民代表大会常务委员会的不适当的决定。全国人民代表大会常务委员会可以撤销国务院制定的同宪法和法律相抵触的行政法规、决定和命令，撤销省、自治区、直辖市国家权力机关制定的同宪法、法律和行政法规相抵触的地方性法规和决议。县级以上人民代表大会可以改变或撤销本级人民代表大会常务委员会的不适当的决议，撤销本级人民政府的决定和命令。县级以上人民代表大会常务委员会可以撤销下一级人民代表大会及其常务委员会的不适当的决议，撤销本级人民政府的不适当的决定和命令。这样一个制约的机制使法律的遵守得到了有效的监督。此外，国家权力机关还可以就某项法律、法规的实施情况在自己所辖范围内进行检查。

人民代表大会作为权力机关，其所具有的监督作用还表现在它对行政机关、审判机关和检察机关的工作监督。这些机关对同级人民代表大会及其常务委员会负责并报告工作。国家权力机关还可以通过人民代表行使质询权和视察工作，对这些国家机构进行监督；对重大的问题，还可组织调查委员会进行调查处理。

（二）司法机关的司法监督

司法机关的司法监督主要包括检察机关对公安机关、法院等司法机关的司法监督和司法机关对行政机关的司法监督两个方面。对于教育法来说，主要是后者。对行政机关的司法监督是指司法机关依法对特定行政机关及其公职人员的特定行政行为是否违法、越权、侵权、失职、不当进行审理和判决。随着国家普遍强化政府职能的进程，国家行政管理的范围和种类也越来越广泛，由此也带来了日益增多的行政纠纷和日益复杂的行政法律关系，因此建立行政诉讼制度已成为时代的需要。我国于 1982 年开始建立行政诉讼制度，人民法院可以受理法律规定可以起诉的行政案件。我国的《行政诉讼法》全面统一地规定了我国的行政诉讼制度，这就使法院的受案范围除了民事案件和刑事案件外，还包括了行政诉讼案件，从而扩大了司法机关对教育行政管理的监督职能。根据《行政诉讼法》的规定，行政机关的具体行政行为属于行政诉讼的范围。这就对行政机关采取行政措施提出了严格的法律要求。教育行政机关做出的行政决定，凡涉及公民、法人和其他组织的人身权、财产权的，如规定各种学校收费、印发学历证书、取消考试资格等，都应与有关法规的规定一致，否则在行政诉讼中将处于被动地位。

（三）行政机关的行政监督

行政机关的行政监督包括上下级行政机关的相互监督和特设的行政监察机关对行政的监督。行政系统上下级机关之间的监督表现为国务院有权改变或撤销各部、委发布的不适当的命令、指示和规章，改变或撤销地方各级国家行政机关的不适当的决定和命令。县级以上地方各级人民政府有权改变或撤销所属各工作部门和下级人民政府的不适当的决定。行政监督另外一个重要方面是国家行政监察机关对国家行政机关及其公职人员执行法律、法规和政策的情况以及违反政纪的行为的监察。国家行政监察机关有检查权、调查权、建议权，并有一定的行政处分权。

除以上所述，在教育系统内，还有一种特殊的对教育工作的行政监督，即教育督导制度。根据 2012 年《教育督导条例》第 4 条的规定，国务院教育督导机构承担全国的教育督导实施工作；县级以上地方人民政府负责教育督导的机构承担本行政区域的教育督导实施工作；国务院教育督导机构和县级以上地方人民政府教育督导的机构在本级人民政府领导下独立行使督导职能。教育督导的内容包括：县级以上人民政府对下级人民政府落实教育法律、法规、规章和国家教育方针、政策的督导；县级以上地方人民政府对本行政区域内的学校和其他教育机构教育教学工作的督导。教育督导的事项包括：学校实施素质教育的情况，教育教学水平、教育教学管理等教育教学工作情况；校长队伍建设情况，教师资格、职务、聘任等管理制度建设和执行情况，招生、学籍等管理情况和教育质量，学校的安全、卫生制度建设和执行情况，校舍的安全情况，教学和生活设施、设备的配备和使用等教育条件的保障情况，教育投入的管理和使用情况；义务教育普及水平和均衡发展情况，各级各类教育的规划布局、协调发展等情况；法律、法规、规章和国家教育政策规定的其他事项。教育督导可分为综合督导、专项督导和经常性检查，由教育督导机构根据本级人民政府、教育行政部门或上级督导机构的决定实施。督导机构和督导人员具有以下职权：查阅、复制财务账目和与督导事项有关的其他文件、资料；要求被督导单位就督导事项有关问题作出说明；就督导事项有关问题开展调查；向有关人民政府或者主管部门提出对被督导单位或者其相关负责人给予奖惩的建议。

教育督导制度的建立，使教育法的行政监督有法可依，日臻完善。

（四）执政党监督和社会监督

执政党监督是一种来自中国共产党的监督，根据宪法的规定，通过执政党对国家管理活动所进行的监督是我们党和国家组织生活中的一项根本原则，也是保证中国共产党的领导地位的重要方式。执政党监督的基本方式是通过批评与自我批评的组织生活形式以及党规党纪的制约，并通过党组织的监督系统来实现的。

社会监督是各种社会组织、社会团体、公民个人对教育所进行的一种监督形式，主要通过批评、建议、检举、控告和申诉等方式来进行。这种监督对教育法的实施也具有重要的保障作用。

第四章

公民受教育权

社会现代化进程使传统的、以家庭为基础的教育遭遇了严重挑战，自此受教育开始成为普遍的公民权利并受到法律的肯定和保护。由于现代教育是在家庭之外、通过某种国家化的组织形式来实施的一种人才培养方式，因此它必定会与沿袭了数千年的家庭的或民间的教育传统形成冲突，使受教育权的实现与保障出现复杂的情况。随着社会文明程度的提高，人们开始强调教育对于自我的意义并提出各自不同的教育诉求，教育发展进入了一个以多样性为特征的新阶段。

第一节　受教育权：宪法确认和保护的公民基本权利

一、受教育权的含义

受教育权是公民接受教育的机会和获得受教育的物质帮助的权利。然而由于不同国家在历史文化传统、基本价值理念方面存在的差异，以及社会发展水平所存在的差异，受教育权的内涵、范围、意义有很大的不同。但一般来说，受教育权都会包括如下两个基本含义：一是指公民有权按照其能力平等地接受一定阶段、一定形式的教育，提高自身文化素质和从业水平；二是指国家有义务向社会提供必要机会和物质保障，满足公民的教育要求和社会发展的需要，保护公民的平等受教育权。二者之间是互为因果的关系：受教育权作为一项具有社会权性质的权利，有赖于国家的物质保障和法律保障，如果没有国家的保障，公民的受教育权就不可能实现；反过来，如果没有公民对教育的要求，则国家的保障也就没有了指向。因此所谓的公民受教育权是指由宪法确认和保障的公民基本权利，是达到一定年龄并且具有接受教育的能力的公民，从国家和社会获得文化教育的机会和物质帮助，从而进入各种学校或者其他教育设施，学习科学文化知识的权利。

从宪法价值的角度看，通过普及教育，培养人的能力，为每一个人的生活与尊严提供必要的基础。可以说，现代社会的发展在很大程度上取决于公民受教育权的实现程度。因此，公民受教育权是现代社会实现社会与个人发展的一种基础与手段，反映了法治社会的价值选择与发展趋向，在宪法和基本权利体系中表现出独特的价值功能。

联合国人权委员会教育权特别报告员、受教育权问题特别报告起草人卡塔琳娜·托马舍夫斯基（Katarina Tomasevski）于1999年向联合国人权委员会提交了一份对世界范围内受教育权保护情况的初步报告。在该报告中，为描绘政府对保护受教育权方面的义务，卡塔琳娜·托马舍夫斯基把卫生服务可及性概念引入受教育权评价，提出了一个“4A”模式来评价初等学校应该具备的特征，也即为保障受教育权的实现，初等学校应该具备可获得性（availability）、可接近性（accessibility）、可接受性（acceptability）和可适应性（adaptability）。其中：可获得性主要指政府有义务投资建设足够的初等学校，并确保初等学校的招生能力不低于小学适龄儿童的数量，因为如果政府投资建设的初等学校不足以接受所有适龄儿童入学，那么显然适龄儿童获得教育的权利就只是一种愿望，而不是一种实际权利；可接近性主要指初等学校在招生中不得违背非歧视性原则，即所有适龄儿童不因性别、语言和宗教等原因被排斥入学；可接受性主要指国家有义务在教学内容、教学语言、教学纪律等方面确保所有初等学校达到国家制定的最低标准，确保所有初等学校提供的教育能够为家长和学生所接受，确保让家长和学生没有不被尊重或被羞辱的感觉；可适应性主要指教育要适应全球化和地方化两种趋势，确保教育内容和教育方式既能适应全球化带来的知识挑战，又能对当地需求和具体的种族、语言或宗教特征做出适当回应。

受教育权是我国《宪法》赋予公民的一项基本权利，不仅在《宪法》中予以规定，而且在《教育法》《义务教育法》《未成年人保护法》及其他相关法律、法规中都分别做了规定。依照这些规定，中华人民共和国公民有受教育的权利和义务，公民不分民族、种族、性别、职业、财产状况、宗教信仰等，依法享有平等的受教育机会。因此受教育权是我国宪法确认和保障的一项公民基本权利。受教育权的这种法律地位决定了该项权利对每个公民而言具有固有性、不可剥夺性、不可让与性和必须保障性。然而对于受教育权的性质问题，却一直存在着许多不同的理解。对受教育权的不同看法表明，在现代社会，受教育权具有多重性质，比如受教育权可以看成人们的受教育要求不断增长的结果，与个人的人格形成有着密切的关系，因此应当受到充分尊重。然而，人们对受教育的要求又离不开社会的发展，离不开特定社会中个人的生存与发展状况以及社会的经济、政治和文化发展状况，离不开政府的积极作为。就此而言，法律赋予每个公民在受教育方面的可能性又是受社会各方面的条件和因素作用而不断发展的。因此受教育权既源于个人生存和发展的需要，同时也受制于社会经济、政治、文化条件；既具有作为个人主观权利的性质，同时也带有深刻的社会烙印，具有客观权利的性质。因此我们不能离开受教育权的复杂性去讨论这一权利的性质。

二、受教育权的权利属性

1. 从公民基本权利的角度看，受教育权应属文化权利

从我国宪法的相关规定看，包含着宪法规范、体现着宪法权利和义务的宪法关系主要有政治关系、经济关系、文化关系和社会关系等。与这些宪法关系相对应，宪法权利中的公民权利也可以分为政治权利、经济权利、文化权利等类别，在这些公民权中，受教育权应当归属于文化权利，是文化权利的一个下位权利。

受教育权不同于政治权利之处在于，公民的政治权利反映的是政治行为参与之间的关系。由于政治生活实质上是一种与主体间利益关系相关的公共权力的特定形态，不仅涉及政治主体参与和影响政治生活、表达个人见解和意见的可能性，而且涉及不同政治主体之间利益的分配及其实现，因此公民的政治权利可以理解为公民在参与政府管理、影响公共政策、实现政治利益分配方面所获得的权利。虽然公民政治权利的实现要以一定的文化素质为基础，因此会和公民受教育权构成某种联系，并使人从这种联系去理解受教育权，但二者终究各有自己的性质和内涵，因此不应混淆。

受教育权也不同于公民的经济权利，公民在社会经济方面的权利是与改善和提高公民的物质生活水平和精神生活水平密切相关的权利，主要体现在经济利益的实现，如公民有劳动以及获得相应报酬的权利。除了劳动权利外，公民的经济权利还包括诸如休息权利、年老者退休继续获得物质经济待遇的权利等。受教育权与经济权利二者之间的联系在于，从经济利益的角度来看，教育的主要目的是向学习者传递知识，使之获得更好的生存能力，以期在获得职业及相应报酬方面实现自己的利益。为了实现自己的经济利益，公民必然要求国家从经济角度提供必要的文化教育条件和均等的受教育机会。公民的经济权利与受教育权尽管构成了以上的因果联系，但二者在权利内容、目标取向和实现方式上都是不同的，因此也不应混为一谈。

把受教育权归结为生存权在法理上也不尽妥当。受教育权是保障公民正常、体面地生存的权利，是公民其他社会权利的基础和前提，因此受教育权与公民的生存权密切相关。但生存权本身并不是一项权利，而是一组权利；不是宪法文本上的权利，而是宪法学意义上的权利，生存权作为一项涉及个人生存的权利，包括经济权利，又不限于经济权利，是对一系列宪法文本上的权利的概括。①

因此从基本权利的角度看，受教育权应归属于公民的文化权利，因为公民的文化权利是参加文化生活，享受科学进步及其应用所产生的利益，以及对其本人在科学、文学或艺术作品所产生的精神上和物质上的利益方面所享受的被保护权利。作为公民文化方面的受益权，公民的文化权利一般包括享受公共文化服务、享受文化科技进步、参与文化生活、从事科学研究、文学艺术创作和其他文化活动、接受教育和培训等方面的权利。

概括而言，公民受教育权是指公民有通过学校和其他教育设施和途径，学习科学文化知识和专业技能，提高文化素质、政治素质或业务素质和水平的权利，其主要内容就是对本国文化的继承和发扬，蕴含着深远的文化目的，因此是一项基本的文化权利。受教育权所具有的文化权利性质表明，每个公民都有权通过学习接受知识和学问，提高自身的素质和修养，同时还享有文化创造、文化传播和参加文化活动的自由。对公民享受文化成果和传播文化成果、参与文化创造所产生的利益，国家都负有保障和保护的义务，

① 马岭．生存权的广义与狭义［J］．金陵法律评论，2007（2）：72-85.

因而是重要的责任承担者。

2. 从自由权和社会权的角度看，公民受教育权具有复合权利的性质

自由权与社会权是从权利演进角度对个人权利所做的一种分类。一般认为，自由权标志着个人基本权利的开端，是与生俱来的或天赋的，因此是先于国家而存在的固有属性。自由权承认一个原则上不受控制和干涉的私人空间，国家的职能乃在于保护个人在这一空间的自由，但原初意义上的“保护”只是一种未予以分化和展开的保护，表现为一种国家的消极义务。社会权是在自由权之后，在社会发展到更高阶段才产生的个人基本权利。与自由权相反，这类权利需要国家的积极作为才能实现。因此自由权与社会权的区别在于，自由权是一种“防御国家的自由”，即排除来自国家权力的不当干预、实现个人自由的权利；而社会权则是一种“依靠国家的自由”，即要求国家对公民私人领域给予一定程度的干预，以保障公民基本权利的实现。这恰如一枚硬币的两面：前者要求限制国家的权力，反对专横干涉和非法剥夺；而后者则强调通过国家的积极干预为个人实现某种自由提供机会和可能。自由权和社会权发展到今天，随着权利的逐步规范化和体系化，国家义务已经超越了传统的消极意义，对公民基本权利的国家保护确定地包括了消极不作为意义上的保护和积极作为意义上的保护两个方面。

受教育权的自由权性质以学习自由为理论基础，以自主选择为权利诉求，因而具有不可侵犯和不可替代的性质。受教育权作为一项宪法权利，最初出现在法国大革命时期的 1791 年法国宪法中。受制于社会、经济各方面条件，当时的国家并不具备承担普及教育的能力，因此这部宪法没有规定国家在教育方面的责任，也并不真正要求所有人都要接受教育，仅以个人权利的形式把受教育规定在宪法中。受教育权以社会权的形式入宪，最早见于 1919 年的魏玛宪法，该法第 145 条规定：“接受国民小学教育为国民普通义务，就学期限至少八个学年。其次为完成学校至 18 岁为止。国民小学及完成学校之授课及教育用品，完全免费。”这一规定使受教育权兼有了自由权与社会权的双重特点，既有国民不受干扰、普遍接受教育等侧重自由权特点的法律规定，同时也有关于国家办学及提供教学和教育用品等侧重社会权特点的法律规定。

在西方国家，国家以积极作为履行对受教育权的保护主要是在二战以来福利国家出现的背景下兴起的。公民受教育权由于通常必须通过国家的积极作为才得以实现，因此被纳入了社会权范畴。由于受教育权的这种社会权属性，最初并不是所有的国家都把受教育权规定为基本权利，而是将之看成国家给予公民的一种利益和好处。1948 年《世界人权宣言》第 26 条首次对受教育权予以了明确规定。在国际法的推动下，平等地保护受教育权逐步成为各国义不容辞的国家义务和国际责任。各国通过自身的积极作为创设和提供各种必要的教育条件，如划拨教育经费、举办公益性质的学校教育机构、提供教育教学活动必需的教育教学设施、培养足够的合格师资等，从而使教育水平得以逐步提高，满足公民的教育需求。由此可见，受教育权是以自由权为前提并保留了自由权的某些特征而产生，并随着国家理念和宪法理念的变化而逐步具有社会权的性质的。就当前的权利形态而言，受教育权兼有自由权和社会权的特点，是二者的统一，可视作一种复合型权利。

3. 从权利与义务的角度看，公民受教育权兼有权利和义务的双重性质

权利是主体借助契约设定的结果，一般可以把权利解释为设定或隐含在法律规范中、实现于法律关系中的、主体以相对自由的作为或不作为的方式获得利益的一种手段。义务则是对权利的承诺，是规定或隐含在法律规范中、实现于法律关系中的、主体以相对被动的作为或不作为的方式保障权利主体获得利益的一种约束手段。因此，义务与权利相互对应和制约，构成一对基本的法律范畴。权利与义务体现了人们在社会生活中的地位及其相互关系。简言之，权利意味着获得，而义务则意味着付出，一个是主动的，另一个是相对被动的，相互之间构成一种对立和排斥的关系。但同时二者又相互渗透和相互转化，有的行为规范甚至同时兼有权利和义务两种不同的属性。

尊重和保护宪法规定的公民受教育权，从根本上说就是尊重和保护人作为人的基本权利。从这一立场出发，我国《宪法》第46条关于公民受教育权与义务的规定表明，公民既有请求国家发展教育事业，以各种形式接受教育的权利，同时为了真正保障公民的这一权利的实现，国家必须以一种强制性的法律手段来要求每个公民进学校、受教育。因此受教育权与其他一些公民基本权利的不同之处在于，它既是不可缺少的，也是不可放弃的。也因此，受教育在法律上就同时表现为权利与义务。我国宪法的这一规定还表明，教育既事关个人的幸福与价值，同时也事关国家和民族的发展和兴衰，为了全面提高国民素质，加快社会发展进程，国家必须重视发展教育事业，并要求每个公民依法接受教育。把受教育同时规定为公民的权利和义务，这表明公民的受教育权与其必须履行的受教育义务之间构成了逻辑结构上的对立统一关系和功能上的互补关系。

一般而言，受教育权和受教育义务二者构成了一种比例关系，即权利和与之相应的义务在总量不变的前提下构成了一种反比例关系。就受教育关系的总体性质而言，权利是法律调整的出发点和归宿，因而处于这一关系的主导地位；而义务则以保障和实现权利为目的，是实现受教育权的手段，权利与义务是在这一基础上实现二者的统一的。但出于法律调整的价值取向的需要，二者的关系并不总是固定不变的，比如在某些时候，由于政治、经济、社会、文化、民主状况以及社会总体认识水平的制约，有可能更多地强调义务的调节作用；而在另一些时候则出现相反的情况，有可能更多地强调权利的调节作用。也就是说，如何规定受教育的权利和义务，以何种机制来调整公民的受教育关系，是以一定的社会发展水平以及教育的实际状况为客观依据的。由于教育是个人的较高层次的一种精神需求，因此其作为公民的一种基本权利并不是一开始就被人们所意识到、所追求的。世界各国现代化进程都曾经历过这样一个发展阶段，虽然教育的普及发展已经蔚为风气，但在人们尚需为温饱、为生存付出极大代价的时候，是无暇顾及受教育问题的。就是在物质生活有了改善之后，由于人们意识不到教育的重要性，因此在普及教育的某个时期，为了保证公民受教育权的真正实现，世界各国都曾经历过一个以强迫入学为其主要特征的教育发展阶段，即义务教育阶段，表现在法律上，就是更多地强调教育的义务性质。由此可见，使人们学会尊重和行使自己的受教育权，这本身就是一个长期的、艰苦的教育过程，在某些时候甚至需要通过国家的强制手段来加以保证。在我国，目前虽然教育事业已有了较大的发展，但还有一部分家庭因种种原因而未能依法把自己的孩子送到学校接受义务教育。因此把受教育同时规定为权利和义务，适当地强调教育的义务性质并实施较为刚性的强制性入学措施就是必要的。但是受教育的权利与义务之间的这种比例关系并不是一成不变的，随着社会文明程度的提高以及受教育权意识的增强，受教育的权利性质会得到进一步体现。

把受教育同时规定为权利与义务，并通过某种国家强制手段来实现教育的普及，这不仅是我国宪法的规定，也是世界各国在普及教育特定阶段的一种普遍做法。从世界各国教育发展的历史看，受教育权的发展曾经历过一个由最初的需要通过国家的强制手段来强迫达到法定年龄者入学到受教育者自觉要求接受教育的过程。今天，世界各国的法律制度普遍以受教育权为本位并日渐发展和完善这方面的内容，不仅肯定个人有受教育权，而且进一步规定国家有义务提供必要的教育条件，保证受教育机会的均等；受教育不仅应当被看作个人社会化的基本条件，而且也应当被看作个人享有自我发展的均等机会的标志，因而有其自身的价值和意义。由此可见，同时把受教育规定为公民权利和义务这样一种法律调节形式并没有削弱或抵消国家的教育义务，因为个人权利也就是国家的义务，国家应该向每个公民提供法律规定的正规教育，使其掌握参与社会生活所需的文化知识，并且在知识和智力上为未来的生活和进一步接受教育打下基础。不过当受教育作为一种公民义务出现时，国家对个人生活的制约在某些情况下会表现为某种形式的强制性，虽然这种国家权力往往以保护和实现公民受教育权为目的，但由于在国家权力行使者与权力对象之间形成的是一种不对等的法律关系，如果不加以制约，就极有可能损害公民的基本权利。

三、公民受教育权的权利主体

公民受教育权作为一项宪法规定的基本权利，在宪法和基本权利体系中表现出独特的价值功能，通过普及教育，培养人的能力，为每一个人的生活与尊严提供必要的基础。可以说，现代社会的发展在很大程度上取决于公民受教育权价值的实现程度。因此，公民受教育权是现代社会实现社会与个人发展的基础与手段。

公民受教育权作为一项公民基本权利，直接关系到个人能否有尊严地生活、能否实现其他相关权利、能否实现全面发展，因此是每个公民与生俱有的权利。尽管对教育的需求在不同的个体之间以及每个人的不同人生阶段不尽相同，但受教育权应是每个社会成员所享有的一项基本权利，因此所有的公民包括未成年人和成年人，都是受教育权的权利主体。

成年人与未成年人是一组法律对称，指不同法定年龄的自然人。根据我国相关法律的规定，不满 18 周岁的公民为未成年人，18 周岁以上的公民为成年人，这与联合国《儿童权利公约》第 1 条规定的“儿童系指 18 岁以下的任何人”是相符的。一般而言，未成年人属于学龄人群，成年人属于工作人群，但是二者之间有一个交叉，即按我国九年义务教育制度规定，完成九年义务教育后是 16 岁，公民如果不继续就学，就可以就业，以自己的劳动收入为主要生活来源。法律将这部分未成年人视为完全民事行为能力人。同样，18 岁以上的人群中也有一部分人仍在学校上学，他们虽已成年，但并未就业，其生活来源主要不是靠自己的劳动收入。因此，未成年人并不完全等同于学龄人群，成年人也不完全等同于就业人群。但这里讨论的未成年人主要指在学校学习的学生，而成年人也主要指已经就业的劳动者。

未成年人由于行为能力所限，需有人对其合法权益进行必要的监护，为此我国宪法把抚养教育未成年子女规定为父母的一项法定义务。未成年人的发展特点决定了这一阶段的教育是一种最低限度的正规教育，其主要目的是为未来进一步学习或就业打基础，应属基础教育范畴。我国《义务教育法》把小学和初中阶段的九年基础教育规定为具有强制性、免费性和公共性特征的义务教育，由国家免费提供相应的教育条件并切实保障所有符合法定年龄的公民接受义务教育，以此确保未成年人都能进入学校学习，实现受教育权。

受教育权是未成年人的一项重要权利，因此未成年人是受教育权的主要权利主体。就此而言，所谓的公民受教育权在很大程度上是针对未成年人的权利。联合国的《儿童权利公约》为了增进儿童权利保护，确立了儿童“利益最大化”原则，即“关于儿童的一切行动，不论是由公私社会福利机构、法院、行政当局或立法机构执行，均应以儿童的最大利益为一种首要考虑”（《儿童权利公约》第 3 条第 1 款）。该原则的重要性在于强调了把儿童作为权利主体加以保护的理念。依据这一理念，把未成年人的受教育权放在社会发展优先考虑的地位，并规定相应的国家保护义务，这已成为教育立法的一股国际潮流。依据儿童“利益最大化”原则，对未成年人受教育权的保护应当包括所有的未成年人，甚至包括对违法犯罪或有严重不良行为的未成年人受教育权的保护。我国的《未成年人保护法》、《预防未成年人犯罪法》和《监狱法》对此做出了明确的规定，对违法犯罪的未成年人实行教育、感化、挽救的方针，坚持教育为主、惩罚为辅的原则。在未成年人被收容教养期间，执行机关应当保证其继续接受文化知识、法律知识或者职业技术教育；对没有完成义务教育的未成年人，执行机关应保证其继续接受义务教育。解除收容教养、劳动教养的未成年人，在复学、升学、就业等方面与其他未成年人享有同等权利。对于被采取刑事强制措施的未成年学生，在人民法院的判决生效之前，不得取消其学籍。未成年犯在被执行刑罚期间，执行机关应当加强对未成年犯的法制教育，对未成年犯进行职业技术教育。对没有完成义务教育的未成年犯，执行机关应当保证其继续接受义务教育。依法免予刑事处罚，判处非监禁刑罚、判处刑罚宣告缓刑、假释或者刑罚执行完毕的未成年人，在复学、升学、就业等方面与其他未成年犯人享有同等权利，任何单位或个人不得歧视。对于在学校接受教育的有严重不良行为的年满 12 周岁不满 16 周岁学生，地方人民政府应当依法设置专门的工读学校，保障这类学校的办学条件，加强对这类学校的管理和指导。工读学校毕业的未成年人在升学、就业等方面同普通学校毕业的学生享有同等的权利。

成年人的受教育权是指 18 周岁以上的公民所享有的接受教育的权利，我国《宪法》第 19 条规定：“国家发展各种教育设施，扫除文盲，对工人、农民、国家工作人员和其他劳动者进行政治、文化、科学、技术、业务的教育，鼓励自学成才。”这里所说的教育针对的是“劳动者”，主要是指成年人。《教育法》有关建立和完善终身教育体系的规定，其指向不仅是未成年人，也包括成年人。成年人受教育权的权利主体以其对教育需求的不同大致可以分为以下几类：一是已经就业或者正在谋求就业或再就业的人员；二是由于各种原因未能在学龄阶段接受义务教育或中途辍学的成年人；三是已经接受过高等教育的专业技术人员和管理人员；四是已退休的老年人。与未成年人受教育权以义务教育为主要表现形式不同，成年人的受教育权主要表现为扩大教育机会、提供多元化的适合成年人需要的受教育形式和学习条件、实施终身教育、提高国民素质。不同类型成年人的受教育权是通过下列形式而得到实现的，即：（1）补偿教育，为由于各种原因失去受教育机会或未完成正规教育的人提供第二次受教育机会，带有补偿性质；（2）继续教育，为已完成正规学历教育的人提供的一类以更新知识、提高专业水平和职业能力为目的的教育；（3）职业教育，为不同需要的成年人提高从业能力、再就业能力、扩大就业机会而实施的教育；（4）闲暇教育，以满足不同的兴趣需要、促进个性的自由发展、提升生活质量和品位为目的的各种非正规、非学历的教育。

在公民受教育权的主体中应当特别关注以下几类特殊的权利主体，这些权利主体由于不同的原因而有可能在社会生活中处于不利的处境，主要有妇女、少数民族、残疾人等。这些特殊权利主体的受教育权是否真正实现是衡量一个国家文明程度的重要标志。其中妇女的受教育权问题是由于传统观念的影响而产生的，重男轻女思想的存在，加上家庭经济、教育资源等方面的原因，导致一些女童无法享受进学校、受教育的机会。因此，受教育权的性别保障，尤其是农村地区、贫困地区和贫困家庭女童的受教育权保障就成为一个特殊问题并反映在法律中。我国《宪法》第 48 条对此做出了规定："中华人民共和国妇女在政治的、经济的、文化的、社会的和家庭的生活等各方面享有同男子平等的权利。"少数民族受教育权问题是由于文化差异性而产生的，包括本民族语言的使用、族群特性的维持和发展、民族文化传统的保存等。我国《宪法》第 4 条规定，中华人民共和国各民族一律平等。国家保障各少数民族的合法权利和利益。禁止对任何民族的歧视和压迫。国家帮助各少数民族地区加速经济和文化的发展。各民族都有使用和发展自己的语言文字和保持或者改革自己风俗习惯的自由。残疾人由于在心理、生理上某种组织、功能丧失或者不正常，从而全部或者部分丧失以正常方式从事某种活动的能力，与正常人相比有着种种的不便，因而在社会生活中处于劣势。但是他们也有自己的尊严和权利，要同样享有平等地接受教育的机会，获得与正常人相同的学习条件。对此，我国《宪法》第 45 条规定，国家和社会帮助安排盲、聋、哑和其他有残疾的公民的劳动、生活和教育。

四、公民受教育权的义务主体

尊重、保护和给付是国家机关、武装力量、政党、社会团体、企事业组织、城乡基层群众性自治组织、家庭以及其他成年公民对受教育权应予承担的共同责任。公民能否享有受教育权，能在多大程度上实现其受教育权，主要取决于这些主体的所作所为，因此它们就是公民实现受教育权的义务主体。

（一）国家

国家在维护教育的公正与公平、保障公民实现受教育权方面发挥着重要作用。中央和地方各级国家机关应当在各自的职责范围内承担公民受教育权的保护义务，在立法、行政和司法等方面履行对公民受教育权的保护职责。

国家立法机关应当从立法方面尊重、保护和保障公民受教育权，通过制定宪法及相关的法律、法规，规定有关教育的基本原则、教育的相关制度及实施各级各类教育的不同要求和措施等，保障公民受教育权的实现。国家立法机关还应履行法律监督的职责，对宪法及其他相关法律法规的实施情况进行有效的监督，使纸面上的法律真正变成社会生活中普遍遵守的行为规范。国家行政机关应当采取积极行动促进教育发展，为公民受教育权的实现提供必要保障，如依法建立各级各类教育制度、制定并实施教育政策、设立各级各类学校及各种教育机构、供给与分配教育教学的资源、保证教育教学活动必需的设施条件、满足公民日益增长的教育需要等。此外，国家行政机关还应依法履行行政司法的职责，通过申诉、行政复议的途径有效保护公民的受教育权。国家司法机关的司法救济是公民受教育权的最终保障。司法救济既可以针对国家行政机关及其工作人员实施的侵害公民受教育权的违法、不当行政行为或行政不作为，也可以针对学校、其他相关社会组织及个人侵害公民受教育权的行为，根据侵害行为产生责任的不同，通过民事诉讼救济、行政诉讼救济和刑事诉讼救济保障公民受教育权的实现。

（二）学校

根据《教育法》和《未成年人保护法》的规定，学校及其他教育机构有维护受教育者合法权益的义务。《教师法》则规定教师有关心、爱护全体学生，尊重学生人格，促进学生在品德、智力、体质等方面全面发展的义务。这些法律规定意味着学校应当履行对受教育者教育权利的保护义务，依照国家的教育标准和办学标准，为受教育者提供教育服务。学校应当全面贯彻国家的教育方针，对学生进行德、智、体、美、劳教育，培养学生独立思考能力、创新能力和实践能力。学校应当尊重学生的人格尊严，不得对未成年学生和儿童实施体罚、变相体罚或者其他侮辱人格尊严的行为。学校应当提供安全的教育活动场所和教育设备，并建立安全制度，确保未成年学生的安全。

学校对于学生受教育权的保护是面向全体学生的，学习好坏与否、家庭贫富与否、身体残疾与否等都不能作为是否享有受教育权的先决条件，所有学生都依法有同等的接受教育和帮助的权利，其受教育权都应当受到平等的保护。学校应当关心、爱护学生，对品行有缺点、学习有困难的学生，也应当耐心教育、帮助，不得歧视，不得违反法律和国家规定开除未成年学生。

（三）父母

家庭是社会的基本单位，抚养和教育未成年子女是家庭的重要职责。根据《教育法》和《未成年人保护法》的规定，未成年人父母或者其他监护人的教育义务主要体现在下列两个方面：

（1）为其未成年子女受教育提供必要条件。父母或者其他监护人应当为其未成年子女的学习提供一定的物质条件。对于未满 18 周岁的子女，父母或者其他监护人的这一义务是无条件的，在任何情况下都不能免除，即使已经离婚的父母对其子女的教育仍然负有提供物质条件的义务。对于已经年满 18 周岁的子女，父母一般不再具有提供物质条件的义务，但对不能独立生活的成年子女，父母又有抚养能力的，仍应当为其接受教育提供必要的物质条件。根据《最高人民法院关于适用〈中华人民共和国婚姻法〉若干问题的解释（一）》第 20 条的规定，“不能独立生活的子女”，从教育的角度看是指尚在校接受高中及其以下学历教育，或者丧失或未完全丧失劳动能力等因主观原因而无法维持正常生活的成年子女。可见父母为子女教育提供物质条件的义务自子女出生时起，到子女能够独立生活即成年时为止。对于已有独立生活能力的成年子女，父母自愿给予经济帮助的，法律不加干预。

（2）配合学校及其他教育机构，对其未成年子女或者其他被监护人进行教育。

未成年人的父母或者其他监护人应当为其未成年子女或者其他被监护人受教育提供必要条件。未成年人的父母或者其他监护人应当配合学校及其他教育机构，对其未成年子女或者其他被监护人进行教育。父母或者其他监护人应当保障、尊重和保护未成年子女或者其他被监护人的受教育权，不得歧视女性未成年人或者有残疾的未成年人。父母或者其他监护人必须使适龄未成年子女或者其他被监护人依法入学接受并完成义务教育，不得辍学。父母或者其他监护人应当关注未成年子女或者其他被监护人的生理、心理状况和行为习惯，以健康的思想、良好的品行和适当的方法教育和影响未成年人，引导未成年人进行有益身心健康的活动，预防和制止未成年人吸烟、酗酒、流浪、沉迷网络以及赌博、吸毒、卖淫等行为。父母或者其他监护人在做出与未成年人权益有关的决定时，应当根据未成年人的年龄和智力发展状况，告知其本人并听取他们的意见。即使对有违法犯罪行为的未成年人子女，父母也要为其接受特别的教育创造条件。

（四）社会

按照现行法律的规定，全社会都应当树立尊重、保护公民受教育权的良好风尚，国家机关、军队、企事业组织、社会团体及其他社会组织和个人，应当依法为儿童、少年、青年学生的身心健康成长创造良好的社会环境。国家鼓励社会团体、企事业组织以及其他组织和个人，开展多种形式的有利于公民接受教育的社会活动。企事业组织、社会团体及其他社会组织和个人，可以通过适当形式，支持学校的建设，参与学校管理。图书馆、博物馆、科技馆、文化馆、美术馆、体育馆（场）等社会公共文化设施，以及历史文化古迹和革命纪念馆（地），应当对教师、学生实行优惠，为受教育者接受教育提供便利。广播、电视台（站）应当开设教育节目，促进受教育者思想品德、文化和科学技术素质的提高，鼓励社会团体、社会文化机构及其他社会组织和个人开展有益于受教育者身心健康的社会文化教育活动。

此外，《未成年人保护法》还规定，营业性歌舞娱乐场所等不适宜未成年人活动的场所，有关主管部门和经营者应当采取措施，不得允许未成年人进入。严禁任何组织和个人向未成年人出售、出租或以其他方式传播淫秽、暴力、凶杀、恐怖等毒害未成年人的图书、报刊和音像制品。《义务教育法》规定，禁止用人单位招用应当接受义务教育的适龄儿童、少年，对非法招用适龄儿童、少年的，依照有关法律、行政法规的规定予以处罚。《劳动法》规定，禁止用人单位招用未满 16 周岁的未成年人。文艺、体育和特种工艺单位招用未满 16 周岁的未成年人，必须依照国家有关规定，履行审批手续，并保障其接受义务教育的权利。用人单位非法招用未满 16 周岁的未成年人的，由劳动行政部门责令改正，处以罚款；情节严重的，由市场监督管理部门吊销营业执照。按照《禁止使用童工规定》，国家机关、社会团体、企事业单位和个体工商户、农户、城镇居民禁止使用童工，“对使用童工的单位，给予从重处罚”，对使用童工的个人按有关规定从严处罚。各种职业介绍机构及其他单位和个人禁止介绍未满16周岁的少年、儿童就业。文艺、体育和特种工艺单位确须招用未满16周岁的文艺工作者、运动员和艺徒时，须报县级以上劳动行政部门批准，招用的少年、儿童，用人单位应当切实保护他们的身心健康，使他们在德、智、体诸方面健康成长，并负责创造条件、保证他们依法接受当地规定年限的义务教育。《预防未成年人犯罪法》规定，任何经营场所不得向未成年人出售烟酒，禁止在中小学校附近开办营业性歌舞厅、营业性电子游戏场所等。任何单位和个人不得利用通信、计算机网络等方式向未成年人提供危害未成年人身心健康的内容及其信息，否则追究法律责任。

关于在岗职工的受教育权，根据《劳动法》、《职业教育法》和职工培训的相关规定，企业应当按照工作需要对职工进行思想政治、职业道德、管理知识、技术业务、操作技能等方面的教育和训练活动。企业可以根据需要，单独或联合设立职工培训机构，也可以委托社会职业培训机构进行培训。企业应保证职工的学习时间，创造必要的学习条件，发挥所学专长。企业的职工培训经费按照职工工资总额的1.5%计取，企业自有资金可有适当部分用于职工培训。社会团体、群众组织、公共培训机构可根据企业需要自愿承担职工培训任务。

（五）受教育者

作为受教育的权利主体，公民有请求国家提供必要的教育条件、以各种形式接受教育的权利，同时为了真正保障公民这一权利的实现，国家又须以一种强制性的法律手段来要求每个公民接受法定范围的教育，因此受教育权与其他许多基本权利的不同之处在于，它既是不可缺少的，也是不可放弃的，在法律上则同时表现为权利与义务。宪法和教育法有关受教育兼有权利与义务双重性质的规定表明，教育既事关个人的幸福与价值，同时又事关国家与民族的发展和兴衰。为了全面提高国民素质，加快社会发展进程，国家必须重视发展教育事业，并要求每个公民依法接受教育。把受教育同时规定为公民的权利与义务，这表明公民的受教育权与其必须履行的受教育义务之间构成了逻辑结构上的对立统一关系和功能上的互补关系。

五、公民受教育权的实现方式

公民受教育权的实现方式主要包括学校教育、家庭教育与社会教育等类型。公民就是通过这些方式实现自己的受教育权的。

（一）学校教育

学校及其他教育机构所实施的全日制普通初等、中等和高等教育等学历教育或学位教育，一般称为学校教育。学校教育由法定的办学模式、教育内容、学习年限、学校制度、教育周期、教育阶段和层次等所构成。在现代社会中，学校及其他教育机构通过法律的形式纵横联系，相互协调，以统一的学校办学模式和教学质量标准，形成了一个幼儿、青少年、成人教育纵横贯通，学校、社会、家庭密切配合的一体化教育体系。复杂的学校教育运行过程要做到有序化、科学化，仅仅依靠社会自发的调节形式是绝对行不通的。它要求学校的教育工作必须依准于法，体现国家与社会的整体利益，不允许任何人违背它；学校的教育教学活动必须有一定的行动方式和程序，一切财物的使用和管理也应有一定的规格和使用规范。只有这样，才能保证学校教育目标、方向的正确以及教育教学活动的连续性和稳定性。

（二）家庭教育

家庭教育是在家庭生活中，由家长（其中首先是父母）对其子女实施的教育。家庭教育既包括生活中家庭成员（包括父母和子女等）之间相互的影响和教育，也包括聘请专门从事家庭教育的教师对子女所实施的教育。一般而言，家庭教育与学校教育在促进个人发展方面尽管有相辅相成的关系，但二者功能不尽相同，目前在我国家庭教育并不能替代学校教育。我国的《义务教育法》规定九年义务教育的实施机构是义务教育学校，如果父母不满意学校教育，一般不应采取家庭教育的方式，即由父母本人或聘请家庭教师教育子女作为替代形式，否则就可能侵害未成年人的受教育权。这与一些国家的法律规定不同。如美国，从 20 世纪 80 年代开始，各州陆续通过了允许在家上学的法律，作为特别法取代了原先的强制性的义务教育法，但要求在家上学的家庭必须遵守国家设置的基本标准，保证教育的质量，并定期接受国家的正式评价。对未能达到国家教育标准的家庭，父母仍应把孩子送到义务教育学校接受义务教育。

（三）社会教育

社会教育是学校教育以外的一切文化教育设施对青少年、儿童和成人所实施的各种教育形式。社会教育比学校教育、家庭教育具有更广阔的活动余地，影响面更大，对社会的作用更广泛。社会教育形式灵活多样，没有严格的约束性，不受所处阶层、地位、性别、职业、财产状况、年龄等条件的限制，能充分体现受教育权的平等性。因此，社会教育是现代教育体系中不可忽略的部分。社会教育不仅面对学校，面对未成年人，同时也面对社会的成年人，不仅可以弥补学校教育的不足，也能有效满足成年人继续学习的要求。对于未成年人而言，社会教育是学校教育的重要补充，未成年人借此可以认识和了解社会，获得学校学不到的知识，弥补学校教育的不足；对于成年人而言，一次性的学校教育已不能适应社会变化的要求，通过社会教育可以满足成人对知识更新的要求，因此社会教育已成为现代社会教育的重要组成部分，也是公民受教育权的重要实现方式。

（四）网络教育

网络教育亦称现代远程教育。作为一种现代技术手段，网络教育不仅是学校教育、家庭教育和社会教育的一种重要辅助手段，而且是现代社会的一种新的、重要的知识传播和学习方式。网络教育突破了传统教育的时空界限，任何人在任何时间和任何地点，只要有学习的愿望，就可以借助网络获得学习的机会。网络教育在解决教育资源匮乏、实现资源共享、方便学习者学习方面起着不可替代的作用，因此已成为人们实现受教育权的重要方式。网络教育的发展已经形成全球性的大趋势，许多国家都把发展网络教育作为重要的战略决策，制定了专门的计划和相应的政策并组织实施，大大促进了公民受教育权的实现，使之成为21世纪受教育权实现方式的一个重要标志。网络教育目前虽然正处在起步阶段，但发展速度非常快，规模在不断扩大。因此，网络教育将成为解决教育资源短缺、实现公民受教育权的有效途径。

（五）高等教育自学考试

高等教育自学考试是对自学者进行的以学历考试为主的教育形式，是我国独创的个人自学、社会助学和国家考试相结合的教育制度，是我国公民实现受教育权的重要方式。我国相关法律规定，中华人民共和国公民不受性别、年龄、民族、种族和已受教育程度的限制，均可依法参加自学考试。高等教育自学考试以国家考试促进个人自学和社会助学，是一种极其灵活、极其广泛的新型教育形式，因此有利于高等教育向全社会的普及、提高民族的文化素质。高等教育自学考试鲜明地体现了终身教育和学习型社会的新理念，它既是一种国家考试制度，又是一种新的开放式学习制度。作为国家考试制度，它由国家建立，由政府考试机构代表国家行使考试权，按照国家规定的目标和标准，面向全体自学考生实施国家考试，考试结果被国家承认，考生取得的毕业证书，是国家承认的学历文凭。作为一种新型的、面向所有公民的学习制度，任何人通过这一制度形式，都可以不受时间、空间及其他条件的限制，根据自己的需要、兴趣和实际可能实现自己的受教育权。

第二节　国家与教育关系视野中的受教育权问题

200余年来受教育权的发展经历了由最初的通过国家的强制手段来推动，主要表现为义务性质，到今天世界各国的法律制度普遍以权利为本位并日渐增加和完善这方面的内容。受教育权的这一转折表明，受教育权的发展正在出现新的情况，人们开始强调教育对于自身的意义并根据不同的利益偏好提出各自的教育诉求，这时的教育对个人而言开始具有了一种主动性、自主性，不仅导致受教育权以及与此相关的国家义务、权力发生变化，而且由此使个人与国家关系发生深刻的变化。

一、与受教育权相关的两类权利义务关系

大致说来，在距今200余年以前，教育主要是一种民间的、私人的事务，国家一般并不过问教育。父母对其子女的教育主要表现为基于其身份对未成年子女予以管教和保护的权利。由于家庭是社会的细胞，负有抚养、教育未成年子女的社会职责，家庭成员之间的血缘、亲情和经济联系，使家庭教育具有不同于其他教育的特点，因而具有独特

的社会价值。

对受教育权问题的最早关注大概是在18世纪末的法国大革命时期，平等的受教育机会开始成为人们普遍的权利诉求，并为之付出了血的代价。从那时起，广泛传播的工业主义、国家主义以及民主政治的思潮使传统的、以家庭为基础的教育遭遇了严重挑战，国家举办的公立学校大量出现，学校的重心由民间转向公立，公共教育制度由此得到奠定，教育在此期间获得了迅速的普及。这是教育发展史上的重要一页，因为建立公共教育制度并纳入国家的统一管理之中，对教育的普及发展具有重要意义。可以这样说，在社会的现代化进程中，如果没有国家的积极作为，教育不可能实现普及，受教育也不可能成为人人得以享有的一项权利，这是全世界教育发展的共同经验。而国家对教育的积极作为主要是通过政府设置为不特定人群服务的公立学校系统、建立大一统的公共教育制度而实现的。由于新的公共教育制度是在家庭之外，通过某种国家化的组织形式来实施的一种高度专门化的人才培养方式，因此它必定会与沿袭了数千年的民间教育传统构成极大的冲突。20世纪80年代以来在许多国家兴起的声势浩大的公共教育重建运动，涉及了国家与教育、政府与学校、公立学校与私立学校、国家干预与学校自主办学、教育强制性与学习者自主选择等一系列问题，这些问题都可以看成国家与教育关系在当代的延续。

权利与义务体现了人们在社会生活中的地位，调节着与此相应的社会关系。人们在法律上的权利，一部分以自己履行义务而获得，一部分以他人履行义务而获得。就受教育而言，在某些情况下，公民既是权利主体又是义务主体，受教育的权利主体与义务主体是合一的；在另一些情况下，公民享有受教育权，而由其他主体如国家、社会、学校、家庭等承担义务，受教育的权利主体与义务主体是分离的。除此之外再无别的形式。不同的受教育权利与义务关系状态不仅决定着公民的社会地位，而且由此决定着教育权利的内涵及其表现形式。

存在于同一主体中的公民受教育权利与义务，表现为公民既是受教育权的主体，同时又是受教育义务的主体，兼有权利主体和义务主体的双重法律地位。受教育权与义务的这一关系形式表明，公民既有接受教育的权利，同时为了真正保障公民这一权利的实现，法律以一种强制性的规范形式要求每个公民进学校、受教育，因此与其他许多公民权利不同，对于公民而言，受教育既是不可缺少的，也是不可放弃的，在法律上则同时表现为授权性规范与义务性规范的双重法律性质。

把受教育同时规定为公民的权利与义务，这表明公民的受教育权与其必须履行的受教育义务之间构成了逻辑结构上的对立统一关系和功能上的互补关系，这是世界各国的一种立法通例。1919年的德国魏玛宪法第120条规定："教育子女，使之受身体上、精神上及社会上美格，为父母之最高义务及自然权利。"日本《宪法》第26条规定："一切国民，按照法律规定，都享有按能力受同等教育的权利。一切国民按照法律规定，都负有使受其保护的子女接受普通教育的义务。义务教育为免费教育。"我国《宪法》第46条也规定："中华人民共和国公民有受教育的权利和义务。"由此可见，以这样一种立法方式来规范公民在受教育方面的实际地位以及由此产生的与国家之间的关系，实现教育的普及发展，这是各国法律的普遍做法。

存在于同一主体中的受教育的权利与义务关系并不是固定不变的，在社会发展的某些时候，有可能更多地强调义务的调节作用；而在另一些时候则出现相反的情况，有可能更多地强调权利的调节作用。也就是说，如何规定公民的受教育权及其义务，以何种机制来调整公民的受教育关系，是以一定的社会发展水平、教育发展的实际状况以及法律价值的导向为客观依据的。现代世界各国的教育都曾经历过两个发展阶段，表现为从“要我上学”向“我要上学”的转化。早期的教育普及主要表现为一种被动的、他赋的性质。在人们尚需为温饱、为生存付出极大代价的时候，其实是无暇顾及受教育问题的。为了让人们学会尊重和行使自己的受教育权，需要有一个长期的、艰苦的教育过程，在某些时候甚至需要通过国家的强制手段来加以保证。因此在普及教育的早期，为了保证公民受教育权的真正实现，世界各国的教育政策和法律都曾以强迫入学为其主要的价值导向，表现在法律上，就是更多地强调公民对于教育的义务性质和国家对于教育的权力性质。后期的教育普及主要表现为一种主动的、自赋的性质，这是在人们普遍解决了温饱问题并产生了尊严感，开始意识到教育对于自身的意义之后才出现的。由于权利意识和受教育意识普遍增强，人们不仅对教育的意义有了全新的认识，而且会根据不同的利益偏好提出各自不同的教育诉求，做出自己的独立选择。权利的需要是国家义务的依据，新的国家教育保障义务就是建立在对受教育权这一新需求的基础上的。这时的教育对个人而言不再是一种由外在强制所产生的被动行为，而是个人由自身需要所产生的主动追求，由此逐步演变为个人的一种权利。受教育从义务向权利的这一性质转换对于个人而言意义重大，它意味着一旦教育成为每个人自身发展的内在需要，教育对于不同的人而言，就完全可能具有不同的意义，为此人们会要求更多选择的可能性，要求从不同的途径获得受教育的机会，并且这种要求开始影响到教育，促使教育根据不同的需要和兴趣实现培养目标、教育形式、课程设置和教学方式的多样化。

存在于公民与其他主体之间的受教育权与义务是受教育权与义务关系的另一种表现形式。这对关系中的权利是法律调整的出发点和归宿，因而处于法律关系的主导地位；而义务则以保障和实现权利为目的，是实现权利的手段，因而处于法律关系的从属地位。在这里，公民是权利主体，与公民相对应的其他主体，包括国家与各种社会组织，如学校教育机构、功能性社区组织、企事业单位、各种私人机构、地方社团、宗教团体以及家庭等则是义务主体，二者构成了一种主从制约关系。在不同的义务主体中，国家对公民受教育权的实现起着决定性的作用，如无国家的作为，教育不可能实现近代史上的普及发展，成为现代社会中惠及所有人的一项社会性事业。现代教育发展的历史表明，世界各国普遍是通过推行以公立学校为主体的公共教育制度来实现教育的国家化进程的，如果没有这样一种国家化的组织形式，教育是很难实现普及发展、完成它的现代化转型的。受教育权的国家保护是世界各国在社会现代化进程中的一种理性选择，是国家基于公民与国家在宪法上的关系，对公民的受教育权之需所承担的义务。为了实现公民的受教育权，国家必须履行法定的教育职能，向公民提供必要的教育保障。

在法治社会中，由于国家义务与国家权力具有共同的目标，因此二者在某种意义上具有同一性，即某项国家职能可能同时既是义务又是权力，但这种同一性并不表明国家义务与国家权力在法律中具有同等地位，更不能说明国家权力比国家义务的地位重要。

相反，国家权力是随着国家义务的产生而产生的，国家义务决定着国家权力的目的、范围，因此国家义务对国家权力具有决定作用。

二、国家权力与国家义务的转换

国家义务是为满足公民权利的需要而产生的，因此是国家对公民的义务，是与公民权利相对应的概念。国家权力是保障公民受教育权的重要条件，与国家义务既具有某种同一性同时又构成一种相反相成的制约关系。公民权利、国家义务、国家权力三者的关系是：公民权利的需要决定国家义务并进一步决定国家权力；国家权力服务于国家义务并进一步服务于公民权利。在国家义务与公民权利的关系中，国家义务与公民权利二者之间原本具有互相渗透、构成循环的特性，因此无论是从义务来认识权利，还是从权利来认识义务，其实只是两种不同的观察角度而已。不过，在国家义务与公民权利相互渗透、构成循环的过程中，需要通过一个外在之力来调整二者的关系。国家权力在法律规范的规制作用上就处于这样一种外在的居中地位，因此往往扮演着调整二者关系的角色。也就是说，国家除了负有执行法律权限的义务外，实际上还有通过其强制力与支配力，实现法律秩序对公民的合理规制，整合规范的设计及其适用的义务。

在现代公法的发展中，国家对公民受教育权的保护经历了一个由义务转换为权力，然后在新的历史发展阶段又由权力回归义务的历史演进过程。但由于国家对受教育权的保障是以积极主动的作为方式来实现的，因此公民与国家之间的主从关系并非如通常那般简单。在某些情况下，国家的教育义务由于其职能上所具有的自由裁量权以及行为上的主动性、单方面性和强制性，因而会表现出某种权力的性质。虽然这种国家权力和公民权利的转换是公法体系中普遍存在的现象，并且由此导致国家做出的某些行为有可能偏离权利保护目的的结果，但人们一般都把其看成权利义务关系中固有的现象，或者看成国家义务与国家权力之间的一种转换。另外，由于公民受教育权的享有依赖于国家的积极作为，因而一般人很难意识到国家义务和权力之间的转换所引起的变化。有关国家义务的立法和政策措施又往往很难对已由义务转换而成的国家权力的目的、范围与正当性产生必要的制约作用，因此这对关系的主从秩序就会发生逆转，其中教育保护的义务主体国家转变成了教育保护的权力主体。与此对应，作为受教育权主体的公民则转变成了受教育义务主体，二者的法律地位被完全颠倒过来。与此同时，由于意识不到教育的重要性，公民的受教育权在某些时期和某些人的行为方面会表现出一种被动的、他赋的性质，因而具有了某种义务的性质。

然而问题在于，在一个静态的社会关系结构中，一组相关的权利与义务在总量不变的情况下会构成一种反比例关系，即权利越多则义务越少，反之亦然。当来自民间的教育要求与已经转换成权力的国家教育义务产生对立冲突时，公民受教育权和国家教育权力之间原有的平衡就会遭遇挑战。在这种情况下，为使法律规范更具可操作性和实效性，以达到保障权利的目的，就需要确立国家的相关义务。这是因为义务性规范指向行为人应该或禁止的行为，对确立公民与国家之间的主从关系更具明确、具体的作用，因而有利于国家履行对公民权利的更直接、更根本的保护。不仅如此，国家义务的确立还可以对国家权力做出某种必要的制约，保证国家权力以公民权利为根本依据，防止因权力运用不当可能造成的对公民生活的过度干预，并导致公民的基本权利遭受损害。因此，为使国家权力有可能沿着其预设的目的运行，国家义务的设定应对相应的国家权力构成某种制约。

现代公法确立的公民第一性、国家第二性取向，表明了公民权利的享有和国家对其承担的义务构成了现代社会中公民与国家关系的主要内容。从宪法关系看，公民是权利主体，而国家则是相应的义务主体。然而在现实中，公民和国家之间构成的关系却非常复杂，公民可以表现为权利主体，也有可能表现为义务主体。比如公民在被要求必须接受义务教育时，处于被动的、消极的地位，而国家则通过单方面的积极作为的方式，强制性地要求公民做出某种行为。这时，公民的权利具有了义务的特征，而国家的义务则具有了权力的特征，公民权利与国家义务二者的地位发生了翻转，这是国家与民间关系中实际存在的一种现象。

国家权力不仅可以看成是个人权利的让渡，而且在某些时候也可以看成是国家义务的一种转换，这种转换在某些条件下有可能导致其所做出的某些行为偏离权利保护的目的。另一方面，由于公民受教育权的享有依赖于国家的积极作为，因而很难意识到国家义务和权力之间的转换所引起的变化；有关国家义务的立法和政策措施又往往很难对由义务转换而成的国家权力的目的、范围与正当性产生必要的制约作用，因此这对关系的主从秩序就会发生逆转，其中受教育权的义务主体国家转变成了权力主体；与此对应，作为受教育权主体的公民则转变成了受教育义务主体，二者的法律地位被完全颠倒过来。与此同时，由于意识不到教育的重要性，公民的受教育权表现在某些时期和某些人的行为方面会表现出一种被动的、他赋的性质，因而具有了某种义务的性质。

义务教育是由国家权力向义务转变的一个典型实例，是世界各国现代化进程中普遍经历过的一个阶段，是教育实现普及化、大众化的一种普遍形式。从历史上看，义务教育的实施主要是围绕着教育的强制性、免费性和中立性三大主题展开的。它涉及通过法律确立的有关普及教育的各项重要问题上的权利义务关系，如义务教育学校的设立和管理、义务教育经费的来源和分配、义务教育学校与宗教的关系、家长子女与义务教育学校的关系等，都必须保证强制性、免费性、中立性的实现。因此义务教育就其最初的含义而言，就是一种“强迫教育”，通过国家的强制性手段迫使每一个家庭必须送适龄儿童入学接受规定年限的学校教育。伴随着义务教育强制性的必然是义务教育的免费性，这是因为如果不能解决由于经济能力的原因而无法上学的问题，则强制性就会成为一句空话。最后是中立性，这是指强迫所有人都要接受的教育必须保证为所有人服务，而不被宗教的或其他各种因素所利用，因此必须保证教育与宗教相分离，使义务教育具有严格意义上的中立性。义务教育的上述特性使其从产生之日起就具有教育的公共性质。义务教育的公共性表明它不可能通过自发的、私人的力量来实现普及教育的目的，而必须借助于国家的力量。所以义务教育从其产生之日起就是一种明确的国家责任，一种保证义务教育能够真正实施、所有人能够平等接受同等程度教育的责任。因此，义务教育中的个人和国家二者之间的关系，简言之就是每一个人都有义务接受国家规定年限的学校教育，而政府则有责任向所有人平等提供接受义务教育的相应条件。

随着社会经济发展水平的提高、个人在社会中地位的提高以及由此而来的人们对教育问题的重视，受教育开始由一项他赋权利转变为自赋权利。从20世纪50年代开始，受教育权与良好工作权利、文化参与权利、健康保障权利以及社会保障权利等一起，被写进了大多数国家的宪法，成为不可剥夺的公民权利。从这个时候开始，人们更多地把受教育看作一项普遍的公民权利，并要求国家主动承担义务，积极作为，保证教育的普及和教育机会的均等。这就使国家与社会、政府与个人之间的权利义务关系开始发生根本性变化，从强调个人的义务转为强调政府在义务教育方面的责任，要求政府举办足够的学校，培养必要的师资，实施统一的办学标准并创造必要的条件，使所有人都可以进入学校接受法律规定的教育。

在欧美许多国家，受教育权的国家保护从强调权利向强调义务的转换大致发生在20世纪的一战到二战之间。二战之后，国家对教育的控制达到了顶峰，随之国家权力开始向国家义务反向逆转，这一进程到20世纪八九十年代基本完成。如英国1944年制定的《巴特勒法案》就是一部奠定英国现代教育基础的重要法律。它对英国初等与中等教育问题做了全面而详细的规定。最初的法律文本显然具有那个时代的典型特征，国家的教育保障作用具有明显的强制性和自由裁量性，表现出典型的权力性质。此后40余年，这部法律经过十多次修订，国家教育保障的义务性质逐渐显现，到1988年的英国《教育改革法》，已经把家长的教育权利和国家的保障义务明确地写进了法律中。又如第二次世界大战之后出现于许多国家的“在家上学”现象，由于违反了有关强制上学的义务教育法，因此在这些国家都曾被判为违法。例如，美国各州20世纪70年代发生“在家上学”案，因违反了各州的义务教育法，政府曾强制要求学生家长把自己的孩子送到法定学校接受义务教育。但国家的强制作用并未遏止人们为争取“在家上学”权利所做的抗争，最终各国被迫重新审视有关强制入学的法律，由此引发了一场各州修订义务教育法的立法运动。至今，美、英、法、俄等国或明文规定，或消极认可，都已确认家长有自己子女在教育方面的自主选择权，“在家上学”已成为公民受教育权的一个选项。这一历史趋势突出地表明，二战以后西方许多国家在由自由主义国家向社会福利国家的转变过程中，受教育权的保障范围也得到了扩大。为了保障受教育权，满足与促进公民的教育需求，国家越来越多地承担着积极的教育义务。

与此同时，受教育权问题在国际社会也获得了高度重视，联合国人权委员会作为联合国在人权领域最重要的机构，为保护世界范围内的受教育权，专门设立了教育权特别报告员专题机制。在一系列世界性或区域性的人权公约中，受教育权问题成为公约的重要内容，从人权角度对受教育权予以肯定，并对国家的保护义务提出了明确的要求，从国际法层面推动了国内法体系中的受教育权国家义务的发展，并形成了国内法与国际法并列的双重保护体系。在国际人权文件中，对受教育权的保护进行专门和具体规定的如《联合国宪章》第73条、《世界人权宣言》第26条、《经济、社会及文化权利国际公约》第13条及其第13号一般性意见、《儿童权利公约》第28和29条、《取缔教育歧视公约》、《联合国千年发展目标》、《人类发展指标》、《欧洲人权公约》、《美洲人权公约》以及《非洲人权与民族权宪章》等。这些规定体现了对各个国家教育保障义务的要求。其中，属国际公约的，各国一旦批准加入，就对该国产生法律约束力；其他如《世界人权宣言》是由联合国大会通过的文件,《联合国千年发展目标》是由联合国各国首脑会议通过的文件,《人类发展指标》是由联合国开发计划署提出的报告。这些文件虽然对各国并不当然具有法律约束力,但其中的许多规定已被国际社会普遍承认和接受,因而具有了国际习惯法的性质。由此可见,受教育权的国家义务在国际法意义上已为国际社会所广泛认同。

各民族国家在批准加入国际人权公约后,其所承担的义务主要分为四个层次:一是尊重个人依据公约规定所享有的各项权利和自由;二是保护个人依据国际人权文件所享有的各项自由和权利;三是为个人享有国际人权所规定的自由和权利提供各种机会;四是为个人享有国际人权文件所享有的各种自由和权利提供直接的保障。[①] 联合国经济、社会及文化权利委员会关于《经济、社会及文化权利国际公约》第 13 号一般性意见在此基础上还确认了缔约国的最低限度的核心义务,即"至少确保《公约》阐明的各项权利的落实,包括'基础教育'的落实达到最低限度基本水平"。这项核心义务要求各缔约国积极创造条件完善国内的各类教育体系,满足公民受教育需要。其内容包括:保障平等地进入公立教育机构学习的权利,确保教育与第 13 条第 1 款规定的目标相一致;依照第 13 条第 2 款(甲)项的规定,为所有的人提供初等教育;通过并执行一项包括提供基础教育、中等教育和高等教育的国家教育战略;确保在不受国家或第三方干涉的前提下自由选择符合"最低限度教育标准"的教育机构等。[②] 对于已经接受《世界人权宣言》及其他相关国际宣言和行动纲领的国家,或者已批准加入保护受教育权的国际公约的国家而言,其承担义务的范围除了上述要求外,还应根据教育的未来发展不断创新教育体系和教育制度,使受教育权在更高水平上得到满足。

由于国家义务与国家权力具有共同的目标,二者在某种意义上具有同一性,即某项国家职能可能既是义务又是权力,但这种同一性并不表明国家义务与国家权力在法律中具有同等地位,更不能说明国家权力比国家义务的地位重要。作为一种世界性的历史现象,对公民受教育权的国家保护由最初的国家义务向国家权力转换,然后在新的历史条件下又由国家权力向国家义务反向转换,这一过程几乎在所有推行教育普及的国家都曾发生过,并且这一转换并未结束,至今还在许多国家继续发生,其结果是促成了原有教育价值的重新选择,导致了国家与公民在权利义务方面既往比例关系的改变。

第三节 国家对教育的尊重、保护和给付义务

近几十年间,随着受教育权诉求的变迁,国家保护义务的内容也随之不断变化,其内涵由消极的保护扩大到了积极的保护,表现为满足、促进的综合性的道德与法律要求。近年来世界各国教育改革和发展的追求在于,通过一种形式,在发挥国家对教育的积极

---

① 刘海年.《经济、社会和文化权利国际公约》研究[C].北京:中国法制出版社,2000:14-17.

② 孙世彦.论国际人权法下国家的义务[J].法学评论,2001(2):91-96.

作用的同时给予学习者更多的权利。

一、公民受教育权的功能及其对应的国家义务

基本权利是宪法的一个基本范畴，是公民在政治、人身、经济、社会、文化等方面享有的宪法上的权利，而实现和保障公民基本权利则是国家最基本的义务，国家的这种义务既具有积极的性质，又具有消极的性质，包括了尊重、保护和给付的不同类型。与其他许多权利相比，基本权利的特殊性在于它的义务承担主体是国家。

国家义务为实现基本权利提供了直接的宪法依据和具体的保障机制，体现着公民与国家关系的基本形态。现代公法确立的公民第一性、国家第二性取向，表明了公民与国家关系模式由“公民权利—国家权力”向“公民权利—国家义务”转化的历程，即从现代化初期以防范政府权力、保障私人自由的主观面向为主到后期强调基本权利先于个人主张而存在的、约束国家公权力的客观面向的变化过程，由此国家义务开始成为基本权利实现的最直接、最根本的保障因素。这一变化意味着不仅作为基本权利主体的个人得以向国家主张权利，而且国家机关及其一切权力运作都必须遵循整个社会共同体所具有的客观规则，因此基本权利具有了主观权利和客观法的双重功能。作为主观权利，基本权利具有个人可主张的意义，亦即个人可以在与国家的具体关系中，以宪法为依据要求国家以作为或不作为的行为方式停止对基本权利的侵害，实现自己的利益。基本权利的主观权利功能又可具体化为防御权和给付权两种功能。基本权利的防御权功能是指公民可以请求排除国家权力所为的各种侵权行为，包括立法机关制定的侵害基本权利的法律、行政机关做出的侵害基本权利的行政处理和司法机关做出的侵害基本权利的裁判等。基本权利的给付权功能是指公民基本权利所具有的请求国家做出某种行为，从而享受一定利益的功能。给付权功能所针对的乃是国家的积极义务，也就是国家要以积极的作为，为公民基本权利的实现给予必要的服务或资助，其内容可以是保障权利实现的法律程序和服务，也可以是对公民在物质上、经济上的资助。基本权利的客观法功能承载着宪法的价值和依据，既是立法机关建构各种国家制度的立法原则，也是行政权和司法权在执行和解释法律时的上位指导原则，必须贯彻落实到国家的立法、行政和司法中。在立法方面，一切法律的制定都必须以宪法为依据，接受宪法的规范和制约，不得与宪法的基本精神相抵触；在司法方面，用基本权利的客观价值规范司法，司法裁判不能违背宪法的基本精神，这不仅是指裁判的结果要符合宪法的价值，而且要求法官在使用法律、解释法律的过程中也要受到宪法基本价值的约束，做出符合宪法的法律解释。①

基本权利的双重功能直接决定了公民与国家在社会生活中的关系。受教育权是宪法规定的、由公民享有的一项基本权利，然而如无与其对应的国家义务，则受教育权就不可能得到真正的实现。在具体表现形式上，受教育权的国家义务是基于公民与国家在宪法上的关系以及受教育权所具有的功能而产生、对公民的受教育之需提供法律规定服务

① 王晓云. 宪法规范与民法一般人格权［J］. 才智，2015（6）：272-273.

的一种义务。在我国《宪法》中，公民受教育权和国家对其承担的义务构成了宪法上公民与国家关系的重要内容，从法律上确定了国家权力对公民权利的保障义务。我国《宪法》第 46 条规定了中华人民共和国公民的受教育权，并在该项权利之后随即规定了与受教育权相对应的国家义务，即"国家培养青年、少年、儿童在品德、智力、体质等方面全面发展"。这表明，如无法定的国家义务，基本权利就不可能得到实现。不仅如此，在宪法总纲及其他有关国家机关的规定中，还列举了与受教育权相对应的国家义务。如《宪法》第 19 条规定："国家发展社会主义的教育事业，提高全国人民的科学文化水平。国家举办各种学校，普及初等义务教育，发展中等教育、职业教育和高等教育，并且发展学前教育。国家发展各种教育设施，扫除文盲，对工人、农民、国家工作人员和其他劳动者进行政治、文化、科学、技术、业务的教育，鼓励自学成才。国家鼓励集体经济组织、国家企业事业组织和其他社会力量依照法律规定举办各种教育事业。"在对国家机关的相关规定中有大量涉及与受教育权相对应的国家义务的规定，如《宪法》第 89 条、第 107 条和第 119 条等条款都涉及了国务院、县级以上地方各级人民政府和民族自治地方的自治机关在管理教育工作方面的不同职责。这是在受教育权客观法功能的约束下，宪法对受教育权国家义务的进一步表达。

2014 年 10 月 23 日发布的《中共中央关于全面推进依法治国若干重大问题的决定》要求，完善以宪法为核心的中国特色社会主义法律体系，加强宪法实施。该决定进一步提出，"健全宪法实施和监督制度"，强调"全国各族人民、一切国家机关和武装力量、各政党和各社会团体、各企业事业组织，都必须以宪法为根本的活动准则，并且负有维护宪法尊严、保证宪法实施的职责。一切违反宪法的行为都必须予以追究和纠正"。这表明强化宪法监督的程序和方式、建立法律纠错机制，是完善法治体系、实现依法治国的题中应有之义。为维护宪法尊严、保证宪法实施，我们可以从基本权利的功能出发，从尊重、保护和给付三种不同的国家义务类型来加深理解国家义务的性质、内容，为推进受教育权国家义务体系的建构、完善公民基本权利保障和监督国家履职做好理论准备。

二、受教育权的国家尊重义务

（一）国家尊重义务的含义

基本权利的国家尊重义务是指作为义务主体的国家严格遵守法律规定，不干预、不妨碍公民正当的自由行为。不同国家机关因其所具性质不同而在履行义务方面有所不同，其中立法机关因具有代议性质，国家尊重义务对其而言主要表现为禁止对基本权利的立法上的侵害，即立法机关在制定法律时不得随意限制基本权利；行政机关是法律的执行机关，对其尊重义务的基本要求是依法行政，即不得在法律尚未做出规定的情况下直接做出规定或采取行为，侵犯基本权利与自由；司法机关是履行司法职能的特定机构，其所履行的国家尊重义务主要表现为在适用法律过程中，对法律的解释不得侵犯基本权利与自由。

（二）受教育权国家尊重义务的内容

对受教育权而言，国家尊重义务的目的在于适应公民个人的发展意愿，保护公民个人的不同天性，促进其身心自由发展。受教育对于成长中的公民个人来说就是一个社会化的过程，公民为了获得未来生活所需的社会特性，就必须掌握社会文化经验，确立一定的世界观、信念和生活态度，这就要受教育。但是，每一个公民都是具有个人尊严和独特价值的个体，而不是被加工、塑造的材料，因此，公民个人社会化的过程不是一种外部的形塑；而是源于精神内部的、具有个性色彩的内化活动。教育不应是一种简单的外部强制和训练，而应尊重受教育者的主体性、积极性、自主选择性，激励受教育者的主动追求。为此承认每个学生的学习主体和发展主体地位，保护他们的独立人格和自我价值，帮助每一个学生的身心健康发展，鼓励他们探索和开拓新生活，就是尊重义务的基本要义。

1. 尊重公民个人的教育选择权

尊重公民个人的教育选择权是指国家应充分尊重公民个人的教育选择意愿和决定，不得违背教育公正而限制个人的教育选择。教育的自主选择是一个随着历史的变迁而不断变迁的概念，但自近代以来，随着教育国家化趋势的发展，个人的这种自主选择权利在国家权力的干预下逐步被压缩甚至丧失。这种干预表现在制度价值上，就是强调国家主义，规定一体化的培养方案、课程计划、学习要求等；表现在制度目标上，即各级各类学校必须根据政府的指令性计划来招生和实施培养活动。这种国家干预下的教育体制培养出来的个人往往缺乏求新、求变、进取、创新的精神，很难应对社会的各种挑战。因此对个人教育选择的尊重义务要求不仅关注教育对社会各方面的作用，而且关注教育对个人自身的意义，强调保护受教育者的主动性、积极性、求索精神和创新精神，尊重每个学习者或其家长对教育的主动选择，保证他们各得其所，获得满意的教育服务。

当然，教育不仅与个人的发展有关，还与社会的发展有关，受教育不仅是个人的事情，更与民族素质提高、国家繁荣相关，因此对教育选择的国家干预在现代社会中不可能完全避免，在某些情况下更是具有合法性。如义务教育是为提高国民素质需要而实施的强制性教育，具有典型的国家干预特征，但这种基于国家干预的强制性最终并不违背个人的意愿。而义务教育完成后，个人仍可以继续做出自主的教育选择，国家应当尊重个人的这种选择愿望。

2. 尊重学习者的自主学习权

学习过程是个人的一种自主建构过程，就此而言，自主学习权利就是个人的学习活动免于强迫而有权自主选择的自由，包括选择学什么（选修课程）的自由、决定什么时间学和怎样学的自由，以及形成自己思想的自由。一个好的体制应该给予个人以求知的自由，因为没有求知的自由，就没有个人的创造力。自主学习的权利意味着个人可以有更多的机会，为他们的自我发展和自我创造寻找适合的道路。教育应尊重和鼓励学生进行自主的教育选择，激励他们尽可能根据自己的特性选择适合的教育内容和模式，从而实现自我价值。

3. 尊重学生个性的自由发展权

个性发展是公民受教育权在效果上的应有之义。尊重个性发展的义务要求学校教育制度充分尊重学生的个人潜能，实现个性的最大化发展。长期以来学校教育制度形成了大一统的标准化教育，无视学生个性发展，因此尊重学生个性发展的义务要求尊重学生独立思考、自主创新的能力，以及学生根据自身需要和特长谋求发展的权利。

4. **尊重教育平等权**

在现代社会，教育是惠及所有人的一项社会性事业，因此尊重教育平等就是国家尊重义务的一个不可或缺的方面。教育平等包括平等享有教育机会和教育资源、平等使用教育设施和设备、在教育过程中受到教师的同等对待等。对教育平等的尊重义务要求避免教育制度和学校以及教师对儿童划分等级和区别对待，取消教育过程中的种种特权及不合理的标准，如社会身份、地位、经济、地理位置等因素对个人接受教育的限制，各种教育资源和教育机会必须向受教育者平等开放，使他们在教育过程中能不受歧视、不受排挤地参与教育活动，并最终获得平等发展的机会。

5. **尊重教学自由权**

教学自由是每个教师都应享有的一种专业自主权，是为教师自主地从事教学工作，保证教学活动的创造性而设置的一项特殊权利。恰当的教学自由对于学校育人功能的发挥具有重要意义，然而经过200多年的发展，现代学校已形成以完整性和统一性为基本特征的一整套制度，在有利于统一教育标准、提高办学效率的同时，来自大一统制度的限制有可能削弱教师的自主教学能力，限制教学这一高度个性化的精神活动，因此不利于教育育人价值的实现。如在中小学的教育实践中，严苛的问责机制使教师在许多情况下承受着以标准化考试的成绩衡量教学业绩的巨大压力，从而损害了教师在自主开展教学活动、探索和创新教学方式方面的权能。为使教育更加有效、包容和公平，应当在学校教育中强调自主教学的权能价值，使教师恰当地享有从事教学工作所需的自由和支持。2017年10月5日恰逢世界教师日，联合国教科文组织以“增教师权能，促教学自由”为主题，重申了教师教学自由的权能价值，以应对教师在其职业生涯中遇到的挑战。这意味着尊重各级各类学校中的教师教学自由，取消对教师教学的不必要限制，尊重教师自由教学的权利已成为公民受教育权实现的重要保障，并逐步成为各国国家教育义务的重要选项。

6. **尊重民间教育权**

在现代社会中，如果没有国家的力量，教育难以普及，因此现代教育不可能是一种纯民间的事业和活动，但教育就其本源而言又具有民间性，所以不能排斥民间对教育的权利。20世纪80年代以来，许多国家都发生了针对国家与民间、公立学校与私立学校、学校与家庭的改革，普遍采取了民营化的改革思路来改造由国家垄断的现行学校制度，这表明，在发挥国家对教育的正面作用的同时能真正使教育回归社会，是尊重民间教育权利在当前的重要发展趋势。尊重教育权主要表现为尊重家庭对其子女的教育权、尊重民间的办学权、尊重民办教育机构的应有权利等方面。

国家对民间教育权的尊重对于公民受教育权的实现而言尽管重要，但在这一问题上民间和国家并非完全对立，片面强调民间的权利而弱化国家的作用最终也会造成对公民受教育权的损害。因此国家除了通过消极认可，使民间各方从国家的尊重中获得利益外，还应积极地扩展范围，使受教育者在国家与民间的互补中获得更多的利益。为此，国家应当通过保护和给付义务增进民间的教育职能而不仅仅是消极尊重民间的教育权。

三、受教育权的国家保护义务

（一）国家保护义务的含义

基本权利的国家保护义务是指国家为使人民的权利免遭公权力或者第三人之侵害而对侵害基本权利的行为进行必要的惩罚和补救，以积极作为的方式尽到保护基本权利之职责。因此，国家保护义务与只须履行消极不干预的尊重义务不同，它要求国家通过采取积极行动和必要的防范措施对公民生活进行适当干预，达到保护公民权利的目的。

基本权利的国家保护意味着在权利人受到公权力或者第三人侵害时，国家应当提供必要、有效的保护，为此国家应当建立和完善法律救济制度，尤其是司法救济制度，在权利人基本权利受到侵害时能够给予必要的救济。当侵犯基本权利的行为涉及国家时，对基本权利的救济制度主要通过宪法制度设计中的权力、法治的分立与制约来实现，并通过公民的国家赔偿请求权、请愿权、接受裁判权等消极受益权对国家权力做出有效制约，实现对基本权利的尊重与保护。

（二）受教育权国家保护义务的内容

1. 受教育权的立法保护

立法活动是国家立法主体依法进行的制定、认可、解释、补充、修改或废止法律的活动，制定、修改和废除法律的国家机关即立法机关。我国的立法机关是全国人民代表大会及其常务委员会。除此之外，国务院可以制定行政法规，省、自治区、直辖市的人民代表大会及其常务委员会可以制定地方性法规，民族自治地方的人民代表大会可以制定自治法规等。这些国家机关所具有的立法权也会对基本权利的保护产生影响。

我国《宪法》第46条将受教育权规定为公民的基本权利，但这只是原则性规定，为使这项权利在社会生活中真正得到实现，还应有一系列更加明确地针对不同国家机关的保护性义务规定。其中包括法律标准的设定、实施程序以及遭受侵犯的救济、学校教育机构的设立、经费的划拨与使用、师资的构成和资格的认定、学生的入学要求及入学考试等，都应通过立法明确予以规范。为了保证受教育权的充分实现，立法机关应加强有关受教育权的立法保护工作，形成以宪法原则为基本依据，以《教育法》为教育部门基本法，以法律、法规、规章三个层次构成的教育法体系框架，为保证公民受教育权的保护提供更大的可能性；同时，应通过制定有关教育基本原则、教育制度等方面的法律，进一步推动我国教育事业的发展，为公民实现受教育权提供更广泛的可能性。可见，国家立法机关的积极立法对保护基本权利的实现具有相当重要的意义。

法律监督是立法机关履行保护义务的又一重要方面。发挥立法机关在法律监督方面的专门职责，在立法阶段通过法律监督保障宪法的实施，维护宪法在整个规范性文件体系中的最高权威，可以使受教育权得到更有效的保护。立法机关对国家机关履行相应义务的有效监督，既能减少或避免执法、司法机关及其工作人员的主观性、任意性，同时也能保障公民受教育权在受到侵害时获得有效救济。

2. 受教育权的行政保护

国家行政是国家行政机关对社会公共事务所进行决策、实施、管理和调控的实务性活动。一般来说，国家行政的主要目的在于执行国家法律和政策，提供市场不能提供的管理、服务和保障社会公平。受教育权的行政保护意味着行政机关应当发展和管理教育事业，提供人民从其他渠道难以获得的教育服务，包括建立和组织不同形式与层次的教育机构、提供足够的教育设施和师资力量、投入充足的教育经费、根据公民对教育的需求变化制定和实施相应的教育政策等。同时行政机关在行政过程中应采取必要措施消除在获得和享有教育方面所存在的歧视与不平等，公平分配各种教育资源、教育条件和教育机会。行政机关应建立制度性措施使所有的人都不因经济原因而失去受教育的机会，如针对经济困难学生建立的助学金、贷学金制度等。

国家行政机关是国家行政的执行者和组织者，其中具有保护受教育权职能的行政机关包括国务院及其教育行政部门、地方各级人民政府和各级政府教育行政部门，它们在各自职责范围内履行保护公民受教育权的义务。国家行政机关的机构功能以及所实施的行政活动有别于立法机关和司法机关，对受教育权的行政保护主要通过行政立法和行政执法活动来实现。其中行政立法是指国家行政机关依据法律授权创制行政法规和规章的行为；行政执法是指国家行政机关和法律委托的组织及其公职人员依照法定职权和程序行使行政管理权，贯彻实施国家立法机关所制定的法律的活动。国家行政机关就是通过对这些行政权的执行和组织，对基本权利起到有效的行政保护作用的。

3. 受教育权的司法保护

基本权利的实现不仅需要立法和行政的保护，同时也需要司法的保护。国家的司法保护是国家司法机关通过审判和仲裁履行的对公民权利的保护义务。国家司法机关是履行基本权利司法保护的主体，它以独立的权力系统出现，分别设有多层的审级，并由最高人民法院掌握最高决定权。司法对于受教育权的保护，主要包括处理教育纠纷、制裁违法行为，保证受教育权的实现。根据侵害行为产生的责任不同，可以把受教育权的司法救济分为民事诉讼救济、行政诉讼救济和刑事诉讼救济三种。当公民的受教育权遭到行政机关和公办学校的侵犯时，则可以通过行政诉讼获得救济。山东省高级人民法院2001年曾判决一起侵犯受教育权的案件，这是国内第一起有关受教育权的司法救济案件。受害者齐某苓将顶替自己名字上学的陈某琪以及负有责任的相关学校和教育主管部门告上法庭，最终，法院判决齐某苓胜诉，使其获得了经济损失和精神损害赔偿。一般来说，公民受教育权受到侵害，首先可以向侵权者提出维权要求，协商赔偿协议。若协商不成则被侵权人可向学校和负有责任的教育主管部门反映。如果两条道路都行不通，被侵权人还可以提起诉讼，通过法律途径来维权。

四、受教育权的国家给付义务

（一）国家给付义务的含义

国家给付义务是为实现基本权利而履行的一种国家义务，是随着基本权利由自由权向社会权扩张、延伸过程中产生的以国家积极作为方式提供的义务。一般认为基本权利的国家给付义务与公民基本权利的受益权功能对应，其内涵可进一步区分为程序性给付、资讯性给付和物质性给付三类。程序性给付是国家为实现公民权利而必须提供相应的制度。资讯性给付对应的是一种"知的权利"，即国家必须向公民提供一定的资讯，须确保公民可以平等地接近或使用国家资讯或媒体。物质性给付即国家为实现公民基本权利而提供必要的物质条件，一般包括满足和促进两个方面。其中满足的义务是一种最低限度的满足义务，如在粮食、基本（初级）卫生保健、基本住房或基本的教育形式等方面，国家有责任确保权利的实现均达到一个最基本的水平，满足人们的基本要求。促进的义务是一种逐渐实现的促进义务，其实现是一个动态的、逐步的过程，在短时期内一般无法充分满足人们的实际需求。此类义务虽写入法律，但只是政府政策的指导原则和目标，而非强制性的规定。此外，给付义务履行的复杂性还在于它不仅受经济条件的限制，同时也受政治体制、社会制度及其他主客观因素的影响。因此，国家对基本权利承担怎样的给付义务、承担多大程度的给付义务以及如何履行给付义务是动态的、变化的，而不是静止的、绝对的。

从国家义务的履行主体来看，不同国家机关履行给付义务的方式是不同的。其中行政机关是国家给付义务的主要承担者，通过给付行政行为的方式来履行给付义务。立法机关的给付职能主要体现为对人民的基本权利提供一般性规定，而并不产生直接针对基本权利的给付义务。但在财政等方面的法律保留使立法机关有可能通过立法介入向公民提供物质性帮助或服务的具体事项。如当给付的内容涉及财产性物质利益的分配时，就需要立法权的参与才能实现，这是立法机关履行给付义务的重要方式。司法机关的给付义务主要表现为对行政机关给付行政行为的监督。从近年来的司法实践看，除了行政机关不履行尊重义务需要司法保护外，越来越多的有关履行给付义务方面的问题需要司法介入，尤其是由于国家未能履行最低限度的实现义务而引起的司法诉讼与司法保护问题已经成为司法实践中较为突出的问题。

（二）受教育权的国家给付义务内容

1. 物质性给付

国家在教育方面所承担的物质性给付义务主要包括有形的经费与实物给付义务和无形的知识、技能传授义务。在经费给付方面，有学杂费及贷款、助学金、奖学金、生活补贴、科研创新基金等；在实物给付方面，包括校舍、教学基础设施设备、教学资料器材等；在无形物质给付方面，如国家通过许可审批、招聘、政府采购等形式将其义务委托给具备专业性的机构或人员来履行。国家的教育给付义务是随着社会的发展而不断变化的，从最初的免除学费不断扩大到免费发放教材及其他学习用品，免费提供早午餐、校车交通、住宿、校服以及医疗等杂费，表明国家义务根据需要和可能在不断扩大。

2. 服务性给付

受教育权的物质性给付需要服务性给付措施才能得到落实。如教育过程中的考试、录取、入学、退学、毕业、肄业、奖惩等事项，为受教育者提供通知、咨询、指导、疏导、评价等加强信息流通的渠道，都需要相关的组织、管理和程序来保障。此外，教育行政决定所涉及的调查、告知、说明理由、听取相对人陈述申辩、依法送达以及申诉、听证、行政复议、司法援助、行政诉讼与行政赔偿等程序的履行等，都属于国家的服务性给付，非此不能维护学习生活环境的安全性和便捷性，不能保证教育教学活动的正常开展。

3. 制度性给付

制度是指社会共同遵守的办事规程或行动准则，或在一定历史条件下形成的法令、礼俗等规范或规格。制度提供了具体的做事准则，目的是使各项工作按计划按要求达到预定目标。基本权利的实现有赖于制度的保障，无论是物质性给付还是服务性给付，最终都有赖于制度性义务的确证才能得到落实。国家制度性给付义务一方面是为了确证基本权利，使物质性给付义务和服务性给付义务制度化；另一方面是为保证公民立法参与、批评建议、监督检举等权利，对其加以立法明确。经济发展既会通过对物质性给付义务和程序性给付义务的作用来影响制度性给付义务，又会通过信息流通化程度、公民意识与素质状况等来影响制度性给付义务范围的大小。

以上列举的受教育权的国家义务按其实施的难易程度构成了一个义务序列。尊重义务在操作上相对较为简单，只须国家坚持自由权的价值理念，严格遵守法律的规定，不干预、不妨碍公民正当的自由行为便能实现。保护义务相对较为复杂，需要国家采取适当的作为方式，并且依赖于一定的有形设备和物质资源，或通过立法、行政、司法等国家机关的适当行为得到实现。相比较而言，给付义务最为复杂，因为国家履行给付义务，既要保证基本权利真正得到实现，同时又要保障个人的尊严和自由，因此是国家义务实施中的重点、难点和焦点所在。但由于受教育权的复杂性，对国家义务的类型划分只是为了便于理解不同国家义务在性质与功能上的区别，所以在实际中不应简单化。在实践中，受教育权的国家义务是随着教育水平的不断提高、公民教育需求的不断变化而变化的，因此只有从受教育权发展的现状出发，具体分析相应的国家义务，才能更好地保障公民的受教育权。

五、受教育权的救济机制

无救济即无权利。公民权利在受到侵犯之后，只有通过既定的救济程序来解决纠纷和请求补偿，而非通过非制度化的参与和表达来实现救济，才能真正保障公民自由权利得到实现。虽然权利并非都需要借助司法救济才能实现，但权利的司法救济不能缺失，特别是基本权利的司法救济不能缺失。因为司法救济乃是各种法律救济中最基本的救济，在自身权利受到损害时公民应有主张自己权利的权利。

为使受教育权这一基本权利真正具有法律上的意义，目前我国的做法主要是通过国家机关的自行纠错亦即各种非诉讼途径如申诉、教育督导、行政监察、行政复议、国家赔偿、公民监督及法律监督等途径，并辅之以行政诉讼来加以解决。从目前看主要表现在如下几个方面：国家立法机关明确规定保障受教育权实现的责任主体，设定自由平等的教育秩序、教育资源配置机制等；行政机关依法执行对受教育权所需资源的配置，推进受教育权的均衡实现；司法机关对受教育权国家义务履行不当的国家机关追究其责任，对公民受教育权的受损提供司法救济。

第五章
学　　生

在现行法律文本中，《教育法》将具有学生身份的公民称为“受教育者”，《义务教育法》和《未成年人保护法》则将之规定为学生，二者含义虽有宽窄之别，但并无实质性差异。因此本章所称的学生等同于受教育者，《教育法》所规定的受教育者的权利和义务即学生的权利和义务。

第一节　学生概述

一、学生与学生身份的取得

（一）学生定义

学生是一个在学校及其他教育机构中以学习为主要活动方式的社会群体，是教育法调整的重要法律关系主体。广义的学生是指以某种形式在学校及其他教育机构中学习的受教育者，可以是经学校依法定程序注册的，也可以是非经学校注册的；可以是全日制在校学习的，也可以是非全日制业余兼读的；可以是取得学籍的，也可以是无学籍的。狭义的学生则指在学校或其他教育机构中以法定程序注册并取得学籍，成为具有特定身份、专门从事学习活动的受教育者。从司法实践看，在某些情况下还有可能包括尚未取得学生身份的准受教育者，如已参加法定考试尚未被学校录取、已被学校录取尚未履行注册程序或已经注册但未取得学籍的人，因其行为已与学校构成一定关系，并受相关法律法规的调整，因此也应列入学生概念。从《教育法》、《义务教育法》、《未成年人保护法》及其他规范性文件看，主要是从狭义学生概念出发所做的规定，因此本章以狭义概念为基础，把学生定义为按照规定的法律程序在学校及其他教育机构注册，经批准取得学籍，具有学生身份的受教育者。由于公办学校和民办学校两类机构的法律地位不同，两类机构与其学生所构成的法律关系存在较大差异。本章所讨论的学生主要指公办学校学生。

上述学生定义包含了三个要件，具体如下：

第一，所指的学生须依照规定在学校及其他教育机构注册，经审核获准入学资格，取得该学校学籍，以该校学生的身份参加学校的教育教学活动及学校组织的其他活动，行使学生权利，承担学生义务。

第二，所指的学校及其他教育机构应是按照国家有关规定办理审核、批准手续，经注册取得独立法人资格，并从事教育教学活动的合法机构，经国家批准设立或者认可，包括学制系统内从事学前教育、基础教育、职业教育及高等教育的各级各类学校教育机构。

第三，学生身份应具有时间和空间上的特定性，其时空要件包括学校组织的学校范围内的教育教学活动、文体活动、课间自由活动，以及学校组织的各种校外活动，包括教学计划内的由学校组织学生参加的校外教育教学活动、非教学计划内的社会实践活动，以及学校组织的学生郊游、参观、节庆活动等。

（二）学生身份的取得

身份是社会分层格局中个体取得某种社会群体资格的标识，个人身份一经确定，就相应地确定了他在社会中的位置、权利义务的内容以及与他人所处的关系。学生身份是指专门从事学习活动的受教育者所特有的标识，取得这一身份须有确定条件并经一定程序，在学校或其他教育机构注册取得学籍。公民在特定的学校教育机构及其组织取得学生身份后，并不因此而丢失其他身份。因而公民以学生身份在学校期间享有学生权利同时承担相应义务，但同时仍具有公民本身应有的其他身份及其相应的权利义务。当公民因毕业或其他原因离开学校及其所组织的教育教学活动时，其学生身份产生和实现的条件消失，就不再具有学生身份。

不同级类学校的受教育者取得学生身份的条件、程序各不相同。以我国义务教育学生为例，其身份是以《义务教育法》等法律、法规为依据，以义务教育阶段公办学校“免试就近入学”为原则取得的。公民取得学生身份的条件、程序简述如下：

1. 入学条件

义务教育是国家统一实施的所有适龄儿童、少年必须接受的教育。就读小学一年级儿童的截止出生年月由省级教育行政部门根据法律规定和实际情况统筹确定。达到法定入学年龄的儿童不分性别、民族、种族、家庭财产状况、宗教信仰等，应当免试就近入学接受并完成义务教育。

2. 入学办法

小学入学以适龄儿童、少年和法定监护人户籍登记地与实际居住地一致为依据，就近入学。也就是说，适龄儿童与其法定监护人一同具有实际居住地的户籍就可在户籍所在地学校就近入学。

3. 办理时间及程序

教育行政部门在社区、学校和公众信息网发布入学登记公告，公布办理入学登记的各项工作时间以及学校新生入学班数、适龄儿童法定监护人报名登记点以及入学登记名单。区（市）县教育行政部门根据入学登记情况和学校新生入学学位数，按时完成划片或微机排位工作，并将学生的姓名、就读小学等重要信息在社区、学校公布，按时办理入学报到手续。

公办小学根据各省区县教育行政部门公布的对口入学方案与招生计划，免试就近招收年满 6 周岁的本市户籍的适龄儿童以及符合条件的来本地工作人员随迁子女就读；政府委托的以招收随迁子女为主的民办小学，免试招收统筹安排的符合条件的随迁子女就读。

4. 转接或新建学生学籍

转接学籍或新建学籍是招生入学的后置程序，学籍的取得意味着学生身份的获得。学生被学校招收后，原来已有学籍的，接收学校要通过全国学籍系统为学生转接学籍，实现“人籍一致”。原来没有学籍的，要为学生新建学籍；暂无居民身份证号或原居民身份证号不可用的学生，可以先建立临时学籍号，待取得真实可用的身份证号并通过认证后，获得正式学籍号；学生没有到校报到入学的，学校不得通过招生程序将其学籍注册成正式在校生。

二、教育目的及其对学生发展的规定性

学生发展是由遗传、环境、教育等要素构成的开发个人潜力、实现个人价值的机会和可能性。对学生发展产生重要影响，并直接制约其与学校、教师关系的一个重要因素是学校实施教育活动的基本依据——教育目的。教育目的是国家或社会对教育所要造就的人的质量规格的总体规定与要求，是对教育活动所要达到结果的期望。由于学生的发展主要是在学校组织的各种教育教学活动中实现的，在这一过程中学校或教师必定会以一定的价值态度或行为方式来对待学生，从而影响到学生的权利义务，并对其身心发展产生不同的结果。为使每个学生都能在学校教育中获得公平的发展，必须对学校及其教师的教育教学活动做出明确的法律规范，给予一定的价值限定，因此在各级各类学校中都要确立具有规范意义的教育目的。教育活动的有目的性决定了大到一个国家，小到一所学校、一门课程甚至一节课都会有特定的教育目的。教育目的可以由官方提出，也可以由民间提出；其制定者可以是国家，也可以是学校教育机构、从事教育教学活动的教师，或者具有一定社会影响力的教育家；其表现形式可以是理论观念，也可以是法律规范。法律规定的教育目的是国家依据一定历史阶段的政治、经济、社会发展需要而对教育所做的规范性要求，包含了教育的指导思想、培养目标和培养途径等内容，是贯穿学校人才培养工作的价值目标和法律原则，对学校教育教学活动具有重要意义。我国《宪法》第 46 条规定了公民的受教育权：“中华人民共和国公民有受教育的权利和义务。国家培养青年、少年、儿童在品德、智力、体质等方面全面发展。”《教育法》第 5 条据此规定了以实现公民受教育权为前提的教育目的：“教育必须为社会主义现代化建设服务、为人民服务，必须与生产劳动和社会实践相结合，培养德智体美劳全面发展的社会主义建设者和接班人。”由教育基本法律规定的这一教育目的是确定课程与教学目标、选择教

育内容与方法、评价教育效果的依据，因此对学生的发展有着重要的规范性意义。

（一）我国教育目的的两个组成部分

教育目的为了表达特定的内容，一般都由以下两个部分组成：

第一，教育目的应就通过教育期望培养具有何种社会价值的人做出规定，也就是通常所说的教育要为社会培养什么人的问题。《教育法》规定的教育目的明确提出了教育要为社会主义现代化建设培养合格的各级各类专门人才，即“社会主义建设者和接班人”就是对这个问题的回答。

第二，教育目的应就教育所培养的人应具备的身心素质及其相互关系做出规定，也就是为使学生形成某种个性结构，应在知识、智力、品德、审美、体质等方面获得怎样的发展的问题。我国教育目的明确要求教育应培养有社会主义觉悟、有文化、有创造能力、体魄健康的人才，即“德智体美劳全面发展的社会主义建设者和接班人”。

一般来说，社会在满足个人发展需要的同时，会对个人的这种需要有所规限、有所引导，要求个人发展应按照社会所要求的方向发展。与此相应，教育也要根据教育活动自身所具有的特点和学生年龄的阶段性发展要求对学生的发展发挥某种引导和保护作用。教育目的的这两个组成部分也有可能发生矛盾，特别是在新旧交替的社会变革时期，有可能出现逆向而动的发展趋势，不仅不能满足个人发展的要求，反而成为抑制、扭曲人性的工具。这时在个人需要、个人发展与社会需要、社会发展之间就会发生矛盾，教育目的的两个组成部分就可能出现分裂。为使个人与社会达到统一，负有教育义务的各级政府以及学校教育机构应当自觉根据社会发展、变革的状况以及人民群众对教育不断增长的需求适时调整二者的相互关系，使之保持统一与和谐。

我国教育目的的两个组成部分统一地表达了对教育工作的基本要求，其中关于培养学生应具有的社会价值规定对学生的发展起着定向的作用，而对学生身心素质的规定则反映了学生身心发展的可能性和规格。应当说，二者互为条件，统一地规定了个体发展对社会以及个人所具有的基本价值，因此是缺一不可的。

（二）我国教育目的对学生发展的规定性

1. 培养社会主义建设者和接班人

与以往社会的教育目的不同，我国《宪法》规定的这一教育目的以个人全面发展和培养社会主义建设者和接班人为基本内容，体现了社会发展对各级各类学校的整体要求。培养德、智、体、美、劳等全面发展的社会主义建设者和接班人是根据马克思主义关于人的全面发展学说和社会主义现代化建设所需要的人才质量要求而制定的。培养社会主义建设者和接班人体现了我国人才培养的根本方向，是我国各级各类学校教育的根本宗旨。要使青少年一代成为社会主义的劳动者和建设事业的接班人，就必须使他们具有社会主义觉悟，树立为人民服务的思想观念，并具有为社会主义建设事业贡献力量的文化科学知识和真实本领。

2. 促进人的全面发展

全面发展要求实际上是对于学生素质结构的一种基本规定，是社会主义社会人才素质中不可或缺的要素。就学生而言，全面发展一般表述为有社会主义觉悟、有文化、有健康的体魄等各方面的发展，也可以理解为学生生理、心理、思想和文化等各方面的发展。学生发展中的这些要素虽各有自己的特点，但同时又相互联系、相互促进、和谐共生，构成了个体的完整的素质结构。

3. 全面发展教育的组成部分

为了实现所培养的人的规格要求，教育目的还要对全面发展教育的组成部分做出规定。全面发展教育就是要促进人的智力和体力充分自由地、主动活泼地发展，就是要促进人的各方面才能和兴趣、特长和谐统一的发展，同时促进人的道德水平、审美情操的发展。为此我国教育目的所规定的教育组成部分包括德育、智育、体育、美育和劳动技术教育，这是我国教育目的规定的全面发展教育的有机组成部分，是对教育实践中积累起来的培养人的经验的抽象和概括。德育、智育、体育、美育、劳动技术教育各有自己的特殊任务、内容和方法，对个人发展起着不同的作用，同时又相互依存、相互渗透、相互促进，把五育作为一个统一的整体，才能使受教育者形成合理的素质结构，培养出符合社会要求的全面发展的人才。

第二节 学校与学生法律关系

根据我国学校的办学宗旨、任务及其维护学生合法权益的相关职责要求，我们把学校与学生关系界定为在学校的教育教学活动过程中发生的，以学校与学生为主体，以学校对学生的管理、教育与保护为指向的法律关系。了解这一法律关系与其他法律关系的区别，掌握这一关系的调整方式特点将有助于我们更好地规范学校行为、实现学校功能。本节所说的学校专指公办学校，所讨论的学校与学生关系也主要指公法上的教育、管理和保护关系。民办学校的问题有别于公办学校，应单独讨论。

一、学校与学生关系的不同观点

在很长时间里，由于相关的法律法规如《教育法》《教师法》《未成年人保护法》等都没有对此做出明确的规定，因此有关学校与其学生或学生家长之间的法律关系，曾形成过若干不同的学理观点。了解这些观点对于我们更加准确地理解学校与学生法律关系的性质是有益的。

1. 监护权转移说

这种观点认为，由于未成年学生在校期间，监护人很难完全履行监护职责确保被监护人的安全，因此需要学校在监护人不能或者不能很好地行使监护职责时，代替监护人履行保护未成年人人身安全的职责。因此，从家长为自己的未成年孩子在某所学校登记注册、交纳学费并把孩子送到学校时起，就意味着原先由家长行使的某些监护职责转移给了学校，学校成为未成年学生在校期间的监护人。这是一种较早形成的，并且在民法学界和司法界有较大影响的法理学观点。提出这一观点的一个主要理由是，学校的特殊的社会功能和职业要求，决定了学校在保护学生身心健康方面具有不可推卸的职责，而这种职责与监护人的监护职责从内容上看具有某种一致性。①

2. **部分监护权转移说**

这种观点是对第一种观点的修正。根据《民法典》第 34 条的规定，监护人的职责包括：代理被监护人实施民事法律行为，保护被监护人的人身权利、财产权利以及其他合法权益等。由此可见，监护制度是通过设置保护人对无民事行为人和限制民事行为人进行全面保护的一套制度，而学校的监护职责仅止于人身方面。因此为了使监护权转移说这一观点更严谨，一些学者提出了部分监护权转移说。这种观点的缺陷仍然是没有分清家长监护权与学校监护权的法律性质，因而不能准确地解释学校与学生的法律关系性质。

3. **监护代理关系说**

这种观点认为，当家长把孩子送到学校上学时，家长把本应由自己行使的监护职责委托给了学校，由学校代理本该由未成年学生的家长行使的监护职责，于是在学校与学生家长之间形成了一种委托代理关系。依据这一司法解释，监护职责是可以由他人代理的。据此有人认为学校与学生之间是以监护代理关系为基础的民事法律关系，学生家长是监护人，学校是监护人代理人，而学生是第三人。学校对未成年学生的监护职责来源于学生监护人的授权。根据法律的规定，监护人要对未成年人履行监护职责，对被监护人进行管理和教育，照顾被监护人的生活，但监护人要完全、准确地履行这一职责是非常困难的。这就需要有一专门机构在监护人不能行使监护职责时或无法很好地行使监护职责时代替监护人来履行某些职责，尤其是对于只有专业人士才能完成的针对未成年人的教育职责，学校就是这种专门机构。监护人将监护职责中适于学校履行的部分委托给学校，同时向学校支付学费、管理费以及其他各种费用；学校以履行教育职责为主，同时履行监护人授权的其他管理事宜。所以，学校只不过是代理监护人在履行某些监护职责而已。学校与未成年学生及其监护人之间虽然没有明确约定的合同存在，但是由于这种监护代理的绝大部分内容实际上已经由法律予以规定，亦即法律将监护人依法应履行的监护职责中适于且应该由学校履行的部分规定为学校的义务，因此双方可不再以合同形式表现权利和义务。不同性质学校监护代理的依据有所不同，公办学校取得的监护代理是指定代理，而民办学校取得的监护代理则是委托代理。②

4. **契约关系说**

这种观点认为未成年人父母根据义务教育法规定的义务将子女送入学校，学校依据该法接受学生，他们都是在履行各自的义务。但是在履行法定义务的同时，他们之间也产生了一种关系。这种关系既不是行政管理关系，也不是一般民事关系，而是一种以特定权利义务为内容的契约关系。义务教育法、契约和教育管理之间构成了这样一种相互关系：义务教育法引致契约关系的产生，契约是教育管理的前提，而教育管理则是契约的内容。学生进入某所学校的事实意味着学生与学校之间产生了一种默示契约关系。③

---

① 杨立新. 侵权行为法案例教程［M］. 北京：中国政法大学出版社，1996：305.

② 佟丽华. 未成年人法学［M］. 北京：中国民主法制出版社，2001：150-152.

③ 胡林龙. 学生伤害事故立法基本问题研究：兼论《学生伤害事故处理办法》之规定［J］. 中国教育法制评论，2003：232-247.

还有的学者把学校与企业相提并论，把学校的办学活动看成学校向学生及其家长提供的一项性质特殊的服务，学校必须通过提高自己的服务质量来积极招收学生。由于学生人数众多，同时由于学校的规章制度具有公开性，因此学生及其家长一般不须与学校签订书面合同，学籍证明了学校和学生之间的这种法律关系，是证明双方存在民事法律关系的契约。[①] 这种观点在国外也有人提倡，如日本学者室井力认为："公办学校之利用关系与私立学校无异，应视其为民法上之契约，对义务教育可解为'强制契约'。学校对学生之命令权或惩戒权，系利用学校的契约关系，为达成教育之目的，本质上教师应具有的权利，无碍其为契约之一种。"[②]

5. 特别权力关系说

这种观点认为，为了提高公共服务的效率并满足社会的需要，大陆法系国家的公立学校通常都被界定为行政组织的一种。它们既不是企业法人，也不是单一的民事主体，而是负担特定目的、提供专门服务的机构。这种主体的性质决定了学校与学生之间的关系不仅限于平等主体之间的法律关系，而且还应该是一种公务法人与其利用者之间的公法关系。这种关系根据是否出于公务法人的利用方式可将其分为任意利用关系和强制利用关系，根据权力的内容又可以分为一般权力关系和特别权力关系。在我国，学校等事业单位法人与其利用者之间的关系和大陆法系国家公务法人与其利用者的关系非常相似，因此在理论上应属于特别权力关系。[③] 我国现行法律规定的学校与学生关系虽有类似于特别权力关系的某些特征，然而把学校与学生的关系界定为这样一种关系，其弊病是很明显的。在国外，最初的公务法人如邮政、铁路、公路、水电、教育等公共事业机构（一般称作"营造物"）产生于自由法治国时期，是为了免于法律保留的拘束，使行政机关得以在高度自由下完成其特定的任务而设立的。随着国家任务不断扩充，国家负担大量给付行政，其中有些任务具有特殊性和技术性。为了执行方便，就成立公务法人，由其来执行任务。[④] 学校作为公务法人即产生于这一时期。但是学校的这种特别权力关系在近年来学校体制的改革发展中引发了许多问题，尤其在公办学校改革中，经过权力的再分配，学校已经逐步获得了较大的自主权，并且确定了学校的独立法人地位，学校在许多情况下已经不再以行政权力的行使者身份出现，而是以法人的名义参与民事关系，实施民事行为。

6. 学校与学生构成了特殊的法律关系

如前所述，对于未成年学生的人身而言，事实上存在着两种不同的安全保护义务，即由监护人履行的私法上的人身监护义务和由公办学校履行的公法上的安全保护义务。两种义务从其客体和内容看尽管有某些相似之处，但性质却不尽相同。学校与其学生所构成的法律关系是学校教育机构依据国家教育方针和教育教学标准，在依法实施教育教学活动过程中产生的，其中未成年学生的安全保护义务来自《教育法》《教师法》《未成年人保护法》的规定，而不是来自私法权利的转移或监护人的委托。二者构成的是一种在教育与被教育、管理与被管理的过程中产生的权利与义务关系。这类关系不同于民事

---

① 佟丽华. 未成年人法学［M］. 北京：中国民主法制出版社，2001：147-149.

② 同①149.

③④ 马怀德. 公务法人问题研究［J］. 中国法学，2000（4）：41-48.

法律关系和特别权力关系，而有其自己的法律特征。把这种关系单独列为一类法律关系，有助于我们准确地理解和把握学校与学生关系这对法律关系的公权性质，是准确理解学校与学生之间法律关系的一个重要前提。

学校在履行教育教学职责时如果由于过错伤害了学生的身体，所构成的法律关系应当界定为侵权法律关系，这是一种私法救济制度的规定。按照我国相关法律对未成年人民事行为能力的划分，不满 8 周岁的未成年人为无民事行为能力人。因此在学校学习、生活期间受到人身损害的，学校应当承担推定过错责任；但能够证明尽到教育、管理职责的，不承担责任。8 岁以上、18 岁以下的未成年人为限制民事行为能力人，在学校学习、生活期间受到人身损害，学校未尽到教育、管理职责的，应当承担过错责任。无民事行为能力人或者限制民事行为能力人在学校学习、生活期间，受到学校以外的第三人人身损害的，由第三人承担侵权责任；学校未尽到管理职责的，承担相应的补充责任；学校承担补充责任后，可以向第三人追偿。

二、特别权力关系理论视野中的学校与学生关系

产生于 19 世纪德国的特别权力关系理论对大陆法系国家的行政法产生过重要影响，并曾被日本和民国时期的中国全面继受，在新中国成立后的我国学校制度中也留有很深的痕迹。20 世纪 90 年代以来我国行政法界开始持续关注和研究这一理论，从而使其对学校体制变革产生了一定的影响。了解该理论的合理性与局限性，吸取其中的合理成分，摈弃过时的理论观点，对于我们领会和掌握学校与学生这对法律关系，推进学校法治建设具有十分重要的意义。

（一）特别权力关系理论及其影响

在国家行政权力的运行机制中，行使公权力的行政主体与其行政相对人之间构成了公法上的行政法律关系。根据行政权力作用范围的不同，这类关系可以分为一般权力关系和特别权力关系两类。一般权力关系是指行政机关与公民、法人和其他社会组织之间的管理与被管理关系。在这类关系中，行政机关基于国家对公民在法律上的一般管辖权进行管理。由于行政相对人与行政主体并不属于同一部门系统，因此行政上的管辖关系通常不以组织上的隶属性为原则，而以行政相对人的属地为原则，即只要按相关的属地规定属于行政管辖范围内的人，在法律效力所及的范围内，概无例外都要接受行政的管辖。由此产生的关系可称为外部行政法律关系，如行政机关依法进行国家安全、工商管理、社会治安管理时所发生的行政法律关系就属于这类法律关系。在这类行政法律关系中，行政机关行使公权力要受法治原则、依法行政原则、依法裁判原则的支配。与一般权力关系相对应的特别权力关系则是指行政法律关系中的一类具有特殊政治含义的关系，如行政部门内部上下级或平级行政机关之间、行政机关与其所属机构、派出机构或由其委托行使某种特定行政职权的组织之间、行政机关与法律法规授权组织之间以及行政机关与国家公务员之间的关系。在这类关系中，无论是行政主体还是行政的相对人，在法律上都属于同一部门系统，构成了特殊的行政上的隶属关系，因此可称内部行政法律关

系。特别权力关系不以属地为原则，而以是否属于同一部门系统为前提，如行政机关与其公务员的关系、学校与其学生的关系、监狱与其在押犯人的关系等，都具有部门组织上的隶属性，因此适用特别的规则实施管理，具有区别于一般行政法律关系的内部性质。

特别权力关系依其性质、内容的不同，可以区分为特别勤务关系、特别监督关系、特别管束关系以及社团（公共团体与会员）关系等。这些法律关系的共同点在于：

第一，以特定的行政目的为前提，以特定范围内的相对人为对象而建立，具有特殊的权利义务内容，且以特殊法令加以规定，而不适用一般的法律规范。

第二，法律关系当事人的法律地位不对等，其中特别权力主体有权对相对人课以特别的义务，如学校有权要求学生承担一定的义务。

第三，特别权力主体有权依法制定特别规则，并不以相对人同意为前提。相对人除要遵守国家法律的一般规定外，还必须遵守这些特别规则。

第四，在特别权力关系范围内，特别权力主体对违反义务的相对人有进行惩戒的权力。

第五，由于特权主体在特别权力关系中的特权地位，当事人之间发生争议时，一般应通过非诉讼的争议解决方式加以解决，同时有限适用司法救济。①

（二）特别权力关系理论对学校与学生关系的形塑

对于大陆法系国家来说，特别权力关系理论是理解和把握学校与学生法律关系的一把钥匙。按照这一理论，学校与学生之间的法律关系是一类公法上的特别管束关系，受行政法的调整。由于学校的办学宗旨在于贯彻国家的教育方针，执行国家教育教学标准，完成教育教学任务，所以学校必须履行对学生的教育管束义务。这类由政府设置和掌握、负担特定公共职责、为社会提供专门服务的存在体，称作公营造物，在我国也有人称之为公共行政主体。公营造物是近代行政分权的一种新技术形态，反映了行政组织在一定历史条件下的一种扩张需求。近百年来，随着国家功能的不断扩充，国家负担的给付行政越来越庞杂，包括了邮政、交通、水电、教育、科学、文化、医疗等方面，为执行方便，各国政府设立了相应的机构来执行这些具有专门性与技术性的任务，结果就是产生了这类经法律法规授权、具有行政职能的公营造物。在特别权力关系理论看来，公办学校是一类典型的公营造物，与其利用者学生构成了以特定教育目的为前提的一种公法关系。学校对学生所实施的特别管束则是国家与公民关系在学校公营造物的特定条件下的一种反映，决定着学校与学生关系的基本性质和法律调节的价值导向。

以特别管束为其内容的学校与学生关系，其特点表现在：

第一，为实现特定的教育目的、保障教育活动的实施或者基于行政的目的而产生，并且排除法律保留和司法救济，因此具有特别权力的性质；

第二，须以管束关系相对人的身份为前提，即经由入学学生（或其家长）的同意，并经注册程序取得该学校的学生身份后，学校与进入该学校学习的学生之间才发生特定的管束关系；

① 李升元，董月仙．论特别权力关系的概念、特征及类型［J］．山西高等学校社会科学学报，2003（9）：75-77.

第三，学校在这类关系中具有命令权、惩戒权和排除司法审查权，可以以内部规章制度规范学生的行为而无须法律授权；

第四，因学校的管束行为而发生的争议不具争讼性，学生不能以民事诉讼或行政诉讼作为救济手段，而只能以非诉讼的替代性争议解决方式寻求权利的救济。

20 世纪六七十年代，由于现代行政法治的推行和人权思潮的兴起，大陆法系国家普遍开始反思特别权力关系理论并修正与此相关的法律规定。就公营造物而言，邮政、博物馆、图书馆和保育性设施等的利用关系不再归于特别权力关系。在学校领域中，公立中小学校仍保留与其举办者政府的隶属关系，具有公营造物地位。主要的变化发生在大学，许多国家都赋予大学独立的法人资格，改变了其原先的公营造物地位，由此大学与其利用者学生的关系开始出现明显而重要的变化，其中对学校与学生关系产生直接冲击作用的就是法律保留原则和司法救济原则的确立。

法律保留原则是指行政主体在行使公权力时，如果涉及公民权利义务方面的事项，只有在法律明确授权的情况下才可进行。法律保留原则体现了“无法律即无行政”的依法行政要义和保护公民基本权利的精神，确立这一原则对排除法律保留的学校特别权力是一种重要的革新。公办学校在保持学校与学生关系内部秩序的同时，开始适用重大事项的法律保留原则，有利于明确学校对学生教育管理权力的大小和边界，有利于限制学校特别权力的过度适用，同时又能保证学校与学生关系中特定目的的实现。司法救济原则是指行政主体在给予相对人行政处罚的同时，必须为其提供适当的救济途径，否则就不能对其实施行政处罚。这些救济途径包括申诉、申请复议、向法院起诉、请求行政赔偿等。在学校与学生关系中，学生的入学、退学、学位证和毕业证的授予等都是学生基本权利的体现。由于特别权力关系理论的突破，许多国家已陆续开始把这些权利的救济纳入司法救济的范围之中，这已成为大陆法系国家学校与学生关系变迁中的一种趋势。

（三）特别权力关系理论对我国公办学校的影响

我国的法律制度虽未明确使用“特别权力关系”这一概念，但在立法与司法实践中，特别权力关系理论的影响是实际存在的。早期的公办学校与其学生关系主要表现为一种内部行政法律关系，这是一种区别于一般行政关系的特别行政关系，如自主招收学生或者其他受教育者、按照学校制定的规章制度进行内部管理、对学生进行学籍管理、实施奖励或者处分、对学生颁发相应的学业证书等。司法以消极认可的方式肯定了学校的这些权力不受干预，排除了包括司法救济在内的外部救济途径的监督，以此避免可能产生的针对学校的司法审查，使学校与其学生的这种内部权力成为事实上的特别权力。这是 20 世纪 90 年代前我国学校与学生关系的基本状况。但近几十年来，这种排除司法审查的学校特别权力开始发生变化，特别是 1995 年我国建立学校法人制度以后，包括大中小学和幼儿园在内的公办学校具有了独立于政府举办者的法人地位，公办学校与其学生的关系问题由此出现了更加复杂的一面。公办学校经简政放权而获得了原先由行政机关行使的办学权力，这些权力中的一部分仍保留了公权力的性质，由学校以法律、法规授权组织的身份行使这类权力。依据《教育法》第 29 条的规定，这类权力包括招生权、学籍管理和处分权、授予学业证书权等，学校以法律、法规授权组织的名义行使这些权力、参与行政管理活动。越来越多的地方法院也以此为前提开始对学校所涉争议进行司法审查，把学校视作行政诉讼的适格被告，把其所做出的行为视作被诉行政行为，要求学校参加行政复议和行政诉讼并承担相应的法律责任。

此外，为体现学校的特别权力，学校依照法律的规定可以制定具有单方面性的校内规章，对学校内部关系起着规范、调整的作用。校内规章是一种特殊的调整手段，是以学校章程为基础建立起来的管理学校的一整套规范体系，通常由学校章程、人事管理规范、财务管理规范、教学管理、后勤管理、校园安全管理、学生日常管理、学籍管理、奖惩办法、校内机构议事规则以及各单位的行为规范等组成。校内规章不是法律，而是学校内部的一种管理规范或管理细则，但其规定往往更详细具体，涉及学校教育教学秩序的各个方面，因此是学校自主管理的直接依据。学校制定校内规章的权力近年来已开始变化，我国法律通过对学校这一权力所进行的重新评估，明确了学校对学生所具有的管束权力并不是绝对的，须受合理的限制。特别是我国 2000 年施行、2015 年修改的《立法法》确立的法律保留原则对学校的这一权力形成了明确的限定作用。为此行政机关在简政放权的同时开始反思和修正以往的学校权力界限，司法界也开始不再排除法律保留原则和司法救济原则的适用。许多地方的法院对学校做出的涉及学生基本权利和法律身份的处分决定，都明确地支持学生提起诉讼，通过司法救济纠正学校的侵权行为，保护学生的合法权益。在“刘燕文诉北京大学拒绝颁发毕业证、学位证行政诉讼案”① 和“田永诉北京科技大学拒绝颁发毕业证、学位证行政诉讼案”② 等行政争议案件中，当事人针对学校的行政行为提起的行政诉讼得到了法院的支持和受理，这表明学生基本权利的行政法保护在法律实践中已经迈出了一大步。

但在司法实践中也出现了一些截然相反的做法，如“成都大学生教室接吻被勒令退学案”和“重庆某大学学生诉学校开除案”等，就被法院以不属于行政诉讼的受案范围为由而驳回起诉，这表明有关学校与学生争议的行政法保护问题虽经司法系统突破成规而获得了一定的进展，但这种变化尚未完全确定化，仍缺乏实体法和程序法的明确支持，学校权力的边界还有相当大的随意性。在司法救济中：学生诉讼的法律依据何在，如何确定诉讼的边界；学校在教育行政诉讼案件中是否具备行政诉讼的主体资格，是否可以成为行政诉讼的适格被告；等等。对这些问题的看法还存有一定的分歧。

公办学校经简政放权所获权力中的另一部分权力则进一步转化为学校的法人权利。这时学校不是以法律、法规授权组织的身份出现，而是以学校法人的身份行使这部分权力。学校法人制度的确立使公办学校在民事活动中依法享有民事权利，承担民事责任，

---

① 刘燕文诉北京大学行政判决书.（1999）海行初字第 104 号. 在该案中，北京大学为法律、法规授权的组织，依法行使《教育法》授予的招生权、学生管理和处分权、授予学业证书权，这些权力都具有公权力的性质，因此北京大学在行使这些权力时，应被视为行政主体。

② 指导案例 38 号：田永诉北京科技大学拒绝颁发毕业证、学位证案（最高人民法院审判委员会讨论通过，2014 年 12 月 25 日发布）. 该案判决书认为，退学处理决定涉及原告的受教育权，为充分保障当事人权益，从正当程序原则出发，被告应将此决定向当事人送达、宣布，允许当事人提出申辩意见。而被告既未依此原则处理，也未实际给原告办理注销学籍、迁移户籍、档案等手续。被告于 1996 年 9 月为原告补办学生证并注册的事实行为，应视为被告改变了对原告所做的按退学处理的决定，恢复了原告的学籍。被告又安排原告修满四年学业，参加考核、实习及毕业设计并通过论文答辩等。上述一系列行为虽系被告及其所属院系的部分教师具体实施，但因他们均属职务行为，故被告应承担上述行为所产生的法律后果。

这种民事权利主要包括财产权、债权、知识产权以及名称权、名誉权等。在享有民事权利的同时，学校也要以独立法人身份依法承担一切因自己的民事行为引起的民事责任。但是学校的设立目的并非参加民事流转（虽然参加民事流转是其必要条件，如购买办学设备等），也不是为一般的社会公益，而是为社会培养人才。因此，学校法人的民事权利能力要受必要的限制。《教育法》第 32 条的规定就体现了上述精神，按照该条的规定，学校及其他教育机构中的国有资产属于国家所有。国有资产是国家举办的学校教育机构最主要的教育资源，学校依法享有对这部分国有资产的占有权和使用权，但在对其进行使用和管理的同时，必须保证国有资产的国家所有，任何部门、组织和个人都不得侵占、挪用、截留，甚至破坏、私分。学校应根据国家的有关规定用好、管好国有资产，不得随意改变用途、挪作他用，不得用于做抵押，或为他人担保等，以确保国有资产不流失。总之，对学校的民事权利能力所做的限制性规定，对于保证教育教学活动和科学研究活动的顺利进行，理顺与校办产业的财产关系，防止学校弃教经商，冲击正常的教育教学活动，以及制止当前一些学校出现的违反国有资产管理规定出让学校用地，甚至出售学校用房等违法行为，都具有十分重要的意义。

通过以上分析可知，学校在不同的条件下可以具有两种不同的法律关系主体资格，这是两个性质不同的范畴，二者不能混为一谈。行政法律关系对于坚持我国教育的国家管理是十分必要的。公办学校的多数活动都在国家的控制和管理之下，行政关系成为我国学校发展其他关系的基础，没有集中统一的行政领导与管理，学校就会出现无政府状态，这是有百害而无一利的。但是行政关系不能代替民事主体之间的民事关系，随着教育体制改革的深入发展，学校的自主办学权不断扩大，这势必会使教育领域原先的社会关系发生变化和改组，原先相当大的一部分行政关系将发生性质上的变化。学校与学生关系已不再单纯适用特别权力方式来规范和调整，学校办学手段也不再拘泥于控权和管理，而尽可能多地运用了横向的合意性手段，因此学校与学生的关系在许多方面都开始呈现出公法与私法融合的复合性特征。在这种情况下，辨别学校与学生关系具有何种法律性质，采取何种调整方式，取决于这一关系发生于何种法律环境，以及学校与学生在这一法律环境中各自的身份和地位。以此为标准，我们把学校与学生关系界定为兼有纵向型和横向型两类性质的复合型法律关系。学校在行使自主办学权时，依据其所行使的权力性质，有可能以法人主体的身份出现，也有可能以法律、法规授权组织的身份出现。在这种情况下不区分公办学校所行使权力的不同情况，仍不受限制地维持传统的学校特别权力关系，显然与学校地位所发生的变化以及由此形成的特殊性相悖。

第三节 我国学校与学生的法律关系

一、我国学校与学生关系的构成

（一）学校与学生法律关系的主体

法律关系的主体，即法律关系的参加者，是指在法律关系中享有权利、承担义务的人。法律上所称的“人”主要包括自然人和法人。自然人是指有生命并具有法律人格的个人；法人是指具有法律人格，能够以自己的名义独立享有权利或承担义务的机构和组织。一般来说，法律关系主体应具有如下两个方面的特征：第一，必须是参与社会活动的人或组织。任何人或组织，不参与社会活动，就不可能成为法律关系主体。第二，必须为法律所承认。并非任何参与社会活动的主体都是法律关系的主体，要成为法律关系主体，必须为法律所认可或规定，因此法律就是获得法律关系主体资格的依据。法律没有规定的，或者不符合法律规定的，就不能享有法律上的权利和承担相应的义务，不能成为法律关系主体。

在我国，根据现行法律的规定，能够参与法律关系的主体包括公民（自然人）、机构和组织（法人）、国家。法律对法律关系主体资格的确认是通过对其能力的确认来完成的，这种能力表现为权利能力、行为能力和责任能力三个方面。权利能力即由法律所确认的享有权利或承担义务的资格，这是参加任何法律关系必须具备的前提条件。法律关系主体的权利能力为所有人所普遍享受，其中自然人的权利能力始于出生，终于死亡；法人的权利能力始于法人依法成立，终于法人被解散或撤销。行为能力是法律关系主体通过自己的行为行使权利和履行义务的能力。自然人的行为能力有完全行为能力、限制行为能力和无行为能力之分；而法人的权利能力和行为能力则从其成立时就存在。责任能力即对自己的行为承担法律责任的能力，对自然人来说，完全行为能力人即完全的责任能力人，限制行为能力人即限制责任能力人，无行为能力人即无责任能力人。但行为能力与责任能力的年龄在不同法律中的规定是不同的。而法人的行为能力本身就包括了法人的行为能力和责任能力，二者是相匹配的。

学校和学生是学校与学生关系中的两个对应主体，在依法享有教育权利、承担教育义务的过程中，由于学校对学生所履行的教育、管理义务而形成了教育与被教育、管理与被管理的关系。其中学生一般是享有权利的一方，即权利人；学校则是承担义务的一方，即义务人。但在具体的法律关系中，权利会派生相应义务，义务也会派生相应权利，因此二者往往兼有权利人和义务人的双重身份，即在享有某种权利的同时又承担某种义务。但二者权利能力的取得方式是不同的。一般来说，学生权利能力的取得有以下四种方式：依法律规定取得，依法定程序经国家有关部门批准取得，经核准登记取得，经培养、考核或考试取得。自然人虽可通过以上四种方式获得学生的权利能力，但这一权利的行使须受其理智、认识能力等因素的限制，因此是有条件的。法律规定学生权利的行使须依法达到一定的年龄、具备一定的智力条件等，在不具备这些主观条件之前，应由其监护人代行某种教育行为，如选择学校、参加学校组织的某些课外活动等。与学生权利能力的取得不同，学校法人的权利能力和行为能力是同时产生、同时消失，并且二者的能力边界也是一致的。

出于对学生教育保护的需要，学校对学生在许多方面都具有强制性的权力，对学生的行为和人身构成某种程度的管束限制。以这种特别权力为前提构成的学生与学校关系具有很强的附属性，关系双方构成了不对等的法律地位。学校在这一权力的适用范围内享有支配学生的权力，以学校的内部规章制度规范学生，而学生则负有特别的服从义务，除涉及基本权利的重大事务，一般不能对学校提起诉讼。

（二）学校与学生法律关系的客体

法律关系的客体是指承载法律关系内容即权利义务的载体，也称作权利义务指向的对象，是任何法律关系都必须具备的一个要素。法律关系建立的目的是保护、获取、分配或转移某种利益，因此客体所承载的利益本身才是法律权利和法律义务联系的中介。这些利益，从表现形态上可以分为物质利益和精神利益、有形利益和无形利益、直接利益和间接利益（潜在利益）；从享有主体的角度可分为国家利益、社会利益和个人利益等。利益将法律关系主体之间的权利与义务联系在一起，没有这一中介，法律关系就无以形成。

法律关系客体的范围、形式和类型是不断变化的，在现代社会，随着权利义务类型的不断丰富，其范围和种类也不断扩大和增多。但一般来说，得到法律确认和保护的法律关系客体须具有如下三个条件：(1) 是一种资源，能够满足人们的某种需要，因而被认为具有价值；(2) 具有一定的稀缺性，因而不能被需要它的人毫无代价地占有利用；(3) 具有可控制性，因而可以被需要它的人为一定目的而加以占有和利用。符合上述条件的法律关系客体主要包括物、人身、精神产品和行为四大类，其中：物是指客观实体，即由法律关系主体支配的、在生产和生活上所需要的物质财富，包括自然物如森林、河流和人造物如房屋、汽车等；人身是由各个生理器官组成的有机体，是人的物质形态，也是人的精神利益的体现，在现代社会，随着现代科技和医学的发展，出现了输血、植皮、器官移植、精子提取等以人身为客体的交易买卖活动及其契约，因此人身在一定范围内成为法律关系的客体；精神产品是人们在智力活动中所创造的非物质的精神财富，是知识产权所指向的对象；法律上的行为是指基于人们的意志并能发生法律效力的作为或不作为，是权利和义务所指向的对象。

学校与学生法律关系的客体是基于教育法规定而产生的学校、学生权利义务所指向的对象，主要表现为法律上的行为，即学校与学生权利和义务所指向的作为或不作为。法律要求学校在履行法律规定的对其学生的教育、管理和保护义务时，须以满足学生某种精神享受、增长知识能力、获得人身安全保护的需求为目的，因此学校在履行教育、管理义务时所实施的行为就构成了教育法律关系的客体。但学校在履行义务时所发生的行为既有合法行为，也有违法行为。因此作为法律关系客体的行为既包括合法行为，如教师在教育活动中对学生进行的表扬或批评行为，也包括侵权所造成的违法行为，如过错侵害学生身体的行为等。

学校所处的优越地位决定了学生的行为、人身等作为学校与学生关系的客体要受到学校的限制，如对于学生服装仪容与作息时间的规定、对学生操行及学业成绩的评定、对学生做出的记过和开除等惩戒措施所涉及的学生行为及人身，都是学校与学生权利义务所指，构成了这一关系的客体。

（三）学校与学生法律关系的内容

法律关系的内容是指法律关系主体之间的权利与义务。权利与义务是一对表征法律关系及其状态的范畴，是法律关系主体在一定条件下依照法律或约定所形成的利益获取或付出状态。权利是指法律保护的某种利益，从行为方式的角度看，它表现为要求权利相对人可以怎样行为、必须怎样行为或不得怎样行为。义务指人们必须履行的某种责任，它表现为必须怎样行为和不得怎样行为两种方式。在法律调整状态下，权利是受法律保障的利益，其行为方式表现为意志和行为的自由。义务则是对法律所要求的意志和行为的限制以及利益的付出。权利和义务是法律调整的特有机制，也是法律和法律关系内容的核心。

在学校与学生关系中，学校和学生除了有法定的权利与义务外，二者还基于学校的特别权力而形成了一类特殊的权利、义务，如学校有权依内部规章制度限制学生的权利和自由，有权基于教育、管理的需要而要求学生负担特别的义务，惩戒违反义务的学生等。而学生除须遵守国家法律外，还须遵守学校的内部规章制度。二者权利与义务的内容除涉及重大事项如身份权外，一般排除法律保留原则的适用，排除司法审查，甚至连检察机关的法律监督也被排除在外。

二、学校与学生的纵向型法律关系

学校与学生的纵向型法律关系是长期存在于公办学校中的一种公法上的特别管束关系，一般指学校以其所有的特别权力为依据对学生进行管理所形成的权利义务关系。在这一法律关系中，学校与学生二者处于不对等的地位，构成了管理与被管理、监督与被监督、命令与服从上的差别。

（一）纵向型关系下的学校法律地位

从 20 世纪 90 年代中期开始，随着《教育法》和《高等教育法》等法律的陆续出台，公办学校的法律地位开始出现引人注目的改革动向。作为纵向型学校与学生关系的一方主体，公办学校在对学生进行教育管理时，为实现特定教育目的，有权采取可能影响学生权利的单方面行为，学生相对人则须负担强制服从的义务。与此同时，司法机关开始对学校的自行作用做出限制，在许多方面不再认可学校内部规章制度的单方面规定，尤其是学校做出的涉及学生基本权利并由立法规定的重要事项，如招生、录取、面试、学籍管理、奖惩、学历文凭发放和学位授予等。这一变化表现在学校与学生关系在法律地位、调整方法以及二者的权利义务指向等许多方面，使纵向型学校与学生关系经历了一个由内部向外部、由特别权力向一般权力的转化过程。

学校对学生采取处分行为，或因纪律，或因学术。其中：基于纪律原因的处分主要有开除学籍、留校察看、记过、严重警告、警告等；基于学术原因的处分主要有停学、休学、留级、转专业、转学等。从维护学校教育和管理的秩序而言，学校采取的这类强制性行为虽有其存在的理由，但确实存在着对学生基本权利造成侵害的可能性。虽然司法对涉及学生基本权利争议的介入遏制了学校特别权力的滥用，但并未限制学校利用其制定内部规章制度的特别权力。因此学校仍可以自行创设法律、法规中没有规定的新处罚或新义务，使学生承受超出法定义务的负担。如：一些学校制定的学位授予实施细则把遭受记过及其以上处分列为授予学位的否定性构成要件；一些学校规定了学生从受处分之日起，一年内不得享受奖学金的处分附加后果；受留校察看处分者在察看期间不得享受奖学金；对违纪学生进行惩罚性罚款；要求学生缴纳“就业违约金”“违纪违约金”；等等。[①] 这些规定突破了法律保留原则的边界，严重侵害了学生的合法权益。

由此可见，在确定公办学校的法律地位时，如果学校自行作用的权限过于宽泛，裁量过于自由，就极有可能造成学校与学生关系的失范与无序。因此确立法律保留原则，对学校的管理权限做出明确的规定，避免学校的管理行为对学生正当利益造成不应有的损害就是十分必要的。

（二）纵向型法律关系中学生权利的非诉讼救济途径

非诉讼救济为司法程序以外的权利救济方式，包括申诉、调解、仲裁、行政复议等。非诉讼救济途径一般适用于有关学术性或内部管理性的争议，这类争议因学术上的不同观点、学生对校方教学安排或校纪处分等有异议而发生，如因留降级、休学等学籍处分以及警告、严重警告、记过、留校察看等违纪处分而导致的争议。由于这类行政行为仍属于学校自行作用的范围，至今未见有被法院受理的案例。一般认为，这些学籍处分和纪律处分并未影响学生的受教育基本权利，因此应当被排除在法院受理的范围之外，以避免司法对学校争议的过度介入。[②] 而且学校这些行为具有专业性和技术性，不仅法院难以对此做出专业判断，而且动辄诉诸法律有可能导致学校内部纪律不张、教育管理混乱。由此可见，在确立法律保留原则和司法救济原则时须小心地兼顾人权保障和管理效率两个方面，学校的行政行为只要未产生损害学生基本权利的结果，司法就不应进行干预，以此保持学校与学生关系的有序性。[③]

在学校与学生关系中，学生申诉制度是重要的非诉讼救济方式，是根据《教育法》《行政诉讼法》等法律的规定，为合理限制学校权力而设计的非诉讼性争议解决机制。申诉与诉讼的区别在于申诉是部门内部人员对内部行政行为的救济，比如学生对学校的处分不服的就可以通过申诉寻求权利救济。诉讼则是由法院依法律规定，在当事人和其他诉讼参与人的参加下，依法解决讼争的活动。按照现行申诉制度的规定，学生申诉可分为校内申诉和行政申诉两级。学生对校内处分不服，在接到学校处分决定书之日起 5 个工作日内，首先应向学校的学生申诉处理委员会提出书面申诉。学生申诉处理委员会对学生提出的申诉进行复查，并在接到书面申诉之日起 15 个工作日内，做出复查结论并告知申诉人。需要改变原处分决定的，由学生申诉处理委员会提交学校重新研究决定。学生对复查决定有异议的，在接到学校复查决定书之日起 15 个工作日内，可以向学校所在地省级教育行政部门提出书面申诉。省级教育行政部门受理的是学生对学校复查决定的申诉，因此学校复查是学生向省级教育行政部门提出申诉的前置程序。

---

① 石珍．教育行政领域中特别权力关系之解构与重塑［J］．成都理工大学学报（社会科学版），2014（4）：38-46；文正邦，伍操，邓华平．公民受教育权的行政法保护问题研究：兼论学校教育管理行为侵权的行政法救济体系建构［J］．政法论丛，2005（6）：20-28.

② 中华人民共和国最高人民法院行政审判庭．行政执法与行政审判［M］．北京：中国法制出版社，2010：33-34.

③ 杨解君．特别法律关系论：特别权力关系论的扬弃［J］．南京社会科学，2006（7）：81-86.

（三）纵向型法律关系中学生权利的司法救济途径

学校与学生争议涉及的行政事务可分为重要事务和非重要事务两类，法院审查的应当是由重要事务引起的法律争议。这类争议包括学校对受教育者做出的有关限制入学、不予录取或者取消入学资格等直接影响学生受教育权的行政决定；学校对受教育者做出的责令退学、开除学籍等直接导致其丧失学生身份的学籍管理、纪律处分决定；学校拒绝向受教育者颁发、授予学业、学位证书等。学校在这些争议中以法律法规授权主体的身份出现，因此这些争议在性质上都属于行政争议，适用民事诉讼救济的方式并不足以完整而有效地保护公民的受教育权，行政诉讼救济才是必要的救济手段。对学校重要事务的行政诉讼救济涉及学校对学生管理行为的合法性、变更学校不当的行政管理行为、制止公权力对学生权利的侵害等方面。

对学校特别权力关系的突破是有限度的，属于学校内部管理中的非重要事务，不论是否经过申诉处理，一般都不属于行政诉讼的受案范围。这类事务主要包括学校对学生做出的警告、记过、留校察看等以及不涉及学生身份丧失的纪律处分，对学生的考试卷面、学位论文等做出的学术评价等。这类事务一般并未直接侵犯学生的受教育权，应当划归学校内部管理中的非重要事务。此外，针对学校制定校规校纪的抽象行为以及属于学校教育、教学自主权范围的事务提起的诉讼，法院也不予支持。如此规定的目的在于强调通过行政程序解决一般性的法律争议，以求化解学校领域的大部分矛盾。

为了有效地保障学生申诉权利的实现，对教育行政部门不依照法定程序做出申诉决定的（如不予受理学生申诉、申诉决定未进行调查取证、未听取学生相对人意见、遗漏主要证据等），或者对教育行政部门做出的申诉处理决定（一般为教育行政部门做出的维持学校处分的处理决定）不服的，学生可对教育行政部门提起行政诉讼。法院在受理此类案件时以申诉为前置程序，并且仅对申诉处理决定的处理程序是否合法进行审查，对于申诉所做出的实体决定是否合法原则上不予审查。这意味着法院在此类案件中一般不对警告、记过、留校察看等行为的事实与证据问题、法律适用问题进行审查，而只审查教育行政部门在做出申诉处理决定时，是否存在违反法定程序的情形。不存在违反法定程序的，驳回原告诉讼请求；存在违反法定程序的，则判决违法或重新处理。这样的程序设计和规定意在加强对教育行政部门是否遵循申诉处理程序的监督和审查，避免教育部门在申诉案件的处理过程中不经正当程序而使公正性受损，以此促进教育行政部门申诉处理的质量和可接受性。

（四）中小学校与未成年学生关系的特殊性

中小学校与未成年学生之间的关系是一类特殊的法律关系，是中小学校依据国家的教育方针和教育教学标准，依法实施教育教学活动的过程中产生的关系。这一关系主体的权利与义务都是由《教育法》《义务教育法》《未成年人保护法》等法律明确规定的，这些权利与义务中包含了中小学校对未成年学生人身安全的教育、管理职责。中小学校依据国家的教育方针和教育教学标准，依法实施教育教学活动，与其学生构成了一种公法上的关系，因此公法关系就是准确理解中小学校与学生法律关系的一个重要前提。中小学校对其未成年学生所负有的安全保护义务是这对关系的重点和难点问题。在早期立法中，如在《未成年人保护法》《学生伤害事故处理办法》等法律文本中，学校的这一义务被规定为“教育、管理和保护义务”。2003 年的《最高人民法院关于审理人身损害赔偿案件适用法律若干问题的解释》也把学校的安全保护义务规定为对未成年人依法负有的“教育、管理、保护义务”。而在《民法典》中，则把“教育、管理”规定为学校的“保护义务”，二者表述虽有不同，却无内涵上的区别，是我国法律对教育教学活动实施人应予履行的义务的特殊规定。

就未成年学生人身安全保护而言，事实上存在着两种性质不同的职责，即私法规定的监护人的监护职责和公法规定的中小学校的教育、管理职责。两种职责尽管有着某种相似之处，但性质完全不同。监护人的监护职责是一种私法上的规定，是监护人对于未成年人的人身和财产权益实施管理和保护的法律资格，其主体可以是父母，也可以是父母以外的其他亲属、朋友或法定的监护机构、组织，属于亲属法外的身份权。监护人职责的内容包括：保护被监护人的身体健康、照顾被监护人的生活、管理保护被监护人的财产、代理被监护人进行民事诉讼、对被监护人进行管理和教育、在被监护人合法权益受到侵害或者与人发生争议时代理其进行诉讼等。而学校对未成年学生的教育、管理资格并非来自私法的规定，也并非来自监护人监护职责的转移或者委托，而是一种由教育法、教师法、未成年人保护法规定的职责，是学校依据国家的教育方针和教育教学标准，在依法实施教育教学活动的过程中产生的一种公法职责。这类学校职责有着相当广泛的内容，例如建立安全制度义务、实施安全教育义务、了解掌握义务、救治通知义务、选任监督义务、防止危险行为义务、禁止体罚义务等。二者虽然在内容方面有着某种相似之处，但其性质却截然不同。监护人的监护职责依民法规定的身份而成立，与被监护人构成的是一种以对被监护人的人身、财产及其他合法权益的保护为基本内容的私法关系，适用私法达成保护被监护人人身安全的目的。而学校对未成年人依法负有的安全保护义务则是依公法规定的职责而成立，是一种确定的公法义务，即所谓的“公法保护”；但学校未尽职责范围内的公法义务致使未成年人遭受人身损害的，则应承担与其过失相应的民事赔偿责任，即所谓的“私法救济”。

三、学校与学生的横向型法律关系

学校与学生之间除了表现为纵向型法律关系，具有公法的性质外，在执行学校组织本身的非行政职能时，行使的并非行政权，也就不具有行政主体的地位。在很多情况下学校是依据民事法律规定对学生的人身和财产实施管理和保护，由此形成的权利与义务构成横向的法律关系，具有私法的合意性质。

横向型法律关系是指平等法律主体之间的权利义务关系，通常因人身或财产关系而发生。法律关系的参加者地位平等，不存在隶属关系，如民事诉讼中的原、被告关系等。《教育法》第 43 条有关受教育者享有的权利中规定，对学校给予的处分不服的，可向有关部门提出申诉，对学校、教师侵犯其人身权、财产权等合法权益，可提出申诉或者依法提起诉讼。在这里，法律赋予了该关系的主体学生从事积极行为的权利，此处所规定的有关人身权、财产权争议虽然是在学校对学生进行管理的过程中产生的，但民事诉讼是这类权利争议的救济方式。如果学生在争议的救济中以民事主体身份出现，则学校也相应地具有平等的民事主体身份，这时学校对当事人学生的教育、管理在法律允许的范围内可以进行协商，在一定程度上具有了自治性、任意性的特点，应属具有私法性质的横向型法律关系。由此可见，横向型关系与纵向型关系的区别主要在于学校对学生所负义务的来源不同，以及由此而形成的学校与学生在不同法律环境中的身份和地位不同。学校与学生的横向型法律关系主要有两种不同的情况，一种是学校向学生提供国家教育标准规定之外的项目，如提供膳食、寄宿、后勤，以及业余时间开展的特长培养、放学后的未成年学生托管等，都可以看成一种横向有偿服务，因为这些服务项目是学校根据自身能力和学生需求提供，并非国家教育标准中规定的教育教学内容，学校也会向学生或其家长收取一定费用，二者由此所构成的有偿服务关系应视为一种民事法律关系。另一种情况是学校对其在校学生负有教育、管理义务，这是一种公法上的职责，但因过失侵害了学生的身体，则构成的是具有民事性质的侵权法律关系，应承担民事赔偿责任。

在横向型的学校与学生关系中，有关学校对未成年学生的保护是否构成一种监护的委托代理关系是一个曾经产生过争议的问题。从目前法律对无民事行为能力人或限制民事行为能力人的监督和保护规定看，监护主要包括保护被监护人身体健康，照顾被监护人生活，管理和保护被监护人的财产，代理被监护人进行民事活动，对被监护人进行管理和教育等。对比学校对未成年学生的保护内容，二者确有一定的相似之处。但二者的法源存在较大的差异，学校对未成年学生的保护职责来源于《教育法》和《未成年人保护法》，而监护人对其未成年人的监护职责则来自《民法典》中监护制度的相关规定。学校的保护职责仅限于未成年学生的身体，而监护人的职责则包括了身体、财产。由此可见，二者的区别是明显的。

但是，由于学校与学生的横向型法律关系主要发生于学校向学生提供的各种有偿服务之中，学校有可能接受委托承担相应的监护职责。以公办学校提供的寄宿服务为例，公办学校实际存在着两种不同类型的寄宿制。一种源于《义务教育法》，该法第 17 条规定：“县级人民政府根据需要设置寄宿制学校，保障居住分散的适龄儿童、少年入学接受义务教育。”这类学校寄宿服务是一些边远地区政府因实施撤点并校政策而产生的政策性补助措施。撤点并校是为保证办学的规模效益、提高教育质量而对学校布局进行的调整，该政策导致了部分学生上学距离过远的问题，为此一些地方政府规定设置寄宿制学校，向学生提供寄宿服务，解决学生的就学困难。在这类寄宿服务中，学校虽然也向学生收取一定费用，但由于学校提供的寄宿服务与一项公共政策有关，因此其所构成的关系具有行政的性质，调整这类关系主要适用公法。不过如前所述，学校因未尽职责范围内的相关义务致使学生遭受人身损害的，应适用私法加以救济。

学校的另一种寄宿服务是学校为满足学生或其家长的特殊需要而提供的一种有偿服务。社会有需求，学校有能力，二者在合意基础上构成一种有偿服务关系，表现为一种典型的民事性质。不过对于学生而言，并不能因已缴费而可以不服从管理，任意而为，二者构成的关系仍具有一种管束的性质，而非一般意义上的有偿服务关系。由于这种寄宿服务本身并不是国家规定的学校教育教学工作的法定内容，因此与前一种寄宿服务不同，学校在寄宿期间对寄宿学生在寄宿服务中构成了私法上的横向型法律关系。对于中小学校而言，由于其学生为未成年人，按法律规定或由学生法定代理人代理实施民事法律行为，或经学生法定代理人同意、追认，因此由寄宿服务引起的法律关系实际上并非学校与未成年学生之间的教育法律关系，而是学校与其未成年学生监护人之间由于寄宿行为而发生的一种委托代理关系。按照《民法典》第163条的规定，委托代理实是基于委托人授予他人代理权的意思表示而发生的代理，委托代理人按照被代理人的委托行使代理权。委托代理可以有书面或口头两种形式。由于寄宿过程中委托人与受托人之间存在着较复杂的责任关系，并且容易引发争议，因此必须有学校和家长之间的共同意思表示，而不应依主观推定，否则就不存在监护权的自然转移。《民法典》第165条规定："委托代理授权采用书面形式的，授权委托书应当载明代理人的姓名或者名称、代理事项、权限和期限，并由被代理人签名或者盖章。"由此可见，委托代理的书面形式是学校寄宿过程中监护职责转移的必要的表现形式，这种书面形式一般采用格式合同的形式。在格式合同这种法律机制下，由学校承担未成年学生在校期间的临时监护人职责将具有可能性。而格式合同意味着是否承担合同义务并不完全基于学校或者未成年学生监护人的意愿，而具有某种程度的法律强制性。并且由于学校所承担的责任是一目了然的，司法裁决的成本将大大减少。

第四节　学生的权利与义务

一、学生权利与义务概说

在法律生活中，权利与义务各有其不同的表现形式或变异形态。权利有权力、特权、豁免权等变异形态；义务有责任、无权、无资格等变异形态。相应地，法律关系可以分为四种类型：权利与义务对应型、权力与责任对应型、特权与无权对应型、豁免权与无资格对应型。在不同类型的法律关系中，权利和义务的职权分工也不尽相同。权利与义务对应型法律关系是平等主体之间的法律关系，主要是民事法律关系。权力与责任对应型法律关系既是一种权力赋予者与权力行使者之间的权利义务关系，又是一种管理者与被管理者之间的权利义务关系。特权与无权对应型法律关系是一种权利主体与义务主体分立型法律关系。

权利是指法律赋予权利主体作为或不作为的许可、认定及保障；而与权利对称的义务则指义务人为满足权利人的利益而必须遵守和应尽的法律责任。权利和义务是由特定法律关系主体的身份决定的，在不同的法律关系体系中，法律关系主体所具有的不同身份，决定了其所享有的不同权利和义务。例如法律关系主体参加到宪法法律关系中，取得公民身份，就具有了宪法规定的基本权利与义务；参加到行政法律关系中，取得行政相对人身份，就具有了行政法上的权利义务；参加到民事法律关系中，取得自然人身份，就具有了民法上的权利义务；参加到教育法律关系中，取得学生身份，就具有了教育法上的权利义务。

权利主体因身份不同而具有的不同权利，具体地规定在不同的部门法律中。但这只表明这些权利具有实现的可能性，而能否真正实现，还必须具备法定的权利能力，即享受法律权利，承担法律义务的资格。依照对权利主体的要求不同，与学生有关的权利能力一般有以下两类：一类是一般权利能力，即成为一般法律关系主体的资格。例如国籍是自然人成为宪法性法律关系的主体资格，只有在具有中华人民共和国国籍后，才具有宪法法律关系的权利主体资格，才能享有宪法规定的基本权利。另一类是部门法上的权利能力，自然人参加到某一法律关系中，除应具有一般权利能力之外，还应具有部门法所规定的权利能力。例如对民事权利能力的开始时间，各国的规定或从自然人出生时开始，或从受孕时开始，有着很大的差异。我国《民法典》第 13 条规定："自然人从出生时起到死亡时止，具有民事权利能力，依法享有民事权利，承担民事义务。"这意味着在我国，自然人的民事权利能力始于出生，终于死亡。

然而民法的自然人民事权利能力规定，还须受自身行为的制约，即须具备能以自己的行为依法行使权利和承担义务，从而使法律关系发生、变更或消灭的资格，此即民事行为能力。民法规定的自然人行为能力分三种情况：完全行为能力、限制行为能力、无行为能力。民事行为能力制度就是为认定民事行为能力、保护无民事行为能力和限制民事行为能力的民事主体而设计的一套民法制度。按照这一制度规定，自然人的民事行为能力受其意思能力制约，这是一种对自己行为发生何种效果的预见能力，与自然人的理智、认识能力等主观条件有关。自然人因其意思能力所限，有可能不具备判断和认识自己所为的法律后果的能力，则其所进行的民事行为就不具有法律上的效力，这时其所享有的民事权利及所承担的民事义务只能通过他人代理。监护制度就是对无民事行为人、限制民事行为人和精神病人的人身、财产及其他合法权益进行监督和保护的一种民事法律制度。

我国现行法律对心智正常人意思能力的规定采取年龄主义的划分标准，即达到一定年龄即认定其有行为能力。根据这一标准，18 周岁以上的成年人是完全民事行为能力人，具有完全的民事行为能力，可以独立进行民事活动。16 周岁以上不满 18 周岁的自然人，以自己的劳动收入为主要生活来源的，视为完全民事行为能力人。8 周岁以上的未成年人是限制民事行为能力人，可以进行与其年龄、智力相适应的民事活动，其他民事活动由其法定代理人代理，或者征得其法定代理人的同意。但不满 8 周岁的未成年人是无民事行为能力人，由其法定代理人代理民事活动。

按照我国的现行法律，学生概念包括了无民事行为人、限制民事行为人和完全民事行为人等类别，因其民事行为能力的不同而在权利义务的取得上有着实际差别。为此，学校、教师既要将学生看成独立的个体，依法保障其合法权益，又要根据不同年龄阶段学生行为能力的制约性，采取不同的教育、管理措施来对待不同年龄阶段的学生。

除了上述影响学生权利义务的因素外，教育制度中的不同学段划分也对学生的行为能力起着重要的影响，这是一类受现行教育制度规定所限的行为能力。在教育法的义务教育和非义务教育阶段划分中，与这两个学段相应的法律制度具有完全不同的性质。其中义务教育阶段学生受教育权的实现是无条件的，自身不可随意放弃，他人也不可剥夺。而非义务教育阶段学生受教育权的实现则是有条件的，是以个人能力为标准，以公平竞争为程序决定权利的享有，根据竞争主体条件是否满足，做出是否剥夺的处置，竞争主体也可自动放弃。因此，义务教育阶段学生的受教育权具有不可剥夺、不可放弃的性质，学生自己不能随意退学，学校对学生一般也不得采取退学、开除之类的处分。而非义务教育阶段则不同，学生自己可以根据自己的愿望做出是否退学的决定，因而具有可剥夺、可放弃的性质，学校依法可以学生未履行相关义务及所犯过错的性质或程度为理由对学生做出退学、开除等剥夺处置。

综上所述，学生能否享有宪法、行政法、民法和教育法上规定的权利，除了受制于学生资格外，学生在不同法律关系体系中所具有的主体地位也会产生特定的规范性。学生与学校之间在教育与被教育、管理与被管理方面的关系，既具有教育法上的性质，同时也具有宪法的、行政法的、民法的性质。这意味着学校在开展教育教学活动时，应尊重、保护教育法及其他部门法律规定中所享有的学生权利。而学生在享有不同法律部门所规定的权利时，也应履行法律规定的相应义务。

二、学生权利与义务的内容

学生不同法律身份所决定的权利义务是由不同的部门法律加以规定的，从这些权利义务的来源看，大致可分为宪法上的权利与义务、行政法上的权利与义务、民法上的权利与义务和教育法上的权利与义务。

（一）宪法规定的公民基本权利与义务

宪法是治理国家的总章程，适用于国家领土的全境及国家全体公民。学生是在一定的教育环境中，从事特定教育活动的社会主体，虽然具有学生的特殊身份，但首先是国家的公民，应享有宪法规定的公民基本权利，并履行宪法规定的公民基本义务。

我国宪法规定的公民基本权利包括以下几个方面：

(1) 政治权利。它是指公民依据宪法和法律的规定，作为国家政治生活主体依法享有的参加国家政治生活的权利和自由。公民有参加国家政治生活的民主权利与政治上表达个人见解和意见的自由，包括选举权和被选举权，以及言论、出版、集会、结社、游行、示威的自由。

(2) 宗教信仰。它是指对宗教信仰的选择自由，任何国家机关、社会团体和个人不得强制公民信仰宗教或者不信仰宗教，不得歧视信仰宗教的公民和不信仰宗教的公民。

(3) 人身自由。它是指公民在法律规定的范围内维护其行动和思想自主，并不受他人或者其他组织非法剥夺、限制。公民的人身自由包括人身不受非法侵犯，人格尊严不受侵犯，住宅不受侵犯，通信自由和通信秘密受法律保护等。

(4) 监督权和获得赔偿权。它是指公民监督国家机关及其工作人员活动的权利。公民对于任何国家机关和国家机关工作人员，有提出批评和建议的权利；对于任何国家机关和国家工作人员的违法失职行为，有向有关国家机关提出申诉、控告或者检举的权利，任何人不得压制和打击报复。获得赔偿权是指公民受到国家机关不正确的处罚或者受到国家机关和国家工作人员侵权，得到纠正后，要求国家给予赔偿的权利，主要包括行政赔偿和司法赔偿。宪法和国家赔偿法规定，由于国家机关和国家机关工作人员违法行使职权侵犯公民、法人和其他组织的合法权益造成损害的，受害人有依法取得赔偿的权利。

（5）社会经济权利。它是指公民在社会、经济利益方面的权利，包括公民的财产权、生存权、继承权、劳动权、休息权、获得物质帮助权、受教育权等具体权利。

（6）教育、科学与文化权利。它是指公民在教育、科学与文化方面所享有的权利。公民有受教育的权利，任何人包括其监护人在内都无权剥夺公民的受教育权。在科学、文化方面，公民有进行科学研究、文学艺术创作和其他文化活动的自由，国家对有益于人民的创造性工作给予鼓励和帮助。

（7）其他权利。这里是指宪法规定的特定人的权利，宪法对特定群体公民的权利做了专门规定，给予特别保护。如妇女、未成年人、老年人、残疾人以及华侨、归侨、侨眷等的合法权益受国家保护。

我国公民在享有基本权利的同时，应予履行的基本义务包括以下几个方面：

（1）维护国家统一和全国各民族团结。

（2）遵守宪法和法律，尊重社会公德。

（3）维护祖国安全、荣誉和利益。

（4）保卫祖国，抵抗侵略，依法服兵役和参加民兵组织。

（5）依法纳税。

由于宪法在法律体系中具有最高的地位，因此，其他法律、法规和规章都不能与宪法中关于公民基本权利义务的规定相抵触。

（二）行政法规定的行政相对人权利与义务

行政法上的权利是行政相对人依行政法规定而享有的、针对行政主体所主张的权利。根据我国行政法律、法规的规定和行政法理，行政相对人在行政法律关系中主要享有如下权利：

（1）申请权。它是指行政相对人请求行政主体作为或不作为，以满足其某种利益需求的权利。申请权是程序性权利，就其内容而言，是请求开始或进行某种程序的权利，如学生就学校某项决定请求提起申述等，但在某些情况下也可请求得到某种实体利益，如对颁发学业证书、学位证书提出申请等。

（2）参与权。它是指行政相对人享有的可通过合法途径参加行政管理活动以及参与具体行政行为的相应程序的权利，包括参与行政法规，规章及政策的制定；参与国民经济和社会发展计划的编制和实施；参与与自身有利害关系的行政行为的相应程序，如行政申述、行政复议、行政诉讼等。

（3）了解权。它是指行政相对人享有了解各种行政信息的权利，包括各种规范性法律文件、会议决议、决定、制度、标准、程序规则，以及与行政相对人本人有关的各种档案资料和其他有关信息。

（4）受保护权。它是指行政相对人的合法权益在受他人妨碍、侵害时，请求行政主体保护的权利，如行政相对人请求行政主体处理合法权益受他人侵害的行为、行政相对人合法权益受行政主体的确认等。

（5）收益权。它是指行政相对人通过行政主体的行政活动获得现实利益或可得利益的权利，如获得行政许可、行政指导和行政奖励，在遭受自然灾害等紧急情况下获得行政主体救助等。

（6）受平等对待权。它是指行政相对人受行政主体平等对待的权利，行政主体应坚持法律面前人人平等的原则，对每一个行政相对人都予以平等对待。

（7）陈述、申辩权。它是指行政相对人为了维护自己的权益或者其他利益，对行政主体的行政执法行为进行抗辩的程序性权利，如陈述自己的意见、看法，提供有关证据材料，进行说明和辩解并驳斥行政主体的理由、依据等。

（8）抵制违法行为权。它是指行政相对人为保护自身合法利益而抵抗行政主体实施的明显违法或重大违法行政行为的权利，如拒绝行政主体乱摊派、拒缴行政主体的不合法行政罚款等。这里所谓的合法权益包括各种法定权益和自由，如人身权、财产权、自营自主权、劳动权等，其中有的权益虽不属于行政法规定，但为保护这些合法权益而抵抗行政主体非法侵害的权利却是行政法专门赋予行政相对人的。

（9）行政监督权。它是指行政相对人对行政主体及其工作人员实施的违法、不当行政行为提出批评、控告、检举的权利，包括批评权、申诉权、控告权、检举权、建议权等，并有权就如何改善行政主体的工作和提高行政管理和服务质量提出建议、意见。

（10）行政救济权。它是指行政相对人认为行政主体实施的违法与不当行政行为，或是行政主体实施的合法行政行为侵犯了自己的合法权益，有获得相应行政救济的权利，包括申请行政复议权、提起行政诉讼权、请求行政赔偿权、行政补偿权等。

行政相对人在享有行政法规定的权利的同时，必须履行行政法规定的义务。行政相对人的义务是行政相对人在行政法律关系中，对行政主体所承担的一定作为或不作为的义务，行政主体对行政相对人的这种义务则具有相对应的权力。行政相对人的这种义务主要有：

（1）服从行政管理的义务。它是指遵守行政机关制定、发布的行政法规、行政规章和其他规范性文件的义务；执行行政命令、决定的义务。

（2）协助行政主体正常执行公务的义务。它是指行政相对人对行政主体及其工作人员依据职权执行公务的行为，有主动予以协助的义务，如对行政主体行使调查取证权具有配合、协助的义务。

（3）接受行政监督的义务。它是指行政相对人在行政法律关系中，有接受行政主体依法实施监督的义务，包括审查、检查、检验、鉴定等。

（4）遵守法定程序的义务。它是指行政相对人遵守法律、法规、规章所规定的程序的义务，如在请求行政主体实施某种行政行为，或者应行政主体要求做出某种行为时，均应遵守法定程序，否则可能导致自己提出的相应请求不能实现，甚至要为之承担相应的法律责任。

（三）民法规定的自然人权利与义务

民事权利是民事主体依法享有并受法律保护的利益范围或者实施某一行为（作为或不作为）以实现某种利益的可能性。以权利所体现利益的不同，民事权利可分为财产权和人身权两大类。民法上的财产权是指以财产利益为内容，直接体现财产利益的民事权利。财产权包括物权、债权、继承权和知识产权。民法上的人身权又称非财产权利，是指不直接具有财产的内容、与主体人身不可分离的权利，包括人格权和身份权。

自然人享有的民事权利复杂烦琐，其中与学生有关的权利大致列举如下：

（1）生命健康权。它是指自然人维持生命和维护生命安全利益的权利，包括生命健康不受侵犯、享受符合卫生标准的设施等。

（2）人格尊严权。它是指为民事主体人身所固有并为法律所承认的人格尊严不受侵犯的权利，包括肖像权、姓名权、名誉权、荣誉权、隐私权。其中姓名权是指自然人依法享有的决定、使用和改变自己姓名的权利；肖像权是指自然人依法享有的制作和使用自己肖像的权利；名誉权是指自然人依法享有的维护自己名誉的权利；荣誉权是指自然人就有关国家机关或有关组织授予的荣誉称号或嘉奖获得利益而不受他人非法剥夺的权利；隐私权是指自然人享有的对其与社会公共利益无关的个人信息、私人活动和私人领域进行支配的一种人格权。以上人格尊严权不受侵犯，禁止用任何方法对公民进行侮辱、诽谤和诬告陷害。

（3）身份权。它是指民事主体因某一特定的身份而产生的权利，主要包括亲权、荣誉权、婚姻自由权等。有些身份权发生在家庭成员之间，即自然人基于一定的婚姻和血缘关系而产生的人身权利，包括配偶权、亲权、亲属权及监护权等。有些身份权是由当事人特定的行为所引起的，如某人因贡献突出获某项奖励，取得一项荣誉权。还有些身份权是知识产权中的身份权，即民事主体依法对自己的智力成果所享有的权利，包括著作权、专利权、商标权、发明权、发现权以及其他科技成果权等。

（4）财产所有权。它是指所有人依法对自己的财产享有占有、使用、收益和处分的权利。这四项权能中的每一项都有相对独立性和可分性。四项权能中的某一项或某几项权能暂时脱离财产所有人，财产所有人并不丧失对该项财产的所有权。四项权能的分离和恢复，是民事活动的客观需要，也是财产所有人行使所有权的具体表现。

（5）知识产权。它又称智力成果权，是智力成果的创造人和工商业生产经营标记的所有人依法所享有的权利的总称，是指民事主体对其创造性的智力成果所依法享有的专有权利，包括著作权、专利权、商标权等。

（6）隐私权。它一般指自然人享有的对与公共利益无关的个人信息、私人活动和私有领域进行支配的一种人格权，包括个人生活自由权、个人生活情报保密权、个人通信秘密权、个人隐私利用权等。根据教育法有关教育、管理的规定以及民法有关监护制度的规定，教师、监护人为履行职责，有权了解被保护对象的某些必要的个人信息资料，如交往、学习、兴趣、爱好等方面的情况以及与异性关系状况等。这些行为极易涉及未成年人的某些隐私，构成教师、监护人与未成年学生之间有关隐私保护的矛盾。因此，教师和监护人应以合法的途径去了解未成年学生，以此实现教育的目的。

在民事法律关系中，民事义务与民事权利往往是相对等的，受教育者作为民事主体，其所承担的民事义务往往表现为在行使自身的民事权利的同时，不得侵犯其他主体的财产权利和人身权利。学生与学习活动间接相关的义务包括遵守国家法律的义务、尊重同学和尊敬师长的义务与爱护学校财产的义务。

（四）教育法规定的学生权利与义务

学生的权利义务被具体地规定在《教育法》第43条和第44条中，这是对学生权利义务的总体规定。除此之外，其他的教育单行法律、法规对特定的受教育者的相应的权利义务也做了具体规定，如《义务教育法》《高等教育法》《学位条例》等都具体规定了在不同级类学校的学生所享有的权利和应予履行的义务。这些权利和义务分述如下：

根据《教育法》第43条规定，受教育者享有下列权利：

（1）参加教育教学计划安排的各种活动，使用教育教学设施、设备、图书资料的权利。它是指学生有权平等地接受学校教育，参加教育教学计划安排的各种活动，包括使用教学设施、设备、图书资料及其他教育资源，按照自己的需要或兴趣选择课程和课外活动等。

（2）按照国家有关规定获得奖学金、贷学金、助学金的权利。它是指学生有权申请由国家为鼓励刻苦学习或者为实现教育平等而设置的减免学费，助学金、奖学金和贷学金（低息或无息贷款）等资助项目，如国家和有关部门设立的优秀学生奖学金、专业奖学金和定向奖学金；国家向家庭经济困难、无力解决在校期间的生活费用的学生提供的无息贷款；国家按照规定标准和享受比例发放给学生的生活补助费；等等。其中，奖学金和贷学金主要适用于普通高等学校和中等专业学校学生，助学金主要适用于义务教育阶段的学生。

（3）在学业成绩和品行上获得公正评价，完成规定的学业后获得相应的学业证书、学位证书的权利。它是指学生在完成规定的学业后就有权获得学校教育机构对学生在受教育的某一段时间的学习情况和知识结构、知识水平的概括、课程考试成绩记录、平时学习情况和总评以及对政治觉悟、道德品质、劳动态度等方面所做的客观公正的评价，并获得与此相应的毕业证书和学位证书。

（4）对学校给予的处分不服向有关部门提出申诉，对学校、教师侵犯其人身权、财产权等合法权益，提出申诉或者依法提起诉讼的权利。它是指学生所具有的申诉权和诉讼权，包括学生在受到学校处分或认为学校、教师侵犯其人身权、财产权等合法权益时，有权向学校或主管部门提出申述或者依法提起诉讼。

（5）法律、法规规定的其他权利。它是指学生除享有上述权利之外，还享有现行法律、行政法规及地方性法规赋予的其他权利。

此外，依照《民办教育促进法》的规定，民办学校的学生在升学、就业、社会优待以及参加先进评选等方面享有与同级同类公办学校的学生同等的权利。除了公务员考试、司法考试等国家有特定要求须使用国民教育系列证书外，民办学校颁发的全日制普通高校、自学考试等毕业证书可在全国范围内用于个人求职应聘、单位内部考评、定岗、晋级、涨工资、各类职业资格的中初级考试、继续教育（如研究生课程班）及出国公证等方面，与公办学校颁发的相应证书具有同等效力。①

在享有权利的同时，按照《教育法》第44条的规定，学生应当履行下列义务：

---

① 经国家教育主管部门批准具有举办学历教育资格的普通高等学校（包括具有国家批准的具有全日制普通招生计划的高等教育学历高校，也含培养研究生的科研单位）、通过高等教育自学考试由国务院自学考试委员会授权各省（自治区、直辖市）自学考试委员会颁发的自学考试毕业证书、普通高等学校以远程网络教育形式举办的高等学历教育所颁发的毕业证书，成人高等学校毕业证书，国家予以承认。经教育部批准纳入国家招生计划并参加全国统一考试录取在党校、军事院校就读学生取得的毕业证书，以及符合总参谋部、总政治部《中国人民解放军院校学历证书管理暂行规定》所颁发的学历证书，国家同样予以承认。民办高校自主发证属非国民教育系列的毕业证书。

（1）遵守法律、法规。这是对学生作为社会公民最基本的规范，所遵守的法律法规，包括宪法、法律、行政法规、地方性法规和行政规章等。

（2）遵守学生行为规范，尊敬师长，养成良好的思想品德和行为习惯。学生在校必须遵守学生行为规范，这是学生必须履行的重要义务。“学生行为规范”特指教育部2004年3月25日发布的《中小学生守则》《小学生日常行为规范（修订）》《中学生日常行为规范（修订）》以及教育部2005年3月25日发布的《高等学校学生行为准则》。这四个规章集中体现了国家对学生在思想品德、行为举止等方面的基本要求。

（3）努力学习，完成规定的学习任务。学生进入学校就意味着承担了接受教育的义务。对义务教育阶段的学生来说，这种义务是强迫的；对非义务教育阶段的学生来说，进入某一层次的学校接受教育是自己选择的权利，同时也有义务努力学习并完成教学计划规定的学习任务，它是学生获得学业证书权利的前提。

（4）遵守所在学校或者其他教育机构的管理制度。学校的管理制度能维持学校正常运转，保证一定的教育教学质量，因此学生必须遵守。

以上是对学生权利义务的一般规定，其他的教育单行法律、法规对特定学生的相应权利义务也做了具体规定，如：高等教育的相关法律、法规规定了高等学校学生所享有的权利，包括勤工助学权、学术自由权、结社权等；《学位条例》规定了高等学校学生在达到法定条件时，所享有的获得相应学位的权利等。在享有权利的同时，高等学校学生也应履行法定的义务，包括按规定缴纳学费及其他有关费用、遵守大学生行为规范、遵守校纪校规、维护学校稳定团结等。义务教育的相关法律、法规则具体规定了义务教育阶段学生接受九年义务教育的权利与义务，学生在享有免试入学权、就近入学权、免交学费权的同时，应当履行入学的义务。

三、父母对未成年子女的权利与义务

法律上的父母包括生父母、养父母和继父母。生父母是有血缘关系的父母。养父母就是形成收养关系的父母，而继父母是指生父母一方或双方再婚的配偶。父母对未成年子女的权利与义务涉及父母、未成年子女及其就读的学校教育机构三类不同主体。为了切实维护未成年人合法权益，三者之间在权利义务方面构成了复杂的相互关系。为了切实维护未成年人合法权益，必须使三者的权利义务保持一种合理的张力。

有关父母的权利与义务规定在《宪法》《民法典》《未成年人保护法》《预防未成年人犯罪法》《义务教育法》《残疾人保护法》等法律中。其中，《宪法》第49条规定，父母有抚养教育未成年子女的义务；《民法典》第26条规定，父母对未成年子女负有抚养、教育和保护的义务；《未成年人保护法》第7条规定，父母应当依法履行对未成年人的监护职责。据此我们可以把父母对未成年子女的权利义务看成包括抚养、教育、保护以及由此而产生的民事代理在内的一系列职责，通过民法的未成年人监护制度而整合成为一套有关父母权利义务的完整体系。

1. 抚养义务

父母的抚养义务是指父母提供吃、穿、住、医疗等条件以保障未成年人得以生存和身体的健康。父母对子女的抚养是夫妻双方共同的义务，应当依法履行，不得虐待、遗弃未成年人；不得歧视女性未成年人或者有残疾的未成年人；禁止溺婴、弃婴。

父母的抚养义务对未成年子女是无条件的、必须履行的；对成年子女则是有条件的、相对的，即如果成年子女无劳动能力或不能独立生活，父母仍有抚养义务。父母不履行抚养义务时，未成年的或不能独立生活的子女有要求父母付给抚养费的权利。对于拒不履行抚养义务的父母，子女可以要求村民委员会或居民委员会协调解决，协调不成的可依法向法院提起诉讼，由法院指定监护人并判决不履行抚养义务的父或母一方支付抚养费用。

非婚生子女享有与婚生子女同等的权利，任何人不得加以危害和歧视。不直接抚养非婚生子女的生父或生母，应当负担子女的生活费和教育费，直至子女能独立生活。

2. **教育义务**

父母的教育义务是指对未成年人的思想、行为进行正确的教育、引导和管理，预防和制止未成年人的不良行为，包括家庭教育和学校教育两个方面。其中家庭教育义务是指父母从思想、品德、学业等方面对子女的全面培养。对有“纠集他人结伙滋事，扰乱治安；携带管制刀具，屡教不改；多次拦截殴打他人或者强行索要他人财物；传播淫秽的读物或者音像制品等；进行淫乱或者色情、卖淫活动；多次偷窃；参与赌博，屡教不改；吸食、注射毒品”等严重不良行为的未成年人，父母和学校应当相互配合，采取措施严加管教，也可以送专门学校进行矫治和接受教育。父母的学校教育义务是指父母应当尊重未成年人接受教育的权利，必须使适龄未成年人按照规定接受义务教育，不得使在校接受义务教育的未成年人辍学。父母或者其他监护人应当以健康的思想、品行和适当的方法教育未成年人，引导未成年人进行有益身心健康的活动。

3. **保护义务**

父母的保护义务是指为了保护未成年子女的健康安全和利益，父母应采取有效措施防止和排除针对未成年子女的各种侵害。父母要与学校相互配合，保证未成年人必要的睡眠、娱乐和体育锻炼时间；父母应与未成年子女共同居住，不得让不满 16 周岁的未成年人脱离监护单独居住；未成年人离家出走或擅自外出夜不归宿的，父母应当及时查找，或者向公安机关请求帮助；发现未成年人组织或者参加实施不良行为的团伙的，父母应当及时予以制止；发现该团伙有违法犯罪行为的，应当向公安机关报告；发现有人教唆、胁迫、引诱未成年人违法犯罪的，父母和学校应当向公安机关报告；对因不满 16 周岁而不予刑事处罚、免予刑事处罚的未成年人，或者被判处非监禁刑罚、被判处刑罚宣告缓刑、被假释的未成年人，父母应当采取有效的帮教措施，协助司法机关做好对未成年人的教育、挽救工作；为预防和制止校园暴力以及其他侵害未成年人合法权益的行为，父母应当加强与学校的联系，参与学校建立校园安全制度的工作，对未成年人人身安全受到威胁的，父母应当及时采取有效措施，保护其人身安全；父母应当严厉制止未成年人参加校园暴力行为，尤其是涉嫌构成犯罪的，如故意杀人、故意伤害、抢劫、强奸、贩卖毒品、放火、投放危险物品等行为。

4. **代理义务**

父母对未成年子女的代理义务是指以特定的血缘或亲缘关系为基础而产生的代理未

成年子女实施民事法律行为，保护未成年子女的人身权利、财产权利以及其他合法权益等义务。父母作为未成年子女的监护人，其代理义务是法定代理，代理权限范围由法律规定。这种法定代理包括：保障未成年人合法权益不受侵害；管理和保护未成年人的财产；代理未成年人进行与其智力不相适应的民事活动；代理未成年人进行诉讼；代为赔偿等。监护人应当按照最有利于被监护人的原则履行监护职责。监护人除为维护被监护人利益外，不得处分被监护人的财产。监护人在做出与被监护人利益有关的决定时，应当根据被监护人的年龄和智力状况，尊重被监护人的真实意愿。

无民事行为能力人、限制民事行为能力人造成他人损害的，由监护人承担代负责任。损害赔偿的条件、数额和方法的确定，适用《民法典》的有关规定。监护人尽了监护责任的，可以适当减轻他的民事责任。监护人可以将监护职责部分或者全部委托给他人。因被监护人的侵权行为需要承担民事责任的，应当由监护人承担，但另有约定的除外。被委托人确有过错的，负连带责任。

现行法律还规定了监护人不履行监护职责或者侵害被监护人合法权益的失职责任，包括监护人实施严重损害被监护人身心健康的行为；怠于履行监护职责，或者无法履行监护职责且拒绝将监护职责部分或者全部委托给他人，导致被监护人处于危困状态；实施严重侵害被监护人合法权益的其他行为的，根据《民法典》第 36 条的规定，人民法院可以根据有关个人或者组织的申请，撤销其监护人资格，安排必要的临时监护措施，并按照最有利于被监护人的原则依法指定监护人。

四、儿童权利与学生权利

（一）儿童权利概念

儿童亦称未成年人。儿童年龄的确定以国家法律规定为准，虽然各国历史形成和风俗习惯不同，对儿童年龄的界定不完全相同，但是鉴于人体发育的共同特征和对联合国《儿童权利公约》的认同，世界上绝大多数国家的法律都规定 18 周岁以下的人为儿童。我国《宪法》第 34 条规定：“中华人民共和国年满十八周岁的公民，不分民族、种族、性别、职业、家庭出身、宗教信仰、教育程度、财产状况、居住期限，都有选举权和被选举权”。《民法典》第 17 条规定：“十八周岁以上的自然人为成年人。不满十八周岁的自然人为未成年人”。《刑法》第 17 条第 4 款规定：“对依照前三款规定追究刑事责任的不满十八周岁的人，应当从轻或者减轻处罚”。《未成年人保护法》第 2 条规定：“本法所称未成年人是指未满十八周岁的公民”。上述法律都把 18 周岁作为未成年的上限年龄，对未成年人年龄的这一规定即是我国儿童年龄界定的法律依据。另一方面，生理学的研究也表明，在我国，18 周岁以下的人身体各部位仍处在发展变化之中，他们的生理、心理和智力都不稳定，从总体上讲，处在这个阶段的人还不具备成年人的特性，是不具备或不完全具备行为能力的人。关于儿童的下限年龄，我国在批准《儿童权利公约》时声明履行公约第 6 条的义务，即我国认为，生命是从人出生开始，儿童不包括母体中的胎儿。在审议通过该公约的联合国大会上，我国代表表达了同样的观点，同时指出，对胎儿应当根据各国法律的规定合理地保护，但不妨碍母亲按照国家法律和有关妇女权利的国际公约规定享有权利，包括其自由决定计划生育的权利。综上所述，在我国，儿童是指从出生至未满 18 周岁的人。

儿童是人权的重要权利主体，国际社会在保障儿童权利、改善儿童生活等方面做出了不懈努力。1959 年 11 月 20 日，联合国大会通过了《儿童权利宣言》；1989 年 11 月 20 日，联合国大会又通过了《儿童权利公约》；1990 年 9 月，联合国世界儿童问题首脑会议通过了《关于儿童生存、保护和发展的世界宣言》和《90 年代行动计划》；2002 年 5 月，联合国儿童问题特别会议一致通过了《适合儿童成长的世界》行动计划，明确了在保健、教育、保护和艾滋病防治四个主要领域保护儿童权益、改善儿童生存条件的原则和目标。儿童权利被侵害或得不到尊重和保护，是造成他们违法犯罪的主要原因，为此联合国《儿童权利公约》赋予儿童权利广泛的内涵，公约规定儿童享有生存权、发展权、受保护权和参与权，任何儿童都平等地享有这些权利。

截至 2015 年 10 月，《儿童权利公约》已获得 196 个国家的签署和批准，成为有史以来最为广泛接受的国际人权条约。该公约确立了保障儿童权利的四项核心原则：儿童不受歧视；在影响儿童的问题上考虑他们的最大利益；儿童拥有生活、生存和发展的权利；尊重儿童。通过 30 余年的努力，这些原则已经越来越深入人心，改变了世界看待和对待儿童的方式，成为各国保障儿童权利的基石。

尽管《儿童权利公约》在保护和促进儿童权利方面发挥了重要作用，但国际法、国际条约并不是由主权国家制定或认可并在本国主权管辖内生效的法律，特别是由于各国法律在调整对象、法律渊源、制定主体等方面具有各自特点以及各国的经济、政治制度和文化、历史传统不同，对于主权国家而言，国际法、国际条约不经特别程序在国内不产生法定的效力。

但从另一方面看，国际法、国际条约中的一些内容与国内法之间又确实存在着互相渗透、互相补充和互相促进的关系，为此我国《缔结条约程序法》第 3 条规定："中华人民共和国国务院，即中央人民政府，同外国缔结条约和协定。中华人民共和国全国人民代表大会常务委员会决定同外国缔结的条约和重要协定的批准和废除。"这意味着国际法、国际条约必须由国家的最高权力机关或最高行政机关国家缔结，才能在国内产生特定的法律约束力，相关规定才能得到履行。近年来教育日益成为当今世界普遍受到重视的问题，因此成为许多国际条约特别是国际人权公约所规范的重要内容。为此，我国《教育法》第 67 条具体规定了我国教育在对外交流与合作中的基本原则，即坚持独立自主、平等互利、相互尊重的原则，不得违反中国法律，不得损害国家主权、安全和社会公共利益。

而国际法、国际条约的规定如出现与国内法不同情况，则应由国家最高权力机关自行裁量。1990 年 8 月，中国政府签署了《儿童权利公约》，并将儿童生存、保护、发展的主要目标纳入经济社会发展总体规划。1992 年和 2001 年，我国政府分别颁布了履行国际承诺、促进儿童发展的国家行动计划，加大了对儿童教育、卫生等的投入，有针对性地解决保护儿童权利中的重点难点问题。同时，我国还将《儿童权利公约》规定的儿童应享有的生存权、发展权等写入法律，体现了对儿童权利最大限度的尊重和保护。

（二）儿童权利的内容

儿童权利是从儿童权利主体的角度提出的，儿童问题被放在国际人权和社会正义运动的最前列。儿童权利的内容涉及公民权利、政治权利、经济权利、社会权利和文化权利等方面。联合国《儿童权利公约》将这些权利具体规定为生存权、获得保护权、发展权和参与权，并规定任何儿童，不分性别、国籍、民族、种族、健康状况、文化背景、宗教信仰、居住地区和其他因素的影响，平等地享有这些权利。

生存权是个人生命为在生理意义上得到延续而获得维持正常生活所需基本条件的权利。儿童出生后即获得了生命权，享有生命安全不受侵害、不被剥夺和特殊保护的权利。此外，儿童有获得足够食物、一定住所以及其他生活保障的权利（对于成人而言是财产权和社会保障权）。强调儿童的生存权，也就是强调国家、社会对特殊困境中的儿童承担特殊保护和照顾的责任。

获得保护权是儿童获得国家、社会、家庭保护的权利。获得保护权由儿童自身因素所决定。儿童是处在身体、心理和智力发展中的群体，他们不了解权利，更不懂得维护自身的权利。国家、社会以及公民有责任保护并帮助儿童实现自己的权利。尤其是处于特殊的困难环境中的儿童，如受歧视儿童、流浪儿童、经济困难儿童、被犯罪分子控制的儿童、处于战争环境中的儿童、难民中的儿童、受刑事审判以及受刑罚处罚的儿童等，他们更需特殊保护，他们的获得保护权更不容忽视。如违法犯罪青少年，他们的违法犯罪往往与他们的生存权、生命权、受教育权、人格尊严权等受到侵害有密切关系。因为违法犯罪少年往往是破裂家庭的受害者、不良社会环境的牺牲者。从这一观点出发，对少年权利的保护比处罚少年犯罪更能显示其应有的社会效果。

发展权是保障儿童健康成长的权利。儿童的发展权是《经济、社会及文化权利国际公约》和《公民权利和政治权利国际公约》在儿童权利方面的体现和要求，是儿童积极、自由参与经济、社会和文化发展并公平享有发展所带来的利益的权利。儿童的发展权主要指儿童有接受一切形式教育的权利，包括正规教育和非正规教育，发展权还包括儿童享有与其身体、心理、精神、道德与社交发展相适应的生活水平。儿童发展权的目的在于充分发展儿童的个性、才智和身心健康，培养儿童对人权和基本自由权的尊重，培养儿童对父母文化、语言和价值观的认同，对儿童所居住国家的民族价值观、其原籍以及他国文明的尊重，培养儿童与他人之间的谅解、善待、宽容、男女平等和友好精神，培养儿童的社会责任感等。

参与权是保障儿童有获得参与社会活动的权利。儿童的社会性参与不仅是他们的基本权利，而且也是他们成长和发展的基本需要。儿童的参与权是人权发展到一定阶段才被认识和受到重视的。社会实践表明，让儿童享有参与社会活动的权利，积极主动地参与到关系自身利益的各种活动中去，儿童才能真正地成长和发展。儿童参与权的实现表现为一种渐进形式，即由完全受成年人支配，到被动参与，再逐渐主动参与。

若把学生权利放在儿童权利及其保护的视野中来看，则会发现学生权利与儿童权利是高度重合的。儿童权利及其保护问题改变了学校对受教育权的责任承担方式。儿童权利的实现及其保护问题的解决，取决于学校及各级行政机构的政治意愿和保证，取决于能否动员一切有志于人类进步事业的力量。这是改造儿童世界及推动人类法制进步所必需的社会变革，也将成为新世纪国际人权活动中引人瞩目的重要内容。

第五节　学校对学生的教育、管理义务

一、学校对学生所负义务概述

学校对学生所负的义务是学生所享权利的对称，是学校为满足学生的利益而为一定行为或不为一定行为的必要性，产生于对学校与学生关系进行法律调整的需要。中小学校与未成年学生之间的法律关系是由中小学校的特殊活动要求所决定的。学校与学生法律关系是学校教育机构依据国家的教育方针和教育教学标准，依法实施教育教学活动的过程中产生的关系。调整这类法律关系的权利和义务都由《教育法》《教师法》《未成年人保护法》明确规定。这些法律是一类具有公法特征的法律规范，在这些法律的义务规范中包含了学校教育机构对未成年学生人身的教育、管理义务。如此理解有助于我们准确地把握学校与学生关系这对法律关系不同于民事法律关系的公法性质。

中小学校对其未成年学生所负有的教育、管理义务是学校与未成年学生关系的题中应有之义。由于学校对其未成年学生的义务并非基于监护人的特定身份，因此学校对未成年学生的人身保护资格不是来自私法的规定，而是来自《教育法》《教师法》《未成年人保护法》等公法的规定，是学校教育职能的一个确定内容。学校与未成年学生关系是经法定程序产生的一种特殊的、具有公法性质的法律关系，是基于公法规定的学校教育、管理职责而成立的一种教育与被教育、管理与被管理关系。对于学生而言，其享有的权利是通过对学校的特定义务要求，即通过学校对学生的教育、管理才得以实现的。我国《教育法》《义务教育法》《教师法》《未成年人保护法》《民法典》都明确规定了学校对学生的教育、管理义务。学校对学生的教育、管理既是学校必须履行的职责，同时又是学校安全保护义务的边界，明确学校的相关行为规范规定可以有效避免增加学校法定义务之外的负担，避免由此引发的纠纷，或因干预学生太多而造成与未成年学生监护人的纠纷。

2002年以前，在学生伤害事故纠纷中，许多人把中小学校对未成年学生的义务视作监护职责，其主要理由是，父母送孩子上学，就是把孩子交给了学校，这意味着父母已经将学生在校期间的监护职责转移给了学校，因此发生在中小学校的学生伤害事故，学校必须承担相应的责任。教育部2002年发布的《学生伤害事故处理办法》，考虑了多年来围绕中小学校学生伤害事故而发生的各种争论和诉讼，明确规定“学校对未成年学生不承担监护职责”。这一规定不仅使此前有关学校与学生之间法律关系的争论有了定论，也为处理学生伤害事故问题定下了基调。《学生伤害事故处理办法》做出的这一规定意味着未成年学生在校期间，家长的未成年孩子监护人身份并未变化，因此要为自己孩子的侵权行为承担替代责任，适用无过错责任原则。即使监护人并未对其监护职责疏懈，或已尽了相当的注意义务，而仍不免发生损害的情形下，也应承担连带责任。《民法典》第

1188条对此规定："无民事行为能力人、限制民事行为能力人造成他人损害的，由监护人承担侵权责任。监护人尽到监护职责的，可以减轻其侵权责任。"由此可见《学生伤害事故处理办法》规定学校不对学生承担监护职责是有法理依据的。同时《学生伤害事故处理办法》也明确了学校对未成年学生所具有教育、管理职责，即如果未成年学生在学校期间受到伤害或者给他人造成损害，学校在教育、管理方面确有过错的，则应当承担相应的责任。这一过错责任原则的规定，为有关事故责任的认定设立了一条明确的法律准绳，学校在履行自己的法定义务时如果由于过错伤害了学生的身体，所构成的法律关系应当界定为侵权法律关系，适用侵权责任法进行调整。

二、学校对学生所负义务的基本内容

《教育法》第43条规定的学生权利包括：参加教育教学计划安排的各种活动，使用教育教学设施、设备、图书资料；按照国家有关规定获得奖学金、贷学金、助学金；在学业成绩和品行上获得公正评价，完成规定的学业后获得相应的学业证书、学位证书；对学校给予的处分不服向有关部门提出申诉，对学校、教师侵犯其人身权、财产权等合法权益，提出申诉或者依法提起诉讼；法律、法规规定的其他权利。为保障学生上述权利的实现，法律对学校应予承担的义务也做了明确的规定，学校必须履行的义务大致可以包括如下一些方面。

（一）执行国家教育教学标准

我国《教育法》第30条规定了学校应当履行的义务，其中包括贯彻国家的教育方针，执行国家教育教学标准，保证教育教学质量的义务。教学制度、教育教学内容和课程设置是教育行政部门根据适龄儿童、少年身心发展的状况和实际情况确定的国家教育教学标准，学校的教育教学应当满足学生的学习需要，切实保障学生可以获得良好的课堂教学服务。学校和教师应按照确定的教育教学内容和课程设置开展教育教学活动，保证达到国家规定的基本质量要求。此外，《义务教育法》第37条规定了学校应当保证学生的课外活动时间，组织开展文化娱乐等课外活动等方面的义务。

注意学生的年龄特点、心理特点和生理特点是学校在对学生实施教育时应予遵行的重要原则。对于中小学生而言，由于其身体形态、机能、神经系统和认识能力、情感、意志都未完全发育成熟，学校和教师只有根据学生的这些特点开展教育教学工作才能正确履行自己的义务。为此《义务教育法》第34条规定，教育教学工作应当符合教育规律和学生身心发展特点，面向全体学生，教书育人，将德育、智育、体育、美育等有机统一在教育教学活动中，注重培养学生独立思考能力、创新能力和实践能力，促进学生全面发展。《未成年人保护法》第30条还规定，学校应当根据未成年学生身心发展的特点，进行社会生活指导、心理健康辅导、青春期教育和生命教育。

（二）关心、爱护学生，尊重学生权利

《未成年人保护法》第28、第29条规定了学校应当保障未成年学生受教育的权利，

关心、爱护未成年学生，对行为异常、学习有困难的学生，应当耐心帮助，不得歧视。对于身心发展存在问题，不适合在普通学校中学习的适龄少年，按相关的政策法律规定，县级以上地方人民政府应当根据需要设置相应的实施特殊教育的学校（班），对视力残疾、听力语言残疾和智力残疾的适龄儿童、少年实施义务教育。《义务教育法》第 19 条规定，特殊教育学校（班）应当具备适应残疾儿童、少年学习、康复、生活特点的场所和设施。普通学校应当接收具有接受普通教育能力的残疾适龄儿童、少年随班就读，并为其学习、康复提供帮助。《义务教育法》第 36 条还规定，学校应当把德育放在首位，寓德育于教育教学之中，开展与学生年龄相适应的社会实践活动，形成学校、家庭、社会相互配合的思想道德教育体系，促进学生养成良好的思想品德和行为习惯。此外，该法第 20 条规定了地方人民政府应当根据需要，为具有预防未成年人犯罪法规定的严重不良行为的适龄少年设置专门的学校实施义务教育，对未完成义务教育的未成年犯和被采取强制性教育措施的未成年人也应当进行义务教育。

（三）加强对学生人身安全的保护

学校对学生人身安全的保护义务是指学校教育机构为保护未成年在校学生人身安全依法应尽的安全保护义务，包括提供符合规定标准的教学场所及设施、及时消除安全隐患、建立健全各项安保制度、制定防止未成年在校学生伤害突发事件的预案及妥善处理未成年在校学生伤害事故等。

《民法典》、《未成年人保护法》、教育部《学生伤害事故处理办法》以及相关司法解释对学校对学生人身安全保护义务的规定构成了这一学校义务的法源，由此形成了学校与学生关系的特殊性。其中法律是由全国人民代表大会制定，具有确定的法律效力；司法解释是国家最高审判机关对法律适用做出的解释，对法院审理案件具有约束力。《学生伤害事故处理办法》就事故与责任、事故处理程序、事故损害的赔偿、事故责任者的处理内容进行了规定，对行政主体的行政管理活动及行政主体与行政相对人之间的关系做了必要的规定，作为教育行政部门处理学生伤害事故的依据，在民事审判实务中具有参考的效力。同时该办法还对如何认定学校存在过错进行了类型化的尝试，对学校民事赔偿案件责任认定具有操作性的参考作用。

从法源上看，学校对学生的保护义务包括：建立安全制度，加强对未成年人的安全教育，采取措施保障未成年人的人身安全。《民法典》第 1 199 条规定，无民事行为能力人在幼儿园、学校或者其他教育机构学习、生活期间受到人身损害的，幼儿园、学校或者其他教育机构应当承担侵权责任；但是，能够证明尽到教育、管理职责的，不承担侵权责任。《民法典》第 1 200 条规定：限制民事行为能力人在学校或者其他教育机构学习、生活期间受到人身损害，学校或者其他教育机构未尽到教育、管理职责的，应当承担侵权责任。《民法典》第 1 199 条和第 1 200 条规定的学生伤害事故责任的过错责任原则，是学校侵权责任的归责依据。学校在学生伤害事故中应否承担侵权责任与学校是否尽到教育、管理义务构成了一种因果关系，因此如何判断学校是否尽到对学生的教育、管理义务就尤为重要。《未成年人保护法》第 35 条规定，学校、幼儿园应当建立安全管理制度，对未成年人进行安全教育，完善安保设施、配备安保人员，保障未成年人在校、在园期间的人身安全。学校、幼儿园不得在危及未成年人人身安全、身心健康的校舍和其他设施、场所中进行教育教学活动。学校、幼儿园安排未成年人参加集会、文化娱乐、社会实践等集体活动，应当有利于未成年人的健康成长，防止发生人身安全事故。《义务教育法》第 24 条和《学生伤害事故处理办法》第 4、5 条规定了预防和消除教育教学环境中存在的安全隐患的义务，包括：建立、健全安全制度，采取相应的管理措施，预防和消除教育教学环境中存在的安全隐患，维护学校正常的教育教学秩序；提供符合安全标准的校舍、场地、其他教育教学设施和生活设施，定期对学校校舍安全进行检查，对需要维修、改造的，及时予以维修、改造；定期对学校校舍安全进行检查；对需要维修、改造的，及时予以维修、改造；学校、幼儿园、托儿所不得在危及未成年人人身安全、健康的校舍和其他设施、场所进行教育教学活动；学校、幼儿园安排未成年人参加集会、文化娱乐、社会实践等集体活动，应当有利于未成年人的健康成长，防止发生人身安全事故。《学生伤害事故处理办法》还规定，学校有及时救护、妥善处理的义务，对未成年学生在校内或者本校组织的校外活动中发生人身伤害事故的，应当及时救护，妥善处理，并及时向有关主管部门报告。当发生学生伤害事故时，应当及时采取措施救助受伤害学生。学校应对学生进行安全教育、管理和保护，应当针对学生年龄、认知能力和法律行为能力的不同，采用相应的内容和预防措施。另外在《学校卫生工作条例》《学校体育工作条例》，以及其他教育法规、规章中也对学校保护学生身心健康的责任做了相应规定，要求学校依法进行保护未成年人在学校人身安全的日常教育，包括应对自然灾害的教育、在特殊场所和地段的安全教育、饮食安全卫生教育、防止他人伤害及意外事故发生的教育，关注学生的精神和心理健康，培养学生不仅有扎实的学识、良好的品德，还必须具有健康的体魄和健全的人格。

此外，为保证学生的人身安全，《义务教育法》第 24 条规定，学校不得聘用曾经因故意犯罪被依法剥夺政治权利或者其他不适合从事义务教育工作的人担任工作人员。

（四）义务教育阶段学校不得开除学生

我国《宪法》第 46 条规定，中华人民共和国公民有受教育的权利和义务。《义务教育法》据此在第 4 条规定，凡具有中华人民共和国国籍的适龄儿童、少年，不分性别、民族、种族、家庭财产状况、宗教信仰等，依法享有平等接受义务教育的权利，并履行接受义务教育的义务。该法第 27 条明确规定，对违反学校管理制度的学生，学校应当予以批评教育，不得开除。《未成年人保护法》第 3 条规定，未成年人享有受教育权，国家、社会、学校和家庭尊重和保障未成年人的受教育权。第 18 条规定，学校应当尊重未成年学生受教育的权利，不得违反法律和国家规定开除未成年学生。这意味着对于违反学校管理制度的未成年学生，学校应当予以批评教育，但不得开除。对于具有严重不良行为的学生，依照《预防未成年人犯罪法》规定，经专门教育指导委员会评估同意，教育行政部门会同公安机关可决定将其送入专门学校接受专门教育。《预防未成年人犯罪法》第 47 条规定，专门学校的未成年学生的学籍保留在原学校，符合毕业条件的，原学校应当颁发毕业证书。第 58 条规定，刑满释放和接受社区矫正的未成年人，在复学、升学、就业等方面依法享有与其他未成年人同等的权利，任何单位和个人不得歧视。此外，根据《刑法》第 17 条第 5 款规定，因不满 16 周岁不予刑事处罚的，责令其家长或者其他监护人加以管教，必要时依法进行专门矫治教育。这一规定主要是针对给社会造成严重危害、后果特别严重、影响特别恶劣的 16 岁以下不予刑事处罚的未成年学生所采取的一种管教措施。这些学生虽已由政府进行专门矫治教育，但其受教育权并未被剥夺。

高等学校与中小学校不同，根据《普通高等学校学生管理规定》第 52 条规定，学生有下列情形之一，学校可以给予开除学籍处分：(1) 违反宪法，反对四项基本原则、破坏安定团结、扰乱社会秩序的；(2) 触犯国家法律，构成刑事犯罪的；(3) 受到治安管理处罚，情节严重、性质恶劣的；(4) 代替他人或者让他人代替自己参加考试、组织作弊、使用通讯设备或其他器材作弊、向他人出售考试试题或答案牟取利益，以及其他严重作弊或扰乱考试秩序行为的；(5) 学位论文、公开发表的研究成果存在抄袭、篡改、伪造等学术不端行为，情节严重的，或者代写论文、买卖论文的；(6) 违反本规定和学校规定，严重影响学校教育教学秩序、生活秩序以及公共场所管理秩序的；(7) 侵害其他个人、组织合法权益，造成严重后果的；(8) 屡次违反学校规定受到纪律处分，经教育不改的。

第六章
教　师

第一节　教师职业的双重性质和教师的法律身份

法律身份是基于法律赋予而形成的法律关系主体的社会归属及其地位，表征的是该主体属于哪个社会阶层、在社会关系结构中处于怎样的位置、具有哪些与该身份相应的权利义务等。法律身份旨在处理社会中长期反复出现的基本问题，形成一定的行为制约准则，维持稳定的社会关系结构。教师的法律身份是教师法律问题中的一个重要问题，决定了教师在社会关系结构中的位置，与政府、学校、学生的关系以及相应的权利和义务，资格任用，工资待遇，权利救济的途径和方式等各个方面。

一、教师法律身份取决于教师职业的性质

教育发展的历史表明，早期的教育是在人类的生产活动和生活活动中进行的。在专门的教育机构和专门的教师职业产生以前，教育职能由长者兼任，并不存在专门的教师职业。经历了漫长的发展变化过程后，教师才成为一种专门的社会职业。但在很长时间里，教师职业一直具有一种介于国家与民间之间的职业性质。中国古代的“以吏为师”、古埃及的“以僧为师”、古罗马的“教仆”等，都表明了早期教师职业所具有的这样一种性质。一直到始于200多年前的社会现代化进程中，对教育的组织和调控普遍成为一种国家的职能和活动，教师职业的性质才由此开始明朗化，兼有了公务性和专业性的双重特征。教师职业的性质变化制约着教师法律身份的确定，公务性和专业性的不同权重形成了教师法律身份的不同类型，同时也带来了有关教师的一系列法律问题。

（一）教师职业的公务性质

公务性是指某种职业活动所具有的公共事务属性及其责任，是现代社会教师职业的重要特征。教育发展的历史表明，普及教育在全世界都是由国家提供的公共教育服务而实现的，这是社会现代化进程中的一个理性选择。尤其是 20 世纪以来，随着教育规模的不断扩大、教育制度的日益完善以及教育财政开支的迅速增加，各国普遍从立法、司法和行政等方面加强了国家对教育事业的组织调控，几乎涉及教育活动的各个环节。在这一过程中，世界各国把对教师的培养、使用和管理纳入国家行政之中，以确保教师职业以服务公众、实现公益为宗旨，体现国家与社会的需要。教师职业的公务性特征保障了现代教育趋于公平公正，使越来越多的人有可能进入学校接受教育，大大促进了教育的普及。因此以公务性取代以往教师职业的民间性和私事性就是现代社会教师职业的一个重要特征，也是现代教育基本性质的反映。

公务性也是我国教师职业的重要特征，体现在一系列政策法律中。长期以来，在教育的公共事务属性及其责任的前提下，教师与学校、政府之间构成了一类公务隶属关系。我国在 1993 年《教师法》颁布之前，教师职位的任用权在政府人事管理部门，师范院校或其他高等院校的毕业生经由政府人事部门任命并分配到学校后即获得教师身份，并由政府人事管理部门适用一定的管理制度对教师进行管理和任用。教师的工资待遇根据其职务级别所对应的干部级别标准统一确定；教师的调动纳入干部人事计划，须经行政机关批准；教师职务的确定或提升须报行政机关备案或批准。其他有关教师的职责、考核、奖惩及退休等事项，也都充分体现了教师职业的公务性质。《教师法》第 5 条规定：“国务院教育行政部门主管全国的教师工作。国务院有关部门在各自职权范围内负责有关的教师工作。”尽管该法条同时规定了“学校和其他教育机构根据国家规定，自主进行教师管理工作”，但该法在多处以公务员为标准对教师的福利待遇等问题做了比照式的规定。如第 25 条规定：“教师的平均工资水平应当不低于或者高于国家公务员的平均工资水平，并逐步提高。建立正常晋级增薪制度。具体办法由国务院规定。”第 29 条规定：“教师的医疗同当地国家公务员享受同等的待遇；定期对教师进行身体健康检查，并因地制宜安排教师进行休养。”法定的国家责任还表现在《教育法》《高等教育法》《义务教育法》以及相关行政法规和政府规章的一系列规定中，这些规定包括了教师聘用、评定、考核、培训、奖惩、报酬、福利、医疗、退休等涉及教师的一系列事项，以法律的形式体现了教师职业所具有的公务性质。

（二）教师职业的专业性质

职业是人类生产劳动分工的结果，不同职业反映了不同的社会属性。其中某些职业因其所具有的特殊要求，会对从事这一职业者规定某种职业准入条件和职业行为规范，因而具有区别于其他职业的专业性质。专业是社会职业中的一种特殊类别，是经过特殊教育或训练，掌握已经证实的专门知识，具有一定的基础理论和特殊技能，借此为不特定人群服务的社会职业。

教师成为具有专业性质的社会职业是比较晚近的事情。大约 150 年以前，当现代学校系统产生后，由于教学内容不断丰富，教育活动日益复杂，教育的专业性程度也不断提高。知识传授的专业性要求教师必须同时掌握所教授的学科知识和有关教育的专门知识。这一变化促使人们对于教师职业有了新的认识，教师职业的专业性逐渐为人们所认同。教师职业经历的从兼职到专职，又从专职到专业的发展过程，是现代教育发展的必然要求和重要标志。特别是20世纪中后期以来，教师职业活动的公共事务性质越来越明显，所承担的社会责任越来越重大，因此确认教师职业的专业性、推进教师专业化进程、提高教师的准入标准和从业标准就成为许多国家提高教师素质和教师教育质量的重要保障。1966年联合国教科文组织发布的《关于教师地位的建议》提出："教育工作应该被视为专门职业。这种职业是一种要求教员具备经过严格而持续不断的研究才能获得并维持专门知识及专门技能的公共业务；它要求对所辖学生的教育和福利具有个人及共同的责任感。"① 同年，日内瓦国际劳工统计专家会议通过的《国际标准职业分类》中，教师被列入了"专家、技术人员和有关工作者"这一大类。我国从20世纪90年代开始，也在相关法律法规中规定了教师职业所具有的特殊规范性要求，规定了专门的培养方案和经常性的培训。《教师法》第3条明确规定了教师是履行教育教学职责的专业人员。该法还规定各级政府和有关部门应当办好师范教育，非师范学校应当承担培养和培训中小学教师的任务；各级人民政府教育行政部门、学校主管部门和学校应当制定教师培训规划，对教师进行多种形式的思想政治、业务培训等。1999年我国出版的第一部对社会职业进行分类的《中华人民共和国职业分类大典》，将我国职业划分为八大类，教师在这一分类中属于"专业技术人员"一类。由此可见，把教师职业看作专业性职业，已成为国际教育界的共识。

（三）各国教师法律身份归属的不同类型

教师根据法律规定的培养目标和教育标准实施教育活动，执行的是国家的教育公务，同时由于专业活动所依赖的专业知识是专业范围内的知识，因此只有业内人员才有能力对业内的事务做出判断，为此各国对教师法律身份归属的规定都是以对教师职业性质的公务性、专业性为基础，根据对二者权重的理解不同，把教师规定为国家公务员，适用本国的公务员法或根据教师职业的特殊性而专门制定的教育公务员法来进行管理；或者把教师规定为国家的公务雇员，由公立学校的责任团体（地方教育委员会或地方教育当局）采取雇佣合同的形式与教师签订工作协议。无论哪种做法，都意在处理好公务性和专业性的关系。

对于教师身份归属及其法律地位的定位，不同国家、不同类型的学校有所不同，大致有公务员、公务雇员和雇员三种类型。

1. 公务员

这主要指一些国家的公立学校教师，常见于大陆法系国家。这些国家将公立学校教师规定为公务员，由政府任用，享有公务员的法律身份及各项法定权利，非因法定事由不得免职或惩罚，还享有基于教育者地位的教员参与学校决策、教育自由等特殊权利。

---

① 万勇. 关于教师地位的建议［J］. 外国教育资料，1984（4）：1-6.

与此同时，教师应履行与公务员身份相应的义务，如教师的争议权（罢课等）受到禁止，团结权、集体交涉权等劳动基本权受到特别限制等。

2. **公务雇员**

此类型可见于英国、美国、澳大利亚、加拿大等国，其公立学校（主要是中小学）的教师一般由地方政府雇用，雇用时教师须与地方教育当局签订合约，因此兼有公务员和雇员双重身份，被称为公务雇员。作为公立学校的教师，其一方面基于公务员身份具有公务员法律规定的许多权利和义务；另一方面，基于雇员身份又具有契约所规定的权利和义务。

3. **雇员**

这主要指各国私立学校的教师，教师由私立学校以学校法人教师或校长雇用，二者构成一种雇佣关系。私立学校在其权限内可以决定教师的雇用和解雇，向教师布置任务、监督和评价教师的工作；教师在任用期内享有教育自由权以及作为公民应享有的其他权利；对于校方侵害教师权利的行为，教师可通过民法诉讼程序向法院寻求救济。由于法院裁决和立法的影响，学校与教师关系的法律调节已有了很大的发展，无论是教师雇用、解雇、降级、晋升，还是对教师工作的评估及其结果的公布，都必须依法进行。①

以上三种类型是比较典型的教师身份类型，其实在不同国家的学校中存在着许多具体情况，比如不同身份的教师，即具有公务员身份的终身教师和雇员身份的临时聘用教师，同时存在于一所学校中是一种常见的情况。

二、我国教师法律身份归属的历史沿革

我国的公务员制度建立于 1993 年，在这之前并无公务员概念，教师被纳入干部管理制度，其身份应视作国家干部。② 这是一个类似于公务员又非公务员的概念，其范围远超后来的公务员概念。教师职位的任用和管理由政府人事管理部门负责，师范院校或其他高等院校的毕业生由政府人事部门统一分配到学校，经任命后获得国家干部的身份，并由政府人事管理部门适用国家干部的管理制度对其进行管理。因此在政府和教师之间构成了纵向型的公务隶属关系，即行政法律关系。教师作为国家干部，其工资待遇根据其职务级别所对应的干部级别标准统一确定，教师职务的确定或提升须报行政机关备案或批准，其他有关教师的事项，如职责、考核、奖惩及调动、退休等，也都纳入干部人事计划，须经行政机关的批准，充分体现了教师职业的公务性质。

教师法律身份归属的改变始于 1993 年，公务员制度的建立和《教师法》的制定带来了有关教师法律身份的一系列问题。从那时开始，国家政策曾几经摇摆，教师身份问题出现过多次变动。直至 2018 年，明确将中小学教师的身份规定为国家公职人员，教师身份的归属问题终于尘埃落定。

---

① 邹琪. 中美中小学教师聘任合同比较 [J]. 教育科学，2004 (1)：58-60.

② 干部一词为外来谐音词，最先源于法国，我国则引自日本，指从事政治、文化、经济活动等方面公务的工作人员和军队排以上的军政人员。新中国成立后干部概念不断扩展，应用范围越来越广。20 世纪 90 年代以来，随着公务员制度的建立，干部更是包含了公务员、公职人员等群体。

1. 1993年公务员制度的建立及教师身份的专业人员定位

公务员是指国家依法定方式和程序任用的，在中央和地方各级国家行政机关中工作的，依法行使国家行政职权、执行国家公务的人员。国务院于1993年8月14日发布的《国家公务员暂行条例》[①] 是我国公务员制度的开端。该条例第3条规定，公务员是指各级国家行政机关中除工勤人员以外的工作人员，如此规定旨在对公职人员实行分类管理，对国家行政机关与国有企业、事业单位分别予以明确区分。按照该条例的规定，教师并不在公务员之列，这一规定改变了传统国家干部的制度边界，明显缩小了以往国家干部概念的外延。为应对教师身份归属的这一变化，随后出台的《教师法》对教师身份归属做出了新规定，赋予教师履行教育教学职责的专业人员的新身份。相对于1993年之前的做法，《教师法》的这一规定在很大程度上改变了教师职业的性质和地位。因为在1993年之前，教师作为国家干部，其职位的任命、管理和任用权在政府人事管理部门，体现的是教师身份的国家干部性质，因此在政府和教师二者之间构成一种公务隶属关系，即人事管理关系。然而《教师法》的专业人员身份规定使上述纵向型的法律关系开始发生改变，该法第17条规定："学校和其他教育机构应当逐步实行教师聘任制。教师的聘任应当遵循双方地位平等的原则，由学校和教师签订聘任合同，明确规定双方的权利、义务和责任。"这意味着以往的政府与教师的纵向型法律关系由于教师身份的变化而开始向横向型法律关系转化，由此产生了一系列的新问题，涉及教师与政府、与学校、与学生的关系，以及教师的权利和义务、资格任用以及工资待遇等，甚至在教师的权利受到侵害时，其寻求救济的途径和方式也可能发生变化。

2. 探索教师管理由身份管理向岗位管理转变的可能性

依照《教师法》的规定，教师身份转变后，学校实行教师聘任制，在学校聘任教师时，应遵循双方地位平等的原则，由学校和教师签订聘任合同，明确规定双方的权利、义务和责任。这就是说，教师聘任制直接改变了以往学校与教师之间的公务隶属关系，在教师聘任制条件下，学校与教师之间的法律关系主要依靠教师聘任合同来调节。

可以这样认为，《教师法》规定的教师聘任制实际上可以有两种制度设计的选择：或者把教师聘任制视为私法上的制度，把教师聘任关系归入民事法律关系一类；或者把教师聘任制视为具有公法性质的行政制度，把教师聘任关系归入行政法律关系一类。从教师聘任制的实施看，在很长时间里一直在二者之间摇摆不定，而没有找到解决问题的最终出路。改革者的最初设想是把教师与政府的行政管理关系彻底横向化，归入民事法律关系加以调节，其依据可见于2003年6月17日最高人民法院审判委员会第1 278次会议通过的《最高人民法院关于人民法院审理事业单位人事争议案件若干问题的规定》，其中对有关教师聘任问题做了如下规定："事业单位与其工作人员之间因辞职、辞退及履行聘用合同所发生的争议，适用《中华人民共和国劳动法》的规定处理。"对公办学校中的教师聘任关系所做的这一解释，就其正面而言，意在通过聘用制度转换事业单位的用人机制，实现事业单位人事管理由单纯的行政管理向法制管理转变，由国家用人向单位用人

---

① 《国家公务员暂行条例》因《中华人民共和国公务员法》自2006年1月1日起施行而同时废止。

转变。这一规定使教师聘任争议有了一条通往司法救济的渠道，教师的权利保护有了某种可能性。但是，教师聘用制度的这一设计把学校与其教师的关系看成一种劳动雇佣关系，把二者订立的聘用合同看成典型的劳动合同，否定了其所具有的公务性质，因此存在着明显的制度上的漏洞。因为民事合同以私法自治为原则，即当事人在不违反法律规定以及社会公序良俗的前提下，享有完全的契约自由，其所构成的关系具有横向型法律关系的特征。然而如前所述，教师的职业活动并不完全基于横向的民事关系，因此这一转变尽管从一定程度上反映了教师的专业性质，但并未充分体现教师职业的公务性质，以及二者的相互协调问题，反而使问题变得更加复杂。

在这一时期，作为一种政策博弈，在另一些政策文件中，表达了与上述规定不同的另一种思路。2001 年国务院发布的《关于基础教育改革与发展的决定》，规定由县级以上教育行政部门履行中小学教师的资格认定、招聘录用、职务评聘、培养培训和考核等管理职能。规定虽然延续了以教师聘用制度为前提的学校用人制度改革，但其所规定的教育行政部门职能，实际上使学校中的教师聘用成为特殊的具有人事性质的聘用关系，而非劳动合同雇佣关系。这一规定与《最高人民法院关于人民法院审理事业单位人事争议案件若干问题的规定》构成了决策上的不同思路，表明有关教师法律身份的归属仍然存有很大的不确定性。2007 年通过的《劳动合同法》第 96 条为解决上述决策的不确定性而做了一个折中的规定，即"事业单位与实行聘用制的工作人员订立、履行、变更、解除或者终止劳动合同，法律、行政法规或者国务院另有规定的，依照其规定；未作规定的，依照本法有关规定执行"。如此规定虽未彻底解决上述问题，但在选择上已有了一定的倾向性。2014 年 4 月 25 日，国务院发布了《事业单位人事管理条例》，该条例正式确立了学校与其聘用教师关系的人事性质，为规范事业单位的人员聘用提供了专门的法律适用依据。

3. 公职人员：中小学教师身份归属的新定位

2018 年，中共中央、国务院发布的《关于全面深化新时代教师队伍建设的改革意见》，明确将中小学教师的身份规定为国家公职人员。这是教师身份归属问题的一次重要突破。

公职人员是指具有国家公职身份，从事公共事务的人员，包括依法履行公共职务的国家立法机关、司法机关、行政机关、中国共产党和各个民主党派的党务机关、各人民团体以及国有企业、事业单位的工作人员。有关教师身份归属及其管理的改革实践表明，教师法律身份的归属必须兼顾教师职业的双重性质，二者之间畸轻畸重都有可能顾此失彼，导致教师职能发挥的失衡。由于中小学教师的工作在很大程度上体现着公共事务的性质和责任，是国家教育职能的具体履行者，因此必须赋予其明确的公务属性，并在教师身份归属上得到明确体现。随着中小学教师身份归属被纳入公职人员系列，对其管理也随之列入了国家的事业单位编制，这意味着政府主管部门对教师聘用及使用具有决定性的支配权，学校与所聘教师之间的关系也具有了纵向性质。同时教师编制统筹配置和跨区域调整力度也会加大，将逐步实行省级统筹、市域调剂。高等学校及职业院校不纳入编制管理，新聘用人员不设编制，但为保证高等学校的公益属性，仍保留高等学校的事业单位性质，并由财政进行差额拨款。民办学校不是事业单位，其教师不存在编制问题，而实行自主聘任教师、职员。①

承担基础教育职能的中小学校向社会提供的是社会普遍需要的“纯公共产品”，其培养目标、教育内容、课程体系和课程标准都由国家统一规定，所需经费也由国家提供，因此决定了他们的职业活动具有典型的公共事务性质。为保证国家教育职能的实现，中小学校与其教师之间的法律关系理应更强调纵向的法律性质。从 1993 年到 2018 年，经过了 20 多年的摸索、辨析、比较，终于确立了教师承担的国家使命和公共教育服务的职责，确认了中小学教师作为国家公职人员的法律身份归属。这一重要转变使多年来有关教师法律身份的归属问题终于有了一个明确的定论，因而具有特别的意义。因为将中小学教师的身份归属定为公职人员，不仅符合我国的国情，同时也符合国际通行的做法。这首先是因为从教师的职业特征以及中小学教育的特殊性质来看，中小学教师应该具有崇高的社会地位，享有较高的社会待遇。如果将中小学教师作为一般劳动者来定位，则其职业上的公务性质及其社会地位都无法得到应有的保证。因此将中小学教师定位为公务人员有利于提升其社会地位，使其社会、经济地位得到保障，从而有利于稳定中小学教师队伍，促进我国基础教育事业的发展。其次，中小学校教师定位为公职人员之后，教师所在学校、教育行政部门非因法定事由，以及非经法定程序，不能随意解聘中小学教师，从而有利于建立中小学教师的职业保障制度。再次，中小学校教师定位为公职人员后，其所从事的教育工作要接受来自社会各方面的严格监督，有利于加强对教师的管理，提高教师的职业素质。最后，把教师规定为公职人员将使教师职业受到严格的纪律约束，有助于通过严格的纪律对教师职业行为进行有效规范，及时纠正职业行为中的错误做法。②

三、事业单位改革对教师法律身份的影响

（一）我国的事业单位改革

事业单位的范围包括教育、科学、技术、文化、卫生、体育等行业部门和领域，是保障国家政治、经济、文化生活正常进行的社会服务支持系统。事业单位所从事的事务是由政府职能派生出来的，具有专业服务性质的公共事务。事业单位一般为知识密集型组织，利用科技文化知识为社会各方面提供服务，为此专业人员是事业单位的主要人员构成。近年来，事业单位管理体制经过持续的改革，已经开始分化，传统的事业单位以经费的取得为标准，逐步分化为三类不同性质的社会机构：一部分事业单位仍保持其原有的公共性质，由公共财政维持其运转，向社会提供纯公共物品；另一部分事业单位则通过市场机制运营，实行自负盈亏，国家不再给予财政拨款，其提供的服务已具有某种商品的属性。介于二者之间的第三类事业单位则兼具二者的特点，国家出于公益性的需要还会对这部分事业单位进行经费上的资助，事业单位本身也要通过自身的服务功能来获取收益，但其所提供的服务并不以营利为目的。

---

① 吴高华. 学校分类管理背景下教师聘任制的重构［J］. 中国管理信息化，2015（22）：230-232.

② 马永全. 我国“教师身份”研究述评［J］. 上海教育科研，2015（4）：40-43.

事业单位的分化、改组对中国现有的70余万所大中小学所产生的影响是深刻的。根据我国目前的情况，公办学校正在一分为三。大致说来，义务教育学校具有上述第一类事业单位的性质。《义务教育法》第2条规定："国家实行九年义务教育制度。……实施义务教育，不收学费、杂费。国家建立义务教育经费保障机制，保证义务教育制度实施。"这就是说，义务教育是一种国家的责任，国家应当提供全额拨款。从教育的普及发展看，由国家向社会提供基础教育服务已成为一种趋势。职业培训机构、社会教育机构等应属于自负盈亏的一类事业单位，主要通过市场机制来运行，国家不再负有拨款的责任。其余的学校教育机构则属于介于二者之间的一类事业单位，通过国家财政性资助和学校自身的社会服务等多种渠道获得办学的经费。应该说，公办学校的这一分化和改组进程还未最终完成，学校的性质也还带有某种不确定性。但可以肯定的是，这种变革将逐步改变政府与公办学校的关系，促使公办学校的法律地位发生变化，从而改变公办学校的既有面貌。

由于上述的体制性变革，不同级类学校与其教师的法律关系正在发生变化，并进一步影响教师的身份定位。一般来说，为保证国家教育目的和教育标准的实现，中小学校与其教师的法律关系应更强调纵向的法律性质。这是因为中小学校是国家为实现特定目的而设立的公益性机构，承担的是公益性事业；中小学教师所实施的职业活动具有典型的公共事务性质，是代表国家履行教育责任；中小学校教师的教育权是为了保障学生受教育权而被确认的职务上必要的权力，来自法律的授权，所以将中小学教师的身份规定为公职人员有其合理性。而自负盈亏的学校教育机构则主要通过市场机制来运行，国家不再负有拨款的责任。这类学校机构与其教师之间的关系应在确定的法律框架下建立横向型的对等关系，即劳动聘用关系，其教师的身份应当属于劳动者。介于二者之间的一类学校教育机构与其教师之间法律关系的性质比较复杂，根据其工作性质的不同以及政策选择的不同而会有所不同。为了更好地体现教师职业的性质和特点，其中高中教师应更多强调其公务性质，而高等学校在取消编制后，对其教师主要实行岗位管理，其职业性质更多地表现为比较典型的专业性质，为此其身份应更强调专业人员的属性。

（二）事业单位改革中教师法律身份的分化

在我国，在1993年《教师法》之前，教师的法律身份主要体现在有关教师的特别规定中，包括教师任用、评定、考核、培训、奖惩、报酬、福利、医疗、退休等一系列涉及教师的规定。这些规定把教师定位为国家干部，以此形成了教师管理的一套规章制度。然而在近年来的事业单位改革中，公办学校教师的法律身份出现了较大变化，形成了下列两类不同的教师身份类型。

1. 事业编制教师

事业编制教师一般为具有公职人员身份的中小学教师，由教育行政部门统一招考入编，人事档案由招聘学校直接管理。事业编制教师虽实行聘用制，但应属于编制内聘用人员，实行编制管理，而非岗位管理。教师与学校订立聘用合同后，建立的是一种人事性质的法律关系，体现的是教育主管部门、学校与教师之间的纵向隶属性质。由于事业编制教师在法律地位上的特殊性，因此这种法律关系实际上具有一定的特殊性：既非典型的行政法律关系，也非典型的民事法律关系，而是一种介于行政法律关系和民事法律关系之间的特殊法律关系。应聘者被学校聘用后，就成为学校组织的成员，与其所服务的学校实际构成了组织上的隶属关系，而非以双方地位平等为前提的民事法律关系。为了保证中小学校教育职能上的公共服务性质，教师必须遵守国家的法律法规、行政规章以及学校的内部规章制度，服从学校的纵向型管理，完成学校交予的工作任务。因此这类教师聘用合同中的相当一部分条款或由国家规定，或由校方规定，而不是由双方平等协商和约定。

长期以来，公办学校的人事编制管理权一直是由不同行政部门分别行使，以达到对事业编制的实际控制。如县级教师编制管理权在人社局，业务管理权在教育局。近年来，为促进中小学校的均衡发展，统一由教育局进行管理，对教师实行“县管校聘”，县域内合理调配，以及义务教育学校教师的学区（乡镇）内走教制度。

2. 非事业编制教师

非事业编制教师主要指非传统事业编制管理的教师，包括由人事部门管理的非事业编制教师和学校自招的各种非事业编制的临聘教师。由人事部门管理的非事业编制教师目前主要指高等学校教师，这是为达到人力资源合理配置而由学校自主招聘的教师。这类教师编制破除了教师的编制管理，转而实行岗位管理，通过明确的岗位职责建立学校与教师之间的聘用关系，同时通过明示（审批制）或默示（备案制）的管理方式与国家建立人事聘用关系。在非事业编制条件下，学校和教师之间的法律关系发生了根本性变化，以往的教师与学校之间的行政隶属关系变成了相对平等自愿、双向选择、权利义务对等的聘用关系。在双方地位平等的基础上，非事业编制教师有权要求学校提供教研设备、工作场地、福利津贴等，也有权基于所承担公益和公共服务任务，享受国家规定的薪酬，由公共财政负担相应的工资待遇。与此同时，非事业编制教师有义务上完成学校设定的岗位职责，遵守国家设定的行为规范。学校依法有权解除聘用合同，终止对教师的聘用关系，并且当教师与学校的岗位聘用关系终止时，与国家的人事聘用关系也一并终止。教师不再承担岗位职责，也不再享受国家财政供养。

临聘教师是指公办学校为弥补师资力量的不足而向社会公开招聘的、不纳入正式教师编制的临时性教师工作职位，包括代课老师、外籍教师等。这类教师的人事和档案不属于学校管理，而由政府人事部门所属的人才服务机构受单位委托代办。这类教师不占用编制，薪酬由学校自支自付。临聘教师的招聘除有相应的招聘原则、招聘职位的基本条件及相关招聘程序外，政府相关部门对临聘教师的工作、工资、福利待遇等，也有相应的管理办法。

与公办学校不同，民办学校在教师的聘用和管理上，享有完全的缔约自由权。民办学校与教师所订立的是劳动合同，二者之间不存在行政隶属关系，而是一种以劳动为中介的、双方地位平等的劳动关系。民办学校与教师订立、履行、变更、解除或者终止劳动合同，都属于劳动关系，适用《劳动合同法》。民办学校与教师的法律纠纷，可通过劳动调解、劳动争议仲裁和劳动诉讼等渠道解决。

第二节 教师的权利与义务

教师的权利与义务是基于教师的职业性质而制定的，在教育活动中产生并由法律所规定，是法律赋予教师作为或不作为的认定、许可、约束及保障。教师的权利与义务是一种职务性权利与义务，是教师以其职务身份，在从事教育教学活动时所享有的权利和必须履行的责任。

一、我国法律规定的教师权利与义务

《教师法》第二章第7、8条对我国教师的权利与义务做出了规定。其他相关法律法规如《教育法》《义务教育法》《高等教育法》《教师法》《未成年人保护法》《预防未成年人犯罪法》以及相关的规范性文件中，都对教师的权利与义务做出了明确的规定。依据上述法律规定，教师的权利和义务大致可以归结为如下方面。

（1）教育教学权，即进行教育教学活动，开展教育教学改革和实验的权利。《教师法》规定：教师有权“进行教育教学活动，开展教育教学改革和实验”。这一权利包括：第一，教师可以依据其所在学校的教学计划、教学工作量等具体要求，结合自身的教学特点自主地组织课题教学；第二，按照课程标准的要求确定其教学内容和进度，并不断完善教学内容；第三，针对不同的教育对象，在教育教学形式、方法、具体内容等方面进行改革、实验。教师在行使这一基本权利时应保证履行相应的义务和职责。

（2）科研学术活动权，即从事科学研究，进行学术交流，参加专业学术团体，在学术活动中充分发表意见的权利。《教师法》第7条规定教师享有“从事科学研究、学术交流，参加专业的学术团体，在学术活动中发表意见”的权利。这是教师作为专业技术人员的一项基本权利。教师的科研学术活动权还包括自己确定科研课题和科研方法；自己决定是否参加学术团体；自主发表学术观点，并决定是否出版论文、著作；等等。

（3）管理学生权，即指导学生的学习和发展，评定学生学业成绩的权利。管理学生权是教师履行自己职责的主要权利。《教师法》第7条规定，教师有权“指导学生的学习和发展，评定学生的品行和学业成绩”。这是与教师在教育过程中的主导地位相适应的一项权利。教师有权根据学生的身心发展状况和特点，有针对性地指导学生的学习，并在学生的特长、就业、升学方面给予指导。教师有权对学生的品德学习、社会活动、劳动文体活动、师生及同学关系等方面的表现做出公正的评价。教师有权利严格要求学生，对好的行为进行表扬，对不良行为提出批评，并根据学生的个性指导学生的发展方向。

（4）报酬待遇权，即按时获取工资报酬，享受国家规定的福利待遇以及寒暑假期带薪休假的权利。《教师法》第7条规定教师享有“按时获取工资报酬，享受国家规定的福利待遇以及寒暑假期的带薪休假”的权利，这也是宪法规定的公民享有的劳动权利和劳动者有休息的权利的具体化。教师报酬待遇权具体包括：有权要求所在学校及主管部门

根据教育法律，教师聘用合同的规定，按时足额支付工资报酬；有权享受国家规定的福利待遇，提高教师地位和待遇的政策。

（5）民主管理权，即对学校教育教学、管理工作和教育行政部门的工作有权提出意见和建议，通过教职工代表大会或者其他形式，参与学校的民主管理的权利。

教师参与民主管理的渠道除了教职工代表大会外，还可以有法律规定的其他形式。近年来，通过网络的民主参与已经成为利益表达的重要渠道。网络技术体现了话语民主，实现了相对自主的沟通与传播，使之成为社会大众政治参与的一种高效便捷的交流形式，发挥着动员民众的重要功能。

（6）进修培训权，即参加进修或者其他方式培训的权利。《教师法》规定，教师享有“参加进修或者其他方式的培训”的权利。教师享有的这一权利，既是为了提高教师自身的素养也是为了更好地促进教学质量和人才培养质量的提高。现代社会的急剧变化，要求教师能够从容迎接新的挑战，为此在整个任职期间应该接受继续教育，扩大自身的专业知识范围，提高自身的教育能力。

教师的专业培训，一方面是因为其为法律给予教师的权利，另一方面也是基于教育专业化程度的提高和教育改革的需要。教育专业化程度提高的需要是指对教师学历的要求越来越高。教育改革的需要，是指教育改革如无高素质教师的支持和参与，改革难以成功；同时，如果教师素质不提高，任何教育的质量要求也难以奏效。

在规定教师权利的同时，《教师法》第 8 条对教师义务也做了规定，共有六个方面：

（1）遵守宪法、法律和职业道德，为人师表；

（2）贯彻国家的教育方针，遵守规章制度，执行学校的教学计划，履行教师聘约，完成教育教学工作任务；

（3）对学生进行宪法所确定的基本原则的教育和爱国主义、民族团结的教育，法制教育以及思想品德、文化、科学技术教育，组织、带领学生开展有益的社会活动；

（4）关心、爱护全体学生，尊重学生人格，促进学生在品德、智力、体质等方面全面发展；

（5）制止有害于学生的行为或其他侵犯学生合法权益的行为，批评和抵制有害于学生健康成长的现象；

（6）不断提高思想政治觉悟和教育教学业务水平。

二、教育惩戒权及其适用

可以推断，源远流长的教育惩戒应当产生于人类有意识的教育活动，二者应该是同时产生的。教育惩戒最初源于习惯，是经过长期积淀而形成的一种为人们所认可和维护的常规性做法，是独立于法律之外，具有一定强制性的行为规范。在现代法律体系中，由于现代法治的推行和人权思潮的兴起，特别是法律保留原则和司法救济原则对公立学校自行作用的排除，学校对学生的特别管束权界限正日益缩小。这些因素使教育惩戒很难再以习惯的形式继续存在，而成为当今世界各国普遍关注并要求国家立法予以解决的问题。

（一）教育惩戒本义

教育惩戒是学校、教师基于特别身份而对学生施加的一种教育措施，其目的在于借助适度惩罚达到戒除、矫正学生失范行为的结果，助其完成社会化的进程。教育惩戒既是一种惩戒方法，又是一种教育方法，而就其所要达到的目的而言，更强调教育的方法价值。从教育学的角度说，一个人起初只是一个具有生物属性的个体，只有当这些自然生物属性在个体的社会性发展中获得了被社会认可的某种存在形式时，个体才转化为个人，此即个体的社会化过程。个体的社会化需要外力的帮助和要求才能顺利完成，为了获得社会生活必需的种种社会特性，掌握社会文化经验，确立一定的世界观、理想信念和生活态度，就必须要上学校、受教育。因此，学校教育是个人社会化的主要外力，对个人社会化具有重要的促进作用。

在学校教育中，学生的社会化过程主要是通过两种相反相成的教育手段实现的：一种是正强化，即表扬、肯定、奖励等；另一种是负强化，即批评、否定、惩罚等。两种教育方法的表现形式虽不同，但要达成的最终目标是一致的。教育过程不仅需要正强化，也需要负强化，否则不利于学生完成自身的社会化过程。作为学校中常见的一种教育措施，一般把教育惩戒看成一种负强化的教育方法，不同于让违法者承担一定不利后果，剥夺违法者某些权利的法律制裁或行政制裁；不同于对身体施加暴力，造成不可逆转的身心伤害的体罚；也不同于教师个人因情绪失控而导致的心理宣泄行为。教育惩戒强调教育的效果，注重教育目的的达成。一般来说，学校教育应当强调以正强化为主，因为教育惩戒并非万能，其适用有一个基本前提，即只有在所有的正强化都不起作用时，才能对学生实施教育惩戒，并且在达到教育的目的之后即应撤销对学生的惩戒，以利于学生身心的健康发展。

教育惩戒权源自学校的特别管束权。大陆法系的特别权力关系理论把公立学校看成一类由政府设置和掌握，负担特定公共职责，为社会提供专门服务的存在体，即公营造物。作为一类典型的公营造物，公立学校与其利用者学生构成了以特定教育目的为前提的公法关系，学校对学生的特别管束权则是这一关系的重要内容，决定着这一关系的基本性质和法律调节的价值导向。学校可以以自己制定的内部规章制度规范学生的行为而无需法律授权，具有单方面的命令权、惩戒权。近年来由于公立学校改革的发展，以及法律保留原则在公立学校中的适用，我国学校的特别管束权范围已大大缩小。学校在规定涉及学生受教育权、人身权的重大权利时，应适用法律保留原则。这意味着学校的教育惩戒须有明确的授权依据，须详细规定学生违反校规、校纪将要受到何种惩罚，使学校、教师清楚在什么情况下、在什么范围内，能以何种确定的形式对学生施行教育惩戒措施。对学校、教师滥用教育惩戒权的行为应当严厉禁止，对过度的惩戒行为应当严格约束。为此应建立相应的监督机制和权利救济机制，建立对教育惩戒的不当行使给予责任追究的制度，使教育惩戒真正做到规范化、可操作化。然而在学校一般事务的内部规定中，由于并未涉及学生基本权利，因此特别管束权仍有所保留。学校在这类管束行为中发生的争议不具争讼性，学生不能以民事诉讼或行政诉讼为救济手段，而只能以非诉讼的替代性争议解决方式寻求权利的救济。

行使教育惩戒权的主体是学校及其教师，但二者的法律地位不同，因此所具有的权力大小、性质及行使方式也不同。以公立学校为例，其所具有的教育惩戒权依据法律法规获得，具有公权性质。学校以自己的名义行使这一权力，做出影响受教育者权利义务的行为，除了法律规定，即使父母也不能限制这一权力的行使。而学校中的教师是学校教育职能的具体执行者，依法定方式和程序聘用的教师有事业编制教师、非事业编制教师等不同的身份。不同身份的教师与学校的关系不同，出现了人事聘用合同关系和劳动合同关系并存的状况。无论是事业编制教师还是非事业编制教师，与学校都构成了一种聘用合同关系，都是按照职务委托来处理二者关系的。其中事业编制教师即公立中小学校教师因属公职人员，与学校构成的是公务委托关系，其他教师与学校构成的则是职务委托关系。学校为使教师有效地完成工作任务，赋予其包括教育惩戒权在内的各种职务权利。教师接受学校的委托，必须履行规定的职责，完成承诺的工作任务。教师实施教育惩戒的底线是：（1）不得侵犯学生的受教育权、受教育的选择权等；（2）不得侵犯学生的财产权，包括损害学生财物、非法没收学生财物、乱罚款、乱收费等；（3）不得侵犯学生人身方面的权利，包括人格尊严权、人身自由权（非法拘禁与搜查）、隐私权（信息、活动、空间）、性侵犯与性犯罪等；（4）不得侵犯学生的表达自由权；（5）不得侵犯肖像权；（6）不得侵犯身体健康权。

我国有关教育惩戒的法律规定分布在相关的法律、法规中。《教育法》第 29 条在规定学校及其他教育机构的权利时规定了“对受教育者进行学籍管理，实施奖励或者处分”的权利。《教师法》第 7 条规定了教师享有“指导学生的学习和发展，评定学生的品行和学业成绩”的权利；第 37 条规定教师体罚学生，经教育不改的，由所在学校、其他教育机构或者教育行政部门给予行政处分或者解聘。教育部制定的《小学管理规程》和《高等学校学生管理规定》规定了学校及其他教育机构可以对学生进行处分的权利。在基础教育阶段，根据《小学管理规程》的相关规定，处分的形式包括警告、严重警告和记过处分，但不得开除学生学籍。这是因为开除学籍即意味着受教育权的剥夺，由于《教育法》和《义务教育法》已明确规定了义务教育制度，因此在中小学阶段，教育惩戒不包括开除学籍，以此保障公民的受教育权。

高等学校的教育惩戒权源于教育部的《普通高等学校学生管理规定》。依据该规章的规定，学生有违反宪法，反对四项基本原则、破坏安定团结、扰乱社会秩序的；触犯国家法律，构成刑事犯罪的；违反治安管理规定受到处罚，性质恶劣的；由他人代替考试、替他人参加考试、组织作弊、使用通信设备作弊及其他作弊行为严重的；剽窃、抄袭他人研究成果，情节严重的；违反学校规定，严重影响学校教育教学秩序、生活秩序以及公共场所管理秩序的；侵害其他个人、组织合法权益，造成严重后果的；屡次违反学校规定受到纪律处分，经教育不改的，可以做开除处理。在这一规定中，由于开除学籍的规定涉及了学生受教育的基本权利，应适用法律保留原则，据此做出的惩戒决定有可能构成学生与学校间的争议甚至导致争讼。在司法诉讼中，如无确定的法律依据，学校的具体行政行为就极有可能被法院否决。

（二）教育惩戒与体罚

体罚是一种对相对人的身体施行暴力、造成不可逆转的身心伤害的行为。作为一种久远、古老的教育措施，体罚不仅存在于教育领域，而且存在于家庭与社会的许多方面。在教育发展的很长时期里，教育惩戒与体罚并无严格区分，人们认可体罚也是一种教育。许多人并不认为体罚是有害的、不应当的，但主张体罚应当适度，因为过度的体罚会对学生身心健康造成严重的不利影响。就是在今天，也并非所有的国家都禁止体罚，仍有一些国家认可学校体罚学生的做法，甚至通过法律将其规定为一种合法的教育行为。在家庭中，体罚也是一种常见的教育手段。一般来说，只要没有越过法律规定的界限，没有造成对孩子身心的不可逆伤害，法律对此普遍抱持一种消极认可的态度。

然而近几十年来，由于人权的张扬，个人权利越来越受到尊重，儿童教育的新伦理观极大地影响了教育的观念和行为，许多国家都对体罚进行了重新审查和规范。我国从20世纪90年代开始，也在一系列法律、法规中对体罚做出了禁止性的规定，涉及《教师法》、《义务教育法》及《义务教育法实施细则》、《未成年人保护法》等。这些禁止性规定意在规范教育领域中的教师行为，保护学生的合法权益。从实际效果看，禁止体罚的规定确实在一定程度上有助于学校教育教学活动的正常开展，有助于保护学生的人身权和受教育权。但由于在做出这些禁止性规定的同时未对体罚与教育惩戒做出必要的区分，因此在社会上引起了对教育惩戒的认知混乱，影响到了学校中的教育惩戒适用，进而导致了法律在保护学生权利与维护学校秩序二者之间出现失衡。

其实在许多国家，法律无论是否禁止体罚，都对教育惩戒做了肯定性的规定。如在日本，虽然法律规定禁止体罚，但允许学校和教师依法对学生实施惩戒，并对体罚与惩戒做了明确的界限规定。而在美国，各州对体罚的规定不同，允许体罚的州明文规定了学校和教师对学生的体罚权，学区不得禁止教师实施体罚措施；禁止体罚的州则依据美国法律，允许学校和教师对威胁到本人或他人人身安全或财产安全的学生采取及时有效的惩戒措施。由此可见，不管是否禁止体罚，教育惩戒都被各国法律普遍认可。教育实践证明，犯错成本太低并不利于学生正确地认识是非对错，帮助学生完成社会化的过程，教育惩戒就是要告诉成长中的孩子，犯了错误是要付出代价的。为维持必要的学校纪律与秩序，促进学生身心健康发展，学校及其教师在历经正面教育无效的情况下，应当有对违反特定义务的学生采取惩戒措施的权力，以此迫使这些学生改正不合范行为，遵从必要的社会规范。

教育惩戒与体罚二者不仅性质不同，而且表现形式也明显不同。国外的法律规定及实际运用中较为常见的教育惩戒形式，一般包括训诫、隔离、剥夺某种特权、没收、留校、警告、记入学生档案、停学和开除等处分。在我国，根据现行规定，教育惩戒的形式包括警告、严重警告、记过、留校察看等。由此可见，国内外的惩戒规定大同小异。与教育惩戒不同，体罚是以暴力手段造成学生身体或心理痛苦，导致学生身体受到损害的侵权行为。为此体罚必以暴力诉诸身体，表现为直接的肉体打击，或者罚站、罚跑、罚跪、罚蹲、罚体力劳动、用东西故意砸学生等。此外，我国法律还设置了“变相体罚”的禁止性规定，虽与体罚规定并列，但并无内涵的界定。含混不清的变相体罚大大扩展了体罚的边界，不仅限于身体上的痛苦，还包括了其他的惩戒形式。如对违纪学生罚抄过量作业、罚做值日或罚其打扫卫生、逐出教室、强制留校、辱骂学生或讽刺挖苦学生、敲教鞭、甩东西、随意停课或停止学生参加学校活动等。

赞成教育惩戒并不等于赞成体罚和变相体罚，反之亦然，禁止体罚和变相体罚也不等于禁止必要的教育惩罚。要明确授予学校、教师在教育惩戒方面相应的权力，详细规定学生违反校规、校纪将会受到的处理，使惩戒措施规范化、可操作化，使学校和教师清楚在什么情况下，在什么范围内，能以何种确定的形式行使教育惩戒权。同时还应建立相应的监督机制，建立对教育惩戒不当行使的责任追究制度，尽量减轻惩戒带来的负面影响。

（三）完善教育惩戒的法律制度

在国外，普通法确立的“代位父母”原则曾把教育惩戒权理解为一种类似于家长对自己子女的权利。在我国，教育惩戒权虽无明确的法源性规定，但也有一些人主张学校对未成年学生施行的教育惩戒来自学生家长之托，是代行家长的监护权。但近年来这一观点在国内外已得到了修正，人们一般认为教育惩戒乃是学校、教师基于特别身份，为促进学生发展，或者维持必要的学校纪律与秩序而应当具有的一种特殊的教育方法和措施。有关教育惩戒的法律规定各国不一，实际操作也不尽相同，但一般都会采用较为明确、具体的条文来规范教师的惩戒行为，避免在实际操作中带来适用的问题。

为使教育惩戒真正做到有法可依、有章可循，从我国已初步形成的教育法体系出发，应当从国家立法、政府制定行政规范、最高人民法院及其他相关部门颁布指导性案例以及学校自主制定内部规章制度四个层面加强我国教育惩戒的规范化建设。

首先是国家立法，包括中央立法和地方立法。《宪法》规定行使国家立法权的立法机关有权制定规范性文件。其中中央立法是指全国人民代表大会及其常设机关的立法，主要调整国家、社会和公民生活中主要的、基本的或具有全局性的关系，在各种立法中占主导地位，是其他立法的依据和基础。地方立法是由特定的地方立法机关在本行政区域范围内进行的立法活动，是相对于中央立法而言的立法，构成国家立法的重要方面。

有关教育惩戒的规定应当作为教育权的下位权力进入国家立法，为教育活动提供明确的法律依据。在人类的教育活动中，教育权是一项重要的、基本的权力，强调的是一种为特定目的和意志而实施教育的资格，包括国家教育权、民间教育权、学校教育权、父母教育权等不同主体分别行使的权力。在我国，学校、教师的教育权作为国内法意义上的一项确定的公权力，已由法律予以明确规定，但属于学校教育权下位的教育惩戒权却无明确的法律依据，仅在行政规章中做了简略规定，且语焉不详，难以执行。缺乏具有高阶效力的法律依据导致了一系列问题，不仅使行政规章的制定出现了自设义务的问题，而且使教育惩戒的适用由于缺乏法律依据而往往难以真正落实，给学校与教师履行职责带来极大的困扰。在司法诉讼中，也因无高阶效力的法律依据，学校经常处于被动的局面。地方性法规是指法定的地方国家权力机关在不同宪法、法律和行政法规相抵触的前提下，依法制定和颁布的在本行政区域范围内实施的规范性文件总称。地方性法规由地方国家权力机关制定，其法的效力比行政规章大。由其设置行政许可，对所辖区域内的公民权利做出某种限制，符合法治的一般原则。

其次，是行政法规和行政规章。由于法律规定的事项通常比较原则、抽象，因此还需行政机关制定规范性文件使之具体化。在这些规范性文件中，行政法规是指国务院根据宪法和法律，按照法定程序制定的规范性文件总称，法的效力次于法律、高于地方性法规和行政规章。教育惩戒权适用中的具体问题，例如教育惩戒权概念的界定、内涵和外延的划定、权利的性质等都应通过行政法规制定相应行政规范的方式来解决。行政规章分为中央部门制定的行政规章和地方政府制定的行政规章，前者是国务院各组成部门以及具有行政管理职能的直属机构制定的规范性文件；后者是省、自治区、直辖市以及较大的市的人民政府制定的规范性文件。行政规章对公民、法人或其他组织在行政管理领域的权利义务规定不仅应符合宪法、法律的精神原则，同时还须以具体的行政法规、地方性法规为直接依据，或者由其明确授权。

按照我国教育管理的职权分配原则，对中小学的具体管理属于地方政府职权范畴，因此地方性法规就是重要的中小学管理的法源之一。地方性法规一般可就教育惩戒和体罚的界限、教育惩戒的目的、合理的力度、场所以及教育惩戒的等级等做出明确的规定，以利于教育惩戒权的行使。地方政府制定的行政规章属于行政性法律规范文件，其中有关教育惩戒的规定须严格依据行政法规、地方性法规规定的种类、方式、幅度，而不得自行创设义务。此外，依照《行政诉讼法》的规定，行政规章在行政审判中处于参照适用的地位，法院在对行政案件进行司法审查时，应对具体行政行为所适用的规章进行参酌、鉴定之后，决定是否适用。这意味着，如果行政机关做出的具体行政行为符合法律、行政法规的原则精神，法院就应当适用该规章，判决维持原具体行政行为；如果行政机关做出的具体行政行为不符合法律、行政法规的原则精神，法院就可以不适用该规章，判决撤销原具体行政行为。2017 年青岛市以政府规章的形式出台的《青岛市中小学校管理办法》就属于地方政府制定的政府规章，由于效力位阶较低，在司法审判中仅处于参照适用的地位。这类规范性文件在制定有关教育惩戒的规定时会因此受到较多限制，超出限制的规定不仅得不到法院的适用，据此做出的行政行为还会被判决撤销。

再次，是由最高人民法院、最高人民检察院和公安部发布的指导性案例。指导性案例是我国的一种非正式的法律渊源。由于教育惩戒权在行使中产生的许多问题复杂多变，在立法时一般难以预见，因此给立法工作带来不少困难。比如从目前对体罚的相关规定看，教师以肢体力量加诸学生而使其身体感受痛苦甚至受到伤害的行为，皆属于法律禁止的体罚，因此教育惩戒一般不应包括师生之间的肢体接触。但在实践中经常会出现由于学生不服从惩戒而导致教师不得不通过肢体力量强迫学生服从，这种情况并不少见。如当学生由于扰乱课堂秩序而被要求离开教室而不从时，教师往往会以推搡、拉扯等肢体动作强行将学生逐出教室。在这种情况下，肢体接触是否被允许就是一个未决的问题。如果被允许，则肢体力量如何控制在安全范围内就是一个需要进一步谨慎对待的问题。因教师力量过度造成学生身体某部位脱臼或是流血、深度青肿、扭伤或骨折等，应当被认定为适用惩戒过度，构成过失侵权。此外，肢体接触过程中的教师行为方式也是一个必须予以明确的问题，如正面抓拽脖颈，或把胳膊拧到后背等做法，都有可能侵害学生的人格权。这些具体的适用问题显然很难在立法时就充分预见并被列入制定法中，因此可以通过颁布指导性案例，对教育实践中出现的惩戒行为做出必要的规范，以达到规范教师行为的目的。

最后，学校自主制定的内部规章制度。为减轻立法负担而授权学校教育机构自定规则是各国通行的做法。依据公权法定的原则，学校的规章制定权属于公权力，须以法律法规授权为前提。我国《教育法》和《高等教育法》对此都做了明确的授权规定。规定这一做法首先是为实现教育的功能，学校需要内部规章制度；其次是因为教育具有专业性，许多具体要求非一般立法者所能明了；再次是因为学校自主制定内部规章制度较之立法机关制定法律更加简便。如依照相关规定，高等学校学生剽窃、抄袭他人研究成果，情节严重的，可以给予开除学籍处分，但是怎样才算是剽窃、抄袭他人研究成果，如何定义情节严重等，具有极强的专业性，必须由学校专业人员根据专业性要求制定标准，做出判断，因此高等学校制定相应的内部规定就是必要的。

学校制定内部规章制度权源自学校的特别权力，属于法律、法规授权的范畴，其中的教育惩戒规定具有强制的性质，属于学校的特别管束权。这些规定如未涉及学生基本权利，一般排除司法审查，学生也并不因其交纳了必要费用而可以不服从学校的规定和命令。但学校自主制定的内部规章制度并非法律，其中须由法律规定的事项，应由法律予以保留，以防止学生的基本权利受到干涉和侵犯。为此学校在自主制定内部规章制度时，必须有法律法规的相关规定作为依据，不能提出法律外的要求，加重学生的义务，导致学生权利与义务的失衡，甚至引发法律纠纷。

（四）教育惩戒的适用原则

1. 教育性原则

教育性原则是教育惩戒的优先原则，因为教育惩戒的目的并不在于惩，而是为了戒，所以教育性是教育惩戒的基本价值要求。它强调的是在学校教育的制度安排中，应以促进人格的健康发展为首要考虑，以确保教育惩戒的手段与目的的统一。教育惩戒的教育性导向意味着学校实施教育惩戒的手段和方式必须人性化，必须立足于人的培养、彰显教育的人文性，要求学校、教师应当以人道主义的管理手段来对待成长中的学生，把犯有错误的学生当作独立的、有人格尊严与个人权利的人来对待。

2. 公正原则

教育惩戒应体现教育的公正性，不徇私情，不泄私愤，平等对待不同身份、民族、性别和不同宗教信仰的学生。教育惩戒权是由相关的法律、法规和学校内部规章制度规定的，包括了实体公正和程序公正两个方面的要求。这些要求体现在教育惩戒权的行使过程中，不是针对某一个学生或某几个学生，而是针对学生整体，从学生的整体利益出发。因此公正原则要求学校在对学生行使教育惩戒权时，对相同情况应当平等地适用法律、法规和校规，不能为学生设立多重标准，给每位接受教育惩戒的学生以同等的责罚措施和改过机会。

3. 比例原则

这一原则要求教育惩戒所采取的惩戒方式必须与教育学生的目的相吻合，即必须选择对学生侵害最小、效果最大的方式进行。对犯有过错的学生而言，惩戒应该是就事论事，而不是就人论事，通过对学生所犯错误的惩戒，以事达理，起到教育学生的作用。因而，教育惩戒应当做到小过轻罚，大过适当重罚，不必要的过错行为不罚而以说服教育感化学生。

（五）滥用教育惩戒权的责任

教师滥用教育惩戒权违反禁止体罚规定的，受害学生可以向学校或者学校的上级机关提起申诉，要求责令行为人纠正其错误做法，也可以要求对其给予行政处分。依据《教师法》第 37 条的规定，教师有下列情形之一的，由所在学校、其他教育机构或者教育行政部门给予行政处分或者解聘。（1）故意不完成教育教学任务给教育教学工作造成损失的；（2）体罚学生，经教育不改的；（3）品行不良、侮辱学生，影响恶劣的。教师有前款第（2）项、第（3）项所列情形之一，情节严重，构成犯罪的，依法追究刑事责任。

除了行政法律责任外，教师的惩戒行为如造成学生人身损害的，还可能承担民事的和刑事的法律责任。依据《民法典》的相关规定，教师惩戒学生造成人身损害的，行为人须承担相应的民事赔偿责任，对因就医疗支出的各项费用，包括医疗费、护理费、交通费、住宿费、住院伙食补助费、必要的营养费等，予以赔偿。对学生因伤致残的，其因增加生活上需要所支出的必要费用，包括残疾赔偿金、残疾辅助器具费，以及因康复护理、继续治疗实际发生的必要的康复费、护理费、后续治疗费，行为人也应当予以赔偿。

教师在履行职责期间因实施教育惩戒造成的学生身体损害依规定分为轻微伤、轻伤、重伤的不同程度。因教师过失导致学生伤害的，以校方为被告提起民事诉讼，要求学校承担赔偿责任，然后再由学校向教师追偿，当事人也可以以教师为被告提起刑事诉讼。按照伤害的不同程度确定责任：教师殴打学生造成轻微伤的，不负刑事责任；造成轻伤以上后果的，须由当事人向法院提起刑事自诉；造成重伤后果的，构成《刑法》规定的故意伤害罪，处三年以上十年以下有期徒刑。当事人还可以向法院提起刑事附带民事诉讼，刑事部分被告为教师，民事部分被告为学校。此外，依据《教师法》第 14 条规定，教师因故意犯罪受到有期徒刑以上刑事处罚的，不能取得教师资格；已经取得教师资格的，丧失教师资格。

三、师德失范行为的处理

（一）教师职业道德规范的性质

人类社会自产生以来，为了保证社会关系的和谐稳定，都要通过各种社会规范对人们的行为做出必要的约束。这些规范包括道德的、法律的、行政的、宗教的、行业的、组织的等等，不同的社会规范起着各自不同的作用，并最终共同保障社会的和谐稳定。一般而言，教师职业道德规范是以善恶评价为标准，依靠社会舆论、传统习惯和内心信念的力量来影响和约束教师的职业行为的。教师对职业道德规范的遵守一般属于自律机制，具有道德规范的典型特征，而非强制性的行政范畴或法律范畴。例如甲对乙提出一项道德要求，虽然意味着乙对甲负有某种义务，但这种道德上的义务并不具有法律上的后果。而一项法律规定的义务则意味着这一义务具有了由实在法所确认的要求权，是一项可以依靠确定的强制力来履行的义务。一般说来，教师职业道德首先是一种道德原则，但是这种职业道德中的许多要求体现了社会生活中政治、法律、权利、公共政策等的合理性，因此仅仅通过道德约束并不足以将其所具有的内在价值表达出来。而法律则提供着切实有力的保障，使教师职业道德的要求得到合理、有效的证明，并获得教师个体的自觉服从，因此有些教师职业道德规范会同时以道德和法律的双重形式出现。

由于教师职业道德规范具有专业性和公务性的双重性质，因此在教师违反职业道德规范的处理上不仅具有道德的特征，同时也具有其他社会规范包括行政规范或法律规范在内的某些特征，因而在性质上具有其他社会道德不曾具有的复杂性。比如，为加强对中小学教师的管理，教育行政管理部门可以根据需要制定教师职业纪律，这种职业纪律不仅具有职业道德的某些特征，而且具有自上而下的单方面性、权威性和强制性特征。这种为实施规范所采取的措施显然不同于道德的自律机制，而属于强制性的他律机制。从保障规范有效实施的角度来看，学校实施机制、行政实施机制、司法实施机制和其他实施机制都会对教师职业行为起到某种重要的制约性作用。就此而言，教师职业道德规范尽管是一种针对教师的道德要求，但从其实施的特点看，其兼具道德的、行政的、法律的、契约的多重性质，既需要教师的自觉遵守使之得到实施，同时也需要通过学校、行政部门、司法部门的强制性来保证其得到实现。违反规定的教师，在受到道德谴责的同时，有可能受到行政的、法律的责任追究。

我国《教师法》明确规定了教师属于履行教育教学职责的专业人员，为了保证这种专业性，教师必须不断地学习深造，拓展专业知识，加强自我修养，提高专业水平。另外，由于教师特别是中小学校教师是国家教育责任的具体担当者，教育所具有的公共产品属性需要通过教师的工作才得以实现。从《教师法》的规定看，公务性是教师的一个重要职业特征，该法所规定的教师应予履行的教育教学职责，相当一部分内容都具有明显的公务性质，而不是在学校和教师的合意性基础上协议产生的。因此，教师所实施的教育教学活动是一种具有公务性质的活动，具有典型的国家性（强制性和公益性）、连续性和稳定性。教师违反了相关的职业行为要求，不仅要在道德上受到谴责，还有可能受到行政的、法律的责任追究。当然，教师职业的这种公务性质与公务员职业的公务性质相比，具有很大的区别。教师的教育教学活动是精神领域中的一种具有高度创造性和个体性的活动，在许多情况下要由教师个人做出独立的判断和行动，而很难以统一的职业要求来衡量，因此公务性和专业性并存是教师职业的重要特征。基于这种理解，必须根据教师职业的双重性质对教师职业行为提出特殊的伦理道德要求，依据其专业性和公务性并存的特征，去规定具有自身特点的师德行为规范。

教育部于2018年印发的《师德失范行为处理的指导意见》规定了违反教师职业道德规范的行政处理机制，教师涉嫌违法犯罪的，移送司法机关依法处理。除此之外，其还规定学校应建立健全师德失范行为受理与调查处理机制，指定或设立专门组织负责，明确受理、调查、认定、处理、复核、监督等处理程序。教师对处理决定不服的，按照国家有关规定提出复核、申诉。对教师的处理，在期满后根据悔改表现予以延期或解除，处理决定和处理解除决定都应完整存入个人人事档案。

为增强教师的责任感、使命感、荣誉感，规范职业行为，明确师德底线，加强师德师风建设，教育部于2018年11月印发了《新时代高校教师职业行为十项准则》《新时代中小学教师职业行为十项准则》《新时代幼儿园教师职业行为十项准则》，以及与此配套的《关于高校教师师德失范行为处理的指导意见》《中小学教师违反职业道德行为处理办法（2018年修订）》，对师德失范行为的处理问题做出了明确的规定。

（二）高等学校违反职业行为的处理

《新时代高校教师职业行为十项准则》规定应予以处理的师德失范行为主要包括：在教育教学活动中及其他场合有损害党中央权威、违背党的路线方针政策的言行；损害国家利益、社会公共利益，或违背社会公序良俗；通过课堂、论坛、讲座、信息网络及其他渠道发表、转发错误观点，或编造散布虚假信息、不良信息；违反教学纪律，敷衍教学，或擅自从事影响教育教学本职工作的兼职兼薪行为；要求学生从事与教学、科研、社会服务无关的事宜；与学生发生不正当关系，有任何形式的猥亵、性骚扰行为；抄袭剽窃、篡改侵吞他人学术成果，或滥用学术资源和学术影响；在招生、考试、推优、保研、就业及绩效考核、岗位聘用、职称评聘、评优评奖等工作中徇私舞弊、弄虚作假；索要、收受学生及家长财物，参加由学生及家长付费的宴请、旅游、娱乐休闲等活动，或利用家长资源谋取私利；假公济私，擅自利用学校名义或校名、校徽、专利、场所等资源谋取个人利益。

高等学校教师出现以上师德失范行为的，根据情节轻重，给予相应处理或处分。情节较轻的，给予批评教育、诫勉谈话、责令检查、通报批评，以及取消其在评奖评优、职务晋升、职称评定、岗位聘用、工资晋级、干部选任、人才计划申报、科研项目申报等方面的资格。担任研究生导师的，还应采取限制招生名额、停止招生资格直至取消导师资格的处理。以上取消相关资格处理的执行期限不得少于24个月。情节较重应当给予处分的，还应根据《事业单位工作人员处分暂行规定》给予行政处分，包括警告、记过、降低岗位等级或撤职、开除，需要解除聘用合同的，按照《事业单位人事管理条例》相关规定进行处理。情节严重、影响恶劣的，应当依据《教师资格条例》报请主管教育部门撤销其教师资格。涉嫌违法犯罪的，及时移送司法机关依法处理。

高等学校设立健全师德失范行为受理与调查处理机制，指定或设立专门组织负责，明确受理、调查、认定、处理、复核、监督等处理程序。对师德失范行为的处理，应坚持公平公正、教育与惩处相结合的原则，做到事实清楚、证据确凿、定性准确、处理适当、程序合法、手续完备。教师对处理决定不服的，按照国家有关规定提出复核、申诉。对高校教师的处理，在期满后根据悔改表现予以延期或解除，处理决定和处理解除决定都应完整存入个人人事档案。

民办高校的劳动人事管理执行《劳动合同法》的相关规定，对教师师德失范行为的处理，则遵照上述指导意见执行。

（三）中小学教师违反职业道德行为的处理

教育部印发的《中小学教师违反职业道德行为处理办法（2018年修订）》，规定应予处理的师德失范行为主要包括：在教育教学活动中及其他场合有损害党中央权威、违背党的路线方针政策的言行；损害国家利益、社会公共利益，或违背社会公序良俗；通过课堂、论坛、讲座、信息网络及其他渠道发表、转发错误观点，或编造散布虚假信息、不良信息；违反教学纪律，敷衍教学，或擅自从事影响教育教学本职工作的兼职兼薪行为；歧视、侮辱学生，严禁虐待、伤害学生；在教育教学活动中遇突发事件、面临危险时，不顾学生安危，擅离职守，自行逃离；与学生发生不正当关系，有任何形式的猥亵、性骚扰行为；在招生、考试、推优、保送及绩效考核、岗位聘用、职称评聘、评优评奖等工作中徇私舞弊、弄虚作假；索要、收受学生及家长财物或参加由学生及家长付费的宴请、旅游、娱乐休闲等活动，向学生推销图书报刊、教辅材料、社会保险或利用家长资源谋取私利；组织、参与有偿补课，或为校外培训机构和他人介绍生源、提供相关信息；其他违反职业道德的行为。

该办法中所称中小学教师（包括民办学校教师）是指普通中小学、中等职业学校（含技工学校）、特殊教育机构、少年宫以及地方教研室、电化教育等机构的教师。办法所称处理包括处分和其他处理。处分包括警告、记过、降低岗位等级或撤职、开除。警告期限为 6 个月，记过期限为 12 个月，降低岗位等级或撤职期限为 24 个月。其他处理包括给予批评教育、诫勉谈话、责令检查、通报批评，以及取消在评奖评优、职务晋升、职称评定、岗位聘用、工资晋级、人才计划申报等方面的资格。取消相关资格的处理执行期限不得少于 24 个月。教师涉嫌违法犯罪的，及时移送司法机关依法处理。

给予教师的处理按照以下权限决定：给予警告和记过处分的，公办学校教师由所在学校提出建议，学校主管教育部门决定；民办学校教师由所在学校决定，报主管教育部门备案。给予降低岗位等级或撤职处分的，由教师所在学校提出建议，学校主管教育部门决定并报同级人事部门备案。给予开除处分的，公办学校教师由所在学校提出建议，学校主管教育部门决定并报同级人事部门备案；民办学校教师或者未纳入人事编制管理的教师由所在学校决定并解除其聘任合同，报主管教育部门备案。给予其他处理，如批评教育、诫勉谈话、责令检查、通报批评，以及取消在评奖评优、职务晋升、职称评定、岗位聘用、工资晋级、人才计划申报等方面资格的，按照管理权限，由教师所在学校或主管部门视其情节轻重做出决定。

对教师的处理，在期满后根据悔改表现予以延期或解除，处理决定和处理解除决定都应完整存入人事档案及教师管理信息系统。教师受到处分的，符合《教师资格条例》第 19 条规定的，由县级以上教育行政部门依法撤销其教师资格。

教师受处分期间暂缓教师资格定期注册。依据《教师法》第 14 条规定丧失教师资格的，不能重新取得教师资格。教师受记过以上处分期间不能参加专业技术职务任职资格评审。

教师被依法判处刑罚的，依据《事业单位工作人员处分暂行规定》给予降低岗位等级或者撤职以上处分。其中，被依法判处有期徒刑以上刑罚的，给予开除处分。教师受到剥夺政治权利或者故意犯罪受到有期徒刑以上刑事处罚的，丧失教师资格。

（四）幼儿园教师违反职业道德的处理

教育部发布的《新时代幼儿园教师职业行为十项准则》规定应予处理的师德失范行

为包括：在保教活动中及其他场合有损害党中央权威和违背党的路线方针政策的言行；损害国家利益、社会公共利益，或违背社会公序良俗；通过保教活动、论坛、讲座、信息网络及其他渠道发表、转发错误观点，或编造散布虚假信息、不良信息；在工作期间玩忽职守、消极怠工，或空岗、未经批准找人替班，利用职务之便兼职兼薪；在保教活动中遇突发事件、面临危险时，不顾幼儿安危，擅离职守，自行逃离；体罚和变相体罚幼儿，歧视、侮辱幼儿，猥亵、虐待、伤害幼儿；采用学校教育方式提前教授小学内容，组织有碍幼儿身心健康的活动；在入园招生、绩效考核、岗位聘用、职称评聘、评优评奖等工作中徇私舞弊、弄虚作假；索要、收受幼儿家长财物或参加由家长付费的宴请、旅游、娱乐休闲等活动，推销幼儿读物、社会保险或利用家长资源谋取私利；组织幼儿参加以营利为目的的表演、竞赛活动，或泄露幼儿与家长的信息。

对违反职业道德的教师的处理包括处分和其他处理。其中处分包括警告、记过、降低岗位等级或撤职、开除。警告期限为 6 个月，记过期限为 12 个月，降低岗位等级或撤职期限为 24 个月。其他处理包括给予批评教育、诫勉谈话、责令检查、通报批评，以及取消在评奖评优、职务晋升、职称评定、岗位聘用、工资晋级、人才计划申报等方面的资格。取消相关资格的处理执行期限不得少于 24 个月。教师涉嫌违法犯罪的，及时移送司法机关依法处理。

幼儿园及幼儿园主管部门发现上述违反师德行为的，应当及时组织调查核实，视情节轻重给予相应处理。对教师的处理应当坚持公平公正、教育与惩处相结合的原则；应当与其违反职业道德行为的性质、情节、危害程度相适应；应当事实清楚、证据确凿、定性准确、处理恰当、程序合法、手续完备。

对教师违反师德的处理权限如下：给予警告和记过处分的，公办幼儿园教师由所在幼儿园提出建议，幼儿园主管部门决定；民办幼儿园教师由所在幼儿园提出建议，幼儿园举办者做出决定，并报主管部门备案。给予降低岗位等级或撤职处分的，公办幼儿园由教师所在幼儿园提出建议，幼儿园主管部门决定并报同级人事部门备案；民办幼儿园教师由所在幼儿园提出建议，幼儿园举办者做出决定，并报主管部门备案。给予开除处分的，公办幼儿园在编教师由所在幼儿园提出建议，幼儿园主管部门决定并报同级人事部门备案。未纳入编制管理的教师由所在幼儿园决定并解除其聘任合同，报主管部门备案；民办幼儿园教师由所在幼儿园提出建议，幼儿园举办者做出决定并解除其聘任合同，报主管部门备案。给予其他处理，如批评教育、诫勉谈话、责令检查、通报批评，以及取消在评奖评优、职务晋升、职称评定、岗位聘用、工资晋级、人才计划申报等方面资格的，按照管理权限，由教师所在幼儿园或主管部门视其情节轻重做出决定。

教师不服处理决定的，可以向幼儿园主管部门申请复核。对复核结果不服的，可以向幼儿园主管部门的上一级行政部门提出申诉。对教师的处理，在期满后根据悔改表现予以延期或解除，处理决定和处理解除决定都应完整存入人事档案及教师管理信息系统。教师受到处分的，符合《教师资格条例》第 19 条规定的，由县级以上教育行政部门依法撤销其教师资格。教师受处分期间暂缓教师资格定期注册。依据《教师法》第 14 条规定丧失教师资格的，不能重新取得教师资格。教师受记过以上处分期间不能参加专业技术职务任职资格评审。教师被依法判处刑罚的，依据《事业单位工作人员处分暂行规定》

给予降低岗位等级或者撤职以上处分。其中，被依法判处有期徒刑以上刑罚的，给予开除处分。教师受到剥夺政治权利或者故意犯罪受到有期徒刑以上刑事处罚的，丧失教师资格。

四、教师性侵未成年学生犯罪及其责任追究

2018 年 10 月 19 日，最高人民检察院向教育部发出《中华人民共和国最高人民检察院检察建议书》，这是最高人民检察院史上首份检察建议书。该建议书明确提到了“幼儿园、中小学校所有工作人员对性侵害案件或者线索的报警、报告义务和责任”。《民法典》第 1 010 条将上述内容提升为法律规定，进一步明确了学校在预防和处理校园性侵害案件中的义务，明确了受害人的权利，明确了学校采取合理的预防、受理投诉、调查处置等措施的义务。

（一）教师性侵未成年学生犯罪

性侵未成年人犯罪是指加害人以权威、暴力胁迫，或物质、语言引诱等手段，把未成年人引向性接触，满足加害人性需求，并在性方面造成对受害人伤害的行为。性侵未成年人犯罪所侵犯的客体是儿童的身心健康和人格尊严，侵犯的对象是儿童，即不满 14 周岁的未成年人。由于情节和程度的不同，对未成年学生的性侵害犯罪包括猥亵、奸淫、乱伦、性交易，以及诱骗、组织、强迫未成年少女卖淫等。未成年人遭受性侵害的场所主要来自社会、家庭、学校，侵害主体主要是成年人、男性青少年以及女童自身等。许多研究表明，性侵未成年人犯罪大部分集中在农村，并且受害对象一般是年龄较小的女童。原因之一是农村的许多父母长期在外打工，一般法律意识又比较淡薄，难以及时发现和保护针对自己子女的性侵害犯罪。此外，女童年龄较小，不懂反抗或缺乏反抗的能力也是一个重要原因。

对未成年人实施性侵害的违法犯罪活动给未成年人身心健康造成了严重伤害，因为未成年人正处于长身体、长知识的时期，如遭受性侵害，不仅对他们的身心造成严重伤害，而且有可能造成严重的社会影响。因此严厉打击性侵害未成年人的犯罪行为是遏制未成年人遭遇性侵害、保护未成年人健康生存的关键，中小学校尤其应当采取坚决有效的措施来切实保护未成年人的合法权益。

教师性侵害犯罪是指教师作为性侵害犯罪主体，利用从属关系以及某种控制的权力，以违法手段把未成年学生引向性接触的性侵害犯罪行为。由于教师相对于其他身份的人来说，具有更加特殊的便利条件与未成年学生接触，对未成年学生有一定的支配性影响，被害者即使有性知识和性意识也无法自我保护，因此教师在性侵未成年人犯罪中是一类较为特殊的侵害主体。教师性侵未成年学生的犯罪行为包括以所教未成年学生为对象的猥亵、奸淫、性交易，以及诱骗、组织、强迫未成年少女卖淫等，已成为威胁学校安全的一个因素，给学校的教师队伍管理、青少年性保护等工作提出了一系列新问题。

（二）性侵未成年人犯罪的构成与责任承担

在我国，针对性犯罪的相关法律规定可见于各种法律法规中，如《宪法》规定，公

民的人格尊严不受侵犯，禁止用任何方法对公民进行侮辱、诽谤。《民法典》规定，公民享有名誉权，公民的人格尊严受法律保护，禁止用侮辱、诽谤等方式损害公民的名誉，公民有权要求停止侵害，恢复名誉，消除影响、赔礼道歉，并可以要求赔偿损失。《刑法》则规定有猥亵、侮辱妇女罪和侮辱、诽谤罪。《治安管理处罚条例》规定，“侮辱妇女或者进行其他流氓活动”为扰乱公共秩序行为。《妇女权益保障法》规定，妇女的名誉权和人格尊严受法律保护。禁止用侮辱、诽谤、宣扬隐私等方式损害妇女的名誉和人格。

根据上述规定，性侵未成年人犯罪是指加害人以权威、暴力、金钱或甜言蜜语，引诱胁迫未成年人与其发生性关系，并在性方面造成对受害人的伤害的行为，包括猥亵、乱伦、强暴、性交易、媒介卖淫等。在性侵未成年人犯罪方面，《刑法》第 236 条、第 237 条、第 358 条、第 359 条等分别规定了针对未成年人实施的强奸罪，强制猥亵、侮辱妇女罪，猥亵儿童罪，组织卖淫罪，强迫卖淫罪，引诱、容留、介绍卖淫罪，引诱幼女卖淫罪等。

1. 强奸罪

强奸罪是一种违背被害人的意愿，使用暴力的非法手段，强制与被害人进行性交的违法犯罪行为。我国《刑法》第 236 条规定，以暴力、胁迫或者其他手段强奸妇女的，处 3 年以上 10 年以下有期徒刑。奸淫不满 14 周岁的幼女的，以强奸论，从重处罚。情节特别严重的或者致人重伤、死亡的，处 10 年以上有期徒刑、无期徒刑或者死刑。根据司法解释，强奸妇女罪中的情节特别严重，一般是指：强奸妇女手段残酷的；强奸妇女多人或多次的；轮奸妇女的首要分子；因强奸妇女引起被害人自杀、精神失常以及其他严重后果的；在公共场所劫持并强奸妇女，在社会上造成很坏影响、极大危害的；等等。

2. 猥亵儿童罪

猥亵儿童罪是指以刺激或满足性欲为目的，用性交以外的方法对儿童实施的淫秽行为，不满 14 周岁的男童女童都可以作为本罪的受害人或猥亵对象。猥亵的手段如抠摸、舌舔、吸吮、亲吻、搂抱、手淫、鸡奸等行为。《刑法》第 237 条规定，以暴力、胁迫或者其他方法强制猥亵他人或者侮辱妇女的，处 5 年以下有期徒刑或者拘役。聚众或者在公共场所当众犯前款罪的，或者有其他恶劣情节的，处 5 年以上有期徒刑。猥亵儿童的，依照前两款的规定从重处罚。对猥亵儿童行为中的抠摸、舌舔、吸吮、亲吻、搂抱等行为是否构成犯罪，要依据行为人的主观故意来加以判断。行为人如出于玩笑或者其他善良动机而实施抚摸、搂抱、亲吻等较为普遍的行为，其本身不具违法性。

我国《治安管理处罚法》规定，对于情节较轻微的猥亵行为可以实行治安处罚。具有以下猥亵儿童的情形之一的，应当以猥亵儿童罪追究其刑事责任：一年内猥亵儿童两次以上或一次猥亵儿童两名以上的；采取暴力、胁迫或以之相威胁等方法强制猥亵儿童的；猥亵儿童致使被害人轻微伤以上损伤的；猥亵儿童造成其他严重后果的，如严重损害儿童心理健康，造成被害儿童近亲属精神错乱或自杀；等等。

3. 强迫卖淫罪

强迫卖淫罪是指以暴力、胁迫或者其他手段，迫使他人卖淫的行为。这里的“他人”主要是指妇女，也包括不满 14 周岁的幼女和男性。强迫卖淫罪在客观上表现为违背他人意志，用暴力、胁迫或者其他方法迫使他人卖淫。如采用对他人殴打、虐待、捆绑或以实施杀害、伤害、揭发隐私、断绝生活来源相威胁，或利用他人走投无路的情况下采用挟持的方法迫使他人卖淫。

我国《刑法》第358条规定，组织、强迫他人卖淫的，处5年以上10年以下有期徒刑，并处罚金；情节严重的，处10年以上有期徒刑或者无期徒刑，并处罚金或者没收财产。组织、强迫未成年人卖淫的，依照前款的规定从重处罚。犯前两款罪，并有杀害、伤害、强奸、绑架等犯罪行为的，依照数罪并罚的规定处罚。为组织卖淫的人招募、运送人员或者有其他协助组织他人卖淫行为的，处5年以下有期徒刑，并处罚金；情节严重的，处5年以上10年以下有期徒刑，并处罚金。

4. 引诱、容留、介绍卖淫罪

引诱、容留、介绍卖淫罪是指以金钱、物质或者其他利益为手段，诱使他人卖淫，或者为他人卖淫提供场所，或者为卖淫的人与嫖客牵线搭桥的行为。引诱，是指行为人利用金钱、物质利益或非物质利益作诱饵，或者采取其他手段，拉拢、勾引、劝导、怂恿、诱惑、唆使他人从事卖淫活动。至于行为人的引诱行为是以言语、文字、举动、图画还是其他方式实施，与本罪的成立无关，引诱者允诺的内容有无实现，由谁实现，也不影响本罪的成立。

本罪中所谓容留是指行为人为他人卖淫提供场所或者其他便利条件的行为。这里所说的提供场所，是指行为人安排专供他人卖淫的处所或者其他指定的地方。比如在行为人的长期居住地、暂时租住的房屋或者采取欺骗手段借得的亲朋好友的住居以及其他地点和处所。需要特别注意的是，这里的场所，不是仅限于房屋，其他诸如汽车、船舶等交通工具亦可作为提供的场所。这里的提供其他便利，是指行为人为他人卖淫提供需要的物品、用具及其他一些条件，如为他人卖淫把风望哨等。所谓介绍是指在卖淫者和嫖客之间牵线搭桥、沟通撮合，使他人卖淫活动得以实现的行为。介绍的方式多表现为双向介绍，如将卖淫者引见给嫖客，或将嫖客领到卖淫者住处当面撮合，但也不排斥单向介绍，如单纯地向卖淫者提供信息，由卖淫者自行去勾搭嫖客。

根据我国《刑法》第359条第1款的规定，犯本罪的，处5年以下有期徒刑、拘役或者管制，并处罚金；情节严重的，处5年以上有期徒刑，并处罚金。其中情节严重，应加重处罚事由包括：多次引诱、容留、介绍他人卖淫的；引诱、容留、介绍多人卖淫的；引诱、容留、介绍明知是有严重性病的人卖淫的；容留、介绍不满14岁的幼女卖淫的；引诱、容留、介绍他人卖淫具有其他严重情节的。

5. 引诱幼女卖淫罪

引诱幼女卖淫罪是指利用金钱、物质等手段诱使不满14周岁的幼女卖淫的行为，一般是以营利为目的，但也不排除不以营利为目的的犯罪行为存在，是否具有营利目的，不影响本罪的构成。本罪所谓引诱是指行为人利用金钱或其他物质或非物质性利益作诱饵，或者采取灌输腐朽思想等其他手段，勾引、诱惑、劝导、怂恿幼女从事卖淫活动。所谓卖淫，是指为谋利，与不特定的他人进行性交或者其他性行为。

本罪在主观方面表现为故意，过失不构成本罪，即行为人明知自己是在实施引诱幼女卖淫的行为，并且明知这种行为会造成危害社会的结果，而希望或追求这种结果的发生。此外，行为人必须是引诱幼女向他人卖淫，才能构成本罪，若是引诱幼女与自己发生性关系，则应依具体案情以强奸罪或嫖宿幼女罪论处。行为人的行为方式仅限于引诱，若是组织、强迫、容留、介绍幼女卖淫的，则应分别以组织卖淫罪、强迫卖淫罪和容留、介绍卖淫罪论处。

根据我国《刑法》第 359 条第 2 款的规定，犯本罪的，处 5 年以上有期徒刑，并处罚金。

（三）建立预防性侵害未成年人的教育保护制度

近年来，受社会因素、技术因素、家庭因素、社会心理因素等内外部条件变化的影响，性伤害未成年人事件发生的范围、性质以及伤害手段等都发生了较大的变化。2018 年最高人民检察院向教育部发出的检察书建议教育部加强对学校安全的管理，加强预防性侵儿童和中小学生的工作。检察书要求教育部组成专门研究小组来落实对未成年学生的保护，加强校园普法工作，学校应与教育行政部门上下联动，落实预防性侵害未成年人的教育保护制度、校园性侵强制报告制度、女童宿舍封闭管理制度等。此外，最高人民检察院还于 2018 年成立了专门开展未成年人检察工作的第九检察厅，加强对未成年人司法的保护工作，推动建立罪错未成年人分级处理、临界预防等制度，同时要动员社会各个方面的力量，形成保护未成年人的合力，共同呵护未成年人的健康成长。

为了有效打击教师性犯罪，除了刑法规定外，《民法典》第 191 条规定了未成年人遭遇性侵害的损害赔偿请求权的特殊诉讼时效规则，即诉讼时效从未成年人年满 18 周岁之日起计算，未成年受害人要求损害赔偿的权利可以延长至年满 18 周岁之日起三年内。这一规定对于保护未成年人具有重要的意义，未成年人由于身心不成熟、经济不独立等原因，在遭遇性侵害案件时法律意识淡薄，不能及时采用法律手段维护自身权益，为此给予未成年人在诉讼时效方面的特殊保护就是必要的。此外，《民法典》第 1 010 条规定，发生校园性侵害时，学校须履行合理的预防、受理投诉、调查处置等义务，否则应承担侵权责任。在第 1 199、1 200、1 201 条的规定中，还把校园性侵害案件中的合理预防、受理投诉、调查处置等措施归为学校的教育、管理职责范畴，学校未采取上述措施的，应当按照《民法典》第 1 199、1 200、1 201 条承担侵权责任。

对教师性侵未成年学生的责任追究对于在校的学生而言，只能起到事后补救作用，而不能防止校园性侵害犯罪的发生。因此采取切实有效的措施遏制对未成年人的性侵害就是当前的一项重要工作，具体可包括如下方面：

1. 提高防范意识，教会防范方法

性侵害行为影响到被害人的婚姻质量与家庭生活。同时，这种伤害还会引起一个人的生理问题，诸如无法控制自己的情绪，焦虑、惊恐、烦躁。严重者可因被强奸而怀孕或被感染性病。这种心理和生理伤害还会影响到被害人未来社会性行为的发展，诸如：被害者在一段时间内不敢单独外出，不敢面对陌生人，不敢回到学校或工作单位等必须经历的环境中，也不敢面对熟悉的人，如亲属、邻居、同学或同事。解决这类问题或防止这类侵害的最有意义的措施是防范，如何预防未成年学生遭受“性侵害”应该成为每个教师的基本职责。学校应将如何防止被性侵害编写为教材，纳入个人的基本社会化教育中，使之成为学生的基本生活常识。

具体而言，防范这类侵害可通过提高防范意识、教会防范方法等进行。

从幼儿起就要给孩子进行此类教育，家庭进行这类教育可在母亲为孩子洗澡、用毛巾擦洗身体部位的时候，告诉孩子身体是自己的宝贝，要好好保护。母亲尤其要告诉孩子哪些部位除妈妈外不能让外人摸和碰，如果有人摸要赶快告诉父母。在孩子离开大人的视线外出玩耍或上学时，父母也应该告诉孩子注意哪些事情，譬如不要单独与一个异性去他/她的房间等。

要注意提醒孩子：避免夜间单独外出；不要贸然搭乘陌生人的车或无正式经营执照的黑车；当发现对方已有试探性的表示时，要及时地做出明确的拒绝答复，不给对方造成错觉；当面临无法反抗的境地时，要以保护生命为优先原则。此外，保护受侵害人最重要的方法是要注意保留证据，事后及时报警。

2. 加强对男童的保护

由于我国刑法规定的强奸罪本身预设了女性的被害地位，因此针对男性儿童的性侵犯行为不构成强奸罪。与强奸幼女最高可判死刑的惩罚力度相比，对男童的性侵害只能以猥亵儿童罪论处，震慑力明显不足。一些针对男童的性侵害犯罪案例中，对情节恶劣的猥亵儿童罪，法官通常会采取猥亵儿童罪和故意伤害罪等数罪并罚的方式定罪量刑。

为加强对男童的保护，近年来的性别中立主义立法思潮已开始关注到这一问题。一些国家的法律开始修改罪名，试图用中性的词语进行替代。如美国有些州将强奸罪修改为性侵犯罪（sexual assault）、性攻击罪（sexual battery）或犯罪性性行为罪（criminal sexual conduct）。此外，法律开始承认女性对男性，或同性之间的性侵犯，不再认为性侵犯的被害人只能由女性构成。如德国 1998 年新刑法典将 1975 年刑法典中的“强迫妇女”修改为“强迫他人”。适应这一发展趋势，我国刑法也开始借鉴性别中立主义的做法，2015 年通过的《刑法修正案（九）》，已把强制猥亵、侮辱妇女罪修改为强制猥亵、侮辱罪，这表明男性也可以成为该罪的被害人。

3. 学校要采取措施堵漏洞

学校要采取相关措施堵漏洞。第一，地方行政规章和学校自行颁布的内部规章制度中应对师生间的单独相处做出必要的规定。第二，在聘用教师前要对其进行严格的考核选择，包括教师的教育思想、业务水平、教育态度、教学方法和教学效果，甚至其家庭组成及本人的脾气秉性，有不良记录者按规定不应予以录用。第三，加强对教师的职业道德的监督，把心理健康作为中小学教师任职资格的重要条件之一。第四，在中小学教师中普及心理学知识，定期对教师进行心理健康测试。第五，在任课教师的安排上，尤其是班主任、体育教师的安排上，应适当增加女性教师的比例。第六，封闭式寄宿学校应加强对未成年女学生的人身保护。

4. 设置教师行业的禁入制度

研究表明，实施性侵未成年人的作案人存在着严重的“成瘾性”，这是重复对未成年人实施性侵害的主要动因，所以不应为有性侵未成年人犯罪记录者提供再次接触孩子的机会。一些国家为此采取了有效的杜绝措施，如美国的“梅根法”（Megan's Law）就是一例，对制止性侵未成年人犯罪起到了显著的效果。① 此外，美国一些州还提出了对有性侵儿童犯罪前科人员的住处进行限制，禁止他们住在儿童集中的区域，比如学校、儿童日托中心等附近。有的州甚至对罪犯实施了“民事关禁”，即将刑满释放的罪犯交由社会机构继续对其实行监管，把危险的性暴力侵害犯罪人员与社会进行隔离。②

保护未成年学生需要建立制度防火墙。中小学教师是与未成年人有密切接触的行业，为此建立“涉性侵害违法犯罪人员信息库”，把性侵害未成年人违法犯罪信息查询设置为教师资格申请和教职工招聘的前置程序十分必要。已有一些地方的检察机关联合相关部门建立了性侵害未成年人犯罪案件信息库和入职查询制度，制定了限制涉性侵害违法犯罪人员从业办法，实现了对教师入职人员的审查。

第三节　教师权利救济

一、权利救济概说

在社会生活中，当权利人的实体权利遭受侵害时，一般都会采取某种补救措施，以期消除侵害，或者获得一定的补偿或者赔偿，此即所谓的权利救济。权利救济的历史轨迹表明，早期的救济以私力救济为主，这种救济方式具有不可预测和不易控制的性质，极易造成社会秩序的混乱，因此以国家为主导的公力救济开始出现并逐渐成为权利救济的主要形式。公力救济是人类为了自身生存和发展而建立的解纷机制，其区别于自力救济的特点在于：受理机关法定，有严格的受理范围和审理程序，有明确的申请和起诉期限，审理方式明确，做出的决定具有法律效力。这些特点使社会生活保持了一个相对平衡的共同体秩序，有利于人们尽快彻底摆脱利益冲突的束缚和影响，回到正常的生活轨道，因此公力救济是一种法律救济，是依据法律的或者类法律的方式对当事者受到损害的权利进行的救济，具有以往权利救济形式不曾具有的安全感和稳定预期，在现代文明社会中已成为主要的权利救济方式。

公力救济主要包括司法救济、仲裁救济和行政救济等方式。其中司法救济是指法院在权利人权利受到侵害而依法提起诉讼后依其职权按照一定的程序对权利人的权利进行补救。仲裁救济是法院外提供的一种救济方法，意在根据当事人之间的合意即仲裁契约，把基于一定的法律关系而发生的纠纷，委托给法院以外的第三方进行裁决。行政救济则是指行政机关作为救济主体为权利人提供的法律救济方式。行政救济是行政主体提供的救济方式，其途径主要是行政复议，与教师权利救济相关的仲裁主要是对人事争议进行

① 马克．美国性犯罪者登记制度的实证研究及反思［J］．政法学刊，2014（3）：54-58．1994年7月，美国新泽西州一名年仅7岁的小女孩梅根·康卡（Megan Kanka）受心怀不轨的邻居邀请去他家看其养的宠物，结果被强奸并杀害。此人系恋童癖，之前已经有两次性暴力侵害犯罪记录。梅根的父母认为，如果他们对这一情况有所知晓，将会采取恰当的措施保护自己的孩子。事件发生3个月后，即1994年10月，新泽西州立法机关制定了《犯罪登记与社区公告法》，即“梅根法”。根据该法规定，确定有罪的性犯罪人必须向执法机关进行登记，通过公众网站、报纸、宣传手册或其他形式，把性犯罪者的姓名、照片、住址、监禁日期和犯罪事实等告知社区的居民。

② 刘军．性犯罪记录之社区公告制度评析：以美国“梅根法”为线索．［J］．法学论坛，2014（2）：85-91．

调解或裁决的是人事争议仲裁。

我国《宪法》第 41 条规定了公民的申诉权利，这是公民权利救济的宪法依据。依据宪法建立的我国权利救济制度主要包括司法救济、仲裁救济和非诉讼的行政司法救济等类型。当教师对学校或其他教育机构及有关政府部门做出的处理不服，或其合法权益受到侵害时，其可以通过上述救济方式向有关的国家机关申诉理由，请求重新做出处理。

二、教师申诉制度

（一）教师申诉制度的行政性质

教师申诉制度是指教师对学校或其他教育机构及有关政府部门做出的处理不服，或其合法权益受到侵害时，向有关教育行政部门或其他政府部门申诉理由，请求重新做出处理的制度。教师申诉制度是专门为教师这一特定人群设立的一种救济制度，是在宪法赋予公民享有的申诉权的基础上，将教师这一特定专业人员的申诉权利具体化的法律制度。其从提出申诉到申诉的受理和处理都是按照行政程序而非司法程序进行的，因此是一项非诉讼意义上的行政申诉制度，有别于诉讼法上的向法院或检察院提出申诉，请求再审的申诉制度。教师申诉制度由行政机关依法对教师的申诉做出行政处理，因此有利于减轻法院的办案压力，提高权利救济的质量和法律效力。

教师申诉制度是以教师作为申诉主体，以学校或其他教育机构及有关政府部门的违法或不当行为为申诉内容，以政府行政部门为申诉受理机关而构建组成的。教师申诉制度是以《宪法》第 41 条规定的公民申诉权为基础，由《教育法》和《教师法》确立一项正式的法律救济制度。教师申诉制度的着眼点就在于为教师提供一条正规的法律救济途径，当教师的合法权益受到学校或有关行政部门权力的侵害时，其能够据此排除权利行使中的不法或不当的阻碍，使受侵害的权利恢复原状或者使被损害的利益得到弥补。这样一项制度的建立，使教师的权利救济具有了法律的确定性与严肃性，各级行政机关在受理教师申诉后，必须在规定期限内做出处理决定，处理决定对申诉人与被申诉人双方均具有约束力，并且，那些违反教师申诉制度有关规定的行为也将构成违法行为，必须承担相应的法律责任。

（二）教师申诉的主体

教师申诉的主体是教师，即履行教育教学职能的专业人员，包括事业编制和非事业编制教师，学校或教育机构中的教育教学辅助人员，如实验员、电教人员，可参照《教师法》的规定来执行。教师申诉一般由教师本人直接提出。特殊情况下，也可委托代理人行使申诉权，代理人必须遵照委托人的意愿进行申诉。

（三）教师申诉的受理机关

教师对学校或其他教育机构及有关政府部门做出的处理不服，或其合法权益受到侵害时，可以向有关教育行政部门、同级人民政府或者上一级人民政府有关部门申诉理由，请求重新做出处理。作为非诉讼的教师权利救济方式，教师申诉制度是以行政机关作为救济主体向权利人提供的内部救济方式，教育行政部门是教师申诉的受理机关。《教师法》第39条规定："教师对学校或其他教育机构侵犯其合法权益的，或者对学校或者其他教育机构作出的处理不服的，可以向教育行政部门提出申诉，教育行政部门应当在接到申诉的三十日内，作出处理。教师认为当地人民政府有关行政部门侵犯其根据本法规定享有的权利的，可以向同级人民政府或者上一级人民政府有关部门提出申诉，同级人民政府或者上一级人民政府有关部门应当作出处理。"此规定中的被申诉人是侵害教师合法权益的学校或其他教育机构，以及当地人民政府有关行政部门，为此教师申诉的受理机关以被申诉人的不同分为如下两种情况：如果教师对学校或其他教育机构提出申诉的，受理申诉的机关为主管的教育行政部门；如果教师对当地人民政府的有关行政部门提出申诉的，受理申诉的机关可以是同级人民政府或者是上一级人民政府对口的行政主管部门。

此外，教育部在2012年公布的《全面推进依法治校实施纲要》中明确，学校应当设立教师申诉或者调解委员会，就教师因职责权利、职务评聘、年度考核、待遇及奖惩等与学校及有关职能部门之间发生的纠纷，或者对学校管理制度、规范性文件提出的意见，及时进行调处，做出申诉结论或者调解意见。教师申诉或者调解委员会应当有广泛的代表性和权威性，成员应当经教职工代表大会认可。

（四）教师申诉的范围

教师申诉的范围包括学校和其他教育机构以及当地人民政府有关教育行政部门的违法行为或不当处理，包括教师认为学校侵犯其在职务聘任、教学科研、工作条件、民主管理、培训进修、考核奖惩、工资福利待遇、退休等方面的合法权益的；教师对学校做出的对考核结果、处分决定等不服的；教师认为当地人民政府的有关行政部门侵犯其合法权益的；等等。

教师个体之间的纠纷、经教职工代表大会讨论认定的教师行政处分，教师已向教育行政部门、同级人民政府或者上一级人民政府有关部门提出申诉的，不在受理范围。

（五）教师申诉的程序

教师申诉程序分为三个步骤，依次为提出申诉、受理申诉和处理申诉。

1. 提出申诉

教师应该明确申诉的受理机关，而且以申诉书形式向申诉受理机关申诉。申诉书内容包括：（1）申诉人的基本情况，即姓名、性别、年龄、住址等；（2）被申诉人的基本情况，即名称、地址、法定代表人的姓名和职务等；（3）申诉要求，即对受理机关进行处理的具体要求以及获得之补救；（4）申诉理由，即针对申诉要求提出被申诉人的错误以及纠正错误的法律和政策依据，并陈述理由；（5）附项，写明并附交有关的物证、书证或复印证等。

教师除了向教育行政部门提出申诉外，还可向学校教师申诉委员会提出申诉。教师提出申诉除必须符合法定申诉范围及有明确的理由和请求外，应以法定形式提出，即以书面形式递交申诉申请书，并附相关资料。申诉书应当列明申请人的姓名、职务及其他基本情况，申请复核的事项、理由及要求，提出复核申请的日期等。

2. **受理申诉**

申诉受理机关接到申诉书后，应及时对申诉人的资格和申诉条件进行审查，并在接到申诉书的次日起，于 30 日内根据不同情况作出相应处理决定：对于符合申诉条件的，应予以受理；对于不符合申诉条件的，应以书面形式决定不予受理并及时通知申诉人；对于要求不明确或陈述事实不详的，可要求申诉人重新提交申诉书；对于不属于本部门管辖范围的申诉案件，应移送有管辖权的部门办理并及时告知申诉人。

对决定受理的教师申诉案件，申诉受理机关应进行全面检查，在查明事实的前提下，根据有关政策法律、行政法规、地方性法规和规章做出如下处理决定：（1）学校、其他教育机构或教育行政机关的管理行为事实清楚，程序合法，适用法律法规正确的，应维持原处理决定；（2）被申诉人违法行为侵犯申诉人合法权益的，应当责令限期改正；（3）被申诉人的管理行为事实清楚，适用法律、法规正确，但处理不当的，应当予以变更；（4）被申诉人的管理行为适用法律、法规和规章存在部分错误的，或处理决定事实不清的，可以变更或责令被申诉人重新做出处理；（5）被申诉人的管理行为程序违法、超越职权或适用法律、法规和规章错误的，应撤销原处理决定。

3. **处理申诉**

受理机关作出申诉处理决定后，应将处理决定书发送当事人。申诉处理决定书自送达之日起生效，如果申诉当事人对处理决定不服，可以向原处理机关隶属的人民政府申请复核或依法提起行政复议或行政诉讼。教育行政部门逾期未作处理或者久拖不决的，若申诉内容涉及人身权、财产权及其他属于行政复议、行政诉讼受案范围的，申诉人可依法提起行政复议或行政诉讼。

三、人事仲裁

仲裁是在诉讼外提供的又一条权利救济途径，即根据当事人之间的合意即仲裁契约，把基于一定的法律关系而发生或将来可能发生的纠纷的处理，委托给法院以外的第三方进行裁决。仲裁程序主要包括仲裁申请、受理、开庭审理、调解、裁决等主要环节。与诉讼相比，仲裁程序简便、结案较快、费用低廉、裁决易于得到执行，既可以弥补诉讼的不足，与之形成互补，又与诉讼形成竞争，互相牵制，提高办案效率。

（一）仲裁受理机构

教师权利的仲裁救济主要涉及的是人事争议仲裁，这是仲裁机构对人事争议进行调解或裁决的行政司法活动，是行政权力与司法权力相结合而形成的一种解决人事争议纠纷的方式。教师管理制度改革特别是推行聘用制后，经常出现人事关系的变更和解除，由此产生的人事纠纷不断增加。为化解人事矛盾，处理好学校中的人事争议，2003 年人事部、教育部印发的《关于深化中小学人事制度改革的实施意见》规定，教师与学校在履行聘用（聘任）合同时发生争议的，由设在当地教育行政机关或学校中的教师人事争议调解委员会先行调解，在查明事实、分清责任的基础上促使当事人双方自愿达成协议。调解未果的，当事人可以申请仲裁。这一规定表明，教师人事争议的仲裁机构是当地的人事争议仲裁委员会，而人事争议调解委员会的调解则是人事争议仲裁的前置程序。

人事仲裁机构实行体现多方原则的仲裁委员会组成制度。省（自治区、直辖市）、副省级市、地（市、州、盟）、县（市、区、旗）设立人事争议仲裁委员会。人事争议仲裁委员会独立办案，相互之间无隶属关系。为体现多方原则，使人事争议仲裁委员会更具有代表性，仲裁委员会应由五方人士组成，即公务员主管部门代表、聘任（用）单位代表、工会组织代表、受聘人员代表以及人事专家和法律专家。人事争议仲裁委员会组成人员应当是单数，设主任 1 名、副主任 2～4 名、委员若干名。同级人民政府分管人事工作的负责人或者政府人事行政部门的主要负责人任人事争议仲裁委员会主任。

（二）仲裁的受理

当事人应从知道或应当知道其权利受到侵害之日起 60 日内，以书面形式向有管辖权的人事争议仲裁委员会申请仲裁。人事争议仲裁委员会在收到仲裁申请书之日起 10 个工作日内，认为不符合受理条件的，应当书面通知申请人不予受理，并说明理由；认为符合受理条件的，应当受理，将受理通知书送达申请人，将仲裁申请书副本送达被申请人。仲裁庭处理人事争议案件，一般应当在受理案件之日起 90 日内结案。需要延期的，经人事争议仲裁委员会批准，可以适当延期，但是延长的期限不得超过 30 日。

人事争议仲裁的受理实行级别管辖为主、级别管辖与属地管辖相结合的制度。中央机关、直属机构、直属事业单位及其在京所属事业单位的人事争议由中央机关及其所属事业单位人事争议仲裁委员会处理。中央机关在京外垂直管理机构以及中央机关、直属机构、直属事业单位在京外所属事业单位的人事争议，由所在地的省（自治区、直辖市）设立的人事争议仲裁委员会处理，也可由省（自治区、直辖市）根据情况授权所在地的人事争议仲裁委员会处理。

教师人事争议仲裁的受案范围主要包括公立学校与其事业编制教师之间因解除人事关系、履行聘用合同发生的争议以及法律、法规规定可以仲裁的其他人事争议。公立学校中的临聘教师，包括代课教师、外籍教师等，与学校构成的关系并非人事聘用关系，而是劳动合同关系，因此其与学校产生的劳动争议不适用人事仲裁。根据《劳动合同法》，二者的争议可以向劳动争议仲裁委员会申请解决。

（三）人事争议案件处理的基本形式

仲裁庭是处理人事争议案件的基本形式。仲裁庭一般由三名仲裁员组成。人事争议仲裁委员会指定一名仲裁员担任首席仲裁员，主持仲裁庭工作；另两名仲裁员可由双方当事人各选定一名，也可由人事争议仲裁委员会指定。简单的人事争议案件，经双方当事人同意，人事争议仲裁委员会可以指定一名仲裁员独任处理。案件经仲裁庭合议后按照多数仲裁员的意见做出仲裁裁决。

四、行政诉讼

行政诉讼是指公民、法人或者其他组织认为行使国家行政权的机关和组织及其工作人员所实施的具体行政行为，侵犯了其合法权利，依法向人民法院起诉，人民法院在当事人及其他诉讼参与人的参加下，依法对被诉具体行政行为进行司法审查并做出裁判，从而解决行政争议的制度。行政诉讼对保障一个国家依法行政，建立法治政府，确保公民、法人或其他组织合法权利免受行政权力的侵害，具有十分重大的意义。

作为一种司法救济，行政诉讼的救济范围具有广泛性，救济方式具有被动性，程序具有法定性，结果具有强制性，效力具有终局性。司法机关依靠一系列公正且严谨的程序以及法官的人格要求和职业专长，在很大程度上保障了其中立性、客观性和公正性，这是包括行政机关在内的其他机关所难以比拟的。

（一）受案范围

为使仲裁和司法有效衔接，《人事争议处理规定》第 3 条规定，对人事争议仲裁裁决不服的，可以向人民法院提起行政诉讼。因此人民法院的受案范围为事业单位与其工作人员之间的人事争议，属于民事诉讼的范围，由用人单位或者合同履行地的基层人民法院管辖。当事人提起诉讼的争议案由须是不服从人事争议仲裁机构裁决，没有经过人事仲裁机构裁决的人事争议案件，人民法院一般不予受理。此外，行政诉讼还包括向人民法院申请强制执行，即对生效的仲裁调解书或裁决书，一方当事人在规定期限内不履行的，另一方当事人可以向人民法院申请强制执行。

（二）当事人及其权利

人事争议诉讼的当事人是事业单位的职工，诉讼标的主要是人事权益。在行政诉讼中，当事人依法享有广泛的、平等的诉讼权利，同时也承担必要的诉讼义务。当事人享有诉讼权利，是为了维护其合法权益；当事人履行诉讼义务，是为了维护诉讼秩序，保障诉讼的顺利进行。根据《行政诉讼法》及有关法律、法规的规定，当事人的诉讼权利主要有：

（1）原告有向人民法院提起行政诉讼的权利，在诉讼中还有放弃、变更和增加诉讼请求的权利；

（2）被告对原告的起诉，有应诉答辩的权利；

（3）申请审判人员、书记员、鉴定人回避的权利；

（4）委托诉讼代理人进行诉讼的权利；

（5）使用本民族语言文字进行诉讼的权利；

（6）经人民法院许可，向证人、鉴定人和勘验人员发问的权利；

（7）经人民法院许可，查阅、复制本案庭审材料及有关法律文件的权利，但涉及国家秘密或个人隐私的除外；

（8）查阅、改正庭审笔录的权利；

（9）在审判前，原告有撤诉的权利，被告有发迹其所作的具体行政行为的权利；

（10）在诉讼过程中有申请人民法院采取财产保全措施的权利。

（三）起诉期限

教师不服复议决定的，可以在收到复议决定书之日起 15 日内向人民法院提起诉讼。复议机关逾期不作决定的，申请人可以在复议期满之日起 15 日内向人民法院提起诉讼。因不可抗力或者其他不属于其自身的原因耽误起诉期限的，被耽误的时间不计算在起诉期限内。

（四）行政起诉状的格式

行政起诉状应当包括：原告的基本情况（如果是法定代理人代为起诉的，还要写明代为起诉人的基本情况）；被告的名称、地址及其法定代表人；具体的诉讼请求；事实与理由；提供的证据名称和来源，证人姓名和住址；受理法院的名称、本人签名或者盖章以及写起诉状的时间。

第七章
教师聘用制

第一节 教师人事制度改革与教师聘用制的施行

我国于20世纪90年代开始推行事业单位人事制度改革，事业单位改革的目标是按职能划分为国家机关、事业单位、企业的不同类别，进行分类管理，并建立相应的管理制度。公办学校岗位设置及聘用管理制度的创新是事业单位人事制度改革的一个重要方面，有利于公办学校调整岗位结构，优化资源配置，推动学校的持续、协调发展。

一、公办学校教师人事制度改革

在我国，公共服务的提供或通过政府，或通过事业单位及各类社会服务机构，其中事业单位在公共服务中具有举足轻重的作用。尤其是随着社会对公共事务关注度的日益提高，事业单位的重要性已被充分认识，为此改革事业单位管理、提升公共服务品质已成为近年来公共服务管理领域的一件大事。一个社会，在满足了衣食住行等基本生活需要之后，对教育、医疗、文化等产品和服务的需求就会不断上升，其不仅表现为对数量的需求，更表现为对质量的重视。而事业单位除了要完成传统的职能之外，还要不断承接政府转移出来的新职能，其运行机制变得越来越复杂，由此产生与社会需要不相适应的问题，其所提供的公共产品与民众对其要求之间的差距越来越大，某些时候甚至导致突出的社会矛盾。

从20世纪末开始，我国对事业单位人事制度曾进行了多年的改革探索。聘任制、聘任合同与聘用制、聘用合同是先后出现在我国公办学校政策、法律文件中的几个概念。聘任制和聘任合同可见于《教师法》《教育法》以及早期的许多行政规章中，可见把教师纳入事业单位聘用制是我国教育政策与法律一贯坚持的做法。从2000年开始，我国正式启动了事业单位的人事制度改革，推行事业单位聘用制是其中的一个重要改革思路。2002年国务院办公厅转发了人事部《关于在事业单位试行人员聘用制度的意见》后，正式将聘用制确定为事业单位的基本用人制度。在推行教师聘任制的初期，虽然法律已明确教师聘用合同中的聘用主体是学校，但各地的实际做法却比较随意，聘用主体可以是学校，也可以是教育行政部门，或者是两个主体分别与教师订立聘用合同。由于聘用主体不确定，因而合约双方形成的法律关系性质不确定，最终导致了聘用制性质的不确定。在这种情况下，教师与学校的聘用关系究竟构成何种性质，教师应以何种身份履行教育教学职责就一直处于一种模糊不清的状态，以至于实践中产生了某些模棱两可的做法，如层层聘任制、逐级聘任制、末尾淘汰制等，不仅造成教师管理上的混乱，而且给教师的合法权益造成损害。尤其是《公务员法》和《劳动合同法》的颁布，使事业单位的人事聘用是否适用《劳动合同法》问题成了事业单位人事制度改革的焦点。由于事业单位的人事聘用关系出现了某些与企业劳动关系相似的横向性质，可以有条件地适用《劳动合同法》，一些人因此把事业单位的人事聘用关系与企业劳动关系二者画上了等号。在这种情况下，是否还需专门的人事立法就成为人事制度改革必须回答的一个问题。

事业单位是具有公共服务属性的独立的社会组织，是我国《宪法》规定的六类社会组织之一，也是《民法典》规定的非营利法人之下的事业单位法人，所实行的人事管理体制应体现事业单位的公益性质。① 从这样一种理解出发，我们应当把事业单位看成一类提供公共服务的社会组织，坚持和维护公共利益、实现社会公平是事业单位的义务所在。事业单位人事制度改革的目的在于转变事业单位的用人机制，更好地实现本身的公共服务职能，而非将事业单位与其工作人员的人事关系简单地转变为劳动聘用关系。事业单位的工作岗位是一类公共职位，其工作人员是利用专业知识为公众服务的公职人员或具有公务性质的专业人员。事业单位与其工作人员之间的聘用关系，不仅涉及聘用双方的利益，而且与公共利益、国家利益、公众利益密切相关，属于公共服务关系的一部分，而与企业劳动关系不同。在这一聘用关系中，相对于个人利益和单位利益而言，对公共利益的维护和保障处于优先的地位，因此对人事聘用关系的调节应遵循公益优先原则，而其与《劳动合同法》所规定的劳动者利益优先原则存在着根本的差异，所以必须通过专门的立法予以规范。

2011年，中共中央办公厅、国务院办公厅发布了《关于进一步深化事业单位人事制度改革的意见》，规定实行分类设置岗位。由此事业单位开始出现不同的类型，其中公益一类事业单位在审批编制内设岗，通过控制编制规范人事管理，建立内部用人机制；公益二类事业单位在备案编制内设岗，定岗不定编，赋予单位灵活的人事管理权。两类事业单位聘用制所产生的聘用关系也开始分化，前者更强调隶属性，而后者更强调对等性。

---

① 我国《宪法》序言的最后一款规定了我国的六大类社会组织，即国家机关、武装力量、各政党、各社会团体、各企业事业组织。《民法典》第88条规定，具备法人条件，为适应经济社会发展需要，提供公益服务设立的事业单位，经依法登记成立，取得事业单位法人资格；依法不需要办理法人登记的，从成立之日起，具有事业单位法人资格。

在这种背景下，再笼统地讨论事业单位人事制度的性质已无必要。

其间，在国家的统一部署下，教师人事制度改革在全国各级各类公办学校中也迅速推开，公开招聘成为录用新人的制度创新。教师人事制度改革的复杂性在于，学校类型的多样性特征决定了不同学校教师的职业特征具有很大的差异性，因此在人事管理上具有不同的制度特征。具体来说，公办中小学校应侧重鼓励教师职业的长期稳定性，在教师的招聘、绩效的考核、工资制度的设计上只有以长期稳定为核心，才能引导他们全身心投入教学工作，不断积累经验，提高教学水平。与中小学教师不同，高等学校教师的职业特点是教学与科研并重，为此要创造宽松的学术氛围，鼓励教师的学术发展，这就要求人事管理制度从制度设计上应为高等学校教师更好地发挥自己的主观能动性创造条件。

教师人事制度改革是指公办学校基于事业单位改革的大方向，在岗位设置、公开招聘和竞聘上岗、聘用合同、考核奖惩以及人事争议处理等方面所进行的破旧立新，使学校的人事管理做到有法可依、有章可循。改革之前，学校因其所具有的公共性质，通常都实行公职制，在管理上大量适用或者参照准用行政机关的人事管理规则，学校与教师之间构成一种严格意义上的上下级从属关系，其行政特征远胜于公共服务特征。因此，对于公办学校而言，教师人事制度改革的特殊重要性在于有利于摈除人事制度中的行政化、等级化倾向，最终形成有利于开展教育教学活动的人事管理制度。对于一所学校而言，离开了优秀的教职员工，学校就不可能生存和发展，为此有效的人事管理是保障其生存、发展的制度基础。另外，教师职业是一种智力程度较高的职业，需要有较高的专业标准和专业训练，因此一所学校的教育质量不仅取决于教师的劳动积极性和职业责任感，而且在很大程度上取决于教师的专业素养和业务能力。学校人事制度改革旨在通过公开招聘、竞聘上岗，鼓励和组织符合条件的人员广泛参与，以岗位职责、岗位任务和任职资格为标准，以品德、业绩和能力为依据，按照规范程序，评价和遴选人才，建立一种适应教师职业要求的人事管理制度。

二、教师人事制度改革的法律依据

2014 年 4 月，国务院发布了《事业单位人事管理条例》。这部行政法规在事业单位体制分类改革的基础上，以立法形式规定了事业单位人事制度改革的基本原则和基本制度，结束了公办学校教师长期以来在聘用教师上的随意现象。该条例根据事业单位的公共服务机构特点，借鉴企业管理制度，规定了事业单位进人用人的聘用制度，为事业单位人事管理提供了明确的法规依据。该条例从法律上确认了事业单位的人事制度改革，解决了以往政策调整在用人机制、聘用合同、奖惩等激励保障机制以及人事争议处理等方面一直未曾解决的问题，使事业单位人事管理实现了有法可依、有章可循。

（一）《事业单位人事管理条例》具有优先适用性

事业单位的人事制度是为保障公共服务机构公益性、促进公共服务事业发展而设立的具有行政法性质的公共服务制度，与劳动法上的劳动用工制度不同，前者由《事业单位人事管理条例》等调整，而后者则由《劳动合同法》等调整。事业单位聘用制和劳动用工制度二者虽有性质上的区别，但同时又存在着立法上的密切关联。《劳动合同法》第96条规定："事业单位与实行聘用制的工作人员订立、履行、变更、解除或者终止劳动合同，法律、行政法规或者国务院另有规定的，依照其规定；未作规定的，依照本法有关规定执行。"这就是说，虽然《事业单位人事管理条例》的效力等级低于《劳动合同法》，但依据上述规定，二者构成了特别法和一般法的关系，《事业单位人事管理条例》具有优先适用性。《事业单位人事管理条例》已规定的，依照其规定；该条例没有做出特殊规定的，适用《劳动合同法》的相关规定。如《事业单位人事管理条例》规定了事业单位和工作人员单方解除聘用合同的制度，未规定且未禁止双方协商解除聘用合同，对双方协商一致的情况，此时应执行《劳动合同法》第36条关于用人单位与劳动者协商一致，可以解除劳动合同的规定。又如《事业单位人事管理条例》第19条涉及了聘用合同的依法终止，但并未就终止的情形作出规定，对此就应适用《劳动合同法》第44条的规定。

优先适用原则的适用在于两个法律文件在制度属性上所具有的差异性，即《劳动合同法》和《事业单位人事管理条例》分别属于两种不同的法律制度，前者属于社会法范畴，后者属于行政法上的公共服务制度。《事业单位人事管理条例》的优先适用说明公办学校的人事聘用制度在保障事业单位聘用合同当事人在择业和订立合同方面的自由权及其社会权时，首先应当考虑教育的公共服务属性和政府对此的要求，因此给予国务院发布行政法规或者直接做出其他行政性规定以优先的地位。这意味着事业单位人事管理的最终保障职责仍然保留于政府和立法机关，公办学校不得以学校人事制度改革为名排斥教育应有的公共服务性质。

（二）有关事业单位岗位设置的规定

为依法加强事业单位人事管理，提高事业单位管理效能，进一步推进事业单位人事制度的改革，《事业单位人事管理条例》围绕用人机制转化，初步建立了基于聘用制的事业单位人事管理制度，实现了由固定用人向合同用人、由身份管理向岗位管理的转变。岗位管理是事业单位人事管理的重要内容，分类设置岗位是转换事业单位用人机制，调动不同岗位工作人员积极性、创造性的重要举措，为此该条例以专章规定了事业单位的岗位设置，明确了事业单位的岗位类别、等级和设置程序等内容，为事业单位以岗聘人、用人提供了依据。该条例还健全了考核、培训、奖惩、工资福利和社会保险制度，完善了人事争议处理的规定等，以法律形式为事业单位人事管理制度建立了保障机制。

（三）有关事业单位公开招聘和竞聘上岗的规定

公开招聘、竞聘上岗是规范事业单位招聘工作，公平公正地选择工作人员的重要举措。其中公开招聘是对新进人员的一项措施，《事业单位人事管理条例》明确规定"事业单位新聘用工作人员，应当面向社会公开招聘"，并对"不宜公开"招聘的范围作出了限定；同时规定有关事业单位人员招聘的条件、范围、程序和时间安排、招聘办法、报名方法等信息均应向社会公开发布，招聘过程中有关资格审查、考试考核、面试等重要环节的进展情况也向社会及时公布，招聘结果一旦确定则应在大范围内及时公示。竞聘上岗是事业单位内部人员选拔，尤其是岗位晋升和重点岗位人员选拔的主要方式。竞聘上岗以岗位职责、任务和任职资格为标准，以品德、业绩和能力为依据，按照规范程序，评价和遴选人才。

（四）有关聘用合同的规定

根据事业单位聘用合同的特点和实际情况，《事业单位人事管理条例》规定了基于聘用合同的人事管理制度，破除了传统的行政性人事管理，统一了聘用合同的订立、履行、解除、终止，使聘用制成为事业单位人事管理的基本法律形式。该条例规定了聘用合同的期限、初次就业人员的试用期，明确了订立聘用至退休的合同的条件，列明了聘用合同解除的情形以及合同解除、终止后人事关系的终止。条例未做规定的，依照《劳动合同法》及其实施条例执行。

与《劳动合同法》订立劳动合同的程序性规定不同，《事业单位人事管理条例》从公共服务制度出发对当事人之间劳动合同关系的形成进行干预，对订立合同规定了必须实行公开和竞争原则的强制要求，限制了当事人合同订立的自由权，同时限制了事业单位聘用自主权的行使方式。

（五）有关激励和保障机制的规定

在激励和保障机制方面，《劳动合同法》认可劳动报酬就是对劳动者的激励和奖励，并提供基本的或者最低限度的国家保障。该法对劳动报酬没有设置上升限制，对劳动者获得所在机构的持股权不予限制，对劳动本身也不直接赋予特殊的社会意义或者道德意义。但《事业单位人事管理条例》却不同，其规定了奖励与激励方式分离的制度。在奖励方面，规定坚持精神奖励与物质奖励相结合、以精神奖励为主的原则，还规定了国家建立激励与约束相结合的事业单位工资制度，这意味着事业单位工作人员的工资同时具有激励和约束的作用，而不只是对所从事工作的经济回报。

（六）有关事业单位人事争议处理的规定

事业单位人事争议与劳动争议既有相同之处，也有不同之处。事业单位工作人员与所在单位作为平等主体发生的争议，与劳动争议性质相同，可以适用劳动争议调解仲裁法的规定。据此，《事业单位人事管理条例》原则规定：事业单位工作人员与所在单位发生人事争议的，依照《劳动争议调解仲裁法》等有关规定处理。但与劳动争议不同的是，事业单位人事争议还包括工作人员对考核结果、处分决定等不服发生的争议，这类争议不属于平等主体之间的争议，不适用调解、仲裁程序。为此，《事业单位人事管理条例》规定：事业单位工作人员对考核结果、处分决定等不服的，可以申请复核、提出申诉，而不进入劳动人事合同调解仲裁程序。①

---

① 于安. 公立高等学校教师聘用制度的立法新制研究：论《事业单位人事管理条例》在公立高等学校的适用[J]. 国家行政学院学报，2014（6）：60-64.

第二节　教师聘用制与教师聘用合同

一、事业单位聘用制概述

长期以来，我国的事业单位实行的是一套不同于企业，而近似于国家机关的人事管理制度。近年来政府管理职能与事业单位服务职能的分离、事业单位日益增长的公共服务职能分化，促使决策机关最终决定以聘用制取代传统的行政化人事管理，转换事业单位用人机制，加快推进聘用制改革。事业单位聘用制是以合同的形式确立事业单位与职工基本人事关系的一种用人制度，是事业单位与其聘用人员通过订立聘用合同，确定双方聘用关系，明确双方权利、义务的一种人事管理制度。相对于事业单位传统的任命制而言，实行聘用制旨在转换事业单位的用人机制，实现事业单位人事管理由身份管理向岗位管理、由行政任用关系向平等聘用关系的转变。事业单位聘用制强调单位自主用人、个人自主择业、政府依法监管和公正、平等、竞争、择优的原则，在确定的编制数额和人员结构比例范围内聘用工作人员，根据工作需要确定专业技术人员、管理人员和工勤人员岗位，按岗聘用，竞争上岗。一般的做法是由用人单位采取招聘或竞聘的方式，经过资格审查和全面考核后，由用人单位与受聘人员签订聘书，明确双方的权利义务关系和受聘人员职责、待遇、聘任期等。

事业单位聘用人员的基本程序和方法如下：

（1）成立聘用工作组织，制定聘用工作方案。聘用工作组织由聘用单位分管负责人及其人事部门、纪检监察部门负责人和工会会员代表组成，聘用专业技术人员的，还应当聘请有关专家参加。人员的聘用、考核、续聘、解聘等事项由聘用工作组织提出意见，报本单位负责人会议集体决定。聘用工作方案应经职工代表大会通过。未建立职工代表大会的，应经职工大会或者工会通过。

（2）事业单位制定的聘用工作方案报行政主管部门和同级政府人事行政部门备案。同级政府人事行政部门进行监督。

（3）公布聘用岗位、岗位职责、聘用条件、聘用待遇、聘期及聘用方法等事项。

（4）通过本人申请、民主推荐、负责人提名、公开招聘等形式产生应聘人选。

（5）对应聘人员进行考试或者考核，择优确定拟聘人选，公示拟聘结果。

（6）聘用单位负责人集体讨论决定受聘人员，公布聘用结果。

（7）订立聘用合同。

在上述程序和方法中，按照平等自愿、协商一致的原则签订合同是必需的。聘用合同使用主管部门统一制作的文本，分为短期、中长期和以完成一定工作为期限的合同。合同期限最长不得超过应聘人员达到国家规定的退休年龄的年限。对在本单位工作已满25年，或者在本单位连续工作已满10年且年龄距国家规定的退休年龄已不足10年的人员，若提出订立聘用至退休的合同，聘用单位应当满足。事业单位聘用合同可约定试用期，一般不超过 3 个月，最长不超过 6 个月，对大中专应届毕业生，试用期可延长至 12 个月。试用期包括在聘用合同期限内。不再被约定试用期的有：原有职工首次签订聘用合同和续签合同的；安置到事业单位工作的军转干部和复员退伍军人；引进的高层次人才、急需人才；等等。

（8）监督机制。

在事业单位聘用制的实施过程中，除了完善公开招聘制度外，还应建立社会监督机制，充分尊重公众对事业单位招聘过程的知情权、参与权、表达权和监督权，杜绝暗箱操作等潜规则，以确保聘用制真正落到实处。

二、教师聘用制

实行教师聘用制是世界各国通行的做法，并不存在影响教师职业公务性的问题。从国外立法看，大陆法系国家的教师一般规定为公务员，在教师聘任标准上，须经长期教育和实践训练并经过国家考试和见习后，方可正式聘用。教师在教育教学活动中出现违纪、违规的情况时，学校有权对其实施行政处分，但这种处分权并不包括解聘教师的权力。因此，对于教师而言，聘用制只是代表着一种任用方式，并未改变被聘用者所具有的公共服务性质。在近年来的事业单位改革中，公办学校教师的任用出现了较大变化，形成了事业编制和非事业编制两类不同的教师聘用制度类型。

（一）事业编制

任何社会组织为完成组织功能，都必须有合理的内部人员配置。人员编制是一种特殊的组织内部人员配置，指经过被授权的机关或部门批准的单位内部人员的定额、人员结构比例及对职位（岗位）的分配，一般包括：编制员额的规定；各职位（岗位）的名称、设置以及领导职数的规定；各类人员的比例结构的规定；人员配备的质量要求；等等。事业编制是国家为创造或改善工作条件，增进社会福利，满足人民文化、教育、卫生等需要而设置的人员编制。列入事业编制的单位，其工作人员的工资和活动经费除由国家事业费开支的外，还有部分事业单位的经费采取自收自支、差额补贴等办法。

事业编制虽与公务员编制同属于编内人员，在我国建立公务员制度前都属于国家干部范畴，适用同一类政策法规，具有某种共同性，但二者经过分化后已经产生了根本性区别。这表现在前者是公务员行政编制，而后者则是事业单位编制，公务员行使行政权，在法律上的权限要高于事业单位编制人员，二者是完全不同的。

2018 年的《关于全面深化新时代教师队伍建设改革的意见》已明确将中小学教师的身份规定为国家公职人员，这意味着具有公职人员身份的中小学教师由教育行政部门统一招考入编，人事和档案由招聘学校直接管理。事业编制教师虽实行聘用制，但仍属于编制内聘用人员，实行编制管理。教师与学校订立聘用合同后，建立的是一种人事性质的法律关系，体现的主要是教育主管部门、学校与教师之间的纵向隶属性质。由于事业编制教师在法律地位上的特殊性，这种法律关系实际上具有一定的特殊性，即既非典型的行政法律关系，也非典型的民事法律关系，而是一种介于行政法律关系和民事法律关系之间的特殊法律关系。应聘者一经被学校聘用，就成为学校组织的成员，与其所服务的学校实际构成了组织上的隶属关系，而非以双方地位平等为前提的民事法律关系。为了保证学校功能的实现，教师必须遵守国家的法律法规、行政规章以及学校的内部规章制度，服从学校的行政管理，完成学校交予的工作任务。因此，教师聘任合同中的相当一部分条款或由国家规定，或由校方规定，而不是由双方平等协商和约定。

很长一段时间，公办学校的人事编制权一直是由不同行政部门分别行使，以达到对事业编制的控制。如县级教师编制管理权在人社局，业务管理权在教育局。近年来，为促进基础教育学校的均衡发展，教师统一由教育局进行管理，对教师实行“县管校聘”，县域内合理调配，因此编内教师工资属于财政全额拨款，享受事业险（机关事业养老保险、职工医疗险、公务员险、工伤险、失业险等）以及职业年金和公积金待遇，薪资待遇随着工龄和职称不断提高。编内教师工作更加稳定、有保障。但这种招聘形式的教师，竞争激烈，考取的难度较大。有些中小学规定成为在编教师后，最低服务年限为 5 年，中间不能辞职。

（二）非事业编制

非事业编制破除了教师身份的终身制，教师不再纳入传统的事业编制范畴进行管理。在非事业编制的框架下，学校和教师之间的法律关系发生了根本性的变化。以往的教师与学校之间的行政隶属关系变成了平等自愿、双向选择、权利义务对等的聘用关系。非事业编制教师有权要求学校提供教研设备、工作场地、福利津贴等，也有权基于所承担公益和公共服务任务，享受国家薪酬或由公共财政负担相应的工资待遇。与此同时，非事业编制教师有义务完成学校设定的岗位职责，须遵守国家设定的行为规范。就权利义务的终止而言，学校通过聘用合同的解除终止聘用关系，且当教师与学校的岗位聘用关系终止时，其与国家的人事聘用关系也一并终止，即教师不再承担岗位职责，也不再享受国家财政供养。

1. 由人事部门管理的非事业编制

由人事部门管理的非事业编制是为达到人力资源合理配置而变审批制为备案制的编制管理方式，是一种按需设岗、公开招聘、平等竞争、择优聘用、严格考核、合同管理的人事制度，目前主要存在于高等学校。对于事业单位来说，编制是岗位设置、核定收支和财政给予补助的依据。由于高等学校的编制一直是核定的，因此自主办学受到了很大的限制。在取消了在职教师的事业编制后，高等学校教师由学校自主招聘、自行管理，通过明确的岗位职责建立教师岗位的聘用关系。在与政府的关系上，高等学校虽然保留了事业单位的属性，但与公办中小学校不同，在人事管理方面实行备案制管理，不再像过去那样必须报请上级主管部门批准，只须向人社和编制部门报备即可。有学者依据高等学校教师聘用的法律性质将其称为公共雇员制，即教师虽然与学校形成了一种雇佣关系，但这种关系仍然具有某种公共服务的性质，学校根据竞争和公平原则聘用教师并进行公正有效的人事管理，所形成的教师聘用关系类似于政府采购服务。公共雇员制所具有的多种法律属性使高等学校教师脱离了组织调配和个人服从的陈规，除了履行职务所必需的从属性工作关系以外，学校与教师之间建立在双方自愿的协议之上，因而有别于以往公办中小学的单位成员制，也有别于基于劳资关系的劳动用工制。①

2. 其他形式的教师聘用制

（1）合同制。合同制教师是由教育主管部门或学校向社会公开招聘的、不纳入事业编制的教师工作职位，包括代课老师、离退休教师、外籍教师等。合同制按照聘用主体的不同，可分为教育局聘用制和学校聘用制。二者仅是聘用主体不同，并无性质上的根本区别。合同制教师属于编外人员身份，其与学校所订立的合同属于劳动合同，不享受在编人员应该享受的各项政策优惠。这类教师不占编制，其薪酬由招聘单位自支自付，其人事档案不属于单位管理，而由政府人事部门所属的人才服务机构委托代办。合同制教师的招聘有相应的招聘原则、招聘职位的基本条件，政府相关部门对合同制教师也有相应的管理办法。合同制教师不参与在职教师的正常职级、职称晋升，也不能调动。其工资待遇按照合同规定的报酬给付，增长幅度由当地财政部门参照社会工资涨幅水平，定期或不定期整体性调节。用人单位按照《劳动合同法》规定实行按劳分配，与编内教师同工同酬。

（2）临聘制，即公办学校为弥补师资力量的不足而向社会公开招聘的、不纳入正式教师编制的临时性工作职位。临聘制人员工作时间较短且不固定，一般不需签署协议，离职过程较为简单，且所需程序较为方便。

（3）人事代理制。它是指以政府人社机构授权的人才服务中心作为第三方代为管理人事关系、办理人事业务、提供人事服务的人事管理制度。人事代理制是一种社会化的人事管理方式，其主管部门是人事部门，属于社会人事管理制度。人事代理机构（政府人事部门所属人才交流服务机构）接受用人单位或个人委托代理有关人事管理，用人单位与被聘用人员只受双方签订的聘用合同的约束。用人单位有用人自主权，而劳动者则有择业自主权和流动的权利。这一制度目前主要存在于高等学校，目的在于增加用人的灵活度，减少学校的管理负担，为人才引进、聘用、流动等提供多样化的处理方法与解决途径。

（4）劳务派遣制。其主要是一种企业的用工形式，现在也见于一些地方的教师聘用中。这是一类通过第三方劳务派遣机构招聘务工人员，由劳务派遣机构派遣到用人单位务工，由用工单位向务工人员发放薪酬的用工方式。在教师劳务派遣中，教师与劳务派遣机构形成劳动关系，而与学校形成的是劳务用工关系。劳务派遣制教师不是在编教师，不具有事业单位成员的地位，他们与劳务派遣机构形成劳务关系，与学校之间仅是一种简单的用工关系。劳务派遣制教师的薪资待遇包括五险一金等福利，由劳务派遣机构承担。

以上是公办学校教师聘用制度的若干类型。民办学校教师招聘与公办学校不同，实行备案制度，即在教师招聘工作启动前，必须将招聘简章、招聘宣传材料等报主管的教育和体育局备案，经审查同意后即可实施。民办学校教师招聘工作经领导班子集体研究，按照备案审查、发布简章、组织报名、资格审查、组织测试、考察体检、签订聘用合同

---

① 于安. 公立高等学校教师聘用制度的立法新制研究：论《事业单位人事管理条例》在公立高等学校的适用[J]. 国家行政学院学报，2014（6）：60-64.

的流程，严密组织，确保公平公正。民办学校不得招聘无相应学段学科教师资格证人员担任专任教师，聘任外籍教师应当符合国家有关规定。民办学校教师享有与公办学校教师同等的法律地位，民办学校及其举办者应当依法保障民办学校教师的合法权益和各项待遇。民办学校在教师的聘用和管理上，享有完全的缔约自由权。民办学校与教师所订立的是劳动合同，二者之间不存在行政隶属关系，而是一种以劳动为中介的、双方地位平等的劳动关系。民办学校与教师订立、履行、变更、解除或者终止劳动合同，都属于劳动关系，适用《劳动合同法》。民办学校要及时与聘用的教师依法签订劳动合同，按合同约定按时足额支付教师工资及奖金，依法组织教职工参加养老、医疗、工伤、失业、生育和大病保险，按规定及时足额缴纳社会保险费和住房公积金等。民办学校与教师的法律纠纷，可通过劳动调解、劳动争议仲裁和劳动诉讼等渠道解决。

三、教师聘用合同

教师聘用合同是事业单位聘用合同的一种具体类型，属于已确定一定名称的有名合同。从该合同的性质看，聘用合同应当是广义劳动合同的一种，但二者的不同之处在于，聘用合同是学校按照《事业单位人事管理条例》的相关规定和国家编制机构下达的编制限额聘用教师而订立的合同，比照公务员制度进行编制管理或岗位管理，不能随意解除合同；劳动合同则是用人单位按照《劳动法》和《劳动合同法》自主招用劳动者而订立的合同，劳动者和用人单位都可依法提出解除劳动合同，而不必经过对方批准。在争议处理问题上，由教师聘用合同纠纷发生的是人事争议，由人事争议调解组织、人事争议仲裁委员会和人民法院处理；劳动合同关系发生的是劳动争议，由劳动争议调解委员会、劳动争议仲裁委员会和人民法院处理。

（一）教师聘用合同的特殊性

教师聘用合同是事业单位聘用合同的一种，由聘用单位与工作人员按照国家有关事业单位的法律、政策，在平等自愿、协商一致的基础上订立，主要针对的是在职和非在职劳动者中有特定技术业务专长者，事业单位在招聘这些专业人员时，应当订立聘用合同。依法成立的合同受法律保护，内容主要涉及当事人之间设立、变更、终止民事关系，以及履行工作职责的权利义务等。

教师的身份属专业人员，因此学校在招聘教师时双方应当订立聘用合同，缔结人事关系并约定聘用期间的人事权利义务。教师聘用合同与劳动合同存在着某些共同特征，这种共同性首先表现在订立合同是双方当事人意思表示一致的法律行为，而不是单方面的法律行为。只有聘用单位和受聘人员双方在自愿基础上达成协议时，所订立的聘用合同才成立。其次，聘用合同中双方当事人的法律地位平等，这是双方实现权利义务的基础。学校在人事管理中虽处于优势地位，但作为聘用一方，其法律地位并不高于聘用人员，不能任意将其意志强加于对方。再次，依据《劳动合同法》的规定，事业单位与实行聘用制的工作人员订立、履行、变更、解除或者终止劳动合同，法律、行政法规或者国务院另有规定的，依照其规定；未作规定的，依照《劳动合同法》有关规定执行。

但由于事业单位是基于特定目的向社会提供公共服务，因此事业单位聘用合同除了具有一般劳动合同的要素外，同时也具有自己的特点。这些特点将聘用合同与劳动合同区别开来，使聘用合同成为一种独立的合同类型。这些特点表现在：一是适用范围不同。聘用合同以招聘或聘请劳动者中有特定业务专长者为专职或兼职的专业技术人员或管理人员为目的，受聘主体具有特定性，即除了必须是具有劳动能力的自然人外，受聘主体应当具有履行特定岗位职责能力，能够坚持正常工作。应聘担任特定职业资格岗位的，须持有相应的执业资格证书。二是政府干预的程度不同。国家对某些类型的事业单位仍实行直接管理，如事业单位的财政编制管理有全额拨款、差额补助和自负盈亏等不同形式，国家对其中由财政核拨经费的事业单位实行严格的编制管理，对差额补助的事业单位实行岗位备案管理。反映在事业单位聘用合同中，就是国家核拨经费的事业单位，聘用合同中的公共服务事项的目的、计划、实施方案及受聘主体的工资福利等仍须遵守国家的有关规定。三是所产生的法律关系性质不同。在事业单位聘用合同中，某些具有隶属性特征的事项和行为虽然开始出现横向型特征，但只限于合同的订立、解除、经济补偿金和赔偿金、期限、试用期、社会保险事项、违约等，聘任合同中的另一些事项和行为如工作时间、工作条件、考核、工资、奖励和处分等，所产生的法律关系仍具有纵向型的特征，不属于合同双方协商的事项，不能由双方约定。四是以上两类法律关系所产生争议的救济途径不同，前一种情形可以申请人事仲裁与诉讼，后一种情形除了其中的劳动人事争议可申请仲裁和诉讼，一般只能适用申诉。

虽然《劳动合同法》规定了有关事业单位工作人员的特殊条款，要求事业单位聘用合同的订立、解除、经济补偿金和赔偿金、期限、试用期、社会保险事项、违约等，应与劳动合同适用同一个标准，但聘用合同与劳动合同二者仍然存在明显的差异。这是因为事业单位聘用合同不仅应当反映聘用合同双方的利益和要求，也应当体现公共服务事业的国家意志，所以强调事业单位所从事活动的特定目的，强调事业单位的公益性质和责任，强调聘用合同与劳动合同之间的不同特征就是必要的。公办学校承担的公共职能决定了聘用合同中的某些条件只能以格式条款的形式出现，其他条件则由教师或学校提出，双方协商后以非格式条款形式订入合同。如教职工的职称评定、学位的授予职责等因具有行政授权的性质，适用与劳动合同不同的救济机制，因此需要在《劳动法》和《劳动合同法》规定之外制定特殊的合同条款。教师聘任合同中的某些职业保障条款如工作时间、工作条件、工资、纪律措施、解聘方式等，由于教师的教学责任比较特殊，一般不应由合同双方约定。又如教师的职业性质决定了教师的教学工作量和科研工作量不能按照定时工作制或不定时工作制来管理，只能按照劳动定额来合理确定，这也不属于合同约定的内容。为了更好地调整公办学校与其教师的关系，保障教师的合法权利，以上列举的内容都不属于双方协商的条件，而应由政府有关部门决定，并通过其提供的格式条款加以体现。因此教师聘用合同采用的是格式条款和非格式条款相结合的合同形式，是一种复合性的合同调节机制。

受行政法治原则和教育目的性原则的制约，不同类型的公办学校教师，其聘用合同文本中的格式条款和非格式条款的权重是不同的。在这一设计中，由于非格式条款反映了相对人的自由意思，体现了公平原则，所以为充分体现教师的意愿，应重视非格式条款的作用，除了不允许协商的事项，其他允许协商的事项均应优先使用非格式条款来约定。

（二）事业编制教师聘用合同

事业编制教师聘用合同适用于事业编制教师，是一种具有较强行政性和强制性的人事合同，具有较为明显的地位不对等和契约不自由特征。该类合同以实施公共教育为目的，按照事业单位有关编制、财政拨款、内部管理机制的相关规定，保留对合同权利的单方面处置权。这类聘用合同所针对的是一类具有纵向组织隶属性质的法律关系，主要适用于身份为公职人员的中小学教师。中小学教师按规定虽然必须订立聘用合同，但由于其职业活动比较特殊，所以必须通过一种有效的制约机制，使其公共事务的性质及其责任分别得以彰显和履行，教学活动得以正常开展。中小学教师职业的这一特殊性决定了中小学教师的聘用在性质上仍然沿用传统的事业编制用人机制，所订立的合同主要以格式条款为主。这意味着是否履行合同义务并不完全基于学校和教师双方的合意，而具有某种程度的行政强制性。其中所包括的教师应予完成的教育教学任务和教师的工资、福利待遇、职称评定等内容，都不属于约定的内容，而取决于法律、法规和行政部门的规定，因此这类教师聘用合同应当理解为一种具有行政性质的聘用合同，契约自由的适用只能在法律许可的框架中得到实施。订立这类合同的意义在于使公办学校得以通过聘用制的形式来保证公共教育事务得到有效实施。这类合同所涉及的教师聘用条件，如工作时间、工作条件、纪律措施、解聘和辞聘方式等，都应由相应的格式条款加以规定。教师聘用合同的其他条件则由教师提出，与学校协商，在合意基础上订立。事业编制教师与公办学校订立的聘用合同，期限一般不低于 3 年，学校不能随意解聘或者辞退教师。对在本单位工作已满 25 年，或者在本单位连续工作已满 10 年，且年龄距国家规定的退休年龄已不足 10 年的人员，若提出订立聘用至退休的合同，聘用学校应予以满足。

（三）由人事部门管理的非事业编制教师聘用合同

由人事部门管理的非事业编制教师聘用合同主要适用于学校中的专业人员，如高等学校教师就已明确为非事业编制，由学校公开招聘，纳入岗位管理，而非编制管理。但由于改革后的高等学校保留了事业单位性质，教师聘用由人事部门管理，聘用双方在平等自愿、协商一致原则和公开、平等、竞争、择优原则基础上订立聘用合同。与事业编制教师聘用合同相比，这类非事业编制聘用合同具有弱法定性和弱强制性：经双方当事人协商约定，可以在合同中约定聘用期限、岗位及其职责要求、岗位纪律、岗位工作条件、工资待遇、培训和继续教育、知识产权保护、聘用合同变更和终止的条件、违反聘用合同的责任等；还可以根据需要，就出国培训等事项订立专项条款，以此保证职工的参与权、知情权和监督权。高等学校虽有权依法对教师进行单方面的管理，但主要是依据聘用合同的约定条款对教师进行管理。由于约定条款反映了相对人的自由意愿，教师在职业保障制度的支持下，以个人能力参与职业的双向选择。除了不允许协商的条件，其他允许协商的条件一般都优先使用约定条款规定下来。

高等学校教师进修后辞聘问题，是高等学校教师聘用合同中约定条款的一个典型例子。在事业单位人事制度改革之前，高等学校从无辞聘现象发生，这是因为，原先的人事管理体制是一种隶属性的行政管理体制，个人自行离职会受到严厉的行政处分，甚至终生影响个人前途。但事业单位人事制度改革后，教师进修培训后辞聘、违反服务期协定的现象在高等学校中时有发生，一些教师利用学校的资助攻读硕士、攻读博士，取得学位后就要求调走，这成为困扰学校人事管理工作的一个难题。为了防止出现这类问题，许多学校在教师进修前与其订立协议，做出违约赔款的约定。对于如何理解违约金的问题，有人认为违约金只具赔偿性，在功能上主要为弥补一方违约后另一方所遭受的损失，因此应与受损方实际损失相对应。另有人认为违约金在功能上主要是对债务人的违约行为实行惩罚，具有惩罚性，应高于受损方的实际损失。还有人认为法律应当禁止设定服务期违约金，以体现国家对劳动者弱势群体的保护。

我国法律认同违约金的赔偿性。《劳动合同法》第 22 条规定："用人单位为劳动者提供专项培训费用，对其进行专业技术培训的，可以与该劳动者订立协议，约定服务期。劳动者违反服务期约定的，应当按照约定向用人单位支付违约金。违约金的数额不得超过用人单位提供的培训费用。用人单位要求劳动者支付的违约金不得超过服务期尚未履行部分所应分摊的培训费用。"2003 年《人事部关于印发〈事业单位试行人员聘用制度有关问题的解释〉的通知》中关于违约金的条款与《劳动合同法》的表述是一致的。《事业单位人事管理条例》继续认同原先的规定，而放弃了违约金的惩罚性。也就是说，教师获得学校资助进修后，如果违反服务期约定要求辞职，学校可以以违反服务期约定为理由收取违约金，但不能实施惩罚性赔偿或其他惩罚措施。违约金赔偿的数额只能是学校资助的成本，而不能高于资助成本，而且时间上还要减去其已经服务的年限。这是法律对高等学校教师的特殊保护，同时也给高等学校人事制度改革提出了新问题。①

（四）劳动合同

合同制、临聘制、劳务派遣制、人事代理制的教师聘用合同是一种典型的劳动合同，其与学校订立的合同内容包括工作内容、报酬、医疗、劳动保护待遇等方面的权利义务等，发生的合同争议适用劳动合同纠纷的处理方式调整，包括协商、调解、仲裁和诉讼。但学校聘用的离退休教师，因其已享受养老保险待遇，在聘用协议中不再规定报酬、医疗等内容。根据劳动部的规定，离退休人员与用人单位按照聘用协议的约定履行义务，提前解除书面协议的，应当按照协议的约定办理；未约定的，应当协商解决，此类争议不再适用劳动争议制度。

民办学校与教师订立的聘用合同属劳动合同，适用《劳动合同法》和《民办教育促进法》调整。

第三节　教师聘用的基本制度形式

近几十年来的教育变迁已经使传统的教师与政府、学校之间的法律关系发生了根本

---

① 石正义.《事业单位人事管理条例》相关法律问题解读［J］. 湖北科技学院学报，2015（1）：28-30.

性的变化，相关的政策法律已确认了教师职业的公务性和专业性。但教师法律地位的落实还需要一个长期的过程，其中法律制度的设计和实施对实现教师职业的性质具有关键性的作用。

一、教师资格制度

教师资格制度是有关教师资格获得、考核和丧失的职业许可制度，是教师职业保障的制度形式。教师资格制度的实施是伴随着教育发展中的问题而来的。特别是20世纪70年代，在经历了教育规模和数量的急剧扩张之后，在许多国家，教育质量危机开始凸显出来，由此要求教师专业化的呼声日渐高涨。已经实施教师资格证书制度的国家和地区则要求对教师的资格证书制度重新进行审视，而没有实行教师资格证书制度的国家和地区则开始将建立教师资格证书制度提上日程。《教师法》第10条规定："国家实行教师资格制度。中国公民凡遵守宪法和法律，热爱教育事业，具有良好的思想品德，具备本法规定的学历或者经国家教师资格考试合格，有教育教学能力，经认定合格的，可以取得教师资格。"这标志着在我国，教师资格制度得到了法律的确认。

教师资格制度大致包括如下几方面的内容：

（一）教师资格和准入制度

依照《国务院关于加强教师队伍建设的意见》，各级各类学校应严格教师资格和准入制度，提高教师任职学历标准、品行和教育教学能力要求。教师资格是国家实行的教师职业许可制度，是对专门从事教育教学工作人员的最基本要求，符合这种条件的人才允许成为教师。教师资格一般包括教师资格基本条件、资格认定、丧失和撤销的事由以及教师资格认定的程序等。《教育法》和《教师法》明确规定，在各级各类学校和其他教育机构中从事教育教学工作的教师，必须具备相应教师资格，没有相应教师资格的人员不能被聘为教师。

教师资格一经取得，即在规定范围内具有普遍适用的效力，非依法律规定不得丧失和撤销。教师资格的法定凭证为教师资格证书，在全国范围内适用。取得教师资格可在本级及以下等级学校和机构任教；中等职业学校实习指导教师资格只能在中专、技校、职高或初级职业学校担任实习指导教师。高级中学教师资格与中等职业学校教师资格相互通用。使用假资格证者，一经查出，五年内不得申报。

根据《教师资格条例》的规定，县级教育行政部门负责受理幼儿园、小学、初级中学教师资格认定；高级中学教师资格由县级教育行政部门审查后，报上一级教育行政部门认定；中等职业学校教师资格、中等职业学校实习指导教师资格由县级政府教育行政部门审查后，报上一级教育行政部门认定或者组织有关部门认定；受国务院教育行政部门或者省、自治区、直辖市政府教育行政部门委托的高等学校，负责认定在本校任职的人员和拟聘人员的高等学校教师资格；在未受国务院教育行政部门或者省、自治区、直辖市委托的高等学校任职的人员和拟聘人员的高等学校教师资格，按照学校隶属关系，由国务院教育行政部门或者学校所在地的省、自治区、直辖市政府教育行政部门认定。

为了落实教师资格，应建立与教师资格制度相配套的中小学、幼儿园教师职业准入制度。教师准入制度也是公开招聘教师的重要环节，有利于体现教师的职业特点，优化教师队伍，保证教师任用走向法制化轨道。按照现行规定，教师准入有一定的学历条件规定，其中：幼儿园教师应具有学前教育专业大专毕业及其以上学历；小学教师应具有高等师范专科学校或其他高校专科毕业及其以上学历；初中教师应具有高等师范学校或其他大学本科毕业及其以上学历；高中、中等职业学校教师应具有高等师范学校本科或其他大学本科毕业及其以上学历；中等职业学校实习指导教师应具有中等职业学校毕业及其以上学历；高等学校教师应具有研究生或者大学本科毕业学历；成人教育教师应具有高等、中等学校毕业及其以上学历。

为了严格教师资格和准入的条件，提高教师任职学历标准、品行和教育教学能力要求，我国从 2011 年开始试行定期注册制度。该制度废除教师资格终身拥有的做法，通过退出机制清理出不合格教师，提升教师队伍的质量和水平。按照这项制度的规定，中小学教师资格实行 5 年一周期的定期注册制度，每个注册有效期内完成不少于国家规定的 360 个培训学时或省级教育行政部门规定的等量学分。如教师无法通过再注册考核，将不再继续获得教师资格。

（二）教师资格考试制度

1. 教师资格考试申请时间

教师资格考试分为省考和国家统考，由教师资格认定机构或依法接受委托的高等学校办理考试事务，受理资格认定。教师资格统考地区考试一般分为上半年和下半年，上半年考试时间在 3 月中旬，面试时间在 5 月左右；下半年考试时间在 11 月初，面试时间在 12 月底至次年 1 月左右。

2. 报考程序

申请人在报考当年年底未达到国家法定退休年龄，具备《教师法》规定教师资格条件并自愿从事教师工作的，均可申请并依法接受幼儿园、小学、初级中学、高级中学、中等职业学校（含实习指导）教师资格的认定。

申请人在报考时需准备的材料包括：本人身份证原件和复印件；申请人为师范教育类专业毕业生的，须提供毕业证书原件和复印件；申请人思想品德鉴定表（在职人员由其所在单位提供，非在职人员由其户籍所在地乡（镇）政府或街道办事处提供），应届毕业生由所在学校进行思想品德鉴定；本人填写的教师资格认定申请表；由教师资格认定机构指定的县级以上医院出具的体格检查合格证明；普通话水平测试等级证书原件和复印件。

在校生（如普通高校三年级、应届毕业生）凭学生证或相关证明均可报名参加考试。应届师范生可在其毕业前的最后一个学期，向就读或拟任教学校所在地教师资格认定机构提出认定教师资格申请，申请时以学业成绩单代替学历证书，思想品德鉴定表由在读学校提供。其余要求与往届生相同。申请人上述材料经教师资格认定机构审查合格后，方可领取教师资格证书。非师范类往届毕业生在初审合格后，须参加由教师资格专家审查委员会组织的教育教学基本素质和能力考察，并提供教育学、心理学考试成绩证明。

如果符合条件，教师资格认定机构将在相应的受理期限内通知认定结果。

3. **考试科目**

国家统考地区的教师资格考试科目，幼儿园开考“综合素质”和“保教知识与能力”；小学开考“综合素质”和“教育教学知识与能力”；中学开考“综合素质”、“教育知识与能力”和“学科知识与能力”。

省级教师资格考试主要开考教育学和心理学课程，有些省份增加了教师职业道德、教育政策法规、学科专业素质、教育方法、教育教学基本素质和能力、教学法的考试内容。具体考试内容由当地教育行政部门或者受委托的高等学校规定。

（三）试用制度

2002 年 7 月，国务院办公厅转发人事部的《关于在事业单位试行人员聘用制度意见》，该意见第 4 条规定，聘用单位与受聘人员签订聘用合同，可以约定试用期。试用期一般不超过 3 个月；情况特殊的，可以延长，但最长不得超过 6 个月。另外，《事业单位人事管理条例》规定，初次就业的工作人员与事业单位订立的聘用合同期限 3 年以上的，试用期为 12 个月。依据上述规定，公办学校对初次聘用教师可以约定 3～6 个月的试用期；初次聘用教师为应届大中专毕业生的，试用期为 12 个月，试用期包括在聘用合同期限内。试用期的考核内容应在聘用合同中明确约定，考核不合格且不同意调整工作岗位的，单位可解除聘用合同。

聘用教师在试用期内提出辞职，应提前 3 天以书面形式向学校的劳动人事部门递交辞职通知书，不需要征得学校的同意。

民办学校属于企业或民办非企业单位，其教师的聘用属于《劳动法》和《劳动合同法》调整的范畴，因此试用期最长只能约定 6 个月，否则构成试用期违法约定，要支付赔偿金。试用期考核的内容应在劳动合同或企业制度中有明确约定，只有经考核不符合约定的录用条件的，才能够解除劳动合同。

二、教师招聘制度

选人用人是事业单位人事管理的重要内容，公开招聘、竞聘上岗是转换事业单位用人机制，实现对事业单位工作人员由身份管理向岗位管理转变的一种竞争性选拔方式。作为一种新的人事管理制度，公开招聘、竞聘上岗的用人机制不仅受法律的约束，而且受公共服务制度以及相关科技政策、教育政策、财政政策和知识分子政策的保护及其必要的政府规制。这些法律、法规和政府规制措施是公办学校行使聘用权的根据。2011 年中共中央办公厅、国务院办公厅《关于进一步深化事业单位人事制度改革的意见》规定，公益一类事业单位，在审批编制内设岗，规范人事管理，搞活内部用人机制；公益二类事业单位，在备案编制内设岗，赋予单位相对灵活的人事管理权。《事业单位人事管理条例》则进一步规定事业单位按照国家有关规定设置岗位，除了按规定应由国家政策性安置，或者按照人事管理权限应由上级任命、涉密岗位的人员以外，事业单位新聘用工作人员，应当面向社会公开招聘，竞聘上岗。为规范事业单位的公开招聘、竞聘上岗工作，中央事业单位人事综合管理部门负责全国事业单位人事管理的综合管理和监督检查工作；县级以上地方事业单位人事综合管理部门负责本辖区内事业单位人事管理的综合管理和监督检查工作。

公开招聘和竞聘上岗是学校推行聘用制度、实行人事管理改革的两个重要环节。公开招聘是指从学校外部公开引进人才，提高新进人员素质；竞聘上岗是指从学校内部竞争选拔人才，实现工作人员能上能下。为做好公开招聘工作，《事业单位人事管理条例》对公开招聘工作的程序做了原则规定：事业单位新聘用工作人员，应当面向社会公开招聘。条例同时规定国家政策性安置、按照人事管理权限由上级任命、涉密岗位等人员除外。

学校公开招聘工作人员按照下列程序进行：

(1) 制定公开招聘方案；

(2) 公布招聘岗位、资格条件等招聘信息；

(3) 审查应聘人员资格条件；

(4) 考试、考察；

(5) 体检；

(6) 公示拟聘人员名单；

(7) 订立聘用合同，办理聘用手续。

学校内部产生岗位人选，需要竞聘上岗的，按照下列程序进行：

(1) 制定竞聘上岗方案；

(2) 在本单位公布竞聘岗位、资格条件、聘期等信息；

(3) 审查竞聘人员资格条件；

(4) 考评；

(5) 在本单位公示拟聘人员名单；

(6) 办理聘任手续。

三、教师聘用程序

教师的聘用过程包括了受聘任教、工作变动、职业终止等方面，聘用的具体程序表现为招聘、续聘、解聘、辞聘等相互联系的几个环节。

（一）招聘

招聘即用人单位面向社会公开、择优选择具有教师资格的应聘人员。2005 年人事部发布《事业单位公开招聘人员暂行规定》，要求事业单位新进人员实行公开招聘。该暂行规定明确规定，除国家政策性安置、按照人事管理权限由上级任命、涉密岗位等人员外，事业单位新聘用工作人员，应当面向社会公开招聘。一般是用人单位经人才交流部门批准后，将所需人员的任职条件、职责及工资待遇等，以广告或启事的形式提出，并对应聘者进行审查和考核，其若符合条件即予以聘任。招聘、受聘双方订立聘任合同，明确双方的权利、义务和责任。聘任合同一经成立，即具有法律效力。招聘形式具有公开、直接、透明度高等优点。

聘用合同作为调节事业单位与聘用人员劳动关系的基本形式和手段，必须有期限规定，才能体现聘用双方的自主权利，充分发挥专门技术和管理能力。选择合理的劳动合同期限，有利于保护合同双方当事人的合法权益。聘用合同的期限是法律规定的合同的有效时间，起于合同生效之日，终于合同解除或终止之时。对流动性强、技术含量低的岗位一般订立 3 年以下的短期合同；岗位或者职业需要、期限相对较长的合同为中长期合同；以完成一定工作为期限的合同，根据工作任务确定合同的有效时间。合同期限最长不得超过应聘人员达到国家规定的退休年龄的年限。聘用单位与受聘人员经协商一致，可以订立上述任何一种期限的合同。

不同类别的学校与其教师订立的聘用合同因聘用目的不同而有所不同。我国中小学教师，其职业身份已确认为公职人员，直接受聘于所属的教育行政部门，通过订立聘任合同建立具有行政性质的聘用合同关系。具有公职人员地位的教师，其待遇、管理问题既不适用于职业公务员法律，也不适用于规定一般劳动合同关系的法律，而是由一套专门适用于教师公职人员的规章制度来调整。除用人单位对教师存在短期需求，须与教师订立固定期限合同的情况外，教师通常与用人单位订立无固定期限合同。

（二）续聘

聘任期满后，聘用学校与教师订立的聘任合同即失去法律效力。出于工作需要，聘用单位可与受聘者续订聘用合同，此即续聘。

教师聘用合同的期限一般定在 3 年以上，主要考虑到受聘人员以专业技术人才为主，订立比较长期的合同有利于建立稳定的人才队伍，保持科学研究、教育教学、公益服务等事业的延续性。聘用期满后，聘用单位与教师继续订立聘用合同的，通常是聘用单位对在聘教师的工作感到满意，教师对自己的工作状况和报酬感到满意而发生的双方合意性行为。续聘合同的内容可与上次聘任相同，也可以根据实际需要进行一定变更。如对在本单位工作已满 25 年或者在本单位连续工作已满 10 年且年龄距国家规定的退休年龄已不足 10 年的人员，提出订立聘用至退休的合同的，聘用单位应当与其订立聘用至该人员退休的合同。

（三）解聘

解聘即用人单位因某种原因不适宜继续聘任教师，双方解除合同关系。解聘的原因可能是用人单位发现聘任后受聘者不符合原定聘用条件，也可能是受聘者不称职或违反有关规定，已不适合继续聘任。我国《教师法》第 37 条对学校解聘教师的情况做出了明确规定，即：故意不完成教育教学任务给教育教学工作造成损失的；体罚学生，经教育不改的；品行不良、侮辱学生，影响恶劣的。这意味着在符合法定要件的条件下，学校可以解聘教师，教师非因以上法定事由及法定程序，不被辞退或者处分。2002 年的《国务院办公厅转发人事部关于在事业单位试行人员聘用制度意见的通知》明确了教师与学校的合同关系，列举了学校单方解除聘用合同的情形：

一是教师存在过错。例如从事违法犯罪活动，或者存在不道德的或不合适的行为，如疏忽大意、行为举止粗俗以及不履行工作责任的；教育教学能力不胜任，年度考核不合格且不同意调整工作岗位，或者连续两年年度考核不合格的；连续旷工超过15个工作日，或者一年内累计旷工超过30个工作日的，学校可以解除聘用合同。

二是教学岗位重组的需要。因学校面临结构性调整的需要向教师提供另一份工作时，教师必须无条件地服从调任新工作的决定，如教师拒绝接受新的工作，学校可以解聘该教师。此外，工作量或任务急剧减少、长期的或永久性的经济原因都有可能导致调整教师的工作，然而只有在教师拒绝被调动至另一份任务相似的工作岗位或不能接受再培训的情况下，学校才可以做出解聘教师的决定。

三是健康原因。受聘教师患病或者非因工负伤，医疗期满后，不能从事原工作也不能从事学校安排的其他工作时，聘用学校可以单方面解除聘用合同。但是由于解聘原因的不同，以及教师的服务年限、合同或任命方式等因素的不同，解聘的方式也不尽相同。通常学校首先应根据教师的健康状况削减教师教学工作量，或规定解聘缓冲期，在此期间，学校应为其安排适宜的工作任务。在不能胜任的情况下，聘用单位应当根据被解聘人员在本单位的实际工作年限向其支付经济补偿，同时为符合条件的解聘教师提供伤病残救济金。聘用单位因分立、合并、撤销而解聘教师的，应当妥善安置被解聘教师；对不能安置受聘教师到相应单位就业而解除聘用合同的，应当给予经济补偿。

（四）辞聘

辞聘即受聘教师主动请求用人单位解除聘任合同的行为。公办学校与应聘教师订立的聘用合同因不属于一般劳动合同，因此不适用《劳动合同法》，其辞聘要求、辞聘流程和辞聘纷争的解决主要依据国家相关的人事管理法规。依照《全民所有制事业单位专业技术人员和管理人员辞职暂行规定》，全民所有制事业单位的专业技术人员和管理人员可以提出辞职，并按人事管理权限向所在单位或主管部门提出书面申请，所在单位或主管部门应从收到辞职申请起3个月内，予以办理辞职手续，发给辞职证明书，并且按国家关于流动人员人事档案的限定，履行人事档案移交、接转手续。

通常事业单位人员的辞职并无实质性的要件，只需履行提前通知的义务即可。但是以下四类人员辞工必须经过所在单位或主管部门准许，否则不能辞职：（1）国家和省、市（地区）重点科研事项的主要负责人和业务骨干，辞职后对工作可能导致损失的；（2）在边远地区、少数民族地区工作的；（3）从事特殊行业、特殊工种的；（4）从事国家机密工作，或曾从事国家机密工作，且在限定的保密期内的。根据上述规定，受聘教师辞职，应当提前通知所在学校，在学校安排好后续工作后，方可辞职。

未与单位订立聘用合同的教师辞职争议适用《人事争议处置暂行限定》，争议两方应当在争议发生之日起60日内，以书面形式向单位所在地人事争议仲裁委员会申请仲裁。

四、教师考核制度

考核是教师聘用制的重要环节，是教师选聘、任用、薪酬、奖惩等学校人事管理的依据。开展教师考核是全面、准确评价教师教育教学工作，贯彻落实教师聘用制的重要手段。《事业单位人事管理条例》把教师考核作为调整事业单位工作人员岗位、工资以及续订聘用合同的依据，这表明教师考核对教师的利益，包括学校对教师的聘用、培训、晋升和奖惩等，具有确定的影响力，要求学校和教师按照规定的要求行为。教师考核又是教师聘用合同的重要内容，具有确定的约束力，能够获得法律的有效保护。因此学校对教师的考核必须全面准确贯彻《事业单位人事管理条例》规定的民主、公开、竞争、择优方针，力求以真实、准确的考核结果作为教师人事管理的客观依据。

教师考核通过了解教师水平与其岗位职务是否适应，决定教师的聘用。教师考核把思想政治要求纳入教师聘用合同，并放在教师岗位聘用和聘期考核的首位，贯穿教师管理和职业发展全过程。教师考核在坚持思想政治素质首位的同时注重对教师业务能力的考察，引导教师贯彻国家教育方针，遵守教学纪律，改进教学方法，启发学生思考。在考核中严格教育教学工作量考核，要求所有教师都必须承担规定的教育教学工作，落实人才培养的中心任务，关爱学生的健康成长。教师考核建立健全教学工作量评价标准，完善教学质量评价制度，实行教师自评、学生评价、同行评价、督导评价等多种形式相结合的教学质量评价，综合考评教学规范、教学运行、课堂教学效果、教学改革与研究、教学获奖等教学工作实绩。

《事业单位人事管理条例》规定事业单位应当根据聘用合同规定的岗位职责任务，全面考核工作人员的表现，重点考核工作绩效。考核应当听取服务对象的意见和评价。考核分为平时考核、年度考核和聘期考核。年度考核的结果可以分为优秀、合格、基本合格和不合格等档次，考核结果记入工作人员本人档案，作为调整岗位、工资的依据。聘期考核结果分为合格和不合格两个档次，考核结果作为是否续订聘用合同的重要依据。因此，客观、准确的教师考核就是衡量教师管理工作的尺度。落实教师考核必须坚持公开、公平、公正的原则，通过考核对教师的水平与其岗位职务是否适应，学校的教学计划是否合理，教师的培养培训计划和效益是否符合实际，教师队伍的管理是否发挥出应有的效益做出准确的判断，以此为依据采取措施，改进管理方法，落实教师聘用制。同时，教师考核也是调动教师积极性、创造性的重要手段。学校通过教师考核肯定教师工作的成绩，鼓励先进、鞭策后进，增强教师的事业心和责任感，调动教师的积极性和创造性，激发广大教师奋发向上的动力。

五、奖励与处分制度

参照公务员法有关奖励的规定，根据事业单位奖励的实际情况，《事业单位人事管理条例》第 25 条规定了事业单位工作人员的奖惩制度。

奖励的情形具体包括：

（1）长期服务基层，爱岗敬业，表现突出的；

（2）在执行国家重要任务、应对重大突发事件中表现突出的；

（3）在工作中有重大发明创造、技术革新的；

（4）在培养人才、传播先进文化中做出突出贡献的；

（5）有其他突出贡献的。

对事业单位工作人员的奖励坚持精神奖励与物质奖励相结合、以精神奖励为主的原则。奖励分为嘉奖、记功、记大功、授予荣誉称号。对存在弄虚作假，骗取奖励；申报奖励时隐瞒严重错误；违反规定的权限或者程序等行为的，撤销奖励。

与奖励制度并列的是事业单位工作人员的处分制度。《事业单位人事管理条例》第28条规定的给予处分的情形具体包括：

（1）损害国家声誉和利益的；

（2）失职渎职的；

（3）利用工作之便谋取不正当利益的；

（4）挥霍、浪费国家资财的；

（5）严重违反职业道德、社会公德的；

（6）其他严重违反纪律的。

处分分为警告、记过、降低岗位等级或者撤职、开除。受处分的期间为：警告，6个月；记过，12个月；降低岗位等级或者撤职，24个月。给予工作人员处分，应当事实清楚、证据确凿、定性准确、处理恰当、程序合法、手续完备。工作人员受开除以外的处分，在受处分期间没有再发生违纪行为的，处分期满后，由处分决定单位解除处分并以书面形式通知本人。

在事业单位工作人员的奖励与处分制度中，事业单位对其工作人员实施行政处分的问题经历了一个历史反复的过程。1993年之前，事业单位的奖惩行为主要适用《国务院关于国家行政机关工作人员的奖惩暂行规定》，但1993年《国家公务员暂行条例》颁布后，事业单位工作人员被排除在公务员队伍之外，对事业单位工作人员实施处分的合法性随之成为问题。2006年《公务员法》施行后，《国务院关于国家行政机关工作人员的奖惩暂行规定》被废止，事业单位的处分行为不再有适用的法律依据，不能对其工作人员实施处分行为。为此人力资源和社会保障部、监察部于2012年联合发布了《事业单位工作人员处分暂行规定》，对处分的适用范围、种类、权限和程序作了规定。在总结事业单位工作人员处分实践经验的基础上，《事业单位人事管理条例》以立法的形式重新规定了事业单位对其工作人员的奖惩权，提出了处分的工作要求，明确了处分种类和处分解除，由此事业单位对工作人员的处分权又重新确立。①

在《公务员法》将事业单位工作人员排除在公务员之外后，《事业单位人事管理条例》之所以再次认可事业单位对其工作人员的行政处分，是因为这涉及事业单位与其工作人员的法律关系问题。从我国目前相关的法律规定综合来看，这种聘用关系是一种兼有隶属性和平等性的复合型法律关系：在订立、履行聘用合同或解聘、辞聘、违约赔偿时，双方地位是平等的；在学校对教师实施考核、奖励、处分时，双方地位又是不平等的，聘用合同一旦缔结，教师就成为学校的一员，必须接受学校的管理，所产生的管理关系是一种不平等的法律关系。

---

① 石正义.《事业单位人事管理条例》相关法律问题解读［J］. 湖北科技学院学报，2015（1）：28-30.

六、教师工资制度

《事业单位人事管理条例》规定建立激励与约束相结合的事业单位工资制度，建立事业单位工作人员工资的正常增长机制。事业单位工作人员的工资水平应当与国民经济发展相协调、与社会进步相适应。事业单位工作人员工资包括基本工资、绩效工资和津贴补贴。事业单位工资分配应当结合不同行业事业单位特点，体现岗位职责、工作业绩、实际贡献等因素。事业单位工作人员享受国家规定的福利待遇，执行国家规定的工时制度和休假制度，依法参加社会保险，依法享受社会保险待遇。

事业单位工作人员符合国家规定退休条件的，应当退休。

第四节　教师人事争议的处理

一、事业单位人事争议概述

（一）事业单位人事争议的定义

对事业单位人事争议定义的理解有宽窄之别。广义的人事争议一般指人事关系双方当事人因实现人事权利和履行人事义务而发生的纠纷，包括录用聘用，聘用或聘任合同，职务任免，福利待遇，工资调整，奖励处分，辞职辞退，对考核结果、处分决定不服等人事管理事项或人事管理行为侵害相对人（工作人员）权益所引发的争议和纠纷。这类争议的主体范围较广，已建立人事关系的双方（单位一方可以是国家机关、事业单位、国有企业，另一方是该单位的职工）均属于人事争议的主体。同样，争议所涉的人事管理事项和人事管理行为即能够引起人事争议的全部人事管理事项与管理行为，也较宽泛，行为包括具体行为与抽象行为。而最高人民法院《关于人民法院审理事业单位人事争议案件若干问题的规定》所规定的人事争议定义范围则较窄，专指事业单位与其工作人员之间因辞职、辞退及履行聘用合同所发生的争议。除此之外的其他人事争议不属于法院的受理范围，应向相关的主管部门寻求非诉讼的解决途径。

在我国，事业单位人事管理制度在改革深化前一直是按照国家干部管理制度而建立，人事争议主要通过非诉讼的救济方式处理，人民法院并不介入。这是因为事业单位的公益性、资金的财政性以及管理职能的行政授权性质，使之从根本上与企业的劳动争议不同。近年来，随着事业单位人事制度改革的逐步深化，人事争议越来越突出，事业单位再维持原先的人事管理方式显然已不能体现其应有的特殊性。从 21 世纪初开始的事业单位人事制度改革，以推行聘用制和岗位管理制度为重点，逐步推行能适应不同类型事业单位特点的人事聘用制度。原先的人事管理制度被打破，国家把聘用制度确立为事业单位的一项基本用人制度，破除了干部身份的终身制。事业单位和职工都要按照国家有关法律、法规，在平等自愿、协商一致的基础上，通过签订聘用合同，确立单位和个人的人事关系，明确双方的权利和义务。与此同时，单纯依靠非诉讼方式解决人事争议的局限性也日益明显，因此人事争议的司法救济就成为事业单位人事制度改革的一项需要。

（二）劳动人事争议

一般来说，人事争议是指人事关系的当事人之间因人事管理事项或人事管理行为而发生的争议，劳动争议则是指劳动关系的当事人之间因执行劳动法律、法规和履行劳动合同而发生的纠纷。二者都是职工与用人单位因劳动（人事）权利而发生的争议。处理人事争议案件一般适用人事法规，处理劳动争议案件则适用劳动法，但事业单位与其工作人员因辞职、辞退及履行聘用合同发生的争议因涉及工作人员的劳动权利，故有条件地适用劳动法。由此可见，人事争议和劳动争议二者具有一定的共同性，并且这种共同性随着事业单位人事制度改革而变得越来越明显。在管理体制上，原先处理人事争议的人事争议仲裁委员会和处理劳动争议的劳动争议仲裁委员会，已于 2017 年合并成立劳动人事争议仲裁委员会。2017 年 5 月人力资源和社会保障部发布了《劳动人事争议仲裁组织规则》，同月又发布了《劳动人事争议仲裁办案规则》。《劳动人事争议仲裁办案规则》是根据《劳动争议调解仲裁法》、《公务员法》、《事业单位人事管理条例》、《中国人民解放军文职人员条例》和有关法律、法规、国务院有关规定制定的。由此可见，经过多年的事业单位人事制度改革，事业单位用人关系已从完全的行政隶属特征变为了以平等与隶属的统一为特征的法律关系，兼有了行政法和社会法的双重性质，事业单位人事争议也以法律关系双方当事人是否平等为前提分化为两种不同的类型。

事业单位中以双方平等为前提，因履行聘用合同而发生，与劳动争议具有某种共同性的人事争议，主要包括：确认人事关系，订立、履行、变更、解除和终止劳动合同而发生的争议；工作时间、休息休假、社会保险、福利、培训以及劳动保护争议；因劳动报酬、工伤医疗费、经济补偿或者赔偿金等而发生的争议；因除名、辞退、辞职、离职而发生的争议；等等。按《劳动合同法》第 96 条的规定，对这类争议的处理，法律、行政法规或者国务院另有规定的，依照其规定；未作规定的，按《劳动合同法》规定执行。这表明，在处理这类争议时，行政法意义上的法律、行政法规或者国务院的规定相对于社会法而言具有优先的地位。因此《事业单位人事管理条例》根据事业单位的特点和实际情况，对以双方平等为前提的人事争议，规定了聘用合同的期限、初次就业人员的试用期，明确了订立聘用至退休的合同的条件，列明了聘用合同解除的情形以及合同解除、终止后人事关系的终止。对于事业单位工作人员连续旷工超过 15 个工作日，或者 1 年内累计旷工超过 30 个工作日的，事业单位可以解除聘用合同。事业单位工作人员年度考核不合格且不同意调整工作岗位，或者连续两年年度考核不合格的，事业单位提前 30 日书面通知，可以解除聘用合同。事业单位工作人员受到开除处分的，解除聘用合同。自聘用合同依法解除、终止之日起，事业单位与被解除、终止聘用合同人员的人事关系终止。对于《事业单位人事管理条例》未予解决的某些人事争议问题，《劳动合同法》规定采取劳动争议的处理机制来处理，赋予了这些人事争议劳动争议的法律属性。

如果人事争议所涉为非平等主体的关系，具有行政管理的性质，则应适用复核和申诉的行政程序解决。根据我国《教师法》以及《事业单位人事管理条例》第 37、38 条的规定，事业单位人事争议适用的救济途径包括申诉、行政复议、人事仲裁、行政诉讼。两类不同的人事争议表明事业单位人事争议兼有民事纠纷与行政纠纷的性质，不能一概而论。对事业单位工作人员与其单位之间发生的人事争议，须按照争议的性质进行分类处理。

二、事业单位人事争议案件的受理

（一）人事争议案件中的事业单位及其工作人员

我国学校的类型多种多样，但并非所有学校都可以纳为事业单位，只有公办学校才能纳入事业单位的范围。公办学校应当具备法人条件，经登记管理机关做出准予登记决定，发给事业单位法人证书。《最高人民法院关于人民法院审理事业单位人事争议案件若干问题的规定》对事业单位做了如下的限制：凡是按照公务员管理工作人员的事业单位，其人事争议不适用司法解释的规定，而适用《公务员法》；实行企业化管理的事业单位，其与工作人员产生的争议应当按照劳动争议处理；未按照《事业单位登记管理暂行条例》登记的事业单位或者不是依照法律规定设立的事业单位，其所产生的人事争议也不适用最高人民法院的规定。

对于哪些事业单位工作人员应当纳入事业单位人事争议诉讼的受理范围，最高人民法院并未做出明确具体的规定。目前公办学校中，教师的法律身份已分化为若干不同的类型：有事业编制内的公职人员（中小学教师），有属于人事部门管理的非事业编制教师（高等学校教师），还有学校或教育行政部门聘用的具有劳动关系性质的合同制教师、第三方劳务派遣机构聘用的劳务派遣教师、学校临聘教师等类别。这些教师与学校之间形成了不同的法律关系。在这种情况下，哪些教师应当纳入人事争议诉讼的主体范围这一问题，很不清晰，甚至出现了劳动争议案件和人事争议案件在受理过程中诉讼主体的交叉现象。因此，不宜把公办学校的所有教师都纳入人事争议的范畴，而应把具有事业编制和由人事部门管理的非事业编制教师作为人事争议案件的主体，其他性质的工作人员则应纳入劳动争议诉讼的受理范围。

（二）人事争议案件的仲裁和诉讼

最高人民法院关于审理人事争议问题的规定把人事争议案件纳入了司法审判的程序，实现了我国人事争议仲裁与诉讼的接轨。该司法解释突破了人民法院劳动争议案件传统的受理模式，赋予人事争议的劳动争议法律属性，采取劳动争议的处理机制来解决人事争议方面的问题，使事业单位与其工作人员之间利益关系的新调整有了可能。不过在人事争议的处理中，不同处理方式的受理范围是不同的。根据《劳动争议调解仲裁法》和《劳动人事争议仲裁办案规则》的规定，适用于人事争议仲裁的劳动人事争议包括：企业、个体经济组织、民办非企业单位等组织与劳动者之间，以及机关、事业单位、社会团体与其建立劳动关系的劳动者之间，因确认劳动关系，订立、履行、变更、解除和终止劳动合同，工作时间、休息休假、社会保险、福利、培训以及劳动保护，劳动报酬、工伤医疗费、经济补偿或者赔偿金等发生的争议；实施《公务员法》的机关与聘任制公务员之间、参照公务员法管理的机关（单位）与聘任工作人员之间因履行聘任合同发生的争议；事业单位与其建立人事关系的工作人员之间因终止人事关系以及履行聘用合同发生的争议；社会团体与其建立人事关系的工作人员之间因终止人事关系以及履行聘用合同发生的争议；军队文职人员用人单位与聘用制文职人员之间因履行聘用合同发生的争议；法律、法规规定由劳动人事争议仲裁委员会处理的其他争议。《事业单位人事管理条例》排除了事业单位工作人员对考核结果、处分决定等不服发生的争议，这类争议不属于平等主体之间的争议，不适用调解、仲裁程序。条例规定事业单位工作人员对考核结果、处分决定等不服的，可以申请复核、提出申诉。这就是说，人事争议仲裁的范围并非涵盖所有的人事争议，而仅限于具有横向性质的劳动人事争议的范围。

按现行法律规定，人事仲裁是人事争议诉讼的前置程序，但并非所有经过仲裁的人事争议案件都可提出诉讼。人民法院受理的人事争议案件只是仲裁机构受理的人事争议案件中的一小部分，即仅限于事业单位，且只限于辞职、辞退及履行聘用合同发生的争议，因此劳动人事争议仲裁的受理范围要宽于人事争议诉讼的受理范围。

（三）事业单位人事争议案件的处理

教师人事争议的处理途径从目前看，主要有协商、申诉、行政复议、仲裁、诉讼。因本书第六章“教师”已有“教师权利救济”一节，为避免重复，此处只讨论人事争议的协商、调解、仲裁和诉讼的相关问题。

1. 人事争议协商

人事争议协商是指事业单位和职工之间发生人事争议后，当事人双方就解决争议，化解矛盾，协调人事关系，共同进行商谈，达成和解协议的行为。经过协商所达成的协议体现了双方当事人的共同意志，双方当事人应当自觉履行。由于协商是当事人双方为妥善解决某些问题而采取的共同商量以便取得一致意见的行为，因此人事争议协商不是人事争议调解的前置程序，也不是人事争议仲裁的前置程序。也就是说，争议发生后，当事人可以进行协商，也可以不经过协商去申请调解，还可以既不经过协商也不申请调解就直接申请仲裁。

2. 人事争议调解

人事争议调解是指人事争议调解组织对申请仲裁的人事争议案件，在查明事实、分清责任的基础上，促使双方当事人互识互谅，达成协议，从而有效解决争议的活动。人事争议调解是在第三者即人事争议仲裁机构或调解机构主持下进行的，区别于没有第三者主持的人事争议协商活动。人事争议调解虽有确定的主体和法律法规与政策依据，但始终是一种自愿活动，必须遵循自愿、合法、合理、合情的原则，基于双方当事人的意愿，通过教育、疏导的方式来解决争议，而不能强迫当事人接受调解。调解组织的意见只有在双方当事人都接受的情况下才起作用。同时调解组织还须尊重当事人申请仲裁和诉讼的权利。进入人事仲裁程序后，人事争议调解是人事争议仲裁的必经程序，而人事争议仲裁则是人事争议诉讼的前置程序。

3. 人事争议仲裁

人事争议仲裁是指人事争议仲裁委员会对申请仲裁的人事争议案件依法进行调解和

裁决的活动，是人事管理的行政权力与司法程序相结合而产生的一种新的准司法性质的解决方式。与传统的人事争议解决方式相比，它具有保障权益、维护稳定、化解矛盾、减少诉讼压力等重要作用。然而在事业单位聘用关系的双方当事人之间，并非所有的人事争议都可以适用人事争议仲裁，可仲裁的争议范围不仅取决于当事人的意愿，而且取决于法律或者法律惯例。只有人事争议中的劳动争议才能适用仲裁救济，即聘用双方当事人在工作时间、休息休假、工资福利等方面发生的争议，受聘者可以申请劳动人事争议仲裁。仲裁的裁决具有强制性，对双方当事人都有约束力，当事人应当履行，否则权利人可以向人民法院申请强制执行。

人事争议仲裁与人事争议的协商、调解一样，都以双方当事人自愿为前提。发生劳动人事争议，当事人不愿协商、协商不成或者达成和解协议后不履行的，可以向调解组织申请调解；不愿调解、调解不成或者达成调解协议后不履行的，可以向人事争议仲裁机构申请仲裁。仲裁必须有三方主体，即仲裁双方当事人以及仲裁人。仲裁人的行为以双方当事人自愿为基础，当事人一方或双方不同意仲裁，则第三方仲裁人不能进行仲裁。对仲裁裁决不服的，除法律另有规定的外，可以向人民法院提起诉讼。

4. 人事争议诉讼

根据 2003 年最高人民法院关于审理事业单位人事争议案件的司法解释，事业单位与其工作人员之间因辞职、辞退及履行聘用合同所发生的争议，适用劳动法的规定处理，这并非指法院对事业单位人事争议案件的实体处理，而是指审理事业单位人事争议案件的程序运用劳动法的相关规定，包括：（1）前置性规定，即必须先经过仲裁，人民法院方予以受理；（2）受案范围的规定，即必须是符合法律及相关规范、司法解释规定和限制下的各类争议；（3）审理机构的规定，即审理人事争议纠纷案件由人民法院审理劳动争议案件的审判庭承办。

人事争议中实体性纠纷的处理应当适用人事方面的法律规定，但涉及事业单位工作人员劳动权利的内容在人事法律中没有规定的，适用劳动法的有关规定。当事人对依照国家有关规定设立的人事争议仲裁机构所作的人事争议仲裁裁决不服，自收到仲裁裁决之日起 15 日内向人民法院提起诉讼的，人民法院应当依法受理。一方当事人在法定期间内不起诉又不履行仲裁裁决，另一方当事人向人民法院申请执行的，人民法院应当依法执行。

第八章
学　　校

学校是现代社会中最常见、最普遍的社会组织。作为一种培养人才的专门机构，学校的基本功能是利用一定的设施条件和专门的环境实施教育教学活动，促进每个学生的发展，培养社会需要的人才。为此，办学者要根据国家规定的教育方针和办学标准、必要的办学条件和要求来举办学校教育机构，以利于学生安全、健康地成长和发展。再者，在学校的办学过程中，教育教学活动是最基本的教育教学组织形式。任何学校，为了促成学生的身心健康发展，顺利地完成社会化的进程，必须精心设计并组织开展各种锻炼身体的和心智的活动，使学生充分地参与到这些活动中来，在活动过程中得到发展。学校办学活动的这些特点，是我们讨论学校问题时必须坚持的一个前提。

第一节　学校和学校制度

一、学校定义

教育是一种古老的、广泛存在的、极其重要的社会现象。广义的教育可以说是伴随着人类社会的产生而产生的。但在人类社会发展的早期，教育还没有从社会生产和社会生活中分化出来。尽管人们已经有意识地按照一定的要求对下一代进行最初的劳动技能和生活规范的训练，但这种教育是同社会生产和生活原始地结合在一起的。随着人类知识的不断丰富和成熟，知识的传授日显其重要，而对知识传授本身的规定性也日显其重要。这就使得传授知识的活动有必要从社会的生产和生活过程中分离出来，形成专门的活动领域，从而出现了专门的教育机构和教师职业。总体来说，现代社会以前的学校教育机构，从制度和组织形式看，其特点是规模狭小、制度不完善不系统，还没有形成统一有序、分工明确的各级各类学校机构系统。从学校机构的内部来看，教学活动的组织形式主要是个别教学和自学，没有统一的教学计划、大纲、教材和质量标准，其组织是不严密和不系统的。

现代教育教学活动的复杂化、有序化产生了对学校工作规范化、制度化的要求，推动了教育立法的发展。在学校的举办、办学的基本原则及条件、学校的法律地位、教育教学活动的运行和管理等领域，法律的规范作用和调节作用都在不断地加强。显然，复杂的教育教学活动要做到有序化，仅仅依靠教师的个别努力是远远不够的，它要求学校的工作都必须依准于法，体现教育的公益性质，不允许任何人违背它；它要求学校的运行应有一定的行为方式和程序，一切财物的管理和使用也应有一定的规格和使用规范，以此保证学校教育目标、方向的正确和教育教学活动的连续性与稳定性。

二、学校制度

（一）学校制度的历史与重建

现代社会以前的学校机构从制度和组织形式看，还远未形成统一有序、分工明确的各级各类学校系统。学校组织内部规模狭小、制度不完善、不系统，教学活动既无规范的组织形式，也无统一的教学计划、教学大纲、教材和严格的质量标准。19 世纪以来的现代社会发展要求废除传统社会培养、选拔人才的做法，增加受教育机会，广泛培养人才，从而形成了现代社会特有的学校制度。这种制度要求打破陈旧的学校体系，同社会的人才需求结构相适应，把学校教育机构纵横联系、统一和协调起来，形成一个幼儿、青少年、成人教育纵横贯通，家庭、学校、社会密切配合的一体化学校教育机构网。这种新型的现代学校制度是一种惠及所有社会成员的、普及化的制度。世界各国教育发展的历史表明，没有一个国家可以在自发的、民营的基础上实现教育的普及，教育的普及在全世界范围内都是通过国家的力量实现的。200 多年来的社会现代化进程表明，现代学校制度以国家化为前提，大大推动了教育的普及发展。

现代社会的发展产生了对人才数量和规格的新要求，从而形成了现代社会特有的学校制度。相对于在这之前存在的分散的、互不衔接的学校教育机构，现代学校制度的基本职能是利用一定的教育教学设施和选定的环境实施教育教学活动，为社会提供持久的知识支持和人才支持。这种制度要求废除封建社会培养、选拔人才的做法，扩大受教育机会，广泛培养人才。这种制度要求打破传统的学校体系，同社会的人才需求结构相适应，把学校教育机构纵横联系、统一和协调起来，形成一个幼儿、青少年、成人教育纵横贯通，家庭、学校、社会密切配合的一体化学校教育机构网。

学校是教育法调整的重要对象，是享有一定权利并承担一定义务的社会组织，是有计划、有组织、系统地进行教育教学活动的重要场所，教育教学活动就是由许许多多不同类型、不同层次的学校及其他的教育教学机构来实施的。这些教育教学机构正常运转所需要的一套制度，我们可称为学校制度。我们可以把学校制度理解为一种适应社会发展要求、协调校内外关系的学校运行规则体系。它要求学校及其他教育机构的运行应有一定的行为方式和程序，教育教学活动的组织和实施也应有一定的要求和监督，以此保证学校教育目标、方向的正确和教育教学活动的连续性与稳定性。因此，我们也可以把学校制度理解为国家各级各类教育的制度安排，包括了各级各类学校的性质、任务、培养目标、入学条件、修业年限、管理体制以及学校之间的关系等方面。《教育法》第三章“学校及其他教育机构”确立了我国学校的基本制度，规定了我国学校的举办体制、法人资格、办学的基本原则、设置条件与程序、法律地位、权利与义务、内部管理活动的原则、财产关系等问题，为学校的运行与管理提供了基本的法律依据。

20世纪80年代以来，一个社会多样化和扁平化发展的全新图景呈现在人们的面前，并由此导致学校制度发生了极大的变化。社会的多样化发展源于现代社会的结构分化和统合，在原先的总体社会中出现了若干具有不同利益追求的社会群体，社会需求趋向多样化和多元化，社会结构向着多元化的方向转化，表现出多样化和异质化的社会特征。在现代社会中，多样性是社会文明程度的标志之一，维护社会的多样性就是维护社会的公平正义，因而具有极为重要的意义。社会的扁平化发展反映的是现代社会对平等的追求，针对的是以层级制为主要特征的传统社会结构形式。社会的扁平化改革是对传统层级制结构弊端的补救、矫正，加强了社会结构的横向化发展。

社会生活的多样化和扁平化发展导致了社会各个方面的深刻变化，国家与教育的关系也出现了某种新迹象，并使建立在国家化基础上的传统学校制度面临挑战，以公办学校为改革对象的现代学校制度重建就是建立在社会结构转换中的这样一些新因素基础上的。我国的现代学校制度建设经历了一条与国外大致相同的发展路线，从20世纪80年代开始的改革开放和社会转型使传统的封闭型社会面临越来越大的挑战，导致社会结构发生深刻变化，由此产生了一个社会横向化、自主化的发展进程。原先的计划经济共同体经过分化和改组，形成了两个不同的社会领域，即建立在现代企业基础上的经济领域和建立在现代政府基础上的政治领域。从逻辑上说，在这两个社会领域之外，还存在着一个介于二者之间，建立在公益基础上的社会部门，这是在社会政治经济发展到相当程度，即经济领域和政治领域高度发展成熟后出现的一类社会部门。在我国，典型的非营利组织有事业单位、社会团体、基金会、社会服务机构（民办非企业单位）等。公办学校就是由国家财政维持，以实现特定目的为宗旨的事业单位；非营利性民办学校则是国家机构以外的社会组织或者个人，利用非国家财政性经费，依法举办的社会服务机构（民办非企业单位）。二者都是具有自身内在逻辑一致性的事业体，从事的都是政府和企业无力、无法或无意作为的社会公益事业。

《教育法》第11条明确规定国家应当适应社会主义市场经济发展和社会进步的需要，推进教育改革，推动各级各类教育协调发展衔接融通，完善现代国民教育体系，健全终身教育体系，提高教育现代化水平。这里所说的改革产生于我国社会转型的特殊历史时期，兴起于教育发展中的问题。如此理解的现代学校制度建设必定不同于政府改革和企业改革，而有着自己的独到之处。从我国当前正在开展的现代学校制度建设的重点来看，现代学校制度建设主要包括学校自主办学制度、协商民主制度、学校产权制度、学校组织制度和学校内部管理体制等方面的制度建设。

学校自主办学制度是指在符合我国教育政策法规的前提下，自主确定办学目标，自主决定学校的发展思路和发展策略，自主形成办学特色，自主进行教育改革和教育实验的一整套制度规则。自主办学权是保障学校自主办学的法律形式，是指通过政府部门的简政放权，推动政府把应当由学校行使的权力下放给学校，转变政府对学校的管理范围、方式和内容，构建新型的政校关系。

协商民主制度是指学校通过共同参与，寻求利益交集，促进共同利益形成的制度形式。协商民主通过各方利益的综合博弈，使不同利益主体有可能充分主张自己的权利和需求，最终实现利益的平衡。协商民主的过程实际是各方妥协的过程。因为在多元并存的学校环境中，并非所有利益相关者都能对共同面对的问题保持同样意见，所以在扩大共识、充分协商基础上的妥协对于决策来说就是非常重要的。

学校产权制度是划分、确定、维护和行使学校产权，明确学校财产的权责划分，保障学校自主办学的一套规则体系。健全的学校产权制度应根据学校产权主体的不同，从整体上实施分类管理，并通过所有权与管理权的分离，对产权实现方式进行规范。政府在其中的作用是明确经费保障的权限范围、执行标准和相关责任，实行宏观调控、间接管理。

学校法人制度是以具有民事权利能力和民事行为能力，依法独立享有民事权利和承担民事义务的学校组织为实体，在举办者、办学者、管理者和学校内部教职员工等主体之间建立的有关权利配置和办学运行的一种制度。学校法人制度是发挥学校办学功能、保护学校自主办学权的重要机制，是组织目的、组织规范、组织财产、组织成员、组织权力体系等要素的制度化形式。①

学校内部管理体制是学校的基本运行方式，是由相互制约的权力机构、决策机构、执行机构、监督机构和民主管理机构构成的组织体系，包括学生管理、教学管理、科研管理、后勤管理、财务管理、人事管理等一套内部规章。学校内部管理体制应当建立明晰的岗位职责和工作流程，保障现代学校的正常运营。

（二）我国现代学校制度中三类对应的机构形式

一般来说，现代学校制度由学前教育机构、中等教育机构、高等教育机构、职业与成人教育机构、社会教育机构构成的一个相互联系的纵向学校机构体系。这一学校体系从横向的角度又可区分为三类相互对应的学校机构类型，即公办学校与民办学校、学制系统内学校与学制系统外学校、非营利性学校与营利性学校。不同的学校机构构成了我国现代学校制度的不同层级和类型，具有各自不同的教育功能、组织结构、权利与义务，因此是我国现代学校制度建设的重要内容，也是教育法的重要调整对象。

1. 公办学校与民办学校

《教育法》第 26 条规定，国家制定教育发展规划，并举办学校及其他教育机构，同时鼓励企业事业组织、社会团体、其他社会组织及公民个人依法举办学校及其他教育机构。因此学校按举办者的不同可以区分为公办学校和民办学校。我国法律没有明确界定公办学校的法律定义，但是根据我国法律对于民办学校的定义，可以将公办学校定义为由国家设立，为不特定多数人服务，以培养人才、创新和保存知识为目的，面向社会自

---

① 罗爽. 完善高校法人制度：“双一流”建设的法治保障［J］. 现代教育管理，2019（4）：81-85.

主办学的功能性社会组织。作为独立的社会组织，公办学校应能保护公共利益以及其他具体的和特殊的利益不受损害，应有助于各种利益的平衡，并确保在发生利益冲突时，有可能实施调控和干预。民办学校则是指国家机构以外的社会组织或者个人，利用非国家财政性经费，面向社会依法举办的学校或其他教育机构。二者资金来源不同、招生方式不同、办学主体不同、管理模式不同、行政体制不同。

近年来，在公办学校与民办学校之间，出现了一类混合型的学校，如集团化办学、股份制学校、公共财政资助的民办学校、公办学校与企业联合办学、小区配套学校、公办学校与民间资金合作办学、教育服务的政府采购学校等，打破了公办学校与民办学校之间的传统界限。混合型学校主要包含以下四个层面的含义，即公共资源与私人资源的混合、国有产权与私人经营权的混合、公共教育经费与私人支配权的混合、政府用公共教育经费购买与私人教育服务提供的混合。混合型学校体现了“成本分担、利益共享、利益相关者协作”的理念，对与之配套的法律调整机制提出了新要求。如何破除“非公即私”的传统观念，树立正确的公共教育法律观念，鼓励办学，鼓励竞争，满足人们对教育特色、质量和内容多元选择的要求，成为当下我国教育发展中需要解决的重要问题。

2. 学制系统内学校与学制系统外学校

法律上的学校是指经主管机关批准设立或登记注册的实施教育教学活动的社会机构。《教育法》第 17 条规定，国家实行学前教育、初等教育、中等教育、高等教育的学校教育制度。国家建立科学的学制系统。学制系统内的学校是以实施学历性教育为主的教育机构，如全日制小学、初级中学、高级中学或完全中学、各类中等专业学校、技工学校、职业高中、高等专科学校、高等职业学校、独立举办的学院、大学、具有颁发学历证书资格的成人高等学校等。不同级别学校的举办、教育形式、修业年限、招生对象、培养目标等，根据学校办学宗旨的不同而不同。学制系统之外的教育机构以实施非学历性教育为主，包括各种职业与技术培训机构、培训中心，以及实施扫盲教育、文化补习教育、干部继续教育、社会文化教育的各种机构等。学历教育一般为国家教育主管部门批准的、参加统一入学考试录取入学的教育形式，包括全日制脱产教育、函授教育、远程教育、电大开放式教育等，学生毕业可以获得毕业证书、结业可以获得结业证书、肄业可以获得肄业证书。非学历教育是指各种培训、进修、研修类教育，如培训班、驾校、研究生课程班、考研辅导班等，都属于非学历教育的范畴。参加非学历教育的学员完成学业，考核合格，由学校或培训单位发给培训结业证明，但非学历教育培训不得颁发毕业证书、结业证书、肄业证书等和学历教育相混淆的证书与文凭。参加非学历教育无须经过入学考试，其实施形式为在职不脱产，只有结业证明。

由于举办主体、办学任务、办学目的不同，不同学制系统学校的法律地位会有不同，就是同一学制系统内部不同学校的法律地位也会有所差异，如高等学校对学术自由、专业自治的要求远高于中小学，因此其与政府的关系与中小学校相比更具有独立性，应拥有比中小学更多的自主办学权。《高等教育法》详细列举了高等学校的自主办学权，这些权利中，有许多是公办中小学所不具有的。

3. 非营利性学校与营利性学校

按照《民办教育促进法》第 19 条的规定，民办学校的举办者可以自主选择设立非营利性或者营利性民办学校。根据这一规定，学校教育机构可以区分为非营利性学校和营利性学校两类。非营利性学校是指依照国家有关法律法规设立或登记，从事公益性或者非营利性活动的教育机构。学校取得的收入除用于与该组织有关的、合理的支出外，不用于举办者的分配。非营利性学校的举办者对投入该学校的财产不保留或者享有任何财产权利。营利性学校是以组织的利益为目标的教育机构。选择登记为营利性学校的，应在完成明确财产权属、用地手续、缴纳相关税费、办理办学许可证后，到工商部门登记。营利性学校的举办者可以取得办学收益，学校的办学结余依照公司法等有关法律法规的规定处理。区分营利性学校和非营利性学校关键在于学校举办者有没有参与分红，不营利不代表学校不能收费，不能有收益。

第二节　学校法人

一、法人概说

（一）法人定义

法人是在法律上人格化了的、依法具有民事权利能力和民事行为能力并独立享有民事权利、承担民事义务的社会组织。这种组织既可以是人的结合团体，也可以是依特殊目的所组织的财产。实行法人制度可以明确法人在民事活动中的权利和义务，保证法人在民事活动中以独立的“人格”享有平等的法律地位，避免受到来自外部的不适当干涉，因此法人制度是世界各国规范经济、社会秩序的一项重要法律制度。我国于1987年1月1日施行的《民法通则》总结了中国经济体制改革的经验，第一次以基本法律的形式确定了法人制度。2021年1月1日施行的《民法典》总结了改革开放以来经济、社会体制改革和司法实践的经验，进一步完善了法人制度，既对我国市场经济的发展起到重要的促进作用，而且也有助于从法律上确认法人的社会责任，使其发挥积极的作用。

《民法典》第58条规定，法人应当依法成立。按照我国的现行做法，依法成立的法人有下述两种方式：一是根据法律法规或行政命令方式成立，如机关法人、事业单位法人等一般都是由法律法规或行政命令而成立；二是经过核准登记而成立，如工商企业、公司等经工商行政管理部门核准登记后，成为企业法人。依法成立的法人须具备如下实体要件：

（1）自己的名称。为了明确交易对象和方便国家对法人的监管，法人应当有自己的名称。法人的名称是其区别于其他社会组织的标志符号，应当表现出法人活动的对象及隶属关系。法人名称单一，一个法人仅能使用一个名称。法人所取名称须遵守公序良俗原则，不得有损国家、社会公共利益，不得对公众造成欺骗或者误解，不得包含政党、党政机关名称等。经过登记的名称，法人享有专用权。法人设立时原则上可以自由选择法人名称，但法律亦可对法人命名进行适当干预。

（2）组织机构。依据“法人实在说”，法人应以法人的组织机构为法人的实在基础，形成并贯彻法人的独立意思。法人的组织机构是办理法人一切事务的组织，包括意思机关、执行机关与监督机关。意思机关是形成法人团体意志的机构，如股东大会、会员大会等。无意思机关的财团法人，其意思由捐助章程形成。执行机关是执行意思机关的意思及决议，对内管理法人内部所发生的事务，对外代表法人进行民商事活动的机关。监督机关则以监督执行机关的具体活动为己任。

（3）住所。法人住所是法人的主要办事机构所在地，是法人的主要经济活动地点，也是债务履行、诉讼管辖以及清算的地点，因此是确定与法人有关的民事关系及法律事实的空间要素。依法需要办理法人登记的法人须确定某一固定地点为其住所。事业单位主要办事机构所在地是事业单位法人的法定注册地址，应按照所在市、县、乡（镇）、街道门牌号码等详细地址登记。营利法人和社团法人的住所采取登记要件主义，其住所非经登记，不发生法律效力。特别法人不需要办理法人登记，以其主要办事机构所在地为住所。

（4）财产和经费。法人应当具备必要的财产或者经费，必要的财产或者经费是法人生存和发展的基础，也是其享有民事权利和承担民事义务的重要物质基础。法人的财产或者经费是指与法人的性质、规模等相适应的特定范围内的财产、资金，其特点是法人能够按照自己的意志独立支配，同时排斥外界对法人财产和经费的行政干预。财产主要针对营利法人而言，而经费则主要针对非营利法人的要求。为了保障交易安全，对于某些特殊的公司类型，如商业银行、基金公司、保险公司、劳务派遣公司等，相关法律规定对其注册资本还有具体要求。

（二）学校法人

我国《教育法》第 32 条规定："学校及其他教育机构具备法人条件的，自批准设立或者登记注册之日起取得法人资格。学校及其他教育机构在民事活动中依法享有民事权利，承担民事责任。"《教育法》规定成立学校法人应当具备包括组织、人员、物质、经费等方面的基本要件，具体包括：

（1）组织机构和章程。此处的组织机构是指一群人为了达到共同的目的，根据其活动本身的性质要求而在组织内部各个部门、各个岗位和各个成员之间形成的权责分工和相互关系结构，并以一定规则作为协调内部关系的依据，保持机构运行的有条不紊。学校章程则是按照一定程序制定的有关学校组织性质和基本权利并具有一定法律效力的治校总纲领。举办者申请设立学校时，不仅应当有权责分工明确的学校管理机构和管理人员，同时还必须有学校章程，以明确学校机构内部的分工合作关系，保持学校机构的正常运行。学校章程的主要内容有学校名称、办学宗旨、开展教育教学活动的主要任务、学校内部管理体制（包括决策机构、执行机构和监督机构等）、师生员工参与民主管理与监督的制度、财务管理制度、人事管理制度、举办者的权责、章程的修改程序等。

（2）有合格的教师。学校一般由管理人员、教师、教学辅助人员构成，其中中小学教师属于公职人员，其他教师则属于法律规定的专业人员。学校教师必须合乎一定的资格，并经主管机关认定。教师资格是国家对准备进入教师队伍、从事学校教育教学工作的人员的基本要求。我国已经颁布实施的教师资格制度是对教师实行法定职业许可的制度。拟设立的学校应有一支数量和质量都合格、取得相应教师资格证书的专兼职教师队伍。不具备相应教师资格的人员不得从事教育教学活动，学校也不得聘其担任教师职务。

（3）有符合规定标准的教学场所及设施、设备等。从事教育教学活动必须要有一定的物质条件，包括符合规定标准的校舍、场地、教学仪器、设备、图书资料等物质条件。这些物质条件根据不同级类学校培养目标和活动的不同要求而不同，在办学时一次性投入。这里所谓的“规定标准”，主要包括校舍规划面积定额，教室和课桌凳的具体要求，每班学生的最高名额限制，学生活动场地、住宿生的食宿条件、厕所等必要的生活设施的具体要求，教学仪器设备、体育设施、图书资料的配备标准等。其中既有保证教育教学正常进行的必要物质标准，也有涉及学校卫生、安全等方面的具体要求。教学场所及设施、设备等物质条件可以是自有的，也可以通过租赁、借用等方式取得校舍、场地、教学设施、设备等的使用权，但必须符合教学要求，并有合法的合同文件。

（4）有必备的办学资金和稳定的经费来源。学校一经设立，除了应有必要的物质条件外，学校设施、设备的消耗、更新，人员的工薪、福利等都需要不断投入流动资金，才能保证教育教学活动的正常运转。因此必备的办学资金和稳定的经费来源是学校设立和运行的必要条件之一。在申请设立学校时，必须有明确、稳定的教育经费来源说明，提交收支预算。举办者应保证通过合法渠道筹集到设立学校必需的启动资金和运转资金，应保证机构设立后有稳定的经费来源。

上述四项规定是学校法人必须具备的一般要件。由于不同级类的学校法人如公办学校、民办学校以及幼儿园、小学、中学、中等专业学校、技工学校、各类高等学校等各有自己相应的设立标准，因此学校法人除必须满足上述要件外，不同级类的学校法人还必须符合相应的要件规定。

（三）法人分类

法人制度是民事主体制度中的重要内容，也是我国《民法典》的重要组成部分。在传统民法上，西方国家民法典一般都以社团法人与财团法人的分类建构自己的法人制度。我国《民法典》在总结国内外立法经验的基础上，以营利性为法人的基本分类标准，对法人做了营利法人、非营利法人和特别法人的分类规定。《民法典》所设立的法人类别，有利于这些机构、组织更好地参与民事活动，也有利于保护其成员和与其进行民事活动的相对人的合法权益。

1. 营利法人

《民法典》第76条规定了法人分类中的营利法人：“以取得利润并分配给股东等出资人为目的成立的法人，为营利法人。营利法人包括有限责任公司、股份有限公司和其他企业法人等。”这里所谓的营利，是指以营利为目的，而非以营利为结果，是以投资人是否以取得经济上的回报为目的为判断标准的。例如基金会等财团法人，虽有投资保值增值之营利，但没有股东出资人，不可能分配利润，应属于非营利法人。

营利法人包括公司企业法人与非公司企业法人。其中公司企业法人依据《公司法》的规定，分为有限责任公司和股份有限公司，是具有国家规定的独立财产，有健全的组织机构、组织章程和固定场所，享有民事权利和承担民事义务的经济组织。公司法人在法律上拥有独立的人格，像自然人一样具有完全的权利能力和行为能力。非公司企业法人包括国有企业、城镇集体所有制企业、农村集体所有制的乡镇企业、中外合资和合作企业、外资独资企业等。有限责任公司和股份有限公司的设立，采取严格准则主义，即符合相关法律关于有限责任公司的成立条件的，在公司登记机关申请设立登记，公司即可成立。非公司企业法人不按公司法组建，而是适用《市场主体登记管理条例》及其施行细则，经登记取得法人资格。营利法人以登记为程序要件，目的在于保护与营利法人进行交易的相对人，维护交易安全。在这一点上，其与事业单位法人、社会团体法人等有明显的差异。

2. **非营利法人**

《民法典》第 87 条规定了法人分类中的非营利法人："为公益目的或者其他非营利目的成立，不向出资人、设立人或者会员分配所取得利润的法人，为非营利法人。非营利法人包括事业单位、社会团体、基金会、社会服务机构等。"这里规定的非营利法人是指不以出资人、设立人或者会员获得经济利益为目的的法人。此处所谓的非营利性，是指不得向其举办者、设立人或者会员分配所取得的利润，而非指不得从事营利性活动。例如，事业单位法人在某些情况下也可从事有偿活动，只不过没有股东，其所获得的收入不能作为利润分配，而只能用于单位的存续和发展；再如基金会，捐资人按规定不得分配基金会利润，但其除了从事公益事业，也可对外进行经营性的投资活动，获益作为积累盈余，依照基金会章程运用。因此非营利法人并非不能营利，只是所获利润不能分配给其成员。这是非营利法人与营利法人二者最核心的区别。

非营利法人包括事业单位、社会团体、基金会、社会服务机构等。其中事业单位法人是指为了社会公益目的，由国家机关举办或者其他组织利用国有资产举办的，从事教育、科技、文化、卫生等活动的社会服务组织，包括新闻、出版、广电、教育、文艺等事业的法人。社会团体法人是指公民自愿组成，为实现会员共同意愿，按照其章程开展活动的非营利性社会组织，包括工会、妇联、青联、工商联及各类学术团体等。捐助法人是指为公益目的，依捐助财产设立的基金会、社会服务机构等。捐助法人虽属非营利法人，但其不同于非营利法人中的社团法人之处在于，其并非以一定数目社员的结合而设立，而是以所捐助的财产集合而成立的社会组织。在国外，非营利性私立学校一般都属于财团法人或基金会法人，此即我国的捐助法人。捐助法人中的基金会法人是指利用自然人、法人或者其他组织捐赠的财产，以从事科学研究、文化教育、社会福利和其他公益事业为目的成立的非营利性法人。作为非国家财政拨款的机构，基金会法人属于私法人。社会服务机构原来叫民办非企业单位，主要指民办学校、民办医院、民办科研机构、民办博物馆、民办体育俱乐部等民间实体。2016 年的《慈善法》把民办非企业单位改称为社会服务机构。

3. **特别法人**

《民法典》第 96 条规定了法人分类中的特别法人："本节规定的机关法人、农村集体经济组织法人、城镇农村的合作经济组织法人、基层群众性自治组织法人，为特别法人。"该条规定的特别法人是前面营利法人与非营利法人无法涵盖的法人类型，主要包括机关法人、农村集体经济组织法人、合作经济组织法人、基层群众性自治组织法人这四类法人，大致相当于大陆法系的公法人。其中机关法人是指依法行使国家权力，并因行使国家权力的需要而享有相应的民事权利能力和民事行为能力的国家机关。在进行民事活动时，国家机关以法人身份出现，与对方自然人或法人一样是平等民事主体，而不是行政主体。在设立依据、目的、职能和责任最终承担上其均与其他法人存在较大差别。农村集体经济组织则是指除国家以外对土地拥有所有权的组织，是在自然乡村范围内，由农民自愿联合，将其各自所有的生产资料（土地、较大型农具、耕畜）投入集体所有，由集体组织农业生产经营，农民进行集体劳动，各尽所能，按劳分配的农业社会主义经济组织。合作经济组织是指个体劳动者遵循自愿、互利、合作、民主等组织原则联合组成的经济单位，既具有公益性质或者互益性，又具有营利性。合作经济组织按合作领域划分有生产合作社、供销合作社、信用合作社、加工合作社、运输合作社等；按所有制划分有集体所有制合作经济组织、股份制合作经济组织、综合型合作经济组织等；按经营业务范围划分有综合经营型合作经济组织、专业型合作经济组织；按地区划分有地区性合作经济组织、跨地区合作经济组织等。基层群众性自治组织是指在城市和农村按居民的居住地区建立起来的居民委员会或者村民委员会，是城市居民或农村村民自我管理、自我教育、自我服务的组织。基层群众性自治组织是建立在中国社会的最基层、与群众直接联系的组织，是在自愿的基础上由群众按照居住地区自己组织起来管理自己事务的组织。

二、公办学校法人

公办学校是由国家设立，公共财政维持，以培养专门人才、开展学术研究为目的、为不特定社会成员服务的社会组织，是面向社会自主办学的公益性机构。公办学校所从事的教育活动属于公共事业范畴，因其活动目的和服务对象的特殊性而成为一类特殊的社会组织，因此应赋予符合其组织功能的法人地位，并以此为依据对公办学校法人的权利和义务做出必要的规定，使公办学校既能成为独立自主的办学实体，同时又能体现公办学校特有的组织特性。

（一）公办学校具有公益性质

公益是公益事业的简称，是有关社会公众的福祉和利益，是对公众有利的事。我国《教育法》第 8 条规定教育活动必须符合国家和社会公共利益，这里所称的公共利益既包括了前述的公众福祉和利益，同时在更宏观的意义上涵盖了国家利益和全体社会成员的共同利益，因此是一个外延更大的概念。公办学校的公益性特点是伴随着现代教育的普及与发展而产生的。为了创造更好的条件，促进教育普及，使更多的人获得受教育的机会，教育必须成为社会的公益事业，学校必须体现为不特定社会成员服务的价值取向。

学校是对社会成员进行教育、培养的社会机构，其基本职能是利用一定的教育教学设施和选定的环境实施教育教学活动，培养社会所需要的合格人才。为此，学校应根据社会的经济、政治及文化发展的要求，选择有教育价值的知识对学生进行教育，培养他们向社会学习和为社会服务的能力，并具有为社会发展和人类进步而贡献力量的认识和责任感。学校要启迪学生的智慧，由简而繁、由易而难、循序渐进地教育学生学习现代科学技术，吸收优秀的民族文化传统，掌握为社会服务所需要的各种知识、技能和技巧，充分做好参加社会生活的准备。学校的上述职能使它具有区别于其他社会组织的特点，这就是公益性特点。教育的公益性表明：教育事业事关国计民生，发展教育事业是全社会的共同责任；教育事业应当面向全体公民，对国家、人民、社会的共同利益负责；教育活动应接受国家和社会依法进行的监督，不得损害国家、人民和社会的共同利益。为体现公办学校的公益性特点，我国《教育法》及相关法规、规章做出了如下具体规定：

1. 公办学校不得设立为营利性组织

《教育法》第26条规定，国家举办学校及其他教育机构，同时鼓励企业事业组织、社会团体、其他社会组织及公民个人依法举办学校及其他教育机构。以财政性经费、捐赠资产举办或者参与举办的学校及其他教育机构不得设立为营利性组织。确立这一基本原则，有利于维护公办学校的公益性质，端正办学方向，促进公办学校健康发展，同时也有利于杜绝公办学校以及相关个人以财政性经费或捐赠资产营利的不法行为。

判断一所学校是否为营利性组织，主要不在于学校是否有收入，而在于学校将办学和其他经营性活动获得的收入用于何处。凡是用于学校建设和发展，用于弥补自身办学经费不足的，不属于营利性行为。反之，将其收益归于举办者所有，或在举办者中进行分配的，则属于营利性组织。因此，在举办公办学校的过程中，任何组织和个人都不得以其所获收益进行分配，公办学校自身也不得以营利为办学宗旨，获取不正当的收益。公办学校对通过合法途径获取的正当收益，应加强管理，用于自身的积累和发展或弥补办学经费的不足，不得私分、截留或挥霍、浪费。

2. 教育与宗教相分离

《教育法》第8条规定“国家实行教育与宗教相分离。任何组织和个人不得利用宗教进行妨碍国家教育制度的活动”。《中外合作办学条例》第7条据此规定，“外国宗教组织、宗教机构、宗教院校和宗教教职人员不得在中国境内从事合作办学活动。中外合作办学机构不得进行宗教教育和开展宗教活动。”宗教教育的内容包括有关的信仰、信念、特殊的宗教仪式和生活规定，教育形式则包括吟诵经文、祈祷、斋戒、膜拜偶像等，它们同宗教的组织设施以及专门的神职人员等因素结合在一起，形成一种强大的社会势力和精神力量。办学校、兴教育曾经是世界上许多宗教传播教义、培养教徒的重要手段，在义务教育制度建立以前，近代资本主义国家的初等学校大多由教会控制。因此，为了普及和发展教育，体现教育的公益性，就必须确立一种公共的、世俗的、与宗教分离的教育制度。

由于宗教的社会根源和认识根源的长期存在，宗教在社会生活中亦将长期存在。为此我国《宪法》第36条在规定公民有宗教信仰自由、国家保护正常宗教活动的同时，又做了“任何人不得利用宗教进行破坏社会秩序、损害公民身体健康、妨碍国家教育制度的活动”的规定。《教育法》重申了这一宪法原则，明确规定禁止任何组织和个人实施妨碍国家教育制度的宗教活动。这是排除宗教对教育非法干预和渗透、维护学校正常教学秩序、保护受教育者身心健康的重要举措，是保证学校公益性的重要标志。

3. 教育教学应当使用国家通用语言文字

我国地域广阔，存在多种地方方言文字，许多有分歧的方言、文字妨碍了不同地区人们的交流，造成许多不便。为了便于思想和文化的交流，促进经济和社会的发展，有必要推广全国通用的语言文字。学校是专门实施教育教学，传承民族文化的机构，因此规定其应带头推广使用普通话和规范字。同时，教学语言文字问题在多民族国家和地区的学校中又是一个非常重要的涉及教育公益性的问题，因为它常常会涉及如何处理国家、民族的利益和个人的选择权利之间的关系问题。《教育法》第12条为此专门规定“国家通用语言文字为学校及其他教育机构的基本教育教学语言文字，学校及其他教育机构应当使用国家通用语言文字进行教育教学”，同时规定民族自治地方以少数民族学生为主的学校及其他教育机构，可以使用国家通用语言文字和本民族或者当地民族通用的语言文字，实施双语教育。

（二）公办学校的事业单位法人定位

《事业单位登记管理暂行条例》规定，事业单位是指国家为了社会公益目的，由机关举办或者其他组织利用国有资产举办的，从事教育、科技、文化、卫生等活动的社会服务组织。依据这一规定，公办学校属于非营利法人中的事业单位法人，这一定位反映了公办学校应有的社会地位，体现了公办学校的基本特征，使其坚持为社会的不特定人群服务，真正实现教育的公益性质。

从我国事业单位改革的总体发展趋势看，现行的事业单位正在发生分化。承担行政职能的事业单位将直接转为行政机构；从事生产经营活动的事业单位将转为企业；从事公益服务的事业单位，将继续保留在事业单位序列。其中从事公益服务的事业单位又根据职责任务、服务对象和资源配置方式等情况，进一步细分为两类：承担义务教育、基础性科研、公共文化、公共卫生及基层的基本医疗服务等基本公益服务，不能或不宜由市场配置资源的，划入公益一类；承担高等教育、非营利医疗等公益服务，可部分由市场配置资源的，划入公益二类。

作为事业单位法人的公办学校应具有如下组织特征：

（1）从组织性质看，是一种非营利性的社会组织。

（2）从组织功能看，是以培养社会所需人才、开展学术研究为其目的的社会组织。

（3）从与政府关系看，是具有独立管理机构的组织体，而不是行政机关的内部单位和附属机构。

（4）从经费来源看，主要来自政府财政拨款、学杂费、社会或个人赞助与捐助以及学校的创收收入等不同渠道。不同类别的学校与市场关系不同，筹措渠道也不尽相同。

（5）从所具有的权能看，公办学校所拥有的办学权利是一种复合型权利，其中既有通过法律、法规授权而获得的公权力，也有作为法人所具有的法人权利。

（三）公办学校的举办主体

我国宪法、教育法对学校教育机构的举办主体做出了明确规定，即国家举办各种学校，同时鼓励集体经济组织、国家企业事业组织和其他社会力量依照法律规定举办各种教育事业。具体来说，我国有权举办学校的主体主要有各级人民政府、企业事业组织、社会团体、其他社会组织及公民个人。按照其性质不同，上述主体可分为政府和社会力量两大类。在办学体制上，我国则形成了公办学校与民办学校并存的格局，其中公办学校由各级人民政府及相关部门运用国家财政性教育经费举办，其举办者主要包括中央人民政府和地方各级人民政府。《教育法》第 14 条规定，“国务院和地方各级人民政府根据分级管理、分工负责的原则，领导和管理教育工作。中等及中等以下教育在国务院领导下，由地方人民政府管理。高等教育由国务院和省、自治区、直辖市人民政府管理”。这就是说，我国教育管理体制的基本取向是在中央的统一领导下扩大地方政府举办、管理教育的权限。其中基础教育维持以地方政府办学为主的管理体制，高等教育则形成中央与省（自治区、直辖市）两级政府举办、管理，以省级政府为主的管理体制。

作为办学主体的中央政府包括国务院及其所属各个部委，举办的主要是高等学校，包括综合性大学与高等职业技术学校。按照《普通高等学校设置暂行条例》第 19 条的规定，中央政府设置普通高等学校的，按学校隶属关系，由国务院有关部门向国务院教育主管部门提出筹建普通高等学校申请书，并附交论证报告，在征得学校所在地的省（自治区、直辖市）人民政府同意后，由国务院各部委审批，报国务院教育主管部门备案。

作为办学主体的地方各级人民政府主要包括县级以上的地方人民政府。《教育法》第 15 条规定，地方政府作为办学主体享有相应的权力，履行相应的职责。根据教育事业管理权限的划分，各级人民政府所承担的办学职能与责任是不同的。县级以上各级人民政府及其他有关部门在各自的职责范围内，负责有关的教育工作。其中，农村中心小学以下的村办小学、简易小学的举办、撤销，由乡人民政府提出意见，报县教育局审批。农村中心小学、城市小学，初级中等学校的新建、撤销、合并、搬迁，由不设区的市、县教育主管部门提出意见，报同级人民政府审批。设区的市的中小学举办审批办法由省（自治区、直辖市）制定。职业技术学校中面向城市的学校，一般实行省和中心城市统筹举办；面向农村的，在省、自治区、直辖市和地（市）领导下由县负责统筹举办。在高等学校的办学形式上，一般有中央独立办学、地方独立办学以及中央与地方合作办学三类办学形式。省、自治区、直辖市、大城市、经济发展较快的中等城市可以独立举办高等专科学校和短期职业大学。

（四）公办学校的设立程序

学校的设立仅有实体性规定是不够的，还必须有程序性规定。《教育法》第 28 条为此规定：“学校及其他教育机构的设立、变更和终止，应当按照国家有关规定办理审核、批准、注册或者备案手续。”这一规定把办学活动纳入了正常的教育管理秩序，使学校设立、变更、终止的程序性管理制度具有了法定效力。设立学校的程序性规定能有效地防止擅自设立、变更和终止学校，有利于主管部门加强对学校的管理和监督，维护正常的教育管理秩序，保护受教育者的合法权益。

我国现行制度对学校设立、变更和终止的规定，根据拟设立学校办学性质的不同，或采取行政许可主义，或采取准则主义，分别实行审批制度和登记注册制度。公办学校的设立适用基于行政许可主义的审批制度。一般来说，事业单位法人的成立分为需要登记和不需要登记两种情况。依法需要办理法人登记的，应当具备法人条件，为适应经济社会发展需要，提供公益服务设立，经依法登记成立，取得事业单位法人资格；依法不需要办理法人登记的，从成立之日起，具有事业单位法人资格。事业单位法人设理事会的，除法律另有规定外，理事会为其决策机构。事业单位法人的法定代表人依照法律、行政法规或法人章程的规定产生。

公办学校的审批程序一般包括审核、批准和备案等环节。主管机关根据举办标准和审批办法，有权决定是否准予办学。只有经过批准，如发给批准书或办学许可证，拟办学校才能取得合法地位。同理，也只有经过批准，学校才能变更或终止。

普通高等学校的审批手续，根据《普通高等学校设置暂行条例》的规定，统一由国务院教育主管部门办理。审批程序一般分为审批筹建和审批正式建校招生两个阶段，经批准建立的普通高等学校，国务院教育主管部门或它的委托机构负责对学校应当达到的计划规模及正常的教师配备标准和办学条件进行审核验收。

三、民办学校法人

民办学校是与公办学校相对应的具备法人资格的教育机构形式，是国家机关以外的社会组织或者个人，利用非国家财政性经费，面向社会举办的教育机构。《民办教育促进法》规定，民办教育事业属于公益性事业，民办学校与公办学校具有同等的法律地位，国家保障民办学校的自主办学权。

（一）民办学校的分类管理与法人类型化

依照营利法人和非营利法人的分类思路，《民办教育促进法》第 19 条规定民办学校的举办者可以自主选择设立非营利性民办学校或者营利性民办学校。该法第 10 条还规定，举办民办学校的社会组织，应当具有法人资格。举办民办学校的个人应当具有政治权利和完全民事行为能力。这意味着举办者选择设立哪一类民办学校是一种民事行为。举办者应依据意思自治原则，在意志独立、自由、没有非法外力强迫的情况下，完全根据自己的主观判断来决定民办学校的设立。

由于国家对民办学校实行以营利性为标准的分类管理，民办学校的法人具体分化为三类，其中非营利性民办学校可以登记为民办非企业单位或事业单位两类法人，营利性民办学校可以登记为企业法人。2016 年 12 月 30 日教育部等五部委联合印发了《民办学校分类登记实施细则》，其中第 7 条规定："正式批准设立的非营利性民办学校，符合《民办非企业单位登记管理暂行条例》等民办非企业单位登记管理有关规定的，到民政部门登记为民办非企业单位，符合《事业单位登记管理暂行条例》等事业单位登记管理有关规定的，到事业单位登记管理机关登记为事业单位。"第 9 条规定："正式批准设立的营利性民办学校，依据法律法规规定的管辖权限到工商行政管理部门办理登记。"

民办学校分类的营利性标准与教育的公益性标准是不同的分类标准。一般认为公益组织与非营利组织是两个不同的概念，公益组织是以公益为目的并提供服务的社会组织，非营利组织是不以营利为目的的组织，二者存在着某些共同性。但在非营利组织与营利组织之间还存在着一类组织，即特定群体内部的互惠性社会组织，属于非营利组织，如同乡会、校友会等。此类组织一般并不涉及社会公益，是介于公益组织和营利性组织之间的一类中间组织。因此，非营利组织包括了公益组织和中间组织两类，以公益为目的的归为公益法人，以其他非营利目的为旨归的归为中间法人。二者统称非营利法人，与营利法人区分并列。《民办教育促进法》在修订之前，统一规定不得以营利为目的举办学校及其他教育机构，并无营利与非营利之别。民办学校只能以公益性为唯一判断标准，按规定登记为民办非企业单位或事业单位，这就把公益性与非营利性二者混为一谈了。修订后的《民办教育促进法》第 19 条要求，举办者在申请举办民办学校时应当依据分类管理的规定对所办学校的性质作出明确的意思表示，规定“营利性民办学校的举办者可以取得办学收益，学校的办学结余依照公司法等有关法律、行政法规的规定处理”，正式批准设立的营利性民办学校应到工商行政管理部门办理登记，按照企业法人登记，依照《公司法》等相关规定进行管理。

应该说，对民办学校以营利与否进行分类并做规定是立法上的一个突破和进步，但修订后的《民办教育促进法》中有关营利性和非营利性的划分在表述上仍存在一些需要完善和明确的地方。为了更准确地反映这类社会组织的定位和属性，统一政策、法律文件中的表述，民政部有意将“民办非企业单位”改为“社会服务机构”。2018 年 8 月，民政部公布的《社会组织登记管理条例（草案征求意见稿）》,[①] 对原先的《社会服务机构登记管理暂行条例》《民政部关于进一步加强和改进社会服务机构登记管理工作的实施意见》中的相关表述做了相应改善。这一新的分类表述得到了上位法《民法典》的明确支持，该法第 87 条规定的非营利法人就包括了社会服务机构。以“社会服务机构”表示非营利性民办学校法人的属性，并纳入社会服务机构进行相应管理，是对非营利性民办学校进行分类管理的改革动向。

营利性学校属于营利法人，从事经营性活动并将经营所得分配给其成员。这类法人不同于非营利法人，有较大的自主办学权，但并非完全独树一帜。按照《民办教育促进法》的规定，无论是非营利法人和营利法人，其所从事的教育活动都属于公益性事业。《民法典》第 86 条也规定：“营利法人从事经营活动，应当遵守商业道德，维护交易安全，接受政府和社会的监督，承担社会责任。”为了加强对营利性民办学校公益性的检查和监督，我国法律规定了一套有效的法律调整机制。具体来说，这些规定包括严格把关的注册程序、中介机构的合格评估、对学校办学的监督检查、符合国家要求的课程设置等。此外，对营利性学校的财务监督包括了对营利所得的使用所进行的严格管理和监督，当然这并非要过问经费的具体使用，而是要检查学校的收支是否清楚。这些规定保证了营利性民办学校必须遵循公益性原则。

（二）民办学校的举办者

民办学校举办者是以出资、筹设等方式，发起、倡议并具体负责创办民办学校的社会组织或公民个人。《教育法》第 26 条规定：“国家鼓励企业事业组织、社会团体、其他

---

① 2018 年 8 月 3 日，民政部公布了《社会组织登记管理条例（草案征求意见稿）》全文，征求社会各界意见，意见反馈截止时间为 2018 年 9 月 1 日。新条例正式施行后，《社会团体登记管理条例》、《基金会管理条例》和《民办非企业单位登记管理暂行条例》三部条例将同时废止。但正式稿至今尚未发布，本书仅借鉴该草案征求意见稿对于社会服务机构的界定，不排除正式稿发布的规定与征求意见稿的规定有所出入，特此说明。

社会组织及公民依法举办学校及其他教育机构。”这里所规定的民办学校举办者是指国家机构以外的、具有法人资格的社会组织和公民个人，具体包括企业事业组织、民主党派、人民团体、社会团体、学术团体以及具有政治权利和完全民事行为能力的私人办学者等。依照上述规定，民办学校的举办者主要有以下两类：一是非政府的社会组织，包括在中国境内注册并具有法人资格的企业事业组织、社会团体、其他社会组织；二是中国公民。举办者可依照法律、法规和规章（包括地方性法规和规章），自筹资金（非国有资金）举办学校。为鼓励和发展民间办学的形式，国家在用地、税收、基地计划安排以及办学经费等方面给予适当的帮助。确认或否定（变更）民办学校举办者的身份资格是有关行政主管部门的一项法定权力，属行政许可的内容，而非民事诉讼程序解决的范围。

民办学校举办者可以单独举办，也可以联合举办。联合举办民办学校的，为避免发生纠纷，应当签订联合办学协议，明确办学宗旨、培养目标以及各方的出资数额、方式和权利、义务等。举办者不仅在学校设立阶段负有筹措办学资金、提供办学条件、建立学校的组织机构及章程等一系列职责，而且在学校成立后也对学校经费来源的稳定负有重要责任。当然举办者在学校成立后，也可以通过学校的理事会、董事会或者其他形式决策机构，直接影响甚至决定学校的重大事务。

此外，根据《中外合作办学条例》，外国教育机构同中国教育机构可以合作举办以中国公民为主要招生对象的教育机构。这意味着外国教育机构在与中国教育机构合作办学的过程中可以成为中外合作举办的教育机构的举办者。该条例第 11 条规定中外合作办学机构应当具备《教育法》《职业教育法》《高等教育法》等法律和有关行政法规规定的基本条件，并具有法人资格。但是，外国教育机构同中国实施学历教育的高等学校设立的实施高等教育的中外合作办学机构，可以不具有法人资格。中外合作举办的教育机构属于民办学校性质，根据法律规定应是公益性事业，是中国教育事业的组成部分。中外合作办学者及其依法举办的教育机构的合法权益，受中国法律保护。

（三）民办学校的办学出资

办学出资是举办者的重要义务。从资金来源渠道来看，有个人自筹资金，个人智力投入（无资金投入），个人和企业的投资、集资或入股以及捐资等。资金来源可以是单一的，也可以是个人、集体、企业资金多元混合的。举办者的办学出资具体包括资金、实物、土地使用权、知识产权及其他财产等。其中资金是指以货币为表现形式的资产；实物是指能够用于学校建设或者教育教学活动的各种设施、设备、材料等有形的财产；土地使用权是独立于土地所有权的他物权，包括对土地的占有权、使用权和一定范围内的收益权及一定条件下的处分权；知识产权是对无形资产而言，包括专利权、商标权、著作权、商业秘密专有权等人们对自己创造性智力劳动成果所享有的民事权利；其他财产是指除上述财产形式之外的其他的有形或无形的财产，如知名的学校品牌、先进的课程体系、成功的教育教学经验与成果、系统的管理制度以及高素质的师资力量等。除资金以外，举办者其他形式的出资，应当进行评估，折算成相应的货币。举办者将自己合法拥有的财产或者权利投入举办非营利性民办学校的活动当中，形成办学投入，此即举办者的办学出资行为。计算举办者的出资数额，应当以举办者在筹设或者正式设立民办学校的过程中以及民办学校设立后举办者追加投入的、经合法验资或者财产评估而实际投入民办学校的财产或者权利的货币价值为准。

但民办学校从下列渠道获得的财产不属于举办者的出资：一是国家的资助，方式包括通过政府设立的专项资金予以专门资助、给予经常性的经费资助、给予税收方面的优惠、以闲置的国有资产予以扶持、按照委托协议拨付相应的义务教育经费、按照公益事业用地及建设的规定在土地使用方面给予优惠等，上述资助都不能作为举办者的出资；二是向学生收取的费用，民办学校向学生收取的学费、食宿费等费用，属于民办学校的收入，是民办学校法人财产权的一部分，不能作为举办者的出资；三是民办学校从银行获得的贷款或者通过向其他组织、个人借款获得的财产，应当由民办学校作为债务人，独立承担相应的民事责任，不属于举办者的出资；四是社会组织或者个人向民办学校捐赠的财产，属于民办学校法人财产权的一部分，不能作为举办者的出资。

《民办教育促进法》第 36 条和 37 条规定了民办学校对举办者投入的资产、国有资产、受赠的财产以及办学积累等，享有法人财产权。这里的民办学校显然指的是非营利性民办学校，而不是营利性民办学校。举办者履行出资义务后，该出资额即属于非营利性民办学校的法人财产，举办者不得抽回出资，不得转让其出资，也不得要求分红和分配。所有资产成为学校法人财产权的一部分，由非营利性民办学校依法管理和使用，任何组织和个人不得侵占。营利性民办学校在工商部门登记为公司法人后，其财产处置、办学结余分配等适用公司法的有关要求，举办者可从学校办学结余中获得合法收益。

为拓宽民间资金参与教育事业发展的渠道，国家已制定政策鼓励和引导民间资金以多种方式进入教育领域。社会力量按照国家有关规定，以独立举办、合作举办等多种形式举办民办学校，拓宽民间资金进入教育领域、参与教育事业改革和发展的渠道。允许境内外资金依法开展中外合作办学。允许外资通过中外合作办学的境外一方依照《中外合作办学条例》及其实施办法参与合作办学。鼓励民间资金与我国境内学校合作，参与引进境外优质教育资源，依法举办高水平的中外合作办学机构。按照该条例规定，中外合作办学者可以用资金、实物、土地使用权、知识产权以及其他财产作为办学投入。中外合作办学者的知识产权投入不得超过各自投入的 1/3。但是，接受国务院教育行政部门、劳动行政部门或者省、自治区、直辖市人民政府邀请前来中国合作办学的外国教育机构的知识产权投入可以超过其投入的 1/3。

（四）民办学校的设立程序

举办民办学校，需要经有关部门的审批，无论是营利性民办学校还是非营利性民办学校，其设立均采取行政许可主义。但二者的设立分别依据不同的法律和程序。选择设立非营利学校的，应先经教育主管部门进行资质审批，然后依《民办非企业单位登记管理暂行条例》的有关规定，到民政部门登记为民办非企业单位；或依《事业单位登记管理暂行条例》的有关规定，到事业单位登记管理机关登记为事业单位。实施本科以上层次教育的非营利性民办高等学校，由省级人民政府相关部门办理登记。实施专科以下层次教育的非营利性民办学校，由省级人民政府确定的县级以上人民政府相关部门办理登记。选择设立营利性民办学校的，依据法律法规规定的管辖权限到工商行政管理部门办理登记注册。主管部门予以审核，登记注册。准则主义的登记注册制度主要适用于教育培训机构和幼儿园等教育机构，申请办学的机构符合举办标准的，则予以登记注册。

拟设立学制系统内的民办学校的，有申请筹设和申请正式设立两种程序。举办者可以选择先申请筹设，后申请正式设立，也可以选择直接申请正式设立民办学校。申请筹设学制系统内的民办学校的，举办者应当向审批机关提交筹设批准书；筹设情况报告；学校章程、首届学校理事会、董事会或者其他决策机构组成人员名单；学校资产的有效证明文件，校舍证明材料；行政、教学、学籍、财会、安全、卫生等方面的内部规章，教学计划、教学大纲和教材样本；校长、教师、财会人员的资格证明文件。举办者提出申请后，审批机关应当自受理之日起30日内以书面形式作出是否同意的决定。直接申请正式设立学制系统内的民办学校的，举办者应当向审批机关提交申办报告，包括举办者的姓名、住址或者名称、地址等；社会组织具有法人资格证明文件；合伙办学的提交合伙办学协议书；学校资产的有效证明文件；行政、教学、学籍、财会、安全、卫生等方面的内部规章、教学计划、教学大纲和教材样本；属捐赠性质的校产须提交捐赠协议，载明捐赠人的姓名、所捐资产的数额、用途和管理方法及相关有效证明文件；学校章程、首届学校理事会、董事会或者其他决策机构组成人员名单；校长、教师、财会人员的资格证明文件。举办者提出申请后，审批机关应当自受理之日起三个月内以书面形式做出是否批准的决定，并送达申请人。

有关中外合作办学机构的设立程序，按照《中外合作办学条例》规定，参照国家举办的同级同类教育机构的设置标准执行。其中申请设立实施本科以上高等学历教育的中外合作办学机构，由国务院教育行政部门审批；申请设立实施高等专科教育和非学历高等教育的中外合作办学机构，由拟设立机构所在地的省、自治区、直辖市人民政府审批。申请设立实施中等学历教育和自学考试助学、文化补习、学前教育等的中外合作办学机构，由拟设立机构所在地的省、自治区、直辖市人民政府教育行政部门审批。申请设立实施职业技能培训的中外合作办学机构，由拟设立机构所在地的省、自治区、直辖市人民政府劳动行政部门审批。

民办学校变更举办者，要经过三个程序：一是由举办者自愿提出；二是进行财务清算，并经学校决策机构认可；三是报审批部门核准。

第三节　学校的权利与义务

一所按法定程序建立起来的学校教育机构，作为一种合法的专业组织，便依法享有一定的权利并应履行一定的义务。一般来说，学校的基本职能是通过法律规定的学校权利义务体现出来的，不同性质的学校由于办学性质不同，因此权利义务也会有差异。如义务教育学校在提供均衡、高质的教育服务、体现社会的公平公正方面负有重要责任，因此会受到来自政府的较多管制；义务教育阶段以上的各级各类学校，特别是高等学校则享有范围较广泛的自主办学权，可以根据社会需要，在法定范围内独立进行决策和开展各项工作。在享有权利的同时，学校必须遵守国家宪法、法律、行政法规和政府的决议、命令、规章等，履行一定的义务。因此，设定各级各类学校的权利与义务，是教育法的一项重要任务。

一、教育法规定的学校权利与义务

我国法律已确立了学校依法自主办学的原则，这一原则既有《宪法》作为根本保障，也有《教育法》《高等教育法》《民办教育促进法》等具体法律作为直接依据，同时还辅以大量行政法规、部门规章和其他规范性文件作为行为准则，同时又给予学校必要的自主办学权，体现了我国的体制特征。

（一）学校的权利

学校作为一种法律关系主体，在不同的法律关系领域中，其所具有的资格与能力不同，因而所享有的权利也不同。如它以法人的身份参与民事活动，则享有民法规定的权利并履行相应的义务；它被作为行政对象参与行政管理，则享有行政法规定的法人组织应有的权利并履行相应义务。教育法规定的学校权利不同于民法上的或行政法上的权利，它是学校在法律上享有的，为实现其办学宗旨而应具有的自主办学的资格和能力，一般叫作自主办学权。自主办学权是学校专有的权力，学校在行使这一权力时，必须符合国家和社会的公共利益，贯彻国家的教育方针，遵守法律、法规与政令。学校违背国家法律滥用自主办学权，危及国家和社会的公共利益，或者有严重的渎职行为，侵害了受教育者、教职员工合法权益的，教育主管机关可以分情节轻重，予以行政处理，必要时剥夺其某项自主权，直至勒令停止办学。

根据《教育法》的规定，我国各级各类学校享有的自主办学权主要包括如下方面：

1. 按照学校章程自主管理

学校有权根据学校章程确立的办学宗旨、学校管理体制和发展规划、具体的各项管理规定，在日常的教育教学活动中自主地做出管理决策，组织实施。学校的这项权利应当得到尊重和保障，任何行政机关或者其他组织和个人都不得随意干涉。

2. 组织实施教育教学活动

学校有权根据学校的办学宗旨和任务，依据国家教育主管部门有关教学计划、课程、专业设置等方面的规定，自行决定和实施教学计划，决定具体课时和教学进度，组织教学评比、集体备课，开展授课、统一考核、考试等教学活动。

3. 招收学生或者其他受教育者

学校有权依据国家有关招生法规、规章和教育主管部门的招生管理规定，按照自己的办学宗旨、培养目标、教学任务以及办学条件和能力，制定本学校具体的招生办法，发布招生广告，决定招生的具体数量和人员，确定招生范围和来源，决定录取或不录取，组织招生工作及办理招生的具体手续。

4. 对受教育者进行学籍管理，实施奖励或处分

学校根据教育主管部门的学籍管理规定，有权针对不同层次、类别的学生，制定有关入学与报名注册、考试与成绩、纪律与考勤、休学与复学、转学、退学等管理办法，实施学籍管理。同时，学校还有权根据国家有关学生奖励、处分的规定，结合本校的实际，制定具体的奖励与处分办法，对学生进行管理，实施奖励或者处分。

5. 对受教育者颁发相应的学业证书

学校依据国家有关学业证书的管理规定，有权对经考核、考试成绩合格，完成学习教育阶段的学生，按照其学习教育类别，颁发相应毕业证书、结业证书。有学位授予权的高等学校依据规定，有权向学业成绩合格、通过学位答辩的学生颁发相应的学士学位、硕士学位和博士学位证书。

6. 聘任教师及其他职工，实施奖励或者处分

学校有权根据国家有关教师和其他教职工的管理规定，从本校的办学条件、办学能力和编制等实际情况出发，自主决定聘任、解聘教师及其他教职工，签订和解除聘任合同，有权对教职员工实施奖励和处分及其他具体管理活动。

7. 管理、使用本单位的设施和经费

学校对自己占有的场地、教室、宿舍、教学设备等设施、办学经费以及其他有关财产，享有财产管理权和使用权，经财产所有人同意可对其占有的财产进行处置或者获得一定的收益。学校在管理、使用本单位的设施与经费等校产时，应当遵守国家有关国有资产管理、教育经费投入的规定以及学校财务管理制度，符合国家和社会公共利益，有利于学校发展和实现学校的办学宗旨，不得妨碍学校教育和管理活动的正常进行，不得侵害举办者、投资者等有关权利人的财产权利。学校用于教学、科研的资产不得随意转移使用目的，不得用于作抵押或为他人担保。

8. 拒绝任何组织和个人对教育教学活动的非法干涉

为了维护学校的正常教育教学秩序，学校有权对来自行政机关、企业事业组织、社会团体以及个人等非法干涉教育教学活动的行为予以拒绝和抵制，如强占校舍和场地，侵犯师生的人身安全、随意要求停课、对学校乱摊派等。

9. 法律法规规定的其他权利

除了上述八项自主办学权，学校还享有现行法律、行政法规及地方性法规赋予的其他权利。

此外，根据《高等教育法》第32～38条的规定，高等学校除《教育法》规定的自主办学权外，根据高等学校的办学特点还特别规定了以下权利：

（1）根据社会需求、办学条件和国家核定的办学规模，制定招生方案，自主调节系科招生比例。其具体包括自主调整优化同一层次研究生类型结构、加快发展专业学位研究生教育、健全应届本科毕业生推荐免试录取制度、完善以导师团队为主导的复试选拔机制、建立博士研究生选拔“申请一考核”机制等。

（2）自主调整优化学科专业，办出特色。其具体包括自主举办普通高等学校本科专业目录和高职高专教育指导性专业目录内所有专业（国家控制布点专业除外）；在博士、硕士一级学科授权内自主举办二级学科；在不增加授权学科总量、保证研究生培养质量的前提下，对博士、硕士学位授权点进行动态调整等。

（3）自主制定教学计划、选编教材、组织实施教学活动。其具体包括自主开展人才培养模式改革、推进全面学分制等教学管理制度改革、自主确定大学英语和计算机基础课学分学时、自主开展与其他高等学校之间的教育教学资源开放共享、教师互聘、学生互换、课程互选、学分互认，促进合作育人、协同创新、共同发展等。

（4）自主开展科学研究、技术开发和社会服务。其具体包括自主决定开展科学研究、技术开发和社会服务的经费预算调整方案、获得经常性科研业务经费的投入和非竞争性科研经费，教师开展学术研究、自由探索、自主改进科研项目预算编制方法和预算评估评审的沟通反馈机制，完善和落实促进科研人员成果转化的收益分配政策等。

（5）自主开展与境外高等学校之间的科学技术文化交流与合作。其具体包括：扩大国际交流合作，提高高等教育国际化水平；自主开展与国外高等学校之间的教师互派、学生互换、学分互认和学位互授联授；自主确定举办中外合作办学项目；自主引导优势学科面向世界和引进国外优质教育资源；开展国际合作，参与和设立国际学术合作组织、国际科学计划；与境外高水平教育、科研机构建立联合研发基地；自主开展海外办学和跨境教育服务；等等。

（6）按照国家有关规定，自主确定高等学校内部机构的举办和人员配备，评聘教师和其他专业技术人员的职务，调整津贴及工资分配。其具体包括自主确定高等学校内部的教学、科学研究、行政职能部门等组织机构的举办和人员配备，自主选聘教职工，根据国家法律法规和宏观政策自主确定内部收入分配，自主管理和使用人才，依法依规自主公开招聘教育教学、科学研究和行政管理等各类人员，自主评审教授、副教授等。

（7）自主管理和使用由举办者提供的财产、国家财政性资助、受捐赠财产。其具体包括自主管理使用学校财产经费，完善高校生均拨款制度，自主使用和管理专项经费，统筹安排使用捐赠收入及财政配比资金，完善成本分担机制等。

依据《民办教育促进法》第 5 条的规定，民办学校与公办学校具有同等的法律地位，因此上述法律规定的学校权利也应当适用于民办学校，国家应当保障民办学校的自主办学权。同时，为了切实保障民办学校及教职工、受教育者的合法权益，根据民办学校的情况，该法特别规定了民办学校的自主办学权，主要内容有：选择学校内部的管理体制；自主聘任或解聘校长及教职工；对教师进行思想品德教育和业务培训；面向社会自主招生；自主举办专业；制定学校的章程和内部规章；制定发展规划和年度计划；自主决定学校办学经费的开支使用；管理学校资产财务；决定教职工的编制和工资标准；按照国家规定建立学籍管理制度；对学生实施奖励或者处分；自主制定学校的收费标准；等等。实施高等学历教育和中等职业学历教育的民办学校，按照国家课程标准和有关规定自主设置和调整专业、开设课程、选用教材、制订教学计划和人才培养方案。基础教育阶段的民办学校在完成国家规定课程的前提下可以自主开展教育教学活动；民办学校引进的境外课程须报省级教育行政部门审核，对境外教材应依法进行审定。

（二）学校的义务

学校在享有上述权利的同时，也要承担相应的义务。《教育法》第 30 条具体规定了学校应履行的六个方面的义务。这些义务同自主办学权相对，是学校在贯彻办学宗旨，进行内部管理和组织教育活动中必须履行的义务，而不是作为社会组织的学校的全部义务。这六项义务分述如下：

1. **遵守法律、法规**

这是法律对任一社会组织的基本要求。我国《宪法》第5条规定:“一切国家机关和武装力量、各政党和各社会团体、各企业事业组织都必须遵守宪法和法律。一切违反宪法和法律的行为,必须予以追究。”学校作为实施教育教学活动,培养各类人才的事业组织,毫无疑问必须履行这一义务。这里所说的法律、法规,包括宪法、全国人民代表大会及其常务委员会制定的法律、国务院制定的行政法规以及省级人民代表大会制定的地方性法规。作为履行义务的主体,学校不仅应履行一般意义上的对于社会组织的义务,而且应履行教育法律、法规、规章中为学校确立的特定意义上的义务。

2. **贯彻国家的教育方针,执行国家教育教学标准,保证教育教学质量**

现代社会的教育活动是一种高度专门化的活动,是体现社会整体利益和整体意志的社会事业。国家作为社会整体利益和整体意志的代表,必须以法律的形式规定共同遵循的教育方针和教育教学标准。学校在组织实施教育教学活动的过程中,应保证贯彻国家的教育方针和教育标准,努力为社会主义现代化建设事业培养德、智、体全面发展的各类人才。不履行此项义务,同国家教育方针背道而驰,片面追求升学率,办贵族学校等做法,或者不执行统一的国家教育标准等行为,都不再是单纯的教育思想或工作方法的问题,而是一种违法行为。对屡犯不改,或导致严重后果的,主管部门要予以追究。

3. **维护受教育者、教师及其他职工的合法权益**

学校作为社会组织,有责任维护本机构内部成员的合法权益。招收学生或其他受教育者,聘任教师及其他职工是教育法赋予学校的权利。学校在享有这一权利的同时,要求履行与之对应的义务。学校不得侵犯受教育者、教师及其他职工的合法权益,如不得克扣、拖欠教职工工资,不得拒绝符合入学条件的受教育者入学等。不仅如此,当本机构以外的其他社会组织和个人侵犯了本机构受教育者、教师及其他职工的合法权益时,学校有义务以合法方式积极协助有关单位查处违法行为人,维护本机构成员的合法权益。

4. **以适当方式为受教育者及其监护人了解受教育者的学业成绩及其他有关情况提供便利**

受教育者及其监护人了解受教育者的学业成绩及其他情况的知情权是实现公民平等的受教育权和在学业成绩及品行上获得公正评价权利的必要前提之一,因此必须予以法律保护。学校不得拒绝受教育者及其监护人了解学业成绩和其他在校情况等的请求。不仅如此,学校还应提供便利条件,帮助受教育者及其监护人行使这项知情权。在此要指出的是,学校在管理和提供受教育者学习成绩及其他个人资料时,必须使用适当方式,不得侵犯受教育者的隐私权、名誉权等合法权益,不得损害受教育者的身心健康。

5. **遵照国家有关规定收取费用并公开收费项目**

学校是公益性机构,公民依法享有受教育权,同时应按所入学校的不同性质依照有关规定缴纳一定费用。学校应当按照中央和地方各级政府及其有关部门的收费规定,确定收取学杂费的具体标准,不得巧立名目,乱收费用,甚至把办学当作牟利的工具。同时,收费项目应向社会公开,接受家长和社会各界的监督,维护办学机构的公益性质。

6. **依法接受监督**

为了保证教育事业的社会主义方向,贯彻国家教育方针,执行国家教育标准,学校必须接受来自权力机关、行政机关、司法机关的监督，以及来自执政党的监督和社会监督。学校对于以上各种形式的监督，应当积极予以配合，不得拒绝，更不得妨碍监督检查工作的正常进行。

此外，《高等教育法》第 31 条规定了高等学校应当以培养人才为中心，开展教学、科学研究和社会服务，保证教育教学质量达到国家规定的标准；第 39 条规定了国家举办的高等学校实行中国共产党高等学校基层委员会领导下的校长负责制。中国共产党高等学校基层委员会按照《中国共产党章程》和有关规定，统一领导学校工作，支持校长独立负责地行使职权，其领导职责主要是：执行中国共产党的路线、方针、政策，坚持社会主义办学方向，领导学校的思想政治工作和德育工作，讨论决定学校内部组织机构的设置和内部组织机构负责人的人选，讨论决定学校的改革、发展和基本管理制度等重大事项，保证以培养人才为中心的各项任务的完成。

以上有关学校的义务，对于学校端正办学思想，规范办学行为，保护社会公益，提高教育质量，有着重要意义。对不履行这些法律规定的义务的行为，按法律规定，应分别追究法律责任。

二、学校招生权

《教育法》规定，学校有招收学生或者其他受教育者的权利，但在开展招生工作时必须体现教育的公益性、公平性，不能把私利作为学校办学的目的。《民办教育促进法》还明确了民办教育属于公益性事业，必须符合国家和社会公共利益。这是民办学校行使招生权必须遵循的重要原则。

（一）中小学校的招生权限

1. 公办中小学招生工作的相关规定

学校招生反映的是受教育机会的分配方式，不同级类学校因其社会功能的不同，招生方式也各不相同。由于义务教育是全民教育，具有普及性的特点，因此在招生方式上要求从结果上体现受教育机会的公平公正，最大限度地降低经济利益的驱动。此外，义务教育阶段的适龄儿童、少年正处于人生的起步阶段，过早的升学竞争不利于其身心健康，影响他们的全面发展。因此义务教育学校的招生方式应当保障适龄儿童、少年健康成长，为他们创造健康的成长环境。

为了坚持义务教育学校不以任何方式实施竞争性、选拔性招生，各国的一般做法都是以免试就近入学作为义务教育学校的基本招生方式。我国多年来也一直坚持实行义务教育阶段的免试就近入学政策。《义务教育法》第 12 条规定："适龄儿童、少年免试入学。地方各级人民政府应当保障适龄儿童、少年在户籍所在地学校就近入学。"这一规定明确了适龄儿童、少年免试就近入学的权利，明确了地方政府的保障义务和责任。划片入学是地方政府落实免试就近入学的一项保障性措施，是按照强弱结合原则，根据适龄学生人数、学校分布、所在学区、学校规模、交通状况等影响入学的因素，依街道、路段、门牌号、村组等合理调配对口直升学校。小学入学一般采取登记入学，初中入学一般采取登记或对口直升方式入学，任何学校不得以任何借口擅自扩大和缩小片区范围招生；不得以各类考试、竞赛、培训成绩或证书证明等作为选拔依据；不得以面试、评测等方式招收学生；不得从事与招生有关的宣传活动。公办学校要逐步减少择校生比例直至完全取消，严禁向学生收取不符合规定的任何费用。

2. 民办中小学校招生工作的相关规定

为深化教育教学改革、全面提高义务教育质量，中共中央、国务院于2019年6月23日发布了《关于深化教育教学改革全面提高义务教育质量的意见》，对义务教育公办民办学校招生做出制度安排，严格遵循法律规定和义务教育基本公共服务属性，充分体现保障公共利益最大化的基本要求。这意味着实施义务教育的民办学校必须在法律的框架下行使自主招生权，同时有义务维护招生工作的公开、公平、公正。

因此，义务教育阶段招生工作必须以维护适龄儿童、少年的合法入学权益、规范学校招生行为为原则，按照公开、公平、公正程序开展招生工作，依法保障适龄儿童、少年接受义务教育的权利。为了保障公平、公正的入学机会，我国的现行政策法规按照公办民办学校同等对待、互不享有招生特权的原则，明确规定义务教育阶段民办学校必须严格按照规定的招生范围、招生计划、招生时间、招生方式与公办学校统一招生，严禁违规争抢生源、跨区域招生、超计划招生和提前招生；同时，进一步提高农村学校和薄弱学校升入优质高中比例。普通高中在中考结束后，严格按照自主招生办法和程序组织自主招生，并主动公开招生的各环节和录取结果。

在招生管理上，民办义务教育学校实行由审批地统一管理的做法。县（市）属民办学校原则上在所属县（市）行政区域内招生；市区内民办学校主要面向市区招生。虽然在招生方式上相比公办学校的划片就近入学具有一定的灵活性，但为了确保招生工作的公平、公正，仍对其招生范围做了明确规定，要求与公办学校免试就近、不择生源的招生方式保持一致性。

（二）高等学校的招生权限

高等学校招生权是指具有招生资格的高等学校根据国家社会经济发展的需要，在国家核定的年度招生规模内，自主合理地招收学生的权利。高等学校招生分为普通高考招生、自主招生、成人高等学校招生、研究生招生等。

1. 普通高考招生

普通高考招生是指以普通高等学校招生全国统一考试为前提的高等学校招生方式。高考由教育部统一组织调度，教育部考试中心或实行自主命题的省级考试院命题，各地行政主管部门组织考试和录取工作。普通高等学校根据考生成绩，按已确定的招生计划，德、智、体、美全面衡量，择优录取。

2. 自主招生

自主招生是为进一步完善高等教育多样化选拔机制，对高校选拔录取工作所作的改革。自主招生包括高等职业院校自主招生与国家重点大学自主招生两大类。高职院校自主招生是国家授权高职院校独立组织考试录取的一种方式。高等职业院校在高考前组织命题、考试、评卷、划定录取最低控制分数线，确定录取名单，直接报省教育考试院核准备案录取。国家重点大学自主招生是另一类自主招生方式，由招生学校自主对考生进行招生笔试和面试。考生录取后一般可享受降低 10 分至几十分录取的优惠政策，同时还有专业选择方面的优惠。2020 年 1 月，教育部印发了《关于在部分高校开展基础学科招生改革试点工作的意见》，决定从 2020 年起，不再组织开展高等学校的这类自主招生工作。

3. 成人高等学校招生

成人高等学校招生是指成人高等学校或普通高等学校的成人教育通过成人高考录取学生的招生方式，是我国成人高等教育选拔合格的毕业生以进入更高层次学历教育的主要方式。成人教育的招生列入国家招生计划，参加全国招生统一考试，各省、自治区、直辖市统一组织录取。成人高考分为专科起点升本科（简称专升本）、高中起点升专科（简称高起专）和高中起点升本科（简称高起本）三个层次。考生录取入学后的学习形式包括函授、业余和脱产三种，以前两种形式为主。

4. 研究生招生

研究生招生是指高等学校通过国家统一招生和学校自主招生相结合招收和录取研究生的招生方式。我国于 20 世纪 80 年代初确立了研究生招生以统考、推荐免试、单独考试为主的选拔录取方式。研究生招生工作按照国务院教育主管部门统一编制的国家招生计划进行，计划由财政部等会同审批后下达各高等学校。高等学校的研究生招生以按需招生为原则，除了国家计划的统一招生外，推行学校自主的定向培养和委托培养招生，以弥补国家计划的不足。高等学校也因此在研究生招生方面获得了一定的自主调节权。硕士生（含研究生班）入学考试由省、自治区、直辖市招生委员会负责组织进行。硕士生的录取由国务院教育主管部门规定录取的基本要求（包括分数线），设研究生院的高等学校自行决定录取，其他招生单位在省、自治区、直辖市招生办公室领导下进行录取。各高等学校根据当地招生办公室的有关规定，全面衡量，择优录取。博士生招生实行考试与推荐、笔试与口试相结合的考查办法，由各高等学校自行命题、自定考试科目和日期组织考试、自主确定博士生的录取。考生通过所在学校的入学考试后，根据其所学专业、学习成绩、研究能力表现、所在学校或有关教授和专家的评价与推荐、面谈等情况综合衡量，择优录取，报当地招生委员会备案。

近年来，国家以促进教育公平为高等学校招生改革的重要任务，对高等教育招生考试提出了公平性、安全性的更高要求。各高等学校通过规范自主招生权、加大招生考试信息面向社会公开的力度等方式促进招生工作的公平、公正、公开。高等学校违反国家有关规定招收学生的，由教育行政部门或者其他有关行政部门责令退回招收的学生，退还所收费用；对学校给予警告，并可处违法所得五倍以下罚款；情节严重的，责令停止相关招生资格一年以上三年以下，直至撤销招生资格、吊销办学许可证；对直接负责的主管人员和其他直接责任人员，依法给予处分；构成犯罪的，依法追究刑事责任。

三、学校收费权

收费权是指权利人基于法律直接规定或者政府行政特许而行使的就特定基础设施或

者公共服务收取费用的权利，是一种独立于物权、债权以外的特殊财产权，不同学校的收费权由于学校性质不同而具有不同的权能。由于学校收费涉及学校和受教育者权益的分配，因此规范学校的收费行为，保障学校教育的健康发展就是必要的。学校的收费项目及标准或由教育部、国家发展改革委、财政部联合制定，或由省级教育行政部门提出意见，同级价格主管部门会同财政部门进行审核，三个部门共同报省级人民政府批准后，由教育部门执行。其他任何部门或单位都无权自行制定学校的收费项目。

（一）学校收费制度

坚决严明各项纪律和规矩，全面落实收费治理责任，切实解决补课乱收费、择校乱收费、违规招生转学、收受礼品礼金等突出问题，坚决遏制乱办学、乱招生、乱收费现象。

1. 规范教育收费

为规范办学行为，促进教育公平公正，完善规范教育收费工作机制，2014 年 4 月 16 日，教育部、国家发展改革委等五部门印发了《关于 2014 年规范教育收费治理教育乱收费工作的实施意见》。该意见包括了集中治理中小学补课乱收费，强化高校违规招生及乱收费治理，深化义务教育阶段择校乱收费和中小学教辅材料散滥问题治理，加强普通高中招生及收费行为监管，规范普通高等学校收费行为，加强对民生工程资金使用情况的监督检查，进一步清理规范教育收费项目和收费标准等方面。

国家规定范围之内的学校收费审批权限在省级人民政府。由省级教育部门提出意见，物价部门会同财政部门根据当地经济发展水平、办学条件和居民经济承受能力进行审核，三部门共同报省级人民政府批准后，由教育部门执行。教育收费包括义务教育学校的杂费、借读费、有寄宿制学校的住宿费和非义务教育学校的学费、住宿费等学校所有的收费等，可以归为学费、服务性收费和代收费三类。

学费是指学生在校学习期间应当缴纳的用于学习的费用。但在实践中，人们经常使用学杂费一词，其是指学生入学的学费和学校收取的其他管理费用，如选课费、教材费、课本资料费、住宿费、水电费、服装费等各项收费，以及证件工本费、重修费、补考费、学籍异动费、毕业电子注册费等。学杂费已成为中小学收费中的一个约定俗成的概念。学费与杂费二者并没有根本区别，都是维持学校运转而向学生收取的费用，但杂费在中小学校财政投入中是一个比较特殊的概念。因为从成本分担的角度看，杂费属于义务教育成本的家庭分担部分。在国家投入不足的情况下，杂费支撑着广大中小学的运转，特别在农村中小学，杂费一度成为主要甚至唯一的公用经费来源。《义务教育法》第 2 条明确规定，“实施义务教育，不收学费、杂费”，从法律的层面确立了义务教育经费的国家保障机制，免除了包括学费和杂费在内的义务教育费用。

服务性收费是指学校为在校学生提供由学生自愿选择的服务并收取相应的费用。服务性收费应当坚持学生自愿和非营利原则，即时发生即时收取，不得与学费合并统一收取，严禁学校强制服务，或只收费不服务。学校服务性收费管理的具体办法由省级教育行政部门提出，报同级价格主管部门、财政部门审核，并经省级人民政府批准后执行。高等学校以学校或院（系、所、中心等）名义收取的服务性收费，按照自愿原则由高校按照成本补偿和非营利的原则制定，报所在地省级教育、价格、财政部门备案后执行。

代收费是指学校为方便学生学习和生活，在自愿前提下，替提供服务的单位代收代付的相关费用。学校不得强行统一收取代收费，也不得在学生缴纳学费时合并收取，并应及时据实结算、多退少补，不得在代办收费中加收任何费用。

严禁学校越权设立收费项目、未经审批收费或突破已经审批的收费标准收费，具体包括：严禁学校代收商业保险费或允许保险公司进校设点推销、销售商业保险；严禁学校收取午休管理费（看护费）；严禁学校在军训期间向学生收取军训费、住宿费、交通费、照相费等费用；学校不得将教育教学活动、教学管理范畴内应免费提供服务的事项、国家已明确规定纳入公用经费开支或已明令禁止收取的项目列为收费项目；等等。

2. 教育收费公示制度

为保证学校收费制度的合法性，2002 年国家计委、财政部、教育部联合下发了《教育收费公示制度》。教育收费公示制度是指学校通过设立公示栏、公示牌、公示墙等形式，向社会公布收费项目、收费标准等相关内容，便于社会监督学校严格执行国家教育收费政策，保护学生及其家长合法权益的制度。教育收费公示制度适用于我国境内国家举办的小学、初级普通中学、初级职业中学、普通高中、中等职业学校、高等学校，以及幼儿园（托儿所）和特殊教育学校。应当实行公示制度的教育收费包括义务教育学校的杂费和借读费、寄宿制学校的住宿费以及非义务教育学校的学费、住宿费等费用。公示的主要内容包括收费项目、收费标准、收费依据（批准机关及文号）、收费范围、计费单位、投诉电话等。对家庭经济困难学生实行收费减免的政策也应进行公示。

学校应当在校内设立公示栏，根据实际情况及动态管理、长期置放和清楚方便的要求进行规范。遇有损坏或字迹不清的，学校要及时更换、维修或刷新。学校通过校内公示，向学生公示收费项目、收费标准等内容。学校公示的其他形式还包括在学校招生简章中注明有关收费项目和标准、开学时或学期结束后通过收费报告单等方式向学生家长报告本学期学校收费情况等，让学生及其家长了解学校的实际收费与规定的收费是否一致。

教育收费公示必须严格执行规定的收费项目、标准及范围，公示内容事前应经过学校所在地的省级或市、县价格、财政主管部门和教育行政部门的审核，禁止将越权收费、超标准收费、自立项目收费等乱收费行为通过公示"合法化"。遇有收费政策调整或其他情况，学校应当及时更新公示的有关内容。省、市、县价格、财政主管部门和教育行政部门要及时做好教育收费政策信息的沟通、传递工作，并督导学校做好公示栏、公示牌、公示墙的更新维护工作。各级价格、财政主管部门和教育行政部门要通过电视、广播、报刊等新闻媒体向社会公示教育收费政策的制定和调整情况，并督促学校做好教育收费公示工作。

教育主管部门应当加强对教育收费公示制度的监督，对违反规定的乱收费，按规定应公示而未公示的收费，或公示内容与规定政策不符的，价格、财政主管部门和教育行政部门应当按照有关规定进行查处。学生也有权拒绝缴纳违规的乱收费，并向价格、财政主管部门和教育行政部门举报。

3. 教育收费的监督检查机制

规范教育收费必须强化监督检查机制，落实教育收费工作的责任。业务主管部门应当建立责任落实机制，自觉维护国家政策的严肃性和权威性，加大监督检查力度，加强联席会议机制建设和会商制度。各地教育纪检部门应当采取日常检查与专项检查相结合的做法，增强监督检查的针对性和实效性，强化问题整改落实。对整改工作不重视、不到位，敷衍塞责的，加强跟踪复查、重点督办和约谈问责，推动教育收费各项政策落实到位。

各地教育行政部门加大了对重点信访举报的直查直办和通报力度，强化责任追究，对群众信访举报落实查办和督办责任。各地还普遍建立了完善治理工作问责制，对于教育乱收费问题，该发现没有发现的，发现问题不报告、不处理的，要按失职渎职行为严肃问责。对屡禁不止、性质严重、影响恶劣的乱收费问题，不仅要对直接责任人给予党政纪处分和组织处理，还要严肃追究主管部门有关负责人的领导责任，并进行点名公开通报。

（二）各级各类学校的收费权限

义务教育学校收费中的杂费由省物价局统一按农村和城区（指县城关镇以上的区域）分别制定收费标准。代收费项目由省统一制定，分为省定项目和标准以及省定项目、市州定标准两种做法。义务教育收费必须严格按规定审批权限进行，不得层层下放收费权限，不得超越权限自立收费项目和提高收费标准。义务教育学校应当严格按照审核批准的收费项目和标准收费，禁止任何单位、学校及个人擅自设立教育收费项目、违规制定教育收费标准。义务教育学校的收费应当由学校财务部门统一收取或由财务部门委托基层单位代收，并开具财政部门统一印制的行政事业性收款收据。要加强对学校收费收入、学校支出行为的规范和管理，禁止乱收乱支现象发生。学校违反国家规定收取费用的，由县级人民政府教育行政部门责令退还所收费用；对直接负责的主管人员和其他直接责任人员依法给予处分。

适龄儿童、少年到非户籍所在地接受义务教育的，经户籍所在地的县级教育主管部门或乡人民政府批准，可以按照居住地人民政府的有关规定申请借读。按照国家规定，义务教育阶段的借读生，要按照居住地人民政府规定的标准交纳一定的费用；非义务教育公办高中招收的择校生，应按照省级人民政府规定的标准交纳一定的费用。任何学校都不能超出规定标准向学生乱收费、高收费。

非义务教育阶段学校按照国家有关法规和政策规定，有权向经教育行政部门批准招收的各类学生收取学费及其他必要的费用。按属地化原则管理，收费标准由省级人民政府确定。其中普通高中阶段实行省管收费项目、分级制定收费标准的政策。其行政事业收费项目包括学费、住宿费和代收费，除此之外凡超出目的和标准的收费都属不正当收费。教育主管部门除对违规单位和当事人进行严肃处理外，应责成学校将不正当收费全部予以清退。高等学校的行政事业性收费包括学费、住宿费和考试费三类，收费标准有现行规定的，执行现行规定；没有规定的，由省级教育行政部门综合考虑实际成本、当地经济发展水平和居民经济承受能力等因素提出意见，报同级价格、财政部门审核，并经省级人民政府批准后执行。学校应当自觉规范收费行为，收费收入应全部用于学校的办学支出。各地教育、价格、财政、审计部门要加强对学校收费的监督，对学校不按国家规定的收费项目和标准收费，或违反规定巧立名目乱收费的，要按各自的职责依法进行严肃查处，并依照相关法规的规定追究有关负责人的责任。

民办学校有权向学生收取学费（或培训费），对在校住宿的学生可以收取住宿费。但制定或调整学费、住宿费标准应当由民办学校提出书面申请，按学校类别和隶属关系报教育行政部门或劳动和社会保障行政部门审核，由教育行政部门或劳动和社会保障行政部门报价格主管部门批准。民办学校为学生在校学习期间提供方便而代收代管的费用，应遵循学生自愿、据实收取、及时结算、定期公布的原则，不得与学费、住宿费一并统一收取。

规范民办学校的收费行为是保障民办学校和受教育者合法权益的重要举措。按照国家发展和改革委员会、教育部、劳动和社会保障部印发的《民办教育收费管理暂行办法》规定，民办学校对非学历教育受教育者收取的学费、住宿费标准，由民办学校自行确定，报价格主管部门备案。各学校在确定收费价格后，持教育行政部门或劳动和社会保障行政部门颁发的办学许可证、法人登记证书及民办学校非学历教育收费标准备案表报学校所在区县（登记注册地）价格主管部门备案，完成备案后方可对外发布。

四、学校财产权

财产权是指以财产利益为内容，直接体现财产利益的民事权利，简称产权。财产权可以以金钱计算价值，一般具有可让与性，受到侵害时需以财产方式予以救济。财产权既包括物权、债权、继承权，也包括知识产权中的财产权利。这里讨论的财产权是学校法人财产权，是学校法人组织对于出资者授予其经营的资产享有的占有、使用、收益和处分的权利。

（一）公办学校的财产权

就我国的公办学校法人性质而言，国家是公办学校的举办者，公办学校中的国有财产属于国家所有，因此公办学校法人的财产权应当理解为一种由国家向公办学校拨款的行为而派生的他物权，一种包括占有、使用及依法处分的经营权。这种由所有权派生但又独立于所有权的财产权与公办学校法人制度相结合，就形成了我国公办学校的法人财产权。如此理解的意义在于使国有资产的所有权和经营权两权分离，强调公办学校法人的财产权只是对国有资产的经营管理权，不具有收益权能，在保持国有资产国家所有的同时，肯定公办学校国有资产经营权的权利主体是公办学校法人。

《教育法》第 32 条规定，学校及其他教育机构中的国有资产属于国家所有。这里所称的国有资产是指法律上确定为国家所有并能为国家提供经济和社会效益的各种经济资源的总和，其可分为经营性国有资产、行政事业性国有资产和资源性国有资产等类别。其中行政事业性国有资产是指由行政事业单位占有、使用的，在法律上确认为国家所有、能以货币计量的各种经济资源的总和，包括国家拨给行政事业单位的资产、行政单位按照国家政策规定运用国有资产组织收入形成的资产，以及接收捐赠和其他经法律确认为国家所有的资产。行政事业性国有资产具有配置领域的非生产性，使用目的的服务性，资金补偿、扩充的非直接性，占有、使用的无偿性等特点。行政事业性国有资产按照行政管理层次不同，可分为中央行政事业性国有资产和地方行政事业性国有资产；按存在的形态不同，可分为流动资产、固定资产、材料和低值易耗品、长期投资、无形资产和其他资产。公办学校中的国有资产就属行政事业性国有资产，是保证教学、科研、生产顺利进行和师生员工学习、生活的物质条件。我国宪法规定了国家财产神圣不可侵犯的原则，任何人不得以任何非法手段侵犯和破坏国家财产。国务院、中央各主管部门制定的法规和内部规章又具体规定了行政事业单位占有、使用、处分国家财产的内容和程序，以及国家所有权的保护手段和方法等。对于侵犯公办学校国有财产的国家所有权的人，必须追究其民事责任、行政责任甚至刑事责任。

但是国家对公办学校中的国有资产一般并不直接进行经营，而是根据财产经营管理上的需要将其交由学校进行经营管理。国家通过计划的和经济的、行政的、法律的手段对学校进行宏观管理、检查、指导和调节，学校则在国家授权范围内行使经营管理权。因此，如前所述，学校对国家财产的财产权是从属于国家所有权的一种相对独立的权利。我国法律对学校产权的保护，体现在有关事业单位占有、使用、处分国家财产的内容和程序的各项规定中，体现在事业单位财产关系的法律调整中，体现在民法有关保护财产权方法的一般规定中。在学校法人财产权受到侵害时，这些都是保护学校合法权益的适用的法律规范。

公办学校具有的为不特定人群服务的公益性质，决定了其在财产权的占有、使用和处分权能方面具有区别于其他法人的特殊性。按照财政部 2019 年修正的《事业单位国有资产管理暂行办法》，事业单位的这种特殊权能具体化为国有资产的配置、使用和处置。

配置是指财政部门、事业单位主管部门以及事业单位等，根据事业单位履行职能的需要，按照国家有关法律、法规和规章制度规定的程序，通过购置或者调剂等方式为事业单位配备资产的行为。国有资产的配置根据规定的条件和配置标准进行，事业单位法人通过这种财产配置获得对国有资产的占有权。国有资产的配置还包括对事业单位长期闲置、低效运转或者超标准配置的资产由主管部门进行的调剂。此外，事业单位向财政部门申请用财政性资金购置规定限额以上资产的（包括事业单位申请用财政性资金举办大型会议、活动需要进行的购置），应按照一定程序报批，这也是一种国有资产的配置，是事业单位主动申请配置的行为。

使用是指事业单位以自用和对外投资、出租、出借、担保等方式对资产进行的利用。事业单位对国有资产的使用应当建立健全资产购置、验收、保管、使用等内部管理制度，对实物资产进行定期清查，做到账账、账卡、账实相符，加强对本单位专利权、商标权、著作权、土地使用权、非专利技术、商誉等无形资产的管理，防止无形资产流失。事业单位利用国有资产对外投资、出租、出借和担保等实行专项管理，并在单位财务会计报告中对相关信息进行充分披露，并在事前进行必要的可行性论证，提出申请，经主管部门审核同意后，报同级财政部门审批。事业单位对外投资收益以及利用国有资产出租、出借和担保等取得的收入应当纳入单位预算，统一核算，统一管理。

处置是指事业单位对其占有、使用的国有资产进行产权转让或者注销产权的行为。处置方式包括出售、出让、转让、对外捐赠、报废、报损以及货币性资产损失核销等。

除另有规定外，事业单位处置国有资产，应当严格履行审批手续，未经批准不得自行处置。但高等学校对其持有的科技成果，可以自主决定转让、许可或者作价投资，并通过协议定价、在技术交易市场挂牌交易、拍卖等方式确定价格，不需要报主管部门、财政部门审批或者备案。事业单位占有、使用的房屋建筑物、土地和车辆的处置，货币性资产损失的核销，以及单位价值或者批量价值在规定限额以上的资产的处置，经主管部门审核后报同级财政部门审批；规定限额以下的资产的处置报主管部门审批，主管部门将审批结果定期报同级财政部门备案。财政部门或者主管部门对事业单位国有资产处置事项的批复是财政部门重新安排事业单位有关资产配置预算项目的参考依据，是事业单位调整相关会计账目的凭证。事业单位国有资产处置收入属于国家所有，应当按照政府非税收入管理的规定，实行“收支两条线”管理。

（二）民办学校的财产权

我国现行法律规定，民办学校的举办者可以是社会组织，也可以是个人。所设立的民办学校根据举办者的不同方式可以有法人举办、合伙举办和个体举办三类；根据举办目的的不同可以有非营利性学校和营利性学校两类。个人出资且担任民办学校负责人的，可申请办理民办非企业单位（个体）登记；两人或两人以上合伙举办民办学校的，可申请办理民办非企业单位（合伙）登记；两人或两人以上举办民办学校且具备法人条件的，可申请办理民办非企业单位（法人）登记；举办营利性民办学校的，经审批机关批准后发给办学许可证，并到工商行政管理部门登记。

由此可见，不同民办学校的性质存在着很大的差异，在财产权能上也有很大的不同。私人独资或合伙举办且合伙人担任负责人的民办学校以自然人为举办主体，其财产属于个人所有，与此相应，按照《民法典》，其债务也应以个人或合伙人的财产承担，即以其全部财产对外承担无限（连带）责任。只有具备法人条件，经申请举办民办学校（法人）登记的民办学校，其独立出来的法人财产才真正构成了民办学校法人的财产权。民办学校法人财产是指由举办者投入资产、接受国家直接或间接支持形成的资产、接受捐赠形成的资产、学费收入、办学积累以及其他收入等。《民办教育促进法》规定，民办学校对举办者投入民办学校的资产、国有资产、受赠的财产以及办学积累，享有法人财产权。该法强调了学校行使法人财产权的基本原则，即民办学校存续期间，所有资产由民办学校依法管理和使用，任何组织和个人不得侵占。任何组织和个人都不得违反法律、法规向民办教育机构收取任何费用。法人享有独立的财产权是法人参与民事活动，进行民事法律行为，完成任务，从事经营管理的根本条件。独立的法人财产权要求民办学校的财产独立于出资人的财产，避免举办者随意抽逃资金，同时防止行政机关对民办学校的财产进行随意调拨。但民办学校法人财产的各投入方对其投入的财产具有所有权，有权依法维护其法定权益。

《民办教育促进法》明确规定的民办学校的法人地位及法人财产权也意味着，学校正式设立后，民办学校举办者应依法履行出资义务，将出资用于办学的土地、校舍和其他资产报相关部门办理变更手续，足额过户到学校名下。出资用于办学的土地、校舍和其他资产有如下两层含义：一是这些土地、房产和其他资产是出资者购买和建设的，并且拥有完全的产权；二是出资者用于办学的土地、房产和其他资产作为办学的出资登记在学校的账簿上。这些资产只有完全具备上述条件，才能成为出资者用于办学的出资。无论是营利性民办学校还是非营利性民办学校都拥有法人财产权，存续期间，学校所有资产由学校依法管理和使用，任何组织和个人不得侵占、挪用、抽逃。但非营利性民办学校的办学结余必须全部用来办学，不得分红和分配；营利性民办学校按照《公司法》登记，剩余财产处置、办学结余分配等方面的要求适用公司法的有关要求，可以分红，可以取回剩余财产。

民办学校终止办学，要严格按照法律法规规定，提出清算和安置方案，保证有序退出，保护师生权益，防范国有资产流失，维护社会稳定。民办学校举办者退出举办、转让举办者权益或者内部治理结构发生重大变更的，应事先公告，按规定程序变更后报学校审批机关依法核准或者备案。学校终止后的资产处理分为两个程序。第一个程序是依法清偿程序。《民办教育促进法》第 59 条规定了学校资产清偿的顺序：首先是应退受教育者的学费、杂费和其他费用；其次是支付应发教职工的工资及应缴纳的社会保险费用；最后是偿还其他债务。第二个程序是处理清偿后的剩余资产。其又分为非营利性和营利性两种情况。非营利性民办学校清偿后的剩余资产要继续用于其他非营利性学校办学；营利性民办学校清偿后的剩余资产，依照《公司法》的有关规定处理。依公司法处理的主要依据则是股权或者出资比例。

为依法落实学校法人财产权，民办学校应当依法建立财务、会计制度和资产管理制度，将举办者投入的资产、办学积累的资产、政府资助形成的资产分类登记建账，将学费收入、政府资助等公共性资金存入学校银行专款账户。主管部门要对学校公共性资金的银行专款账户进行监管，确保办学经费不被挪作他用。民办学校应当完善财务管理和会计制度，加强财务监督和资产监管，实行财务公开。民办学校资产的使用和财务管理受审批机关和其他有关部门的监督。民办学校应当在每个会计年度结束时做财务会计报告，委托会计师事务所依法进行审计，并公布审计结果。

为建立民办学校风险防范机制，学校主管部门应关注民办学校举办者的运行情况，对举办者非法干预学校运行、管理，抽逃出资，挪用学校办学经费等违法行为加强监管，对可能影响所举办学校的重大事件及时了解、快速预警，督促学校规避风险、平稳运行。为此各地普遍建立了民办学校风险防范机制，完善办学风险评估、预警机制，制定工作预案。

五、民办学校的税收、土地优惠政策

依据《民办教育促进法》的分类管理规定，民办学校举办者可以选择举办非营利性学校或营利性学校。国家税收法律法规针对不同性质的民办学校分别进行税务处理，不同性质学校享受不同的税制优惠。其中非营利性民办学校以绝对享受为原则，即享受与公办学校同等的税制优惠；营利性学校以基于政策规定的享受为原则，即享受税制优惠政策规定的优惠项目。

民办学校的税收优惠主要体现在有关税收、教育的政策法规中，如《国务院关于鼓励和引导民间投资健康发展的若干意见》《国家中长期教育改革和发展规划纲要（2010—2020年）》《增值税暂行条例》《教育部关于鼓励和引导民间资金进入教育领域促进民办教育健康发展的实施意见》《财政部、国家税务总局关于教育税收政策的通知》《财政部、国家税务总局关于职业教育等营业税若干政策问题的通知》《财政部、国家税务总局关于非营利组织免税资格认定管理有关问题的通知》等，上述政策和法规对分类管理后的民办学校政策做出了具体规定。这些规定大致可归结为如下几个方面：

1. 营业税、所得税优惠政策

按现行的规定，国家对从事学历教育的学校提供教育劳务取得的收入免征营业税。这一规定所涉的学校包括：普通学校及经地（市）级以上人民政府或者同级人民政府的教育行政部门批准成立、国家承认其学员学历的各类学校；经省级及以上人力资源社会保障行政部门批准成立的技工学校、高级技工学校；经省级人民政府批准成立的技师学院。这些学校所从事的以国家规定方式招收的学生为对象，并授予国家承认的学历证书的教育劳务收入应当免征营业税。免征营业税的教育劳务收入是指对列入规定招生计划的在籍学生提供学历教育劳务取得的收入，具体包括经有关部门审核批准，按规定标准收取的学费、住宿费、课本费、作业本费、伙食费、考试报名费收入。但超过规定收费标准或规定范围的收入不属于免征营业税的教育劳务收入，一律按规定征税。

除此之外，对学校从事技术开发、技术转让业务和与之相关的技术咨询、技术服务业务取得的收入，免征营业税；对高等学校、各类职业学校服务于各业的技术转让、技术培训、技术咨询、技术服务、技术承包所取得的技术性服务收入，暂免征收企业所得税；对托儿所、幼儿园提供养育服务取得的收入，免征营业税；对学生勤工俭学提供劳务取得的收入，免征营业税。

民办学校取得的收入，除国务院或财政部、国家税务总局规定免征企业所得税的项目外，均应计入应纳税收入总额，依法计征企业所得税，但是对不同注册类型的民办学校又有不同的规定：如该校注册类型为个人独资或合伙性质的，应按《财政部、国家税务总局关于印发〈关于个人独资企业和合伙企业投资者征收个人所得税的规定〉的通知》的规定，对该校投资者的经营所得，征收个人所得税；如该校注册类型不是个人独资或合伙性质的，则应按《事业单位、社会团体、民办非企业单位企业所得税征收管理办法》的规定，征收企业所得税。

民办学校免征企业所得税的收入项目包括：财政拨款；经国务院及财政部批准设立和收取，并纳入财政预算管理或财政预算外资金专户管理的政府性基金、资金、附加收入等；经国务院、省级人民政府（不包括计划单列市）批准，并纳入财政预算管理或财政预算外资金专户管理的行政事业性收入；经财政部核准不上交财政专户管理的预算外资金；社会各界的捐赠收入；等等。

2. 房产税、城镇土地使用税、印花税、契税、农业税和农业特产税、耕地占用税的优惠政策

对民办全日制大、中、小学校的教学用房、实验室、操场、图书馆、办公室及师生员工食堂宿舍用地免征房产税、城镇土地使用税，对学校、托儿所、幼儿园自用的房产、土地免征房产税和城镇土地使用税。

对财产所有人将财产赠给学校所立的书据，免征印花税。国家机关、事业单位、社会团体、军事单位承受土地房屋权属用于教学、科研的，免征契税。所谓用于教学的，是指教室（教学楼）以及其他直接用于教学的土地、房屋。所谓用于科研的，是指科学实验的场所以及其他直接用于科研的土地、房屋。对县级以上人民政府教育行政主管部门或劳动行政主管部门审批并颁发办学许可证，由企业事业组织、社会团体及其他社会和公民个人利用非国家财政性教育经费面向社会举办的学校及教育机构，其承受的土地、房屋权属用于教学的，免征契税。

对学校、幼儿园经批准征用的耕地，免征耕地占用税。享受免税的学校用地的具体范围是：全日制大、中、小学校（包括部门、企业办的学校）的教学用房、实验室、操场、图书馆、办公室及师生员工食堂宿舍用地。学校从事非农业生产经营占用的耕地，不予免税。职工夜校、学习班、培训中心、函授学校等不在免税之列。

对农业院校进行科学实验的土地免征农业税。对农业院校进行科学实验所取得的农业特产品收入，在实验期间免征农业特产税。

3. 对民办托儿所、幼儿园的优惠政策

对经县级以上教育部门审批成立、取得办园许可证的实施0～6岁学前教育的民办托儿所、幼儿园，提供保育和教育服务取得的收入免征营业税。

对民办托儿所、幼儿园予以免征营业税的养育服务收入是指在报经当地有关部门备案并公示的收费标准范围内收取的教育费、保育费。超过规定收费标准的收费，以开办实验班、特色班和兴趣班等为由另外收取的费用以及与幼儿入园挂钩的赞助费、支教费等超过规定范围的收入，不属于免征营业税的养育服务收入。

4. 关税优惠政策

对境外捐赠人无偿捐赠的直接用于各类职业学校、高中、初中、小学、幼儿园教育的教学仪器、图书、资料和一般学习用品，免征进口关税和进口环节增值税。相关事宜按照国务院批准的《慈善捐赠物资免征进口税收暂行办法》办理。

对教育部承认学历的大专以上全日制高等院校以及财政部会同国务院有关部门批准的其他学校，不以营利为目的，在合理数量范围内进口国内不能生产的科学研究和教学用品，直接用于科学研究或教学的，免征进口关税和进口环节增值税、消费税。科学研究和教学用品的范围参见国务院批准的《科学研究和教学用品免征进口税收暂行规定》。

除了上述优惠政策外，县级以上人民政府还可以采取政府补贴、基金奖励、捐资激励等政策支持非营利学校，营利学校不享受财政扶持政策。

5. 民办学校办学用地的规定

非营利性教育机构以划拨等方式无偿取得用地；营利性教育机构按照科教用地管理，以出让方式有偿取得土地。只有一个意向用地者的，可以协议方式供地。非营利性民办学校与公办学校享受同等的用地政策。非营利性民办学校供地方式及规费减免享受与公办学校同等的政策。对非营利性学校划拨获地，营利性民办学校有偿用地，出让金补缴与否未明确规定。

非营利性学校划拨获地，营利性民办学校有偿用地，各省在国务院意见基础之上根据实际情况制定相应用地政策。按照《关于鼓励社会力量兴办教育促进民办教育健康发展的若干意见》，民办学校建设用地按科教用地管理，非营利性民办学校享受公办学校同等政策，按划拨等方式供应土地，营利性民办学校按国家相应的政策供给土地。只有一个意向用地者的，可按协议方式供地。土地使用权人申请改变全部或者部分土地用途的，政府应当将申请改变用途的土地收回，按时价定价，重新依法供应。

非营利性民办学校按划拨方式供应土地，而营利性民办学校倾向于通过出让、租赁等有偿方式供应土地。若后续民办学校转设为营利性学校，其出让方式可能需要从划拨变更为出让。这也就意味着需要补交土地出让价款，因此这对于选择登记为什么类型的学校是一个重要的影响因素。不会改变非营利性学校通过划拨方式无偿用地及营利性学校有偿用地的基调，但会倾向于优惠用地，即后续营利性民办学校用地优惠力度也会相对较大，补缴土地出让价款的比例也倾向于较小。

第九章
学校治理

第一节　推进学校的治理创新

一、学校治理概说

治理（governance）一词最初与统治（government）同义，一直到20世纪八九十年代，才有了新的含义。按照全球治理委员会1995年对治理所做的界定，治理是或公或私的个人和机构经营管理相同事务的诸多方式的总和。它是使相互冲突或不同的利益得以调和并且采取联合行动的持续的过程。进入21世纪以来，随着我国事业单位改革的加速进行，国家与社会关系的进一步分离和明确，社会力量的迅速成长和发展，为民众多元参与，实现不同社会阶层的协商治理创造了思想和制度条件。与以往社会改革与发展更多地关注经济发展的取向不同，治理创新的总目标是推进国家治理体系和治理能力现代化，这是我国全面深化和推进社会改革的重要目标。在这一新思路中，治理概念被赋予不同的制度内涵，形成了三类不同层次的治理，即国家治理、政府治理和社会治理，教育治理主要以学校治理问题为重点，因此可以归结为第三类社会治理类型，即在国家治理和政府治理主导下的公民自我管理机制。

治理创新不仅要求制度的现代化，更要求制度的执行主体从思想上跟上变化的进程。如果缺乏一种能赋予这些制度真实生命力的现代思想基础，如果执行和运用这些现代制度的人自身还没有从心理、态度和行为方式上经历一个向现代化的转变，再先进的理念、再完善的现代制度和管理方式也会在这些人的手中变成一纸空文，失败和畸形发展的悲剧就是不可避免的。

2014年初召开的全国教育工作会议，根据治理创新的改革要求，提出了建立制度化的教育治理架构，形成了教育治理变革的新思路。人们从不同角度对学校治理概念进行了多角度的论述，如认为学校治理的要害乃在于用什么样的制度保证学校理念和目标的实现；学校治理是学校利益相关者就学校重要的外部和内部议题进行决策的过程和结构或制度，其核心是多元化的利益相关者；治理是一种新的学校决策的结构和过程，从而区别于传统的教育行政和管理。

就我国公办学校目前已有的改革基础看，可以说已经形成了实施教育治理的一些最基本的条件：几十年来简政放权所推动的国家与社会的发展，以及由此形成的自下而上的改革推力和公办学校已具备的自管理、自组织和自调控能力，都为学校的教育治理创造了必要的社会条件。但是学校治理是学校内外部不同利益相关者参与学校重大事务决策的结构和过程，是决策权力在利益相关者之间的配置与行使。其重要性在于它不是一般意义上的学校管理、组织和调控，而是把管理和自管理、组织和自组织、调控和自调控融为一体。作为一种包容性极强的现代社会运行机制，推进学校治理创新必然会对传统的管理理念、管理模式、管理体制以及管理者的管理能力构成巨大的挑战，并进一步影响学校体制变革的方向和前进道路。就此而言，学校治理的价值取向、建设进程和实际效果，在很大程度上取决于学校治理主体是否意识到学校治理的现代内涵，取决于学校治理主体如何定义和实现学校治理创新的目标。如果学校治理主体的角色意识、行为方式、合作能力都未达到学校治理应有的公共事务的管理者、协调者和服务者水平，仍然奉行传统管制型政府模式下的角色身份、思想观念和行政文化，则其在角色定位上仍会固守其作为权力者的身份，表现为管制型而非服务型的行事风格。因此，如何使学校治理主体真正从传统“管制者”向现代“治理者”转变，这是推进学校治理创新面临的一个重要问题。①

二、学校的治理创新

学校治理虽然涉及学校的内外部关系，但主要是指学校的内部治理。因此学校治理的创新主要是指学校内部权力结构、决策措施、领导角色，以及学校内部功能与角色之间关系的创新，涉及的是学校内部不同利益群体的权力再分配以及相应的制度重建问题。与此同时，学校治理也会涉及外部关系的调整，这主要是通过外部治理机制使学校融入更宏观的社会治理体系，同时借助社会力量监督学校的治理运行，处理好学校与政府、市场的关系。②

如此理解的学校治理创新大致应当包括如下若干方面的问题：

1. 建立合理的学校内部治理机制

在我国的治理体系中，包含着执政党领导、政府负责、社会协同、公众参与和法治保障等多种机制，教育治理机制中的学校治理主要通过学校内部的社会协同、公众参与和法治保障机制来实现。公办学校承担着培养人才、服务社会、生产和保存知识、传承

① 张建．教育治理体系的现代化：标准、困境及路径［J］．教育发展研究，2014（9）：27-33.
② 朱霁．高校内部治理机制创新研究［J］．广西教育学院学报，2018（6）：55-58.

与创新文化的重要使命，但不同级类学校由于其功能上的差异性，学校治理的制度基础、功能发挥、路径实现以及内部治理结构等方面都有很大的区别。以高等学校为例，党委领导下的校长负责制是法定的公办高等学校内部管理体制，因此也是高等学校内部治理结构的基本机制。这意味着高等学校的治理机制应当建立在党委领导下的校长负责制的基础上，它是一个多层次、多主体的学校治理机制，党委（决策权力）、校长（行政权力）、学者（学术权力）、师生（参与权力）等不同权力主体所行使的权力，共同构成了学校内部的权力运行架构。高等学校的这一治理机制依据高等学校的组织属性和特点，通过党委领导、校长治校、学者治学、民主管理、师生参与等不同方面协调运行。但是，党委领导体制与学校治理体制之间并不是没有区别的，比如：前者强调的是一个纵向型的权力架构，而后者强调的则是一个横向型的权力架构；前者主要通过民主集中制实现统一，而后者则主要通过民主协商机制达到一致；等等。因此，如何把党委领导体制与治理体制二者整合在同一个机制中，是学校内部治理结构的难题。

2. 建立协调的内部治理结构

一方面，由于学校治理包含着学校自主办学的内涵，因此学校的内部治理结构应体现学校独立自主的组织和体制结构；另一方面，学校组织既是国家和政府治理的相对人，同时又是学校自主办学的具体运行主体，因此兼有二者身份的学校组织的内部治理结构应当区别于一般社会治理中的合作共同治理结构。这就决定了学校的内部治理结构是一类由学校共同体中的利益相关者构成的自主办学结构，其除了学校的党委、校长及其办公机构外，还应当包括学术权力机构如学术委员会、学位委员会、教学指导委员会，以及体现教职工民主参与的教代会、工会等不同的主体，所有这些利益主体在协商民主基础上协调利益关系，共同建立起学校内部的治理结构。

多年来，政府通过简政放权改革已经减少了对学校办学的行政审批和直接干预，在许多方面落实了学校自主办学权。学校建立的内部治理结构就是要运用好学校的自主办学权，坚持多元参与的治理理念，把学校自主办学权变为利益群体共建、共享、共治的权力，构建教师、家长、社区代表和教育专家参与的具有广泛代表性的治理机制。学校的这种内部治理机制具体表现为校务委员会、教职工代表大会和家长委员会等组织形式。校务委员会由学校领导、教师代表、家长、学生与社区代表组成，对学校工作提出建议，进行协调和审议。教职工代表大会由本校教职工组成，就学校重大问题提出意见和建议，讨论通过学校规章制度等事项，评议、监督学校各级领导干部的工作，讨论决定教职工的住房分配、福利费管理和使用等事项。家长委员会是中小学校普遍建立的一种组织形式，目的是通过家长委员会动员组织家长参与学校的教育教学活动和管理工作，发挥家长作用，促进家校合作，优化育人环境。

3. 在政府与学校之间合理分权

由于社会环境的复杂性，在学校治理创新中如何划定合理的政府与学校分权界限是一个需要仔细评估和研究的问题。在这一分权的过程中，既要避免政府过多揽事揽权而导致学校治理低效的问题，也要防止因放权过多、权力配置不合理而导致的政府缺位问题，这是一个问题的两面。在当前政府与学校关系中，问题的主要方面是过度行政化带来的政府控权过多，降低了学校治理的效率。因此政府与学校的合理分权范围应坚持凡是学校能够做好的事务就交由学校去做，凡是学校做不好的事务则由政府承担。随着权力分配逐步趋于制度化、程序化、规范化，双方应在学校治理协调运行的基础上，形成相关法律和制度，使政府与学校的分权真正获得一种合法性。在这一过程中，如何维护保障公民的受教育权，促进教育公平，化解社会矛盾，实现社会的和谐有序发展，则是分权后政府的重要职能，政府不应缺位。

4. 简化学校治理的程序

在现代社会的运行系统中，程序是一种保证社会有序运行的工具和手段，但在以往社会管理中存在程序烦琐、效率低下的弊病，其不仅大大增加了管理的成本，而且极易导致管理中的各种冲突和矛盾。简化和完善治理程序，规范治理过程，可以大大增强社会治理的可预期性和稳定性，因此是简政放权改革和学校治理创新的共同要求。学校治理程序化的要害在于以确定的法律形式明晰每个治理环节的流程、秩序及其责任，使学校事务运行的内容和过程都有确定标准可依，同时明确规定学校治理事项完成的最长时间期限，以避免出现拖拉和推诿现象，提高学校治理运行的效率。

第二节 学校内部治理结构

建立权界清晰、分工合理、权责一致、运转高效、法治保障的学校内部治理结构，是实现学校运行机制和内部结构规范有序、创造良好的教育环境、提供优质教育、维护教育公平的重要举措，是学校治理的长期建设目标。

一、学校内部治理结构概述

学校内部治理结构是学校治理的基本制度，反映着学校领导权的主体及其性质，包括领导和管理学校的组织原则、权力配置、组织机构及重要制度等。

我国的学校内部治理结构是从学校内部管理体制演变而来的。这一体制在几十年间几经变化，如曾实行校（院）长负责制、党委领导下的校务委员会负责制、党委领导下的以校长为首的校务委员会负责制、党委领导下的校长负责制等；中小学校的内部管理体制曾先后实行过校长责任制、党支部领导下的校长分工负责制等。1985 年 5 月发布的《中共中央关于教育体制改革的决定》要求："学校逐步实行校长负责制，有条件的学校要设立由校长主持的、人数不多的、有威信的校务委员会，作为审议机构。"1993 年 2 月发布的《中国教育改革和发展纲要》指出："中等及中等以下各类学校实行校长负责制。校长要全面贯彻国家的教育方针和政策，依靠教职员工办好学校。"《教育法》第 30 条在总结多年的学校内部领导体制的经验教训基础上，把学校内部管理体制纳入了法律调整的范围，规定"学校及其他教育机构的举办者按照国家有关规定，确定其所举办的学校或者其他教育机构的管理体制。学校及其他教育机构的校长或者主要行政负责人必须具有中华人民共和国国籍、在中国境内定居并具备国家规定任职条件的公民担任，其任免按照国家有关规定办理。学校的教学及其他行政管理，由校长负责。学校及其他教育机构应当按照国家有关规定，通过以教师为主体的教职工代表大会等组织形式，保障教职工参与民主管理和监督。”这一规定为加强和完善党的基层组织在各级各类学校中的地位和作用提供了法律上的依据和保障，明确地表达了各级各类学校不论实行哪种管理体制，都应加强国家对办学的主导地位的要求。具体来说，中小学校一般实行以校长负责制为主的学校内部管理体制，高等学校则全面实行党委领导下的校长负责制，以此保证高等学校内部治理结构的正确方向。近年来一些地方为进一步坚持和加强党对中小学校的全面领导，充分发挥党组织的领导核心和政治核心作用，也在开展中小学校党组织领导下的校长负责制的制度建设，这是内部治理结构变化的重要动向。

民办学校的内部治理结构，按照中共中央办公厅 2016 年 12 月 29 日印发的《关于加强民办学校党的建设工作的意见（试行）》的规定，坚持党的领导与依法治校有机统一，推动民办学校把党组织建设有关内容纳入学校章程，明确党组织在学校法人治理结构中的地位，保证党组织在重大事项决策、监督、执行各环节有效发挥作用。该意见要求民办学校党组织班子成员应按照学校章程进入行政管理层，党员校长、副校长等行政领导班子成员，可按照党内有关规定进入党组织班子。民办学校应建立健全党组织与学校董（理）事会、监事会日常沟通协商制度，以及党组织与行政领导班子联席会议制度。党组织通过这种方式参与决策和监督，涉及民办学校发展规划、重要改革、人事安排等重大事项，党组织要参与讨论研究。董（理）事会在做出决定前，要征得党组织同意，强化党组织对学校重要决策实施的监督。

二、党委领导下的校长负责制

由于不同级类的学校各有不同的内部管理体制，下面仅以高等学校为例来讨论学校内部治理结构的相关问题。党委领导下的校长负责制是法律规定的我国高等学校的内部管理体制形式，是具有中国特色的高等学校内部治理结构的重要内容。坚持和完善党委领导下的校长负责制，必须首先坚持学校党委的领导核心地位，保证学校党委对学校工作实行全面领导，履行管党治党、办学治校的主体责任，严格执行和维护政治纪律与政治规矩，把握学校发展方向，决定学校重大问题，监督重大决议执行；同时支持校长依法独立负责地行使职权，在学校党委领导下，贯彻党的教育方针，组织实施学校党委有关决议，行使高等教育法等规定的各项职权，全面负责教学、科研、行政管理工作。掌握好党委领导下的校长负责制就是理解和实施学校治理创新，提高学校治理能力，完善学校内部治理结构的关键所在。

（一）高等学校党委的职责

党委领导下的校长负责制是在总结历史经验基础上提出的学校内部领导体制。1990 年，中共中央颁发《中共中央关于加强高等学校党的建设的通知》，明确规定高等学校实行党委领导下的校长负责制。1996 年中共中央颁布的《中国共产党普通高等学校基层组织工作条例》、1998 年制定的《高等教育法》，以及 2014 年中共中央办公厅印发的《关于坚持和完善普通高等学校党委领导下的校长负责制的实施意见》，都重申了党委领导下的校长负责制是中国共产党对高等学校领导的根本制度，是高等学校坚持社会主义办学方向的重要保证。2017年中共中央、国务院颁发的《关于加强和改进新形势下高校思想政治工作的意见》对此再次做出明确规定，强调高等学校党的委员会是学校的领导核心，履行党章等规定的各项职责，把握学校发展方向，决定学校重大问题，监督重大决议执行，支持校长依法独立负责地行使职权，保证以人才培养为中心的各项任务完成。

学校党委的主要职责包括：

（1）全面贯彻执行党的路线方针政策，贯彻执行党的教育方针，坚持社会主义办学方向，坚持立德树人，依法治校，依靠全校师生员工推动学校科学发展，培养德智体美全面发展的中国特色社会主义事业合格建设者和可靠接班人。

（2）讨论决定事关学校改革、发展、稳定及教学、科研、行政管理中的重大事项和基本管理制度。

（3）坚持党管干部原则，按照干部管理权限负责干部的选拔、教育、培养、考核和监督，讨论决定学校内部组织机构的设置及其负责人的人选，依照有关程序推荐校级领导干部和后备干部人选。做好老干部工作。

（4）坚持党管人才原则，讨论决定学校人才工作规划和重大人才政策，创新人才工作体制机制，优化人才成长环境，统筹推进学校各类人才队伍建设。

（5）领导学校思想政治工作和德育工作，坚持用中国特色社会主义理论体系武装师生员工头脑，培育和践行社会主义核心价值观，牢牢掌握学校意识形态工作的领导权、管理权、话语权。维护学校安全稳定，促进和谐校园建设。

（6）加强大学文化建设，发挥文化育人作用，培育良好校风、学风、教风。

（7）加强对学校院（系）等基层党组织的领导，做好发展党员和党员教育、管理、服务工作，发展党内基层民主，充分发挥基层党组织的战斗堡垒作用和党员的先锋模范作用。加强学校党委自身建设。

（8）领导学校党的纪律检查工作，落实党风廉政建设主体责任，推进惩治和预防腐败体系建设。

（9）领导学校工会、共青团、学生会等群众组织和教职工代表大会。做好统一战线工作。

（10）讨论决定其他事关师生员工切身利益的重要事项。

（二）行政议事决策制度与协调运行机制

党委领导下的校长负责制包括了党委领导和校长负责两个方面，是一个不可分割的有机整体。因此必须坚持党委的领导核心地位，保证校长依法行使职权，建立健全党委统一领导、党政分工合作、协调运行的工作机制。党委书记和校长要树立政治意识和大局意识，加强互信和团结，合理确定领导班子成员分工，明确工作职责。领导班子成员要认真执行集体决定制度，建立定期沟通制度，及时交流工作情况，按照职责分工积极主动开展工作。

党委实行集体领导与个人分工负责相结合的原则，领导班子成员按照分工履行各自职责，集体讨论决定学校重大问题和重要事项。党委书记主持党委的全面工作，负责组织党委重要活动，协调党委领导班子成员工作，督促检查党委决议贯彻落实，主动协调党委与校长之间的工作关系，支持校长开展工作。党委会议有关教学、科研、行政管理工作等议题，应在会前听取校长意见；校长办公会议（校务会议）的重要议题，应在会前听取党委书记意见。意见不一致的议题暂缓上会，待进一步交换意见、取得共识后再提交会议讨论。须经集体决定的重大事项在做出决定之前，党委书记、校长和有关领导班子成员要个别酝酿、充分沟通。

高等学校党组织按期召开党员大会（党员代表大会），选举产生高等学校党的委员会。党的委员会对党员大会（党员代表大会）负责并报告工作。学校党的委员会全体会议在党员代表大会闭会期间领导学校工作，主要对事关学校改革、发展、稳定和师生员工切身利益及党的建设等全局性重大问题做出决策，听取和审议常务委员会工作报告、纪律检查委员会工作报告。会议由常务委员会召集，议题由常委会确定。常务委员会主持党委经常工作，主要对学校改革、发展、稳定和教学、科研、行政管理及党的建设等方面的重要事项做出决定，按照干部管理权限和有关程序推荐、提名、决定任免干部。常务委员会会议由党委书记召集并主持。会议议题由学校领导班子成员提出，党委书记确定。会议必须有半数以上常委到会方能召开；讨论决定干部任免等重要事项时，应有2/3以上常委到会方能召开。会议在表决事项时，以超过应到会常委人数的半数同意为通过。

（三）校长及学校行政班子

在党委领导下的校长负责制中，校长是学校的法定代表人，在学校党委领导下，主持学校行政工作，是学校最高行政负责人，与学校行政班子一起行使法律规定的各项职权，全面负责教学、科研、行政管理工作。由于校长在学校管理的过程中具有重要作用，因此我国《教育法》对校长或主要行政负责人的基本任职条件做了明确的规定，即：(1) 必须具备我国国籍并在中国境内居住。这是维护教育主权的一项必要规定。外国人以及虽具备我国国籍但未在我国境内定居的人，都不能担任我国学校等教育机构的行政负责人。(2) 具备国家规定的任职条件。我国《教育法》还从程序上对校长或主要行政负责人的任免进行了规范，使任免工作具有法律效力。高等学校不同于其他社会组织的一个根本特征在于，高等学校是一个以知识分子为主体的组织，主要从事的是以教学和科研为主的学术活动。高等学校校长不仅要具备一定的行政管理能力，还要有较高的学术造诣和学术地位，能够对高等学校的学术活动发挥重要作用。与此同时，校长还必须能够在党委领导下全面行使行政职权，负责教学、科研和行政管理工作，在组织拟订和实施学校发展规划、学校内部组织机构设置方案、学校人才发展规划、重要人才政策和重大人才工程计划等方面，发挥主导作用。

落实校长依法行使职权，重在正确处理党委领导和校长负责的关系。党委应总揽全局、科学决策、建好队伍、协调各方、凝聚人心，支持校长依法负责地行使职权，力戒包揽具体行政事务。校长则在党委的领导下，带领学校行政班子行使法律规定的职权，做好教学、科研、行政管理等各项工作。在不断明确“党委领导”和“校长负责”具体职权分工内容的基础上，党政负责人要建立定期沟通协商机制，书记主动与校长和班子成员沟通协商，党政之间、班子成员之间都要加强沟通与协商，达成共识，形成合力。

学校行政班子的主要职能是提出拟由党委讨论决定的重要事项方案，具体部署落实党委决议的有关措施，组织、实施教学、科研、行政管理工作。校长办公会议（校务会议）是学校行政议事决策机构，校长为会议的召集和主持人，会议成员一般为学校行政领导班子成员。会议议题由学校领导班子成员提出，校长确定。校长在广泛听取与会人员意见基础上，对讨论研究的事项做出决定。党委书记、副书记和纪委书记等可视议题情况参加会议。校长办公会议（校务会议）讨论决定学校重大问题，应在调查研究基础上提出建议方案，经领导班子成员沟通酝酿且无重大分歧后提交会议讨论决定。对干部任免建议方案，在提交党委会议讨论决定前，应在党委书记、校长、分管组织工作的党委副书记、纪委书记等范围内进行充分酝酿。对专业性、技术性较强的重要事项，应经过专家评估及技术、政策、法律咨询。对事关师生员工切身利益的重要事项，应通过教职工代表大会或其他方式，广泛听取师生员工的意见建议。对会议决定的事项如需变更、调整，应根据决策程序进行复议。

校长及学校行政班子履行的职责如下：

（1）组织拟订和实施学校发展规划、基本管理制度、重要行政规章制度、重大教学科研改革措施、重要办学资源配置方案。组织制定和实施具体规章制度、年度工作计划。

（2）组织拟订和实施学校内部组织机构的设置方案。按照国家法律和干部选拔任用工作有关规定，推荐副校长人选，任免内部组织机构的负责人。

（3）组织拟订和实施学校人才发展规划、重要人才政策和重大人才工程计划。负责教师队伍建设，依据有关规定聘任与解聘教师以及内部其他工作人员。

（4）组织拟订和实施学校重大基本建设、年度经费预算等方案。加强财务管理和审计监督，管理和保护学校资产。

（5）组织开展教学活动和科学研究，创新人才培养机制，提高人才培养质量，推进文化传承创新，服务国家和地方经济社会发展，把学校办出特色、争创一流。

（6）组织开展思想品德教育，负责学生学籍管理并实施奖励或处分，开展招生和就业工作。

（7）做好学校安全稳定和后勤保障工作。

（8）组织开展学校对外交流与合作，依法代表学校与各级政府、社会各界和境外机构等签署合作协议，接受社会捐赠。

（9）向党委报告重大决议执行情况，向教职工代表大会报告工作，组织处理教职工代表大会、学生代表大会、工会会员代表大会和团员代表大会有关行政工作的提案。支持学校各级党组织、民主党派基层组织、群众组织和学术组织开展工作。

（10）履行法律法规和学校章程规定的其他职权。

（四）完善党委领导下的校长负责制的决策一执行机制

党的领导是我国学校治理中最重要的核心内容，党委决策权是否能正常运行，关系到党委在高等学校中政治核心作用的发挥。要健全党委权力的运行保障制度，如制定和完善党委对校长的制约权力，以保证党委对高校的政治领导和对大政方针的把握，落实党委在政治上的领导权。为此，必须从以下几个方面完善学校内部的决策一执行机制：

1. 进一步规范党委会决策运行机制，健全党委权力的运行保障制度

要强调高等学校党的委员会是学校的领导核心，履行党章等规定的各项职责，把握学校发展方向，决定学校重大问题，监督重大决议执行，支持校长依法独立负责地行使职权，保证以人才培养为中心的各项任务完成。近年来多部党的规范性文件对党委会职责都做出明确规定，使党委领导的目标任务更加清晰、实现途径更加明确、落实措施更加具体。但要注意的是，党委领导与校长负责的职权也有交叉的地方，这种情况应由学校在制定的大学章程里对二者的职责和权限予以清晰界定，便于实践中操作。

应当按照民主集中制原则完善党委领导和个人分工负责的工作制度，树立党委书记和所有党委成员同级平等的理念，重大问题都应由党的委员会集体讨论作出决定。议事时应采用一把手末位发言制，营造畅所欲言的氛围。

2. 进一步完善校长及学校行政班子的行政执行机制

校长作为高等学校的法定代表人，承担一切学校行为产生的后果。但其权责存在着部分失衡现象，导致校长不能完全履行《高等教育法》所规定的法定代表人的权利。所以完善学校内部管理体制应当切实保证校长有与其责任相适应的权力，这样才能充分保障校长在决策高校发展规划、组织科研教学活动、拟定年度经费预算方案等行政事务中的决定性地位。要做到这一点，就要明确以校长为中心的行政权力的边界，避免过度行政干预导致学校权力导向集中和失衡，同时更好地保障校长权限内决策的执行，避免学校行政权行使的越位或缺位。

3. 进一步完善党委和行政领导两套班子的沟通制度

党委领导、校长负责是学校内部管理体制中两个密不可分的方面，因此不能割裂二者的有机联系。在坚持党的领导的同时必须尊重以校长为首的行政班子的行政决策权力，而以保障校长为首的行政班子的行政决策权力必须以坚持党的领导为前提。以校长为首的行政班子负责提出的重要决策与方案，应当先提交党委会集体讨论，再交由校长办公会议讨论通过，最后由行政领导班子安排实施。只有校长和党委书记之间坚持互相沟通、彼此尊重，才能真正协调彼此的关系，做好学校的治理。

第三节　学术委员会

学术委员会是我国高等学校的学术评议与审核机构，是正确处理高等学校内部行政权力和学术权力关系，实现高等学校治理创新的重要组织形式。为尊重并强化其所行使的学术权力，高等学校的内部治理结构必须科学划定学术权力和行政权力的各自边界，理顺学术权力和行政权力的关系，发挥好专家学者在学术方面的重要作用，为此赋予学术委员会高等学校最高学术机构的地位就是必要的。

一、学术委员会概述

我国《高等教育法》第 42 条做出了高等学校设立学术委员会的规定，这是高等学校学术委员会及其行使学术权力的明确法律依据。2014 年教育部发布的《高等学校学术委员会规程》以《高等教育法》为依据，把学术委员会规定为高等学校的最高学术机构，把学术委员会行使的学术权力与高等学校的其他权力做了进一步的区分，并具体规定了学术委员会的工作职责及方式。对学术委员会及其职权的认可和保障使学术权力成为高等学校的一项确定的、具有法定效力的权力，拓宽了学者治学的有效途径，提升了高等学校的学术水平。

（一）介于自由与约束之间的学术权力

为了保障学术自由，必须要有基于自主、自治的某种管理，这是学术权力产生的前提。此亦即保障学术自由不仅要排除不必要的行政干预，同时还应有建立在自律基础上的学术管理。《高等学校学术委员会规程》为保障高等学校学术自由，把学术权力确立为高等学校的一项区别于其他办学权力的特殊权力，并以此为前提构建相对独立于行政管理系统的学术决策和咨询体系，这是其积极意义所在。

学术自由在某种程度上可以视为一种消极自由权，以此要求避免来自外部力量对学术的侵害。如此理解的合理之处在于，学术自由要求在学术意志上不受他人的强制，在学术行为上不受他人的干涉。但学术自由如无确定的保障机制，则这种自由绝无可能实现。对学术自由的保障既包括排除来自学术共同体外部的非学术干预，同时也包括学术共同体内部的自我约束。对学术自由的保障之所以必须要有共同体内部的自我约束，是因为拥有学术自由权的人如果律己不严，所谓的“免于强制和干涉”就有可能被滥用，学术腐败行为就有可能产生。因此，所谓的学术自由实际上牵涉以下两权，即作为个人意志和行为自由的“right”（权利）与作为学术共同体内部自我管理和自我约束的“power”（权力），二者构成了一种相反相成的关系。对学术自由而言，如无“power”的认可和保障，“right”难以真正实现，因此必须设置一种介于自由与约束之间的支配力。高等学校的学术权力就是为保障高等学校及其成员的教育、学习和研究活动的创造性而设置的一项特殊权力。设置这项权力的全部目的都在于尊重学术自由，营造宽松的学术环境，保证高等学校中的创造性工作得以实现。然而学术权力并不等同于高等学校的其他办学权力，相比高等学校的其他办学权力，学术权力服务于学术自主和自治，因而是学术自由的本有之义，但同时作为“power”的学术权力又与作为“right”的学术自由分属两种不同性质的能力，因而构成了一种制约关系。

学术委员会是学校治理的具体体现，维护、保障和促进学术权力是国家法律规定的重要内容。《高等教育法》《国家中长期教育改革和发展规划纲要（2010—2020 年）》《高等学校学术委员会规程》等国家法律规章都对学术委员会的成立、定位属性、体制机制做了明确规定。因此，高等学校设立学术委员会，发挥学术委员会在学科建设、学术评价、学术发展中的最高学术机构作用，是学校治理创新的具体体现。当然，高等学校学术委员会所行使的学术权力并不是孤立的，而是与来自校内外的其他权力以及学校法人的权力构成了复杂的相互关系。学术权力的确立并不意味着在所有的学术事务上该权力的行使主体都拥有完全独立的决策权，也不意味着学术权力可以摆脱约束甚至免除监督。学术权力是在与其他权力的复杂关系中得到行使的，因此只有准确地理解处于复杂的权力关系系统中的学术事务性质并确定其他权力介入的强度，方能实现学术权力与其他权力的界分与平衡。

（二）完善以学术委员会为最高学术机构的学术决策机制

学校内部治理的核心问题是权力配置问题。由于历史、政策等方面的原因，我国大多数高等学校已经形成了一种行政化的生态环境，行政权力代替或者干预学术权力的现象时有发生，甚至在学校内部治理中出现权力的错位。因此，在高校权力结构中，学术权力与行政权力的分立与制约是学校治理中一个极为重要的问题：应当通过设立学术委员会来推进权力的再分配，使行政权力与学术权力得到明确的区分。由于行政权力对学术资源具有一定的控制权，因此学术权力对行政权力必定具有一定的依附性，这就有可能在实际运作过程中导致学术活动经常受到来自行政权力的影响和干预。为避免学术权力的虚化，学术委员会必须改变只有审议权而无最终决策权的状况，在自己的职权范围内独立行使职责，与行政权力之间构成一种既互相配合又互相制衡的分工合作关系。

高等学校在改革过程中虽已获得了一定的自主办学权，但其主要是学校的行政管理权。学校的行政管理主体通过各种规章制度和分工协作对学校的行政管理事务进行组织、指挥、调度和控制。而学校自主办学中的学术权力则缺乏明确的运行机制，导致这一权力的行使还存有相当多的问题。设立学术委员会就是要明确学术委员会与高等学校的其他各类行政管理机构之间的关系不是简单的上下级关系，特别是在学术领域，应通过行政管理机构和学术机构的明确分工，建立一种新型的服务与被服务关系。学术权力凭借高度的专业性和技术性在学科建设、学术评价、学术发展、教学等方面实现最终的决定权，与学校经营管理权的作用范围是不同的。实现高等学校内部管理体制中学术权力的独特功能，必须充分发挥学术委员会作为学校最高学术机构的作用，真正用好高等学校的这项重要办学自主权。

加强学术委员会的建设，完善学术委员会在学术事务中的功能的意义，一是要转变观念，树立开展学术研究必须具备的学术自由理念，培育有利于学术发展的健康学术氛围；二是要发挥学术委员会在学术事务中的决策作用，通过学术委员会加强学术建设，使学术权力真正成为高等学校治理创新的重要力量；三是通过学术委员会进一步确立教师在办学过程中的主体地位，加强教师在学术事务中的参与力度，充分发挥教师在学校自主办学中的作用。

二、高等学校的学术事务和学术权力

《高等学校学术委员会规程》根据学术事务性质的不同，把学术委员会行使的学术权力规定为决策、审议、评定和咨询等不同性质的职权以及对学术腐败行为的处理等方面，由此构成以下不同类型的学术事务和学术权力。

第一类是典型的学术性事务，包括学科、专业及教师队伍建设规划，以及科学研究、对外学术交流合作等重大学术规划；学科专业的自主设置或者申请设置；学术机构设置方案，以及交叉学科、跨学科协同创新机制的建设方案与学科资源的配置方案；教学科研成果、人才培养质量的评价标准及考核办法；学位授予标准及细则，学历教育的培养标准、教学计划方案、招生标准与办法；学校教师职务聘任的学术标准与办法；学术评价、争议处理规则，学术道德规范；学术委员会专门委员会组织规程，学术分委员会章程；学校认为需要提交审议的其他学术事务。以上学术事务，学术委员会依法行使决策权或审议权。

第二类是兼有学术性质和行政性质的事务，包括学校教学、科学研究成果和奖励，对外推荐教学、科学研究成果奖；高层次人才引进人选、名誉（客座）教授聘任人选，推荐国内外重要学术组织的任职人选、人才选拔培养计划人选；自主设立各类学术、科研基金、科研项目，教学、科研奖项，以及需要评价学术水平的其他事项。对以上涉及对学术水平做出评价的事项，学术委员会依法行使评定权。

第三类是主要表现为行政性质，但又具有一定学术性质的事务，包括制订与学术事务相关的全局性、重大发展规划和发展战略；学校预算决算中教学、科研经费的安排、分配及使用；教学、科研重大项目的申报及资金的分配使用；开展中外合作办学、赴境外办学，对外开展重大项目合作的事务；学校认为需要听取学术委员会意见的其他事项。这类事务在学校做出决策前，应当通报学术委员会，由学术委员会提出咨询意见。学术委员会对上述事项提出明确不同意见的，学校应当做出说明，重新协商研究或者暂缓执行。此即学术委员会的咨询权。

第四类学术事务涉及学术不端行为的受理及学术纠纷的裁决，从学术角度对学术行为进行独立、客观、公正的调查、取证及认定，对学术不端行为依规定直接撤销所获的相应学术称号、学术待遇或向学校、相关部门提出处理建议。

以上四类学术事务和学术权力的关系表明，对不同的学术事务，学术权力的内涵及边界是不同的。其中越是典型的学术事务，其他权力介入与干预的空间越小，反之则越大。不仅对学校内部的党委领导权、学校法人权而言如此，对学校外部的国家立法权、行政权、司法审查权而言也应如此。

在我国，高等学校学术权力与来自校内外的公权力及学校法人权力之间构成的复杂关系表明：学术权力的独立存在并不意味着在所有事务上该权力的主体都拥有独立的管辖权，而只是在研究、教学等与之相关的领域才享有独立于其他权力的优先权；学术自主和学术自治也并非完全摆脱约束甚至免除监督。学术权力是在与公权力、与学校法人权力构成的复杂关系中行使的，只有准确地确定其他方面权力介入的边界与强度，方能实现学术自由与其他基本权利之间的平衡，这是当前高等学校改革问题的一个方面。此外，对学术权力的任何不当干预都有可能导致学术权力的蜕变，使学术自由受到损害，甚至危及学术环境。因此在确立高等学校学术权力时，如不能对学术权力与行政权力做出必要的区分，如不能建立一种能有效防止行政权力对学术干预的机制，则学术权力的异化是随时可能的。

三、学术委员会的权利与义务

学术委员会委员享有以下权利：（1）知悉与学术事务相关的学校各项管理制度、信息等；（2）就学术事务向学校相关职能部门提出咨询或质询；（3）在学术委员会会议中自由、独立地发表意见，讨论、审议和表决各项决议；（4）对学校学术事务及学术委员会工作提出建议、实施监督；（5）学校章程或者学术委员会章程规定的其他权利。特邀委员根据学校的规定，享有相应权利。

按照规定，学校决策下列事务前，应当提交学术委员会审议，或者交由学术委员会审议并直接做出决定：（1）学科、专业及教师队伍建设规划，以及科学研究、对外学术交流合作等重大学术规划；（2）自主设置或者申请设置学科专业；（3）学术机构设置方案，交叉学科、跨学科协同创新机制的建设方案与学科资源的配置方案；（4）教学科研成果、人才培养质量的评价标准及考核办法；（5）学位授予标准及细则，学历教育的培养标准、教学计划方案、招生标准与办法；（6）学校教师职务聘任的学术标准与办法；（7）学术评价、争议处理规则，学术道德规范；（8）学术委员会专门委员会组织规程，学术分委员会章程；（9）学校认为需要提交审议的其他学术事务。

学校实施以下事项，涉及对学术水平做出评价的，应当由学术委员会或者其授权的学术组织进行评定：（1）学校教学、科学研究成果和奖励，对外推荐教学、科学研究成果奖；（2）高层次人才引进岗位人选、名誉（客座）教授聘任人选，推荐国内外重要学术组织的任职人选、人才选拔培养计划人选；（3）自主设立各类学术、科研基金、科研项目以及教学、科研奖项等；（4）需要评价学术水平的其他事项。

学校做出下列决策前，应当通报学术委员会，由学术委员会提出咨询意见：（1）制订与学术事务相关的全局性、重大发展规划和发展战略；（2）学校预算决算中教学、科研经费的安排和分配及使用；（3）教学、科研重大项目的申报及资金的分配使用；（4）开展中外合作办学、赴境外办学，对外开展重大项目合作；（5）学校认为需要听取学术委员会意见的其他事项。学术委员会对上述事项提出明确不同意见的，学校应当做出说明、重新协商研究或者暂缓执行。

学术委员会按照有关规定及学校委托，受理有关学术不端行为的举报并进行调查，裁决学术纠纷。学术委员会调查学术不端行为、裁决学术纠纷，应当组织具有权威性和中立性的专家组，从学术角度独立调查取证，客观公正地进行调查认定。专家组的认定结论，当事人有异议的，学术委员会应当组织复议，必要的可以举行听证。对违反学术道德的行为，学术委员会可以依职权直接撤销或者建议相关部门撤销当事人相应的学术称号、学术待遇，并可以同时向学校、相关部门提出处理建议。

学术委员会委员在行使上述权利的同时，须履行以下义务：（1）遵守国家宪法、法律和法规，遵守学术规范、恪守学术道德；（2）遵守学术委员会章程，坚守学术专业判断，公正履行职责；（3）勤勉尽职，积极参加学术委员会会议及有关活动；（4）学校章程或者学术委员会章程规定的其他义务。

四、学术委员会的组成及其运行

学术委员会一般应当根据学科、专业构成情况，合理确定不同学科、专业的教授及具有正高级以上专业技术职务的人员担任委员，并应当有一定比例的青年教师。学术委员会还可根据需要聘请校外专家及有关方面代表，担任专门学术事项的特邀委员。学术委员会委员应当具备以下条件：（1）遵守宪法法律，学风端正、治学严谨、公道正派；（2）学术造诣高，在本学科或者专业领域具有良好的学术声誉和公认的学术成果；（3）关心学校建设和发展，有参与学术议事的意愿和能力，能够正常履行职责；（4）学校规定的其他条件。

学校应当保证学术委员会的组成具有广泛的学科代表性和公平性。学术委员会委员经自下而上的民主推荐、公开公正的遴选等方式产生候选人后，由校长聘任。特邀委员由校长、学术委员会主任委员或者1/3以上学术委员会委员提名，经学术委员会同意后确定。

学术委员会实行例会制度，每学期至少召开1次全体会议。根据工作需要，经学术委员会主任委员或者校长提议，或者1/3以上委员联名提议，可以临时召开学术委员会全体会议，商讨、决定相关事项。学术委员会主任委员负责召集和主持学术委员会会议，学术委员会委员全体会议应有2/3以上委员出席方可举行。学术委员会议事决策实行少数服从多数的原则，重大事项应当以与会委员的2/3以上同意，方可通过。学术委员会会议审议决定或者评定的事项，一般应当以无记名投票方式做出决定；也可以根据事项性质，采取实名投票方式。学术委员会做出的决定应当予以公示，并设置异议期。在异议期内如有异议，经1/3以上委员同意，可召开全体会议复议，经复议的决定为终局结论。

第四节　教职工代表大会

一、教职工代表大会概述

教职工代表大会是我国学校教职工参与学校内部管理和监督，完善现代学校制度，促进学校依法治校的重要组织形式。教职工代表大会是在党委领导下的校长负责制的基础上学校实行多元共治的基本形式，是教职工行使权利的机构。建立学校教职工代表大会工作制度，有利于教职工代表大会工作的规范化，是保障教职员工参与学校管理和监督，推进学校内部治理建设的需要。

教职员工在学校中既是被管理者，同时又是管理的参与者，学校的办学水平、办学质量的提高在很大程度上须依靠广大教职员工的积极参与。教职员工行使参与权的主要形式是教职工代表大会制度。我国从1980年开始建立以教师为主体的教职工代表大会制度，发挥教职员工依法参与学校管理、监督的作用。1995年《教育法》规定了各级各类学校都要通过以教师为主体的教职工代表大会的组织形式，保障教职员工参与学校民主管理和监督的地位与作用。2011年11月教育部部长办公会议审议通过并经商中华全国总工会同意发布的《学校教职工代表大会规定》，规定了学校教职工代表大会是教职工依法参与学校民主管理和监督的基本形式，中国境内公办幼儿园和各级各类学校都应当建立和完善教职工代表大会制度。这表明，学校教职员工在学校管理过程中具有重要的作用，发挥教职工代表大会及群众组织作用，健全师生员工参与管理和监督的工作机制，保障教职员工参与管理和监督的权利是学校治理的一个重要内容。

根据《学校教职工代表大会规定》第 15 条，有教职工 80 人以上的学校，应当建立教职工代表大会制度；不足 80 人的学校，建立由全体教职工直接参加的教职工大会制度。学校根据实际情况，可在其内部单位建立教职工代表大会制度或者教职工大会制度，在该范围内行使相应的职权。教职工大会制度的性质、领导关系、组织制度、运行规则等，与教职工代表大会制度相同。教职工代表大会每 3 年或 5 年为一届。期满应当进行换届选举。健全和完善教职工代表大会制度，首先应对教职工代表大会中普通老师、普通行政人员的比例予以保证。领导干部比例如过高将会限制普通老师参与民主管理与监督的权利。其次应设置教职工代表大会常设机构或发挥工会作为教职工代表大会常设机构的职能，保障在闭会期间教职工也有机会和途径参与民主管理与监督。再次可以建立教职工代表大会代表参与校长办公会议制度，使教职工代表及时了解学校发展的方向和发展中的重大事项，监督学校管理，促使学校的决策更加科学化，同时对涉及教职工切身权益的问题迅速做出反馈，及时保障教职工权益。

教职工代表大会行使如下职权：（1）听取学校章程草案的制订和修订情况报告，提出修改意见和建议；（2）听取学校发展规划、教职工队伍建设、教育教学改革、校园建设以及其他重大改革和重大问题解决方案的报告，提出意见和建议；（3）听取学校年度工作、财务工作、工会工作报告以及其他专项工作报告，提出意见和建议；（4）讨论通过学校提出的与教职工利益直接相关的福利、校内分配实施方案以及相应的教职工聘任、考核、奖惩办法；（5）审议学校上一届（次）教职工代表大会提案的办理情况报告；（6）按照有关工作规定和安排评议学校领导干部；（7）通过多种方式对学校工作提出意见和建议，监督学校章程、规章制度和决策的落实，提出整改意见和建议；（8）讨论法律法规规章规定的以及学校与学校工会商定的其他事项。

学校应当建立健全沟通机制，全面听取教职工代表大会提出的意见和建议，并合理吸收采纳；不能吸收采纳的，应当做出说明。教职工代表大会的意见和建议，以会议决议的方式做出。

二、教职工代表大会的组成与运行机制

教职工代表大会的代表由教职工选举产生，凡是本校的正式教职工，均可当选为代表。教职工代表应有领导干部、教师和职工参加，老、中、青、妇女、少数民族教职工代表各占一定比例，同时须注意应以教师为主体，教师代表不得低于代表总数的 60%，并根据学校实际，保证一定比例的青年教师和女教师代表。尤其是民族地区的学校和民族学校，少数民族代表应当占有一定比例。教职工代表大会筹备委员会对代表资格审查后，报学校党委（党支部）批准生效，认定为合法代表。教职工代表大会代表实行任期制，任期 3 年或 5 年，可以连选连任。选举、更换和撤换教职工代表大会代表的程序，由学校根据相关规定，并结合本校实际予以明确规定。学校应吸引参与意识强烈、能力较高的教师担任学校教职工代表，通过他们的示范引领作用，最终达到全体教师参与学

校办学的目的。教职工代表大会根据需要可以邀请离退休教职工等非教职工代表大会代表，作为特邀或列席代表参加会议。特邀或列席代表在教职工代表大会上不具有选举权、被选举权和表决权。

学校应当遵守教职工代表大会的组织规则，定期召开教职工代表大会，支持教职工代表大会的活动。教职工代表大会在教职工代表大会代表中推选人员，组成主席团主持会议。主席团应当由学校各方面人员组成，其中包括学校、学校工会主要领导，教师代表应占多数。教职工代表大会应当根据学校的中心工作、教职工的普遍要求，由教职工代表大会工作机构提出议题方案和建议；征集、整理提案，交教职工代表大会提案小组审理；会同有关部门做好会议期间的组织工作和校务公开工作；组织教职工代表传达会议精神，发动教职工和群众实现大会提案；组织教职工代表团或工作委员会检查大会决议和提案的落实情况；等等。

教职工代表大会可根据实际情况和需要设立若干专门委员会（工作小组），完成教职工代表大会交办的有关任务。专门委员会（工作小组）对教职工代表大会负责。教职工代表大会原则上每年召开一次，遇有重大事项，经学校、学校工会或 1/3 以上教职工代表大会代表提议，可以临时召开教职工代表大会。教职工代表大会须有 2/3 以上教职工代表大会代表出席。教职工代表大会的选举和表决，须经教职工代表大会代表总数半数以上通过方为有效。教职工代表及主席团实行常任制，改选时可连选连任。教职工代表受选举单位群众的监督，原选举单位的教职工大多数认为代表不称职时，由代表小组报主席团批准可以撤换其代表资格，另作选举，但不得不经主席团同意而随意增补和调换教职工代表。教职工代表在本校内调换工作，不影响代表资格，调出本校或离、退休后自动失去代表资格。教职工代表大会的选举和决议事项，必须经过全体代表半数以上的票数通过。

教职工代表大会代表享有以下权利：（1）在教职工代表大会上享有选举权、被选举权和表决权；（2）在教职工代表大会上充分发表意见和建议；（3）提出提案并对提案办理情况进行询问和监督；（4）就学校工作向学校领导和学校有关机构反映教职工的意见和要求；（5）因履行职责受到压制、阻挠或者打击报复时，向有关部门提出申诉和控告。

教职工代表大会代表应当履行以下义务：（1）努力学习并认真执行党的路线方针政策、国家的法律法规、党和国家关于教育改革发展的方针政策，不断提高思想政治素质和参与民主管理的能力；（2）积极参加教职工代表大会的活动，认真宣传、贯彻教职工代表大会决议，完成教职工代表大会交给的任务；（3）办事公正，为人正派，密切联系教职工群众，如实反映群众的意见和要求；（4）及时向本部门教职工通报参加教职工代表大会活动和履行职责的情况，接受评议监督；（5）自觉遵守学校的规章制度和职业道德，提高业务水平，做好本职工作。

学校工会是教职工代表大会的工作机构，其所承担的与教职工代表大会相关的工作职责主要有：做好教职工代表大会的筹备工作和会务工作，组织选举教职工代表大会代表，征集和整理提案，提出会议议题、方案和主席团建议人选；教职工代表大会闭会期间，组织传达贯彻教职工代表大会精神，督促检查教职工代表大会决议的落实，组织各代表团（组）及专门委员会（工作小组）的活动，主持召开教职工代表团（组）长、专门委员会（工作小组）负责人联席会议；组织教职工代表大会代表的培训，接受和处理教职工代表大会代表的建议和申诉；就学校民主管理工作向学校党组织汇报，与学校沟通；完成教职工代表大会委托的其他任务。

第五节 学校章程

学校章程的起源可以追溯到中世纪的大学，在当时是由国王或教皇向大学颁发的特许状，内容所及包括允许大学自己开设课程、聘请教师、制定学术标准等。这种特许状赋予大学某种程度的自我管理权力，准许大学进行自我管理，使大学在学术和办学方面的自治权力合法化。这类特许状在形式和内容上都具有后来学校章程所具有的特征，因此是学校章程的雏形。① 学校章程经过数百年的发展，至今已被各国法律规定为举办学校的必要条件，成为确保学校自主办学的重要依据。

一、以章程促进学校内部治理结构的改善

（一）学校章程的概念

在我国，由于历史的原因，公办学校在新中国成立以后的很长时间里并没有自己的章程。这是因为在计划经济时代，公办学校主要由政府设立，在管理上听命于政府，在性质上属于政府的下设机构或附属机构，自身的自主办学权极其有限，并不需要通过章程来调节。然而经过近几十年的改革，公办学校的办学环境有了明显的改善，学校内部的民主化管理得到了进一步加强，这一发展趋势使国家与教育、政府与学校的关系发生了深刻变化，并逐步获得了自主办学的主体地位。在这种情况下，通过章程维护并推进学校自主办学的改革成果，体现学校组织的历史文化积淀，承续浸润于自身发展脉络中的教育理念和精神就是公办学校改革与发展中的一个重要问题。学校章程是为了保证学校自主管理和依法治校，根据教育法的规定而以条文形式对学校的重大事项做出全面规定所形成的规范性文件。学校章程是学校最基本的规范性文件，是学校其他内部规章的基础。它所规定的是学校重大的和基本的问题，不仅对学校师生员工具有法律效力，而且对学校举办者和教育主管部门也有效力。制定学校章程既是依法治教、依法治校的要求，又是学校管理民主化和科学化的需要，既有利于保障学校的自主办学权，又有利于克服管理的随意性。依照我国现行法律的规定，各级各类学校的设立须以订立章程开始，以批准、登记完成，章程一经有关部门批准并经登记机关核准，即产生确定的法律效力。学校所做的符合章程的行为受国家法律保护，违反章程的行为，有关机关有权对其进行干预和处罚。

我国在 1995 年的《教育法》中就已明确规定设立学校及其他教育机构必须具有章

---

① 张斌贤，孙益．西欧中世纪大学的特权［J］．北京师范大学学报（社会科学版），2004（4）：16-23.

程。《关于实施〈中华人民共和国教育法〉若干问题的意见》进一步强调："各级各类学校及其他教育机构，原则上应实行'一校一章'。《教育法》施行前依法设立的学校及其他教育机构，凡未制定章程的，应当逐步制定和完善学校的章程，报主管教育行政部门核准。"1996 年国家教委的《小学管理规程》针对小学的情况又特别规定："小学应根据《中华人民共和国教育法》和本规程的规定，结合本校实际情况制定本校章程。"《民办教育促进法》规定，民办学校的举办者应当制定学校章程，推选民办学校的首届理事会、董事会或者其他形式决策机构的组成人员。2012 年，教育部颁布了《全面推进依法治校实施纲要》，提出以建设现代学校制度为目标，形成政府依法管理学校，学校依法办学、自主管理，教师依法执教，社会依法支持和参与学校管理的格局，要求学校加强章程建设，完善学校治理结构，落实师生主体地位，健全学校权利救济和纠纷解决机制。

我国现行法律把章程作为举办学校的必要条件规定下来，这具有重要的意义，因为章程是有关自主办学的总括性文件，借此才能确保学校自主办学的权利。法律虽是学校自主办学的重要依据，但其所表达的是国家意志，规定的是学校办学中的普遍性问题。而由学校自主制定的学校章程则是学校中的利益相关者意思表示一致的结果，因此可以充分体现学校自主办学的特殊性。学校章程就其性质而言并不是法律，而是国家法律体系之外的学校内部制度、规则，因此其效力仅及于学校内部及其相关的当事人，在学校范围之外并不具有普遍的约束力。在调节方式、调节范围与调节程度等方面，学校章程都须由法律、法规明确规定。即使是公办学校内部成员的共同意愿也不能超越法律、法规的规定。但公办学校章程作为准行政立法权的产物，是独立于国家法之外的类法律规范，因此对于学校自主办学的特殊作用在于上承国家相关法律法规，下启校内各项规章制度，既是依法治国大背景下建设现代学校制度的客观要求，也是学校办学理念、办学宗旨、办学目标的集中体现。

（二）让章程成为学校治理创新的有力手段

从实践的角度看，学校章程既有可能成为保障学校自主办学的有力手段，也有可能成为一种摆设，甚至成为行政干预的工具。公办学校的性质决定了其所具有的自主办学权是在政府调控范围内的一种自主办学权，因此不能脱离政府的引导与监督，同时由于自主办学所具有的独立属性，政府又不应过度干预公办学校的办学活动。兼顾二者意味着公办学校自主办学权的行使必须通过改造传统的公办学校与国家公权的关系，建立完善的学校自主办学权运作体系才能真正实现。公办学校的章程治理应当表明，公办学校在行使自主办学权时，其作为法人依法享有的民事权利不应当损害公办学校的公益性质，为此必须依据公办学校的功能对其法人权利做出必要的限制，使公共意志得到应有的体现。同时，为使公办学校章程真正成为名副其实的学校治理创新的手段，公办学校的章程治理应当采取切实有力的措施推进政府与学校的合理分权，在向学校放权的同时规范政府行为，促进学校内部治理结构的构建。因此公办学校章程应当坚持以下几点：

（1）为强化章程的效力，确保公办学校自主办学的有序进行，应当在公办学校内部构建完善的章程治理机制，改变章程在公办学校办学过程中规范程度不足、自主地位不高、指导原则不明的现状。学校应组织开展好章程建设，认真清理和修改校内的各种规章制度，完善内部决策及监督机制，推动学校整体改革和依法治校工作。

（2）章程应当对学校举办者、办学者和管理者进行明确的权力配置，既最大限度地保障公办学校的自主办学权，又切实保证政府对公办学校的必要监督。政府应由直接的行政管理转变为多种手段并存的宏观调控，而把办学的具体职能下放给学校。

（3）章程应当明确规定学校的自主办学权并有必要的保障措施，为公办学校划定国家对其干预和监督的范围，以避免出现权力回收或者行政干预的问题。学校应能以自己的名义独立行使自主办学权，同时承担相应的法律责任，真正成为具有独立管理机构的组织体，而不是行政机关的内部单位和内设机构，也不是行政机关委托的组织。

（4）学术自由作为大学文化的核心理念，是大学赖以立足的最为宝贵的根基。为此章程治理应能增进学术自由，以利学术发展，使享有学术自由的人在行使这一自由权利的同时应秉持严格的学术态度，恪守学术规范。

（5）学术权力是高等学校为实现自身功能，保证高等学校中的教育、学习和研究活动的创造性而设置的一项特殊权力，不同于高等学校的其他办学权力。章程应当通过学术权力的制度化、学术机构的实权化等路径，落实和保障学校的学术权力。

（6）学校的章程治理不仅要实现正义，而且要使正义以“看得见的方式”实现。为此应把实体法治与程序法治有机结合起来，真正促进学校管理和谐、有序发展。

二、学校章程的基本内容

学校章程是学校意志的体现，其法律效力来源于国家法律的赋予，并非学校本身具有的，因此学校章程的内容必须符合我国法律法规及政策规定。只有学校的意志与国家意志相一致，学校的意志才可能产生法律效力。因此，合法是学校章程具有法律效力的必备要件。学校章程由学校的权力机关制定，涉及政府与学校、学术与行政、管理者与被管理者、组织与个体等一系列自主办学关系，涵盖高等学校的改革与发展、地位与职责、师生权利与义务、内部纠纷的调处与解决等问题，是学校行使自主办学权的基本依据。我国《教育法》没有对学校章程的内容做出规定，但《高等教育法》规定了高等学校章程的内容。根据《高等教育法》第 26、27、28 条的规定，设立高等学校，应当根据其层次、类型、所设学校类别、规模、教学和科研水平，在章程中规定以下事项：（1）学校名称、校址；（2）办学宗旨；（3）办学规模；（4）学科门类的设置；（5）教育形式；（6）内部管理体制；（7）经费来源、财产和财务制度；（8）举办者和学校之间的权利、义务；（9）章程修改程序；（10）其他必须由章程规定的事项。

此外，各地教育主管部门针对本地中小学校的实际情况，分别对中小学校的章程建设及其内容做了相应规定。以北京市为例，根据 2017 年《北京市教育委员会关于推进中小学校章程建设的意见》，中小学校章程应对如下学校重大和基本事宜做出明确规定：（1）学校的基本信息；（2）教职工和学生；（3）内部治理结构；（4）教育教学科研管理；（5）学校与家庭、社会的关系；（6）学校资产、财务及经费管理；（7）章程的修订程序与解释；（8）其他相关内容。除上述内容外，义务教育学校还要将教育部《义务教育学校管理标准》作为学校治理的基本依据，并将相关内容在章程中体现。中等职业学校章程中要载明校企合作、工学结合等体现现代职业教育发展的内容。具备对外合作办学条件的学校，可在章程中明确合作办学的决策程序和运行、监督机制等事宜。根据实际，章程还可对学校重要工作的管理，如安全管理、信息公开等做出明确规定。

高等学校和中小学校的办学性质有很大的差异性，因此章程的表现形式虽各不相同，但基本要素却存在着共同点，包括：学校名称校址，办学宗旨，办学规模，学科门类的设置，教育形式，内部管理体制，经费来源、财产和财务制度，举办者与学校之间的权利义务，学校的分立、合并及终止事由，教师和学生的权利义务及其保障救济机制，社会监督机制，章程修改程序等。原则上，任何学校章程均应对这些内容进行规范，缺失法定内容会使章程归于无效。

学校管理制度有效与否主要取决于其内容的合法性，而其内容的合法性又取决于法律、法规对高校授权制定内部规章范围的界定。高校内部规章的外部边界在法律、法规对高校的授权范围之内即为合法，对此应当是没有什么争议的。但是在法律、法规没有明确授权或者在法律、法规缺位的情况下，为了有效防止学校行政权力的过度膨胀以及权力的泛化、滥用等弊端，其所制定的内部规章应当满足法治理念和基本道德、伦理要求，只有这样制定出来的学校内部规章才具备合法性。学校内部规章还应遵循与法律、法规、政策不抵触的立法原则，即不能与法律、法规、行政部门规章甚至与其相关上级主管行政机关做出的行政规范性文件相抵触，否则学校内部规章即违法、无效。

三、学校章程的制定、核准和公布

学校章程在学校内部具有最高约束力，任何其他校内规章制度不得与章程相抵触。为保证学校制度体系的协调统一，学校章程应当具有自己的制定、核准和公布程序，使之真正成为学校改革发展、实现依法治校的依据，形成以章程为核心，尊重学校章程，依章程自主办学的制度文化。

1. 学校章程的制定主体

学校申请设立者是制定所设立学校章程的主体。《教育法》规定，国家举办学校及其他教育机构，同时鼓励企业事业组织、社会团体、其他社会组织及公民个人依法举办学校及其他教育机构。以上举办者在申请设立学校及其他教育机构时，必须提供章程并具备其他相应的举办条件。《高等教育法》也规定，申请设立高等学校的，应当向审批机关提交章程。为此教育部于 1999 年印发的《关于实施〈中华人民共和国高等教育法〉若干问题的意见》明确提出，“今后申请设立高等学校者，必须向审批机关提交章程”。以上规定明确了章程作为学校成立的基本条件的法律地位。

法律规定国家具有举办学校的职能，但国家的办学职能是通过办理学校设立审批事务的政府专门机构的许可才得以实现的。在这里，虽然举办公办学校和审批公办学校都是政府职能，但公办学校的举办者和审批者是两个不同的政府主体，也就是说，申请设立学校须提供的章程制定主体应该是政府成立的筹建学校的专门机构，而审批学校设立的主体是法定的教育主管部门。申请举办民办学校的举办者是企业事业组织、社会团体、其他社会组织及公民个人。依照《民办教育促进法》的规定，无论是申请筹建还是申请正式设立民办学校，举办者都须向登记机关提交学校章程。

按照上述规定，学校章程作为申请设立学校的正式要件，应当先于学校审批之前。但对先于这一法律规定而存在的公办学校而言，囿于历史原因并未要求制定章程。对此，原国家教委《关于实施〈中华人民共和国教育法〉若干问题的意见》规定，《教育法》施行前依法设立的学校及其他教育机构，凡未制定章程的，应当逐步制定和完善学校的章程，报主管教育行政部门核准。1999 年教育部《关于实施〈中华人民共和国高等教育法〉若干问题的意见》提出，在《高等教育法》施行前设立的高等学校，未制定章程的，其章程补报备案工作由其教育主管部门制定规定逐步进行。2003 年教育部的《关于加强依法治校工作的若干意见》要求，学校要依据法律法规制定和完善学校章程。经主管教育行政部门审核后，作为学校办学活动的重要依据。这些规定都要求在《教育法》施行前设立而未制定章程的公办学校，要尽快制定、完善章程，在这些规定中，已经存在的公办学校是学校章程的制定主体。①

2. 学校章程的制定程序

学校章程的制定程序应包括成立章程起草小组、形成章程草案、广泛征求意见、教职工代表大会讨论、校长办公会审议、学校党委会审定、报备审查等。

（1）成立章程起草小组。章程起草小组负责章程的调研起草、讨论修改等工作，应当具有广泛性和专业性。成员由学校党政领导班子主要成员、有关内设机构负责人、教师代表、家长代表、法律顾问及有关专家等组成，负责人由学校主要领导担任。普通高中和中等职业学校可吸纳学生代表参加。

（2）形成章程草案。章程起草前要认真梳理有关中小学管理与办学的法律法规政策，对学校的发展历史、现状、发展方向，以及学校的办学特色、发展定位等进行全面的研究分析，对本校已有相关制度进行梳理，总结实践经验。在研究制定章程文本的过程中，要充分、广泛听取各方意见，学习借鉴其他学校章程建设经验成果，加强起草组内部研究讨论，最终形成章程草案。

（3）广泛征求意见。对已形成的章程草案，要通过专家论证会、网络征求意见、座谈会等形式，广泛听取师生、校友、家长、社区、上级主管部门和有关专家的意见、建议。其中，对涉及学校发展定位、办学方向、培养目标以及与教职工、学生切身利益相关的重大问题，应采取多种方式，如通过理事会、家长委员会、教育议事会等渠道充分论证。对涉及学校与举办者关系的内容，学校应当与举办者、教育行政主管部门及其他相关部门充分沟通、协商。

（4）教职工代表大会讨论。章程草案经征求意见并修改完善后，应及时提交学校教职工代表大会讨论。教职工代表大会对章程草案审议后提出的修改意见和建议以会议决议的形式作出。

（5）校长办公会审议。章程草案经教职工（代表）大会讨论后，起草组织应当将章程草案、起草说明以及征求意见的情况、主要问题的不同意见等，提交校长办公会审议。

（6）学校党委会审定。经校长办公会审议的草案，应报学校党委会，经审定形成章

① 王琴华. 我国高等学校章程制定主体刍议［J］. 江汉大学学报（社会科学版），2011（2）：91-94.

程报备稿。

（7）报备审查。经校长办公会审议、党委会审定后的学校章程报备稿，应向所属教育主管部门报备。

民办学校的章程须经民办学校董事会表决通过，充分尊重每个董事会成员的表决权，避免在章程实施过程中发生争议。

3. 章程的核准和公布

由校长办公会审议、党委会审定形成的章程报备稿，须报上级教育主管部门核准。学校章程核准按照属地管理原则，由所属的教育行政主管部门负责。非教育部门举办的或高校和科研机构附属的学校，其章程需经举办者同意后报属地教育行政主管部门核准。省属中职学校、厅直属学校章程由省教育厅核准。

负责核准的教育行政主管部门成立章程核准委员会，由核准机关、相关部门、相关领域专家、社会代表等组成。涉及非教育部门或高校和科研机构举办的学校，章程核准委员会在核准时邀请举办部门代表参加。

章程报送核准应当提交以下材料（含电子版材料）：（1）核准申请书（由学校法定代表人签发）；（2）章程核准稿；（3）章程起草说明（包括章程的主要内容、制定程序等）；（4）章程制定程序的有关证明材料（如教职工代表大会决议、学校决策机构会议纪要等）；（5）非教育部门举办的或高校、科研院所附属的学校章程核准材料应当包含举办者意见。章程材料报送核准后，由核准机关进行初审，符合规定的，提交核准机关组织的章程核准委员会评议。核准机关对核准稿条款、文字修改，应当及时与学校进行沟通，提出修改意见。

有下列情形之一的，核准机关可以提出时限，要求学校修改后，重新申请核准：（1）违反法律、法规的；（2）超越学校职权的；（3）制定程序和章程内容违反相关规定的；（4）核准期间发现学校内部存在重大分歧的；（5）章程核准委员会未予通过或者提出重大修改意见的；（6）有其他不宜核准情形的。

章程核准由核准机关采取书面审查或会议审查的方式进行，必要时可赴学校实地考察。经核准机关核准的章程文本为正式文本，由核准机关出具核准书，并向学校和社会公开。此章程文本为最终文本，未经规定程序不得修改。

第十章
学校安全

学校安全，特别是中小学校的安全是一所学校开门办学必须面对的问题。由于社会的变化，针对学校的安全威胁在许多方面都超出了人们的预料，使社会产生对学校的信任危机。这种社会心态束缚了学校办学者的手脚，使学校在组织开展教育教学活动时畏首畏尾，不仅影响了学校正常工作的开展，而且对学生的长远发展也产生了一定的负面影响。为此，建立学校安全的有效调控机制，完善对学校安全的法律调整就是依法治教的重要方面。

第一节　学校安全问题概说

近年来，学校安全已经成为各级政府和社会各界普遍关注的问题。2018 年 10 月 29 日，国务院教育督导委员会办公室下发了《关于进一步加强中小学（幼儿园）安全工作的紧急通知》，要求各地教育行政部门和学校要认真总结近期学校安全事故的惨痛教训，切实加强学校安全工作认识，完善学校安全工作机制。2019 年 9 月 4 日，教育部、公安部联合召开全国学校安全工作紧急电视电话会议，对中小学、幼儿园安全工作再次做出明确部署，要求把确保安全作为教育事业发展和学生成长成才的最底线要求，把广大师生的生命安全放在第一位。由此可见，学校安全是学校工作的头等大事，只有学校安全得到保障，学校教书育人的任务才得以完成。

一、学校安全：学校工作的重中之重

一所学校只要招收学生，实施教育教学活动，就有义务确保所有师生的人身安全，因此学校安全的基本问题就是采取有效的教育、管理措施，提供健康、和谐、安全的教

育环境，保证学校师生的人身安全和生命健康。有关学校安全的问题应包括如下两个相互关联的方面，即基于学校安全保护的教育、管理和人身伤害事故的预防、处置。广义的学校安全应当包括学校的所有成员，即学生和教职员工的人身安全。但相对于学生而言，学校的教职员工往往是以学校安全责任人的身份出现，对在校学生负有直接的安全职责，因此在大多数情况下又是和学校一起，与在校学生构成一种基于学校安全的相对关系。这里讨论的是狭义的学校安全问题，学生伤害事故是其中必须面对的一个问题，特别是对未成年学生而言，构成了独特的学校安全问题。

英国学者巴瑞·布赞（Barry Buzan）认为，现实社会存在着各种正在产生或已经产生的、针对人类安全的风险，即所谓存在性威胁（existential threat）。[①] 就此而言，所谓安全是指面对各种来自自然界或社会的威胁而设置的，把对生命、财产、环境可能产生的损害控制在人们普遍接受的水平以下的状态，是一种不受威胁、没有危险、和谐相处、互不伤害的状态。广义的安全包括人身、财产、健康、环境等方面，狭义的安全则专指人身安全。

人类从其产生之日起就一直在不断地面对这样或那样的灾害，各种来自自然界和社会的、针对人类安全的风险时时威胁着人类社会。学校是培养人才的专门机构，其基本功能是利用一定的设施条件和专门的组织环境实施教育教学活动，促进学生身心发展，为社会培养所需要的人才。因此学校的一切办学活动都必须有利于学生安全、健康地成长和发展，以对学生负责的态度，处理好学校安全工作与其他学校教育教学工作的关系，为学校师生营造一个安全祥和的工作和学习环境。学校的安全问题来自针对学校安全的各种威胁，而对学校安全的威胁既有来自自然界的，也有来自社会的。国内外的大量案例与数据表明，这些针对学校安全的威胁在许多方面超出了人们的预料，没有哪个国家能摆脱其影响。许多国家为此给学校配备了各种监视系统、身份识别系统，采取了各种严密的安全措施，以至于在许多时候，学校看起来就像是一座监狱。[②] 频频发生的学校安全事故使社会产生了对于学校的不安全感，一旦发生学生伤害事故，人们就会把矛头指向学校，强调追究学校的责任，对责任人实施法律制裁，并要求对学校做出更严格的规定。这种对于学校安全的社会心态束缚了学校和老师的手脚，使其在组织开展教育教学活动时畏首畏尾，不仅影响了学校正常工作的开展，而且对学生的长远发展产生负面影响。

其实对于来自自然界的各种大小灾害，人类目前虽然还无法完全消除，但是可以通过预警和避害机制来有效地避免风险或者减少后果的危害性。然而今天人们所面对的问题乃在于，许多针对人类生存的威胁并非来自自然界，而是来自社会，是人为因素和条件造成的。就学校教育而言，人为因素造成的安全风险已成为学校安全最主要和最经常的威胁。这些安全风险使学校安全问题不仅复杂多变，而且难以掌握，表现出某种不确定性和复杂性的特点，从而增加了维护学校安全的难度。不过我们还是可以从中找到有效的办法来化解这些威胁学校安全的风险因素。学校安全事故的发生虽然复杂（责任原

① 布赞，维夫，怀尔德. 新安全论［M］. 朱宁，译. 杭州：浙江人民出版社，2003：29.

② 富里迪. 恐惧［M］. 方军，张淑文，吕静莲，译. 南京：江苏人民出版社，2004：1-4.

因有来自学校方面的，也有来自社会的；有属于学生本人或监护人的问题，也有属于不可抗外力作用的问题），但学校仍可以通过积极的注意和合理的预防，将学校安全事故的发生控制在最低水平上。因为这些属于人为性质或者有人为因素和条件的学校安全事故，其中相当一部分都具有可预见性，所以是可以通过预防和应急处理措施避免的。就此而言，学校安全应当属于教育、管理的范畴，是以确保在校学生的生命安全和学校办学活动正常有序进行为基本目标，以树立安全观念、明确安全责任、强化安全防范意识和能力为主要内容，以预防和特殊保护为工作原则的一项涉及政府、学校、教职员工、学生及其家长的重要工作。只要我们强调预防优先，以教育、管理、防范、预警在前，努力制止、化解、避免、减少、迟滞危险和危害发生等作为安全管理工作的重要内容，建立系统严密的安全保护体系，那么学校的安全威胁就完全有可能得到消解或遏制，把学校安全所导致的学生伤害事故控制在最低限度。

二、学校安全的法律调整机制

学校安全的复杂性在于：小而言之，它涉及学校、社会和家庭关系的和谐问题；大而言之，它涉及法律和教育的伦理价值问题。因此处理这一问题就应当树立两个出发点：一是要立足于保护学生的合法权益，给学生创造一个健康、安全的成长环境；二是能给学校的办学活动松绑，使学校能够按照教育本身的要求做好教育工作。以此为前提，学校安全的法律调整机制可以包括以特定法律手段构成的安全保护机制、以过错侵权为前提的责任承担机制和以责任分立与制衡为基础的学校安全责任制三个相互关联的部分。其中学校的安全保护机制存在于有关国家教育方针、教育教学标准以及学校安全职责的一系列法律规定中。实现法律运行的特定法律手段包括相关的法律规范、法律关系、个别性法律行为等要素。这些具有公法性质的法律手段属于学校安全的教育、管理职责范畴，构成了学校安全保护运行的专门机制。学校过错侵权的责任承担机制包括学校过错侵权的责任承担依据、责任划分、归责原则和举证责任分配等，人们以此实现学校安全调整从公法保护向私法救济的转化。学校安全责任制以学校对其学生在安全保护方面的权利义务为前提，实现学校安全保护法律规范的物化，完成法对学校安全关系的调整，使学校对学生的安全保护具有实际的可能性。

我国法律对学校安全问题的关注始于 20 世纪 90 年代。2020 年新修订的《未成年人保护法》第 35 条规定了学校、幼儿园不得在危及未成年学生人身安全、健康的校舍和其他设施、场所中进行教育教学活动；第 36 条规定了学校和幼儿园安排未成年人参加文化娱乐、社会实践等集体活动，应当保护未成年人的身心健康，防止发生人身安全事故。

教育部 2002 年 6 月发布的《学生伤害事故处理办法》虽然只是一部由教育部制定，效力等级相对较低的行政规章，但对推动学校安全的法律调整机制的建立和完善却具有重要历史意义。该办法的突破之处主要表现如下：

一是参照了多年来围绕中小学校学生伤害事故的各种研究成果和诉讼实践，明确规定“学校对未成年学生不承担监护职责”，并取得了法律界的认同。如此规定的出发点是，未成年学生在校期间，家长的监护人身份并未发生变化，监护职责也未发生转移，因此学校不是未成年学生的监护人。后来的《民法典》和《侵权责任法》都认同了《学生伤害事故处理办法》的这一规定，在立法上保持了逻辑一致性。同时，在《民法典》第1 188条有关监护人为未成年子女侵权行为承担替代责任的规定中，相应做了“监护人尽到监护职责的，可以减轻其侵权责任”的规定。依据这条规定，监护人并不因为其未成年子女身处学校而可以免责，对监护人已尽监护职责的，虽可减轻民事责任，但也不能免责，因为监护人的监护职责并未发生转移。

二是明确了学校对未成年学生的安全保护义务是一种教育、管理和保护义务，以此为前提首次确立了学校承担的过错责任原则，要求在学生伤害事故的处理中根据相关当事人的行为与损害后果之间的因果关系确定学校的责任。同时《学生伤害事故处理办法》还对如何认定学校存在的过错进行了类型化的尝试，规定因学校、学生或者其他相关当事人的过错造成的学生伤害事故，相关当事人应当根据其行为过错程度的比例及其与损害后果之间的因果关系承担相应的责任。当事人的行为是损害后果发生的主要原因，应当承担主要责任；当事人的行为是损害后果发生的非主要原因，承担相应的责任。如此规定为学生伤害事故的责任认定设立了一条明确的法律标准，为学校民事赔偿案件的责任认定做出了有益的探索。

三是在法律救济中把学校安全的公法保护义务转化为针对学生安全的民法注意义务。尤其是中小学和幼儿园、托儿所等学校教育机构，在其活动范围内必须预见和避免对未成年学生具有致害后果的行为，这是法律基于保护处于相对弱势地位的未成年学生利益而附加于学校教育机构身上令其承担的义务。《学生伤害事故处理办法》就事故与责任、事故处理程序、事故损害的赔偿、事故责任人的处理等做出了探索性规定，要求针对不同学生的年龄、认知能力和法律行为能力对学生进行安全教育和管理。该办法还规定了学校在预防和消除教育教学环境中存在的安全隐患方面的义务，对未成年学生在校内或者本校组织的校外活动中发生人身伤害事故的，要求学校应当及时救护，妥善处理，并在第一时间向有关主管部门报告。

《办法》制定于教育法制建设的早期，在一定程度上填补了当时法律的空白，厘清了学校安全中的一些关键性难题。该办法立足于正确理解和调整学校与其学生的关系，既为学校和教师松绑，使其可以按照教育工作本身的特点做好人才培养工作，同时也有助于化解由于学生伤害所造成的矛盾纠纷，为处理学生伤害事故提供解决问题的可行方法，因而在依法治教的进程中具有重要意义。该办法以行政规章的形式出现，表明当时立法界对学校安全立法问题所持的慎重态度，即在法律制定的条件尚不成熟之时，先以效力等级较低的行政规章形式出现。这不仅为当时学生伤害纠纷的处理定下基调，同时也为进一步建立和完善学校安全的法律调整机制留下了立法空间。事实证明这一做法是正确的，学校安全立法经过了十余年的探索，其成果最终得到了后来的《侵权责任法》和《民法总则》的肯定。这两部法律充分吸取了以往法律和司法解释的做法，把学校对学生的安全保护义务定义为教育、管理义务，把学生伤害事故的学校侵权责任与监护人责任分列，以未成年学生的年龄为构成要件对学校侵权责任作了过错责任的规定，而对监护人则延续了以往的无过错责任。这种类型化的责任划分有利于平衡学校、学生及其家长的权利义务，使权利救济处于一个比较合理和适度的范围。

可以说，在《民法典》之前，从《未成年人保护法》到《侵权责任法》，已基本形成了调整学校安全关系的法源。《民法典》承续了以往立法的基本精神和具体做法，肯定了公法对学校安全保护的规定，以过错责任的归责原则以及教育、管理义务的内涵表述与公法保持了一致；同时在进入法律救济时把学校安全保护的公法义务归结为民法上的安全注意义务，以《民法总则》确立的民事行为能力年龄的 8 岁分界新规为学校侵权责任的构成要件，对学生伤害事故的归责进行了合理分配，使学校的安全保护责任趋于精细化，并以学校安全责任制体现了学校安全中学校与其学生的权利义务，实现了法对社会关系的调整。至此，我国基本形成了以“公法保护，私法救济”的调整方式为基本框架的学校安全法律调整机制。

第二节　学生人身安全的公法保护

一、学校与学生法律关系的公法属性

此处讨论所涉及的学校主要指公办学校，民办学校的问题属于私法主体的问题，两类学校虽然在对学生的安全保护方面具有许多共同性，但法律属性不同，因此不宜相提并论。

（一）学校与学生法律关系的不同观点

学校发生了学生伤害事故之后，如何认定事实和归结责任，取决于如何界定学校的身份及其与学生的法律关系。传统上，英、美等国普通法确立的“代位父母”原则把学校与其学生的关系看成一种类似于家长与自己子女的关系，即把学校看成未成年人的监护人，与其学生构成了一种类似于家长与自己子女的关系。而大陆法系国家则以“特别权力关系”理论为依据，把学校与学生关系看成具有行政法属性的“营造物利用关系”。[①] 在我国，在 2002 年教育部发布《学生伤害事故处理办法》以前，虽无明确的法源性规定，但不少人主张学校对未成年学生的安全保护职责是代行家长的监护职责，为此学界曾经有监护关系说、监护代理关系说、契约关系说等不同观点，其中影响较大的是监护关系说。根据此说，当家长为自己的未成年孩子在某所学校登记注册、交纳学费并把孩子送到学校时起，就意味着原先由家长行使的人身安全监护职责转移给了学校，学校成为未成年学生在校期间的人身安全监护人。因此，发生在中小学校的学生伤害事故，学校应当承担相应的监护责任。这是早期的一种法理学观点，曾被普遍认同，甚至影响了学生伤害事故的法律实务。

然而这一观点忽视了一个重要的事实，即对于未成年学生的人身安全保护而言，其实存在着两种不同的义务，即由监护人履行的私法上的人身监护义务和由学校履行的公法上的安全保护义务。二者在针对未成年人人身安全方面的保护内容虽然近似，但性质

① 周志宏. 教育法与教育改革 [M]. 台北：高等教育文化事业有限公司，2003：277-350.

却截然不同。监护人的监护职责来自民法，与被监护人构成的是一种基于法律规定产生的，以对被监护人的人身、财产以及其他合法权益的保护为基本内容的私法关系。而学校对未成年学生的安全保护义务不是来自私法的规定，也不是来自监护权的转移或监护人的委托，而是来自教育法和其他相关法律的规定，是一种由学校教育机构的特殊活动要求所决定的公法义务。这一义务产生于学校教育机构依据的是国家有关学校安全的法律规定，其以学校教育机构对未成年学生人身的教育、管理为主要内容，具有典型的公法性质。学校由于履行这一义务而与其学生构成的法律关系是一种公法上的关系，这是准确理解学校与学生法律关系的一个重要前提。具体而言，学校与其学生的安全保护关系和监护人与学生的安全保护关系从其客体和内容看尽管有某些相似之处，但其性质却不尽相同。学校与其学生所构成的法律关系是学校教育机构依据国家教育方针和教育教学标准，在依法实施教育教学活动过程中产生的，其中对未成年学生的安全保护义务来自《教育法》《教师法》《未成年人保护法》的规定，而不是来自私法的规定，也不是来自私法权利的转移或监护人的委托。二者构成的是一种在教育与被教育、管理与被管理的过程中产生的权利与义务关系。这类关系不同于民事法律关系和特别权力关系，而有其自己的法律特征。把这种关系单独列为一类法律关系，有助于我们准确地理解和把握学校与学生关系这对法律关系的公权性质。

由于学校对其未成年学生的安全保护义务并非基于监护人的特定身份，也不是来自私法的规定，而是来自公法的规定，所以对于学生而言，其享有的权利是通过法律对学校的特定义务要求，即通过学校的教育、管理才得以实现的。这既是学校必须履行的行为职责，同时又是学校安全保护义务的边界。明确这一点可以明确学校的义务所在，同时有效避免增加法定义务之外的负担，避免由此引发的纠纷。

（二）公办学校与学生关系的公法属性

1. 公办学校的事业单位定位

在我国，公办学校一直都被定位于事业单位。事业单位是指国家为了社会公益目的，由国家机关举办或者其他组织利用国有资产举办的，从事教育、科技、文化、卫生等活动的社会服务组织。作为非公共权力机构，事业单位一般从事由政府职能中转移出来的公共事务，利用自身的专业知识和专门技术向社会提供专业性服务。公办学校是由国家设置、公共财政维持的社会公共服务组织，因其特定目的的公益性和服务对象的不特定性特征而有别于以私益为归宿的企业法人或单一的民事主体，具有典型的公法属性。《教育法》规定了我国学校及其他教育机构的举办体制、办学的基本原则、设置条件与程序、学校及其他教育机构的法律地位、权利与义务、内部管理活动的原则、财产关系等，为学校及其他教育机构的办学活动提供了基本的公法依据。

公办学校虽然不是行政机关，但为实现教育及管理的职责，在某些特定情况下需要实施教育行政管理的职权，取得行政主体的资格。行政主体是具有行政职权、在对外行使行政职权的过程中能够独立承担责任的组织，一般可分为两类。一类是具有法定行政职权的行政机关，另一类则是经由法律、法规授权的除行政机关以外的其他组织。两类行政主体经由我国行政诉讼法确认，具有行政诉讼的被告资格，纳入了行政诉讼的可诉主体范围。公办学校属于事业单位组织，显然不属于第一种行政机关之列，而是法律、法规授权的组织，即上述的第二类行政主体。

2. **政府的公办学校创设权**

政府设立公办学校是为了向社会提供教育方面的公共服务，履行公共职责。我国公办学校的创设权分属中央政府和地方政府。设立公办学校属于公共事务而非私人事务。就法律属性而言，由政府创设的公办学校应属于公法主体而非私法主体，代表政府履行公益给付的职能，接受公法的约束，以确保公办学校公共责任的实现。由于公法调整的是国家与公民之间的关系，代表国家行使职能的机关、单位拥有某领域的权力或承担特定领域的给付职能，应依法行政，即依法行政是对公法主体的基本要求，所有的公法主体都要受公法的制约。公法所确立的平等、法治和公众参与等机制，引导公办学校在公共利益的水平上运行，受到公法不同程度的约束。① 从公法视角理解公办学校的机构性质，明确其所受的公法约束，对于健全以公益为中心的学校安全调整机制具有重要意义。

3. **公办学校的非营利性**

公办学校的功能是提供公共教育产品，具有非营利性，这与营利性机构组织有着根本不同。营利性机构组织是以营利为目的独立核算的法人或非法人单位，通过成本核算，进行盈亏配比，以营利为前提创造财富价值，在解决自身人员供养的基础上为社会服务。而非营利性指的是以社会公益为主要追求目标，向不特定的多数人无偿或者以较优惠条件提供服务，使服务对象受益。因此非营利性通常被视为公办学校的主要特性，人们普遍认为公办学校应是非营利组织，从事的是不以营利为目的的公益事业。

为了保证公办学校非营利性的实现，传统事业单位基本上都是利用国有资产举办，以此实现公办学校的办学活动不以营利为目的。虽然随着事业单位体制改革的深化和发展，事业单位的经费来源开始呈现多元化的发展趋势，但公办学校由其公益性所决定，来自国家的财政拨款在学校经费中仍然占主导地位。从目前看，其经费来源主要包括财政拨款和财政补助两类。其中公办中小学具有较强的公益性质，以财政拨款为主；高等学校相对独立，可以通过社会服务渠道获得收益，以财政补助为主。职业培训、社会教育等机构一般是自负盈亏的教育机构，自己承担亏损与盈利的后果，有较大的自主权。

4. **公办学校的事业单位法人地位**

由于学校法人制度在创设之初并未明确规定学校法人的法律性质，人们一般都将其看作民法意义上的权利义务主体。按照中央编制办公室 2000 年《关于〈事业单位法人证书〉使用问题的通知》，从 2001 年开始，事业单位法人申办事宜和开展其他相关活动时，有关部门应要求其提交《事业单位法人证书》，以证明其具有适格主体身份。这是以一般民事法人为参照，要求公办学校独立承担民事责任，而未从公法角度对公办学校所取得的法人地位及其权力做出必要的规限。

2012 年《中共中央、国务院关于分类推进事业单位改革的指导意见》决定分类推进

---

① 杨欣. 论分类改革后事业单位的公法“回归”及制度设计 [J]. 理论学刊，2012 (6)：89-94.

事业单位改革，要求按照社会功能将事业单位划分为承担行政职能、从事生产经营活动和从事公益服务三个类别。改革后的公办中小学校保留公益性，成为国家公共职能的重要履行主体，政府部门可以对其实行直接控制，决定适合其类型的治理结构。由此可见，明确事业单位的公法约束，对于健全以公益为中心的学校安全调整机制具有重要意义。公法是确保公办学校公益性的最为有效的制度，所有的公办学校法人，无论其组织形式如何，均应受公法的约束。

5. 学校与学生关系的公法属性

在学校办学过程中，学校与其学生所构成的法律关系是多重的，既包括平等的民事关系性质又包括教育行政法律关系性质。学生的法律地位具有两重性，有些情形下是平等民事法律关系主体，有些情况下接受学校的教育与管理是教育行政法律关系的行政相对人。但就学校对其学生的安全保护而言，所构成的学校与学生关系是一种公法上的特别管束关系，二者构成了以管理与被管理、监督与被监督、命令与服从为前提的权利义务关系。公立学校在对学生进行教育管理时，为实现特定的教育目的，有权采取可能影响学生权利实现的单方面行为，学生相对人则须负担服从的义务。《教育法》第29条的规定授予学校和其他教育机构一系列具有行政性质的管束权，如招生权、学籍管理和处分权、授予学业证书（包括毕业证和学位证）权等，体现了学校对其学生管理的单方面性。学校与其学生基于安全保护而形成的关系就是学校特别管束关系的一种具体类型，具有典型的公法特征。

近年来，随着学校办学体制改革的发展，学校对其学生的管束权发生了很大的变化，司法机关在许多方面开始排除学校的自行作用，不再认可学校内部规章制度的单方面规定，要求学校为自己的某些行为承担相应的法律责任。尤其是学校做出的涉及学生基本权利的重要事项，或者应由立法规定的事项，司法明确了法律保留原则和司法审查原则在其中的适用。学校与学生关系在法律地位、调整方法以及二者的权利义务指向等许多方面都经历了一个由内部向外部、由特别权力向一般权力的转化过程，所引起的纠纷开始具有了可诉性。但由于学校对学生的管理行为具有一定的专业性和技术性，因此在确定公立学校法律地位时保留学校对学生的某种特别权力仍是一种必要的选择。学校对学生的教育管理，仍然是基于国家教育法律法规而实施的。这些特定的管理包括了学校对其学生的人身安全保护，此时学校就是由相关的教育法律法规所授权的行政主体，学生在这些特定的情境下成为教育行政法律关系的相对人。

二、基于教育、管理的学校安全工作体系

（一）学校安全重在防患于未然

学生伤害事故由于发生的原因复杂多变，在许多情况下甚至很难预见，因此是防不胜防。但学生伤害事故并非没有迹象可循，根据我国学者所做的调查研究，体育与游戏活动中的伤害事故和踩踏事故是学生伤害事故的大头，只要抓住这两个大头，学生伤害事故的发生率就会大大降低。

中小学学生伤害事故中超过一半发生于学校的体育和游戏活动。学校应切实做好体育和游戏活动的安全工作，有严格的保护措施、明确的责任分工、合格的体育游戏设施、有效的学生安全教育，有效地控制学生伤害事故的发生。学校踩踏事故是另一类较常见的学生伤害事故，占到全部学生伤害事故的13.1%。学校发生的踩踏事故大致有两种情况。一种情况是建筑方面的原因。学校建筑因其教育活动的需要而有特殊的标准。一幢教学楼，少则数百人，多则数千人在里面学习、工作，必须有一定的功能要求和标准，如楼梯、走廊、门洞的宽度以及紧急通道、安全出口的设置等。有些学校却随意改变这一建筑标准，比如：一些学校擅自改变楼梯口、楼门洞的原有设计标准，搭建小卖部、值班室等；一些学校关闭安全门，或占用紧急通道堆放杂物等，从而造成事故隐患。另一种情况是管理制度方面的原因，如一些学校的课间操规定人为地造成了在极短时间内人员集中地从通道、楼梯、门洞通过，因此极有可能发生拥挤。

（二）落实办学责任，为中小学校和教师松绑

学校的基本功能是育人，学校的这一功能是通过其精心组织的心智活动和身体活动来实现的。因此，可以说活动就是学校实现其功能的基本组织形式。没有活动，学校的育人功能就无以实现，也就没有学生身心的健康发展。但是，只要学校组织活动，就会有或大或小的风险，就存在着发生伤害事故的可能性。这就使一些学校在组织和实施教育教学活动方面存在着某种畏难情绪，甚至采取了“多一事不如少一事”的消极做法，把孩子的活动空间限制在教室或学校之内，不敢组织户外、校外的活动。这种消极心态不利于少年儿童的健康成长，因为参天大树不是在温室里长成的。一所学校既要为未成年学生提供安全健康的成长环境，又要精心组织各种有益于身心发展的活动，让他们经风雨、见世面，在实践中学习真知，这样他们才能真正成为社会的有用之才，这是学校教育的要义所在。我们不能因噎废食、在组织必要的教育教学活动时畏首畏尾，以至于影响学生的成长与发展。相关政策与法律在强调校园安全的同时应考虑如何为学校的教育教学工作松绑，使学校及教师能大胆组织教育教学活动，做好人才培养工作。为此，我们提出建立学校办学的风险分担机制如下：

（1）实行明确的责任分工制度，确保政府、社区、学校、家庭等相关方面履行各自的职责，共同做好学校的安全保护工作。

（2）发挥家长的作用，如通过家长委员会等机构共商校园安全工作，组织家长志愿者共同参与学校安全保护工作等，取得家长的支持和配合。

（3）制定必要的学校安全标准和突发事件处理预案，加强政府的监督职能，建立经常性的检查制度，把学校安全防护工作落到实处。

（4）实现办学风险的社会化，进一步完善现行的学生伤害事故保险机制，使现行的由办学者承担办学风险逐步过渡为办学风险的社会分担。

（三）深入了解每一个学生，注意教育方法的适切性

教师要了解自己的学生，尤其对一些具有特殊情况的学生，更要准确掌握并根据具体情况采取适当的方法，以达到教育的目的。比如对有特殊体质或心理疾患的学生，教

师应事先加以详细了解，并根据具体情况采取适当教育方法，而不宜笼统对待。对有自杀、自残倾向的学生，应及时发现苗头，做好心理疏导。学校只有依靠每一位老师耐心细致的工作，才能把这类伤害事故制止在发生之前。

教师要正确运用教育方法，注意由此引起的效果。从心理学的角度讲，教育方法可以分成两种基本的类型，即正强化和负强化。正强化包括表扬、肯定、支持、奖励等方法；负强化包括批评、否定、反对、惩戒等方法。两种教育方法并不是等量齐观的，一般应以正强化即正面教育为主。只有在正强化的教育方法不起作用时，才会适用负强化的教育方法。教师在实施负强化的方法时，要特别注意学生的反应。学生如果有偏激反应或其他方面的问题，则负强化有可能带来不良的后果，甚至对学生造成伤害。这是学校和教师应当时时注意并加以避免的。

此外，学校和教师还应根据未成年学生的不同年龄，采取不同的方法做好教育、管理和保护工作。由于法律对无民事行为能力人和限制民事行为人的权利能力和行为能力分别做了不同的规定，因此学校对这两类学生的保护职责是不同的。学校应当根据法定的保护职责分别制定针对不同学生的制度措施。比如对无民事行为能力的学生，在任何时间都不应让他们脱离教师的监督、保护，因为从法律上讲，他们属于无民事行为能力人，与幼儿园的孩子处于同等地位，必须采取特殊措施保证他们的安全。因此，学校应在 1、2 年级建立严格的教师值班制度，落实课间休息及其他自由活动时间对无民事行为能力学生的注意义务，不允许出现教师脱岗的情况。

第三节 学生伤害事故的私法救济

一、学校安全的法律调整由公法向私法的转换

（一）介于公、私法之间的学校法人责任

学校的侵权行为是侵权法律关系发生的前提，侵权行为是指侵犯他人的人身财产或知识产权，依法应承担民事责任的违法行为，以及依法律特别规定应当承担民事责任的其他损害行为。侵权行为发生后，在侵害人与受害人之间就产生了特定的民事权利义务关系，即受害人有权要求侵权人赔偿损失，侵害人有义务对受害人的损害进行赔偿。具体到学校，则所谓的侵权行为可以理解为学校在实施教育教学活动时由于未履行教育、管理职责而侵害学生身体的行为，承担的是一种介于公、私法之间的学校法人责任。由于现行法律没有关于学校无过错责任的特别规定，因此学校在学生伤害事故的归责中不存在因无过错行为而须承担责任的情况。

学校等教育机构的身份有公办和民办之分。民办学校从登记注册之日起取得法人地位，成为独立的民事主体，所承担的是一种典型的法人责任；而公办学校虽然也是法人机构，但在履行对未成年学生的教育、管理职责时，是以公法义务履行者的身份出现的。同时由于公办学校的身份并不是国家机关，而是事业单位法人，因此其所实

施的侵权行为并不适用国家赔偿。虽然公办学校的教育职责来自公法规定，但其中相当一部分已转为学校法人自主办学的范畴，应适用民法进行调整，尤其是在履行对学生的安全保护职责时，学校如果违反法定义务，过失侵害学生，造成损害事实的，所构成的法律关系应当界定为侵权法律关系，学校应以法人身份依法独立承担责任，所承担的是一种私法责任而非公法责任。即便是仍具公法性质的学校教育、管理职责，对其所进行的法律救济也已变化，出现了由公法向私法、由公法义务履行者向学校法人的转换。

对公办学校来说，学校的安全保护职责及其归责的确立有一个历史演进的过程。1995年公办学校获得法人地位之前，公办中小学校是政府的下属机构或附属机构，其权利能力和责任能力都要受制于其所属的教育行政主管部门。在学生伤害事故的归责方面，由于中小学校不具备独立承担民事责任的能力，因此一般是由政府主管部门负连带责任。1995年公办学校法人地位的取得意味着公办学校要在自己的权利范围内，对自己的违法行为承担责任，这是其行为能力的一种特殊表现形式。对于某些类型的公办学校，例如高等学校、职业技术学校以及相当一部分承担社会教育职能的公办学校而言，这不是一个问题。但是公办中小学则不同，这类学校教育机构由国家举办，公共财政维持，承担着基础教育方面的国家职能，因此其权利能力和责任能力与其他学校教育机构相比有着极大的区别。特别是义务教育学校，其办学经费除了公共财政拨款外并无其他来源。如因侵权行为而对学生造成损害，依照现行法律的规定，应当独立承担法人责任。但现行法律已明确规定公办中小学校法人不得收费和赢利，因此除了公共财政拨款外，公办中小学校并无其他经济收入。由此形成的责任能力不足使公办中小学校法人难以承担民事赔偿责任，因而成为学生伤害事故处理中的一个棘手问题。

学生伤害事故的赔偿处理，根据法律对于学生伤害事故的归责，当学生伤害事故有明确的责任主体时，由承担事故责任的学校法人担负赔偿责任。但无论采取过错责任原则还是推定过错责任原则，总是存在着无法明确归责于某一具体责任主体的情况。最典型的情况是，证据表明校方、教师皆已尽了最大可能履行注意和关照的义务，同时也未有其他加害人，伤害事故仍然发生并导致学生受伤。

为解决公办中小学校法人责任能力不足的问题，各地也采取了各种办法进行补偿救济。一些地方的做法是在学生伤害事故的救济中强化教育行政部门的公法责任。在我国的行政体制中，公办中小学校与其隶属的教育行政部门的关系经多年改革，虽然已有很大变化，但仍具有内部行政关系的属性。这一组织特性意味着教育行政部门既是公办中小学校的举办者，同时又是办学者和管理者，对所属学校负有法定的监管责任，其中就包括了为所属学校的过失侵权行为担责，进行兜底赔偿的责任。为使这一传统做法合法化，建立规范的政府连带责任制就是必要的。这种政府连带责任并非新义务的设置，也并非一种政治责任或道德责任，而是在具有上下级隶属关系的责任对象之间，由于学校责任能力不足而产生的一种连带责任，其意义在于强化政府的授权责任并加大公权管理的压力。

（二）学校赔偿责任的社会化

根据我国近年来的做法，把学校的办学风险纳入保险责任范围，使学校事故的赔偿责任社会化，是解决学生伤害事故中可供借鉴的思路。保险机制对于解决学校安全中的突发性问题、构建安全学校和稳定的教育教学环境有着重要而特殊的意义，是一种有益的风险管理工具。建立学生伤害事故的保险机制可以把办学的风险和赔偿的责任适当分散到社会，使受害学生的权益得到保护，同时也给学校解除后顾之忧，让学校全心全意地去做好教育教学工作，从而使学生的身心得到全面发展。

学生伤害事故的学校责任保险以学生安全的相对责任为承保对象，是责任保险中独立的、适用范围明确的保险类别。作为一种公共责任保险，学校责任险由政府主管部门为投保人。通过向政府与学校的责任分担来解决公办中小学校责任能力不足的问题，这已成为我国公办中小学校的一种普遍做法。在保险期限内，作为被保险人的未成年学生在保险地点造成身体损害，学校方面有过错的，由保险公司依法承担经济赔偿责任和有关的合理费用。在处理未成年学生在校期间受到人身损害赔偿案件时，为使法律救济更为经济、便捷，并使赔偿责任能及时和真正得到落实，当事人可以依法申请或由法院依职权追加保险人为第三人。

设立和推广未成年学生保险有效地解决了当前学校安全中的两难问题，既可及时有效地保护受害学生，尽量减少意外伤害对未成年学生成长的不利影响，同时也可减轻学校的经济压力，给学校工作松绑，弥补其承担民事责任能力不足的问题，最大限度地减少赔偿纠纷对学校正常教育教学工作的干扰。根据教育部《学生伤害事故处理办法》、《中小学幼儿园安全管理办法》以及教育部、财政部、中国保险监督管理委员会《关于推行校方责任保险完善校园伤害事故风险管理机制的通知》的要求，全国各地中小学校已普遍推行意外伤害校方责任保险制度。具体来说，其积极意义表现在如下四个方面：

（1）保护受伤害学生。给付保险金，抚慰学生、家长等，使受害学生能及时得到应有的医疗经费，最大限度减少意外伤害对未成年学生成长的不利影响，同时也减轻学校事故给受害人家庭带来的经济压力。

（2）为学校工作松绑。分散学校可能承担的经济赔偿责任，最大限度地减少赔偿纠纷对学校正常教育教学工作的干扰，使学校能够按照教学计划大胆地组织学生开展正常的教育教学活动。

（3）促进学校加强安全管理。由于保险人并不对未成年学生的一切人身伤害事故承担保险责任，保险合同中的除外责任条款使校方在某些情况下仍有可能承担民事赔偿责任。此外，保险金与伤害损失的差额部分仍有可能由校方承担。因此学校参加意外伤害保险并不意味着可以高枕无忧，学校在学生安全工作方面丝毫不能懈怠。

（4）有利于对学校安全管理工作的外部监督。保险人和投保人所形成的利益关系使保险公司时刻关注投保人在保护学生安全方面所做的工作，督促校方严格按照国家规定的安全标准办学，建立完备的校园安全管理制度，确保未成年学生的人身安全。

二、《民法典》对处理学生伤害事故的相关规定

《民法典》对学生伤害事故处理的规定有如下几个方面：

（一）规定了学校对未成年学生的教育、管理职责

教育部2002年6月发布的《学生伤害事故处理办法》明确规定了“学校对未成年学生不承担监护职责”，并且这一原则在后来的《侵权责任法》《民法总则》中得到了肯定。《民法典》延续了这一原则，在第1 199条中明确规定学校“能够证明尽到教育、管理职责的，不承担侵权责任”。该法还把学生伤害事故的学校侵权责任与监护人责任分列，对学校侵权行为做了过错责任的归责规定，而对监护人则延续了以往的无过错责任规定。这种侵权责任的类型化区分有利于平衡学校、学生及其家长之间的权利与义务，使权利救济与责任归属处于一个比较合理和适度的范围。学校的教育、管理职责是学校依据国家法律规定和教育教学标准，在实施教育教学活动的过程中产生的职责，学校由于履行这一职责而与其学生所构成的关系是一种公法关系，这是准确理解学校与学生之间法律关系的重要前提。而监护人的监护职责则来自民法，与被监护人构成的是一种基于亲属关系而成立的，以对被监护人的人身、财产及其他合法权益的保护为基本内容的私法关系。因此学校与未成年学生监护人履行的是两种完全不同的职责，由上述两种职责而产生的法律关系也是性质完全不同的法律关系。

（二）规定了学校教育机构侵权行为的过错责任

长期以来，学界对于学生伤害事故的处理虽有不同观点，但从1984年的《最高人民法院关于贯彻执行〈民事诉讼法（试行）〉若干问题的意见》、2002年教育部的《学生伤害事故处理办法》、2003年的《最高人民法院关于审理人身损害赔偿案件适用法律若干问题的解释》以及后来的《民法通则》《侵权责任法》《民法总则》等法律看，都坚持了学生伤害事故适用过错责任原则的立场，《民法典》第1 199～1 201条对学校教育机构的侵权行为也做了明确的过错责任规定。依据这一规定，对未成年人依法负有教育、管理义务的学校、幼儿园或者其他教育机构，未尽职责范围内的相关义务致使未成年人遭受人身损害，或者未成年人致他人人身损害的，应当承担与其过错相应的赔偿责任。《民法典》规定的学生伤害事故责任的过错责任原则，是学校侵权责任的归责依据。从《民法典》的规定看，学校在学生伤害事故中应否承担侵权责任与学校是否尽到教育、管理义务构成了一种因果关系，因此如何判断学校是否尽到对学生的教育、管理义务就尤为重要。

（三）规定了以年龄为构成要件的学校侵权责任分配

《民法典》承续了《民法总则》的规定，把无民事行为能力和限制民事行为能力的分界年龄由10岁下调到8岁，并据此对学校的侵权责任做了重新分配。《民法典》第1 199条规定：“无民事行为能力人在幼儿园、学校或者其他教育机构学习、生活期间受到人身损害的，幼儿园、学校或者其他教育机构应当承担侵权责任；但是，能够证明尽到教育、管理职责的，不承担侵权责任。”第1 200条规定：“限制民事行为能力人在学校或者其他教育机构学习、生活期间受到人身损害，学校或者其他教育机构未尽到教育、管理职责的，应当承担侵权责任。”第1 201条规定：“无民事行为能力人或者限制民事行为能力人

在幼儿园、学校或者其他教育机构学习、生活期间，受到幼儿园、学校或者其他教育机构以外的第三人人身损害的，由第三人承担侵权责任；幼儿园、学校或者其他教育机构未尽到管理职责的，承担相应的补充责任。幼儿园、学校或者其他教育机构承担补充责任后，可以向第三人追偿。”以上规定以未成年学生的年龄为依据，把幼儿园、学校或者其他教育机构的责任区分为推定过错责任、过错责任和补充责任三种责任类型，在责任的构成和分配上更趋于精细化。从所规定的学校责任的构成要件看，《民法典》规定的是一种典型的过错责任，如此规定符合学校的实际情况，有利于学校依法实施教育教学活动。对于学校而言，完全可以通过完善而严格的制度措施来对其职责做出明确的要求，而无须通过过于严厉的无过错责任规定来对其进行规约。

（四）新增了“自甘风险”的相关规定

自甘风险原则是完全独立的行为人免责事由，是对实践中长期存在问题的一种回应。《民法典》第1 176条规定：“自愿参加具有一定风险的文体活动，因其他参加者的行为受到损害的，受害人不得请求其他参加者承担侵权责任；但是，其他参加者对损害的发生有故意或者重大过失的除外。活动组织者的责任适用本法第一千一百九十八条至第一千二百零一条的规定。”根据该条规定，自甘风险原则的构成要件主要包含四点，即受害人明知有风险，受害人自愿，风险系固有风险，以及无加害人或加害人无故意、重大过失。依据自甘风险原则适用的情形的不同，文体活动可以分为学校文体活动、对抗性较强的文体活动及冒险活动，因此应结合活动参与者及活动组织者的不同身份对个案进行不同的适用。

由于学校组织的文体活动是促进学生发展的重要途径，学校在组织文体活动时更应注意安全性，为此《民法典》对学校等教育机构做了较为严苛的责任承担规定。虽然学校的文体活动可适用自甘风险原则，但学校也应当做好场地、配套设施的管理，特别是组织未成年学生的文体活动时，应确保在一个安全的环境中开展，应了解学生的身体健康状况。学校组织的对抗性的文体活动应以风险系数相对较小者为宜，避免发生安全事故，否则学校也有可能依法承担侵权责任。

三、学校安全保护职责由公法向私法的转换

（一）学校安全保护的民事义务

公法上的学校安全保护职责被规定为一种教育、管理的职责，《民法典》承续了这一公法规定，并基于私法的考虑，在法律关系各方主体的权利与义务设定上权衡各方权益，规定了学校对由于违反了对学生的教育、管理职责所引起的学生损害予以赔偿、强制履行或接受惩罚的特殊义务。这可以看成学校安全保护职责由公法向私法的一种转化，其目的在于积极预防、妥善处理学生伤害事故，保护学生的合法权益。

在2009年《侵权责任法》之前，学生伤害事故主要依据《民法通则》以及最高人民法院的相关司法解释等来处理。但这些规定存在许多不完善、不合理之处，在有效保护

未成年学生的正当权益方面仍存有某些缺陷，同时也给学校的办学活动带来了后顾之忧。①《侵权责任法》突破了以往法律的笼统规定，把被侵权人的年龄因素规定为侵权行为归责的构成要件，据此以过错责任为前提对学校教育机构的侵权行为做了分类规定，与以往的不做区分的规定相比，《侵权责任法》的这一规定显然是一个重要突破。对于自然人而言，是否有独立做有效法律行为的资格，主要由其年龄和心智决定，其中心智又是由自然人的意思能力和意志能力决定的。规定学校侵权行为的归责以未成年学生的年龄为首要标准，表明学校安全保护职责与未成年学生的年龄和其心智发育的健全与否有直接关系，因而制约着学校对其学生的安全保护职责。然而，《侵权责任法》未能突破我国民法长期以来以 10 岁为区别有无民事行为能力的年龄要件规定，对其做出更为合理的划分。我们可以从法律和教育两个角度来看这一年龄划分标准的问题所在。

从法律的角度看，无民事行为能力人和限制民事行为能力人年龄分界的依据主要是对民事行为的意思能力和意志能力。其中意志能力标准主要针对成年人而设，以他能否合理地、理智地控制自己行为为判断标准，而意思能力则直接与未成年人的民事行为能力分界有关。意思能力即认知能力，是自然人对自身行为进行理解并能预见其后果的精神能力，是确认和划分民事行为能力的基础。一般来说，自然人意思能力的有无、高低，主要受年龄、心智发育程度和精神状态等生理条件的影响。随着我国人口素质的明显提升，未成年人的生理、心理及智力发育明显加快，对外界事物及自身行为的性质和后果的辨识能力也明显增强，在这种情况下，将未成年人行为能力分界年龄定为 10 岁显然不尽合理。

而从教育的角度看，学校制度中的不同教育机构之间既有区别又有联系。其中小学与幼儿园的区别就在于，小学是基于对未成年人自身注意和辨控能力已经达到一定程度的现实而建立。但是以 10 周岁为分界来划分民事行为能力的结果是，1～4 年级的未成年学生虽已具备了一定的行为能力，但囿于法律规定仍属于无民事行为能力人，这就在小学中人为地把学生分为两个行为能力不同的群体，给小学教育与管理带来了一系列问题。对于学校而言，如何规定未成年人的年龄界限为宜，需要从两个方面加以综合衡量：既要有利于学校办学活动的开展，避免学校工作陷于被动，同时又要有利于未成年学生正当权益的保护。为了使二者真正达到协调和统一，重新考虑无民事行为能力人与限制民事行为人的年龄分界就是必要的。

对比其他国家的规定，我国以 10 周岁为行为能力分界的高限规定尽管有利于对未成年人的保护，但带来的教育上的问题却有可能使这种保护产生相反的效果。因此，调低未成年人民事行为能力的分界年龄，在小学实施与未成年人年龄、智力相适应的教育教学活动就是必要的。2017 年的《民法总则》在这一问题上迈出了重要一步。该法综合考虑了法学、教育学、心理学的理论成果，以此为基础把我国无民事行为能力人与限制民事行为能力人之间的分界年龄从 10 周岁下调至 8 周岁，规定不满 8 周岁的未成年人为无民事行为能力人，由其法定代理人代理实施民事法律行为；而 8 周岁以上不满 18 周岁的

---

① 方益权. 学校在学生伤害事故中的归责原则探讨 [J]. 教育评论，2004 (1)：40-44；王工厂. 试论学校的侵权责任：兼论学校对未成年人的保护 [J]. 青岛教育学院学报，2001 (4)：23-26；贺小凡. 学生伤害事故中学校责任的认定 [J]. 西南民族大学学报（人文社科版），2005 (2)：60-62.

未成年人为限制民事行为能力人，他们可以独立实施与其年龄、智力相适应的民事法律行为。《民法典》承续了《民法总则》的这一规定，以新的民事行为能力人的年龄界限作为学校责任的构成要件，把学校对未成年学生的安全责任规定为典型的过错责任。

对无民事行为人所做的推定过错责任规定、对限制民事行为人所做的过错责任规定以及对受第三人损害的学校过错补充责任规定，使学校过错责任的构成和分配趋于合理化和精细化，因此具有较强的可操作性。《民法典》如此规定符合学校办学的实际情况，立足于为学生创造一个健康、安全的成长环境，同时又给学校的办学活动松绑，有利于学校依法实施教育教学活动。① 因此法律的这一改变兼顾了学生保护和学校办学两个方面的价值目的，在法律关系各方主体的权利与义务设定上达到了一个适度平衡，有助于学校和学生关系的调整。②

把无民事行为能力人和限制民事行为人的分界年龄由 10 周岁下调到 8 周岁的规定，对学校的办学活动具有重要影响。小学教育制度假定进入小学的年满 6 周岁的未成年人已经不同于完全不具备行为能力的幼儿园孩子，为了适应学校的学习与生活，他应当具备一定的意思能力和意志能力。这一假定是小学教育制度的设计基础。

其实，调低无民事行为能力人的年龄标准对学校来说，并不是减轻了责任，而是提出了更高的要求，即要求学校必须通过完善而严格的制度措施来履行对未成年学生的安全保护职责。如一个 9 岁的孩子在学校受到身体伤害，按照原先的法律规定，因其属于无民事行为能力人而应当采取推定过错原则。而按照新规定，则当事人属于限制民事行为能力人，应适用与此前不同的举证规则，即过错责任原则。因此学校应根据这一变化，帮助学生培养新的行为能力，使学生在进入小学的 1～2 年内，尽快适应小学的教育制度和学习环境，并借此获得身心的发展。

为了切实保护未成年学生的合法权益，在对学校提出更高要求的同时，《民法典》还加强了对未成年人的监护规定，通过家庭与学校双管齐下，使未成年学生的人身安全真正得到保护。在此之前，《民法通则》中涉及未成年人监护方面的规定仅 2 条，而《民法总则》则达到了 12 条。在内容方面，《民法总则》以近千字的篇幅，进一步丰富了监护制度，完善了有关国家监护的规定。《民法典》延续了这些法律规定，使学校能切实地履行好自己的教育职责。这些立法措施表明，虽然未成年人行为能力的年龄标准下调了，但对未成年人的法律保护并未因此放松。

（二）学校安全保护的民事义务内容

民法上的学校安全保护职责要求对因社会接触或社会交往活动而对他人所引发的危险尽到合理注意，并采取必要措施防范、去除危险，或者在危险发生后采取救助等措施，以防止损害发生或进一步扩大的责任。

自教育部 2002 年的《学生伤害事故处理办法》明确规定“学校对未成年学生不承担监护职责”以来，不同时期的学校安全立法一直鲜明地坚持了这一立场。《民法典》延续

---

① 德国、意大利、中国澳门地区、法国、美国、中国台湾地区的法律，证明过错责任原则是学生伤害事故立法的普遍原则。参见：曹诗权. 未成年人监护制度研究 [M]. 北京：中国政法大学出版社，2004：328-331.

② 张新宝. 中国侵权行为法 [M]. 2 版. 北京：中国社会科学出版社，1998：13-14.

了这一规定，把学生伤害事故的学校侵权责任与监护人责任分列，对学校的安全保护责任构成依据未成年学生的年龄做了过错责任的规定，而对监护人则延续了以往的无过错责任。这种侵权责任的类型化区分有利于平衡学校、学生及其家长之间的权利、义务，使权利救济与责任归属处于一个比较合理和适度的范围。

从民法的角度看，学校在其职责范围内对其学生应予履行的民事义务可做如下内容分类：

1. 防止由于自己的行为而致未成年学生人身损害的义务

所谓“自己的行为”，既可表现为作为，亦可表现为不作为，与学校安全职责范围内的义务相关的作为或者不作为都应当确保不会发生危害学生人身的后果。如果学校实施了法律禁止的作为或不作为，就有可能构成侵权行为。其中作为侵权是指应当预见自己的行为可能会发生危害学生的结果，并且主观上有预见这种行为的可能而没有预见，从而导致危害后果的发生。如学校、教师或者其他工作人员在履行对学生的安全保护职责过程中违反工作要求、操作规程、职业道德或者其他有关规定的行为等；与此相反，不作为侵权是指学校、教师应当采取合理的措施避免发生损害学生的结果，并且主观上有实施此种行为的可能而没有实施，从而导致损害后果的发生，如学生有特异体质或者特定疾病，不宜参加学校组织的某类教育教学活动，学校知道或者应当知道，但未予以必要注意的行为等。

2. 防止由于未成年学生的行为而致其他学生人身损害的义务

由于未成年学生的行为而致其他学生的人身损害，主要指学生之间玩耍嬉戏、追逐打闹，或者学生之间的故意加害行为导致的人身伤害事故。这类事故首先应当由造成损害的未成年学生监护人承担赔偿责任。学校未尽到教育、管理职责的，如平时未进行宣传教育、发现危险未及时制止，或者出现加害行为的苗头而未引起教师足够注意并加以制止等，也要就自己的过错承担相应的过错责任。

3. 预防、制止第三人侵权行为致未成年学生人身损害的义务

校外第三人对未成年学生实施侵权行为时，学校作为安全注意义务人，应当在其能够防止或者制止损害的范围内履行相应的安全注意义务。第三人侵权致未成年人遭受人身损害的，首先应当由实施侵权行为的第三人承担赔偿责任。学校未履行防范、制止义务有过错的，应当承担相应的补充赔偿责任。

第四节　学校安全责任制

为了依法履行学校对其学生的教育、管理职责，加强学校安全环境建设，学校应加强学校安全管理，切实有效地履行学校安全管理职责，防范和遏制学校安全事故的发生。《义务教育法》第 24 条则明确规定：“学校应当建立、健全安全制度和应急机制，对学生进行安全教育，加强管理，及时消除隐患，预防发生事故。县级以上地方人民政府定期对学校校舍安全进行检查；对需要维修、改造的，及时予以维修、改造。学校不得聘用曾经因故意犯罪被依法剥夺政治权利或者其他不适合从事义务教育工作的人担任工作人员。”不论是哪个教育阶段的学校，学校安全的法律调整机制应包括建立学校安全责任制，结合学校教育机构的实际情况，实行明确的责任分工制度，确保政府、社区、学校、家庭等相关方面履行各自的职责，共同做好学校的安全保护工作。

概而言之，学校安全责任制应包括如下几方面的内容：

一、学校安全职责分工制度

学校设置负责学校安全的责任人分工制，责任人包括学校的法定代表人或主持工作的负责人、学校各安全管理工作的直接责任人、学校安全管理的具体责任人直至学校所有岗位的教职员工。各责任人的职责分工如下：

（1）学校的法定代表人或主持工作的负责人应当依照法律、法规和政策的相关规定，切实履行下列职责：

1）认真宣传、贯彻执行安全法律、法规和规章，对本单位安全工作负有总责。

2）组织制定本单位各项安全管理制度并检查落实。

3）建立学校安全管理组织，健全安全管理责任制，明确各岗位有关人员的具体职责。

4）组织制定各类教育教学活动安全方案和各类重大安全事故应急处置预案，组建应急救援队伍。

5）建立安全事故隐患监控、排查、消除制度，及时组织和督促有关部门和责任人排除安全隐患。对重大安全隐患暂时无法排除的，应立即采取停止使用隐患物、撤离危险场地甚至停学、停课等紧急避险措施。超出管辖范围的，应报请上一级组织进行处理。

6）定期组织召开学校安全工作会议，研究动向、分析情况，排查隐患，研究措施，改进工作。会议应当做出决定并形成纪要。

7）有计划地组织开展学校安全教育。

8）发生学校安全事故后，组织进行重大安全事故的现场处置。第一责任人应在第一时间赶赴现场进行处置，并做好善后处理工作。

9）建立重大安全事故报告制度，在第一时间向上级主管机构报告安全事故，不得瞒报、谎报、迟报或漏报。

（2）学校各安全管理的直接责任人（分管安全工作的副职或单位确定的分管领导），应当依照法律、法规的相关规定，履行以下职责：

1）宣传、贯彻、执行学校安全管理工作的法律、法规，对本单位安全工作和防范重大安全事故负有监督管理的直接责任。

2）组织落实本单位制定的安全工作责任制、奖惩制和责任追究制，做好布置、检查、督促、执行等工作。

3）落实安全组织体系的组建、培训、管理工作。

4）负责安全事故应急预案和预警机制的启动和实施。第一时间赶赴现场做好安全事故的事故处置和上报。服从上级部门的调度指挥，配合进行事故救援、调查、善后处理等。重大事故发生后应及时完成并提交事故调查、善后处理的报告。

5）及时组织排查并立即采取措施消除安全隐患。对超出其职责范围的事务，应及时向上级报告请示。发现重大安全隐患或险情的，应立即组织师生撤离或采取停课、停学等紧急避险措施。

6）对师生进行多种形式的安全教育和安全培训。

7）负责重大安全事故报告工作。重大安全事故发生后，应当立即上报，不得瞒报、谎报、迟报或漏报。

8）认真查处不符合法律、法规规定的安全条件的教育教学活动。

（3）学校安全管理的具体责任人（安全主任或相应人员），应按照学校的安全管理职责，分别落实任务，切实承担安全管理责任。依法追究有关安全管理具体责任人的责任时，应实行责任倒查、分级处理的原则，根据事故情节，区分责任轻重，分别对相关责任人给予相应的处理。

依据法律、法规的相关规定，学校安全管理的具体责任人应履行以下职责：

1）贯彻执行有关安全管理的法律、法规和规章制度，对本单位的安全工作负具体管理责任。

2）认真履行安全管理职责，严格执行本单位安全管理制度，全面落实安全工作责任制的各项规定。

3）具体做好职责规定的各项安全管理工作。

4）参与并负责制定本单位各类安全制度、安全事故应急预案等并负责实施。建立并完善校园安全管理台账，健全各类安全管理档案，拟定年度安全工作计划和年度安全工作总结。

5）负责对本单位安全隐患进行排查，及时提出整改意见并向上级报告，具体落实整改措施。

6）对师生开展经常性的安全教育。

7）落实从业人员持证上岗和安全培训，按国家规定为从业人员发放劳动防护用品，并监督从业人员按规定使用。

8）具体组织展开学校安全事故的现场处置、安全救助、事故调查、善后处理、情况报告等工作。

（4）学校所有岗位的教职员工，均应严格执行校园安全管理制度，履行有关安全职责，承担相应安全责任。

二、学校安全应急预案

为加强学校安全工作的组织领导，有效预防、及时控制和消除安全事故，最大限度地保护师生的人身和财产安全，维护学校稳定，应根据具体情况制定安全事故应急预案。应急预案应结合实际情况，做到责任明确、信息顺畅、反应迅速、处置有力，最大限度地减少安全事故造成的损失。应急预案的内容主要包括组织机构建构和预防与应急准备等方面。组织机构建构预案主要是指成立突发安全事故的应急处理领导小组，在学校领导班子统一领导下，指挥和组织学校安全事故的应急处理工作。预防与应急准备预案包括保证应急资金和设施、设备、救援物品等物资储备；定期组织开展多种形式的宣传教育、安全事故应急处理相关知识、技能的培训和应急演练；加强对各部门、学科、各班级的领导，明确责任，全面戒备；加强监测，掌握信息，严密观察学校的日常活动情况，发现情况及时向安全事故应急处理领导工作小组报告；沉着应对突发性事故，服从指挥，执行命令。

三、学生安全教育制度

学生安全教育应根据学生的行为能力，培养学生的安全意识，使学生掌握与其年龄相当的自救自护能力。中小学生的安全教育包括交通安全、日常生活安全、消防安全、卫生防病、活动安全等方面的内容，具体如下：

（1）交通安全教育包括行路、骑车、乘车、乘船等方面的安全常识。学校要教育学生学习交通法规，熟悉交通信号（信号灯、手势）和标志，掌握交通安全知识，自觉遵守交通规则，切实保障自身和他人的交通安全。

（2）日常生活安全教育包括防触电、防煤气中毒、防火、家务劳动安全、饮食卫生等。

（3）消防安全教育包括教育学生掌握用电、用气、用火安全常识，严禁违章操作，能正确识别并学会使用各类灭火器。

（4）卫生防病教育包括教育学生严格遵守食品卫生，注意饮食卫生习惯和用药卫生，严禁食用过期、变质、有异味的食物；防止食品污染、有效防止细菌性食物中毒及防止其他常见的食物中毒，不食用发芽的马铃薯，没煮透的四季豆、鲜黄花菜，野生蘑菇等。学校可利用现代教育技术获取饮食安全工作方面的信息，及时向学生通报，了解各地学校发生的食物中毒事件，从中吸取教训，引以为鉴。此外，学校应加强对学生的常见病预防教育和传染病预防教育，使学生掌握基本的防病知识与技能。

（5）活动安全教育，包括运动环境和器械的安全，体育课的安全，游泳、滑冰等运动项目的安全，野外活动与游戏的安全、人流拥挤的公共场所的安全等方面的常识教育。

这类安全教育一是教育学生遵守体育锻炼规则，做好运动前准备，掌握正确的动作技巧，如游泳要有组织和安全措施，严禁私自下河游泳，杜绝冒险行为；二是要教育学生外出、乘车时注意安全，管好钱物，严禁携带易燃易爆有毒物品。

（6）自然灾害中的自我保护教育，包括水火灾、暴风雨、雷电袭击、地震等灾害发生时的各种保护与逃生知识与技能。

（7）社会治安教育，包括预防与应对偷盗、诈骗、抢劫、挟持、绑架、黄毒等违法犯罪。教育学生加强自我保护意识，避免被坏人拐骗和伤害，自觉抵制毒品侵害，远离黄色书刊和黄色音像，不迷恋网吧，注意正当地网上交友。教育学生树立正确的人生观、世界观，建立良好的人际关系，注意劳逸结合，科学用脑，克服不良情绪，保持心理健康。

（8）意外事故处理教育，包括教育学生发现安全隐患，掌握安全应急常识，牢记应急电话等。

四、学校安全的责任追究制度

对应履行而未履行安全管理职责的学校负责人和事故直接责任人，应当实行安全事故责任追究。对严重违反学校安全管理制度的学校负责人和事故直接责任人，在学校内实行通报批评制度。对严重违反学校安全管理相关规定，致学生伤害事故发生，或者导致学校财产经济损失的学校负责人或直接责任人，应根据其失职、渎职情节严重和损失大小，给予如下处分或处罚：

（1）学校负责人无正当理由拒不执行上级依法做出的指示、决定和命令，或者执行上级依法做出的指示、决定和命令不力的，应当给予责任追究。未履行或未完全履行安全管理职责，发生安全责任事故的，依照国家有关规定和本办法给予相应的处分。未履行或未完全履行安全管理职责，违反有关法律规定，发生安全责任事故并构成犯罪的，由司法机关追究其法律责任。

（2）对学校的行政、事业编制人员实行安全管理责任追究的方式包括书面告诫、责令书面检查、通报批评、经济处罚、年度考核确定为不称职、警告、记过、记大过、降级、撤职、开除等处分。

（3）对学校的聘用人员或民办学校的聘用人员实行安全管理责任追究的方式包括书面告诫、责令书面检查、通报批评、经济处罚、辞退（解雇）等。民办学校的负责人根据其失职情节严重和损失大小给予处罚，直至责成董事会撤销校（园）长职务。对民办教育机构可处取消办学（园）资格的处罚等。

五、学校安全责任的合理限度

我国学校的安全责任已经体现在相关的法律法规中，然而由于学校安全工作复杂多变，防不胜防，因此大而化之的法律法规不可能预见到学校安全的所有问题并做出明确的责任规定，对安全责任的合理限度问题，在许多方面还存在着模糊不清之处，甚至影响到责任的归属和双方当事人的利益。例如，法律规定的学校安全责任只针对在校期间的未成年学生，而不对发生在学校之外的人身伤害负责。教育部的《学生伤害事故处理办法》第13条对此做了专门的规定，包括：在学生自行上学、放学、返校、离校途中发生的人身伤害；在学生自行外出或者擅自离校期间发生的人身伤害；在放学后、节假日或者假期等学校工作时间以外，学生自行滞留学校或者自行到校发生的人身伤害；其他在学校管理职责范围外发生的人身伤害。上述情形下发生的学生伤害事故，学校行为并无不当的，不承担事故责任。然而，在实务中如何准确界定学校履行教育、管理职责的时间和空间界限，仍然存在许多责任不清甚至空白之处。以学生自行上学、放学、返校、离校途中发生的学生伤害事故为例，学生上下学途中显然已经超出学校可以实施有效管辖和控制的范围，因此由监护人而不是由学校来履行上下学途中的安全保护义务就是合理的。但是在现实中，对这类案件的责任分配往往是不清的，容易造成纠纷，家长希望学校承担较多的责任，而学校则因能力所限，主张在有效控制范围之外发生的学生伤害不应属于自己的保障范围。从实际情况看，如果要求学校承担上下学途中的安全责任，必将超出学校履行安全责任的实际能力范围，大大加重学校的负担，因此不应将上下学途中的安全保护责任完全推给学校。但从国内外的案例看，在上述情况下学校有可能被判决有过错，应承担赔偿责任。因此，这是一个责任归属仍有待明确划分的问题。但是如果未成年学生在正常的上课时间离开学校，以致发生损害，学校存在过错的，则应承担相应责任。当然如果学校已严格履行了教育、管理责任，而学生置之不理，擅自离开学校而受到伤害的，学校就不应承担责任。在目前情况下，学校对待这类情形不应掉以轻心，更不应推卸责任，而应从保护未成年学生的高度考虑，主动、积极地做好安全防范工作，比如借鉴一些地方的“小黄帽”“路队制”成功经验，有效地降低上下学途中的学生伤害风险。

第十一章

学生伤害事故

第一节　学生伤害事故概说

学生作为一个个体，在家庭内外、校内外参与各种社会活动的过程中，时刻都有可能发生各种人身伤害事故，但我们要研究的是与学校及其办学活动相关的学生伤害事故，而不是广义的学生伤害事故，因此需要对学生伤害事故的概念做出严格的界定。

一、学生伤害事故定义

简单地说，学生伤害事故就是学生在校学习期间所发生的人身伤害事故。根据教育部《学生伤害事故处理办法》第 2 条的规定，学生伤害事故是指“在学校实施的教育教学活动或者学校组织的校外活动中，以及在学校负有管理责任的校舍、场地、其他教育教学设施、生活设施内发生的，造成在校学生人身损害后果的事故”。该定义所称的学校，是指在国家或者社会力量举办的全日制的中小学（含特殊教育学校）、各类中等职业学校、幼儿园发生的伤害事故，发生于其他教育机构的学生伤害事故一般可参照处理。定义所称的教育教学活动主要涉及校内的课堂教学、户外体育活动、课间休息以及学校组织的校外活动、学校安排的社会实践活动和寄宿生的学校生活等。其中校外活动是指教学计划内的由学校组织学生参加的校外教育教学活动和不属教学计划内而由学校安排学生参加的社会活动等。

从学生伤害事故的上述定义看，判定一起学生伤害事故主要是依据事故发生的时间、空间和身份要件，以及对学生所造成的损害事实等因素。

1. 时间要件

按照《学生伤害事故处理办法》第 13 条的规定，在放学后、节假日或者假期等学校工作时间以外，学生自行滞留学校或者自行到校发生的发生学生伤害事故，学校行为并无不当的，不应承担事故责任。这表明，时间是判断一起伤害事故是否属于学生伤害事故的要件之一。从时间上看，学生伤害事故的伤害行为或者伤害结果必须有其一或同时发生在学校对学生负有教育、管理职责的期间。如：学校组织的教育教学活动，包括学校教学计划规定的、正式安排的各项教学课程活动；在学校内进行的各种课外活动、社团活动，以及学校和教师组织的在校外参加的各种活动；学校举办的各种特殊教学活动，如在教师组织、指导、监督下的各种课外活动、校外远足郊游或登山活动、在校内外举行的社团活动、运动会及学校的各种庆典活动；等等。这些活动均由学校及其教师组织，具有教育的性质，应属教育教学活动的时间范围。

时间要件从时间上明确了学校安全保护职责的界限，如：走读制学生从每天上午或下午进入校门到走出校门期间；寄宿制学生从进入校门直到放假或者法定节假日走出校门期间；学校组织校外活动的，从学生来到指定地点集合时起到活动结束期间；等等。在上述时间内学生身体受到伤害的事故应认定为学生伤害事故。放学后、节假日或寒暑假等学校放假期间，学生自行滞留学校或到校活动时发生的人身伤害事故，学校行为并无不当的，不承担事故责任，因此这类伤害事故不应归为学生伤害事故。

有关时间要件问题较有争议的是学生自行上学、放学，假期中返校、离校途中的时间如何界定，此时发生的伤害事故是否属于本定义的学生伤害事故。一般而言，学生自行上下学途中发生的伤害事故，学校没有过错的，不承担事故责任，但如果学校在学生上下学的过程中未尽教育、组织等注意义务，导致学生人身受到伤害，则学校应承担相应的法律责任。国内外都有判决学校承担责任的案例。此外，如果学校更改作息制度，不在规定的时间内组织上下学，或者组织学生补课，超时放学，这种情况下学校应及时采取必要措施或通知家长接送，否则有可能承担相应的法律责任。

2. **空间要件**

从空间上看，学生伤害事故的伤害行为或伤害结果须有其一或同时发生在学校负有教育教学职责的校舍场地或者其他教育教学和生活设施的范围内。这一要件以学生参加学校组织的教育教学活动的空间范围为界限，其中校舍场地是指学校的教室、教学楼、行政办公室、宿舍、图书阅览室以及学校在校内外开展教育教学活动所及的空间场所；教育教学设施是指用于教育教学的各类设施、设备，如实验室及实验设备、体育活动场地及器械等；生活设施是指学校提供给学生使用的宿舍及其他生活设施设备等。在特殊情况下，学生处于学校履行教育教学职责的空间范围可以延伸到校外的空间范围和非教育教学活动的范围。如教师在施教过程中侮辱、体罚学生，导致学生在校外或家中自杀、自伤，也应属于学生伤害事故的范畴。学生伤害事故的这一构成要件确切地说是对学校的教育、管理职责的延伸和补充，明确了学校的教育教学职责不是仅以校园围墙为界，而是涉及学校负有教育和管理责任的一切场所。

3. **身份要件**

从身份要件看，定义所称的学生，应符合下列三个条件：第一，受害人为国家或者社会力量举办的全日制中小学（含特殊教育学校）、各类中等职业学校、高等学校中就读的受教育者。其他教育机构发生的伤害事故，虽可参照学生伤害事故的处理办法处理，但这类伤害事件一般不宜归为学生伤害事故。第二，受害人在遭受侵害时必须具有学生的身份。如受害人与家人外出旅游时受到伤害、在餐馆就餐时发生食物中毒，此时受害人的身份是游客、消费者而并非学生，故不应将此类事故笼统地归为学生伤害事故。此外，因学校教师或者其他工作人员与其职务无关的个人行为，或者因学生、教师及其他个人故意实施的违法犯罪行为造成学生人身损害的，也不应归为学生伤害事故。第三，受害人是按国家有关规定取得该校学籍并全日制就读的学生，与该校构成了在学的法律关系。如果受害人虽有学生身份，并且在某所学校的空间范围内受到人身伤害，但并无该校的学籍，未与该校构成在学意义上的法律关系，则这类事故一般不应归为学生伤害事故。

4. 损害事实

《民法典》第 1 165 条关于侵权行为损害结果要件的规定完善了之前的《侵权责任法》有关“侵害他人民事权益”的表述，明确规定为“侵害他人民事权益造成损害”，即有损害事实才应当承担侵权责任，把损害事实规定为侵权行为的重要条件，使其更符合法律实务中对侵权行为的责任认定。该法第 1 167 条还对损害做出了规定，即指行为人的行为对受害人的民事权益造成的不利后果。它是一个比较广泛的概念，不但包括现实的已经存在的不利后果，如身体残疾、财产损失等现实损害，还包括构成现实威胁的有可能侵害他人的人身、财产安全的危险。损害事实的客观存在是民事侵权行为的前提和依据，是界定学生伤害事故的重要条件。行为如果未造成损害事实，或者相对方所提供的损害事实要件不具有法律救济意义，则其也就不构成侵权行为。不具有法律救济意义的要件是指损害行为人的过错或过错程度难以证实的损害结果要件，如对未来利益的损害或尚未发生的损害、当事人凭主观感觉或臆想而得出的损害，或者不具有法律意义上的可补救性和补偿可能性的，都不能称为学生伤害事故的损害事实要件。《北京市中小学生人身伤害事故预防与处理条例》把人身伤害事实定义为“死亡、肢体残疾、组织器官功能障碍及其它影响人身健康的损伤”。《上海市中小学校学生伤害事故处理条例》第 26 条第 6 款也做了大致相同的定义：“人身伤害，是指肢体残疾、组织器官功能障碍及其他影响人身健康的损伤。”由此可见，人身伤害是指受害人死亡、残疾、身体组织器官的损伤等，这种损伤应仅限于人身，并且必须具有确定性，即必须是已经发生的，客观上能认定的，由于物理、化学等外界因素作用于人体而造成的事实。

此外，有关精神损害的问题，《民法典》第 1 183 条规定：“侵害自然人人身权益造成严重精神损害的，被侵权人有权请求精神损害赔偿。”这就是说，学生伤害事故中的精神损害赔偿诉求应以人身损害为前提，只有因人身遭受侵害而导致的严重精神损害，才可以要求损害赔偿。

对学生伤害事故应根据以上条件进行综合判断。如果把这些条件割裂开来，就可能产生错误和混乱，不利于准确理解和合理解决学生伤害事故。

二、正确看待学生伤害事故

学校是进行教育教学的场所，活动是教育教学的主要形式，学校的育人功能是通过其所组织的各种学生活动，包括心智的和身体的活动而实现的。离开学校组织的活动，学生的素质几乎无从培养，因此活动就是学校教育教学的基本组织形式。人们绝不能仅仅为了学生的人身安全而限制学校正当的教育教学活动。然而活动本身具有两面性，因为正是在这些学校组织的教育教学活动中，潜藏着各种形式的风险，对学生的安全健康构成不同程度的威胁。因此，学校在组织实施教育教学活动的同时，必须切实地维护每个学生的生命健康，保护他们安全成长。尤其是未成年学生，他们天性好动，喜爱游戏和运动，对各类新鲜事物抱有强烈的好奇心，喜欢冒险，但同时身心方面的发展却远未成熟，缺少自我保护的知识和能力。尤其是初中阶段处于心理逆反期的学生，情绪更易冲动，不善控制，表现出较为独立的倾向性，因此在参加各种学校活动时极有可能发生伤害事件。由于上述原因，即便学校和教师尽了完全注意义务，也很难保证可以完全杜绝学生伤害事故的发生，除非不让学生参加任何活动。

在学校组织实施的活动中，组织学生参加活动和对学生活动的控制构成了教育教学过程中的两极。一方面，学生在学校的活动中自主探索世界、感受社会，学会控制自己的行为，发展自己的能力；另一方面，中小学生，尤其是低年级学生是人身伤害事故的高发群体，因为他们的行为能力发展还处于较低水平，尤其在人身安全方面还缺乏正确判断和有效防护的能力，因此学校和教师又要落实安全保护措施，对学生活动的性质、范围、内容和强度进行严格控制。学校办学实践中的活动与控制这对矛盾意味着，只要开门办学，实施教育教学活动，就或多或少地存在着发生人身伤害事故的可能性。现行法律法规对学生受到伤害的可能性已有充分的预见并做出了义务性的规定，要求学校、幼儿园、托儿所建立安全保护制度，加强对未成年人的安全教育，采取措施保障未成年人的人身安全，以利于未成年人的健康成长。学校、幼儿园、托儿所不得在危及未成年人人身安全、健康的校舍和其他设施、场所中进行教育教学活动；学校、幼儿园安排未成年人参加集会、文化娱乐、社会实践等集体活动，应防止发生人身伤害事故。然而即便是完全符合法律规定的学校活动，如由学校组织、根据教学计划安排、采取必要管理防范措施、有益于未成年学生身心健康的实验、体育、旅游、竞赛等活动，也很难说完全没有安全风险。在社会发展的今天，虽然人类预防和处理各种风险的意识和能力已大大增强，社会生活的安全性相比过去也有了很大提高，但安全永远是相对的，只要还存在针对学校的威胁，就会有学校安全问题。因此，学校安全问题不会完全消失，我们所要做和所能做的，就是通过积极的注意和合理的预防将其控制在最低程度上。

一般来说，发生一起学生伤害事故，学校或其教师如有过失，可能要比一般人承担更大的责任，由于学生从送到学校时起，他们就脱离了监护人的监督与照护，而由学校及其教师负责管束，因此学校及其教师有义务使学生免受身体伤害。未成年学生的家长有理由要求学校建立完善的安全保护和管理制度，要求教育教学设施符合安全标准，消除学校中的各种事故隐患，把学生伤害事故的发生率降到最低，但是这不应当成为对学校及其教师的一种不切实际的要求。一些人认为，学校开门办学，招收学生，就应当百分之百地保证学生不出任何人身伤害事故，如果出了问题则学校方面就应负全部责任。这种观点是对学校和教师的一种苛求，因为它既不符合学校教育教学工作的特点，也不符合学校办学的实际情况。

活动可能带来对学生身体的伤害，而如果单纯为了防止伤害事故的发生而限制学校的教育教学活动，则最终又将影响教育功能的发挥，给学生的身心发展造成不可挽回的损害。这是一个两难的选择，我们可以要求一所学校履行对学生的安全注意义务，尽量保证学校的安全，但是不可能要求一所学校完全杜绝学生伤害事故的发生。在这种情况下，由学校来承担无过错责任的苛求对学校不仅是不公平的，而且会极大地制约学校的正当办学活动，最终影响学生身心的全面发展。因此，学校应当承担的是以过错为限的有限责任，而不是无限责任。从对学生伤害事故的界定出发，学校或教师在学生伤害事故中承担的应当是基于民事侵权行为而产生的侵权法律责任。由于民事侵权行为是违反了民事法律规定的义务而发生的违法行为，因此，学校或教师所承担的责任只能是一种基于自己的侵权行为而产生的过错责任，主要对自己的过错承担相应责任，而不能承担无限责任。在我们所了解的范围内，没有一个国家规定学校必须对学生的人身伤害承担无过错责任。学校事故的过错责任原则是世界各国有关学生伤害事故立法普遍采取的做法。

三、《学生伤害事故处理办法》解读

《学生伤害事故处理办法》是教育部制定的一部行政规章，于 2002 年 9 月施行，对推动学校安全法律机制的建立和完善具有重要的历史意义。该办法后根据 2010 年教育部发布的《关于修改和废止部分规章的决定》进行了修改。修改后的《学生伤害事故处理办法》共分六部分，即总则、事故与责任、事故处理程序、事故损害的赔偿、事故责任者的处理、附则。在下文中，我们将对修改的文本进行解读。

（一）学生伤害事故的责任分配

按照《学生伤害事故处理办法》第 2 条的规定，学生伤害事故是指“在学校实施的教育教学活动或者学校组织的校外活动中，以及在学校负有管理责任的校舍、场地、其他教育教学设施、生活设施内发生的，造成在校学生人身损害后果的事故”。为了落实学校的安全保护，该办法第 4 条至第 7 条规定了学校举办者、教育行政部门、学校、学生、未成年学生监护人的职责。其中学校的举办者应当提供符合安全标准的校舍、场地、其他教育教学设施和生活设施。教育行政部门应当加强学校安全工作，指导学校落实预防学生伤害事故的措施，指导、协助学校妥善处理学生伤害事故，维护学校正常的教育教学秩序。学校应当对在校学生进行必要的安全教育和自护自救教育；应当按照规定，建立健全安全制度，采取相应的管理措施，预防和消除教育教学环境中存在的安全隐患；当发生伤害事故时，应当及时采取措施救助受伤害学生。学校对学生进行安全教育、管理和保护，应当针对学生年龄、认知能力和法律行为能力的不同，采用相应的内容和预防措施。学生应当遵守学校的规章制度和纪律；在不同的受教育阶段，应当根据自身的年龄、认知能力和法律行为能力，避免和消除相应的危险。未成年学生的监护人应当依法履行监护职责，配合学校对学生进行安全教育、管理和保护工作。

《学生伤害事故处理办法》的上述职责分配明确了学校对未成年学生不承担监护职责，但同时规定法律有规定的或者学校依法接受委托承担相应监护职责的情形除外（第 12 条）。

（二）学校未履行安全保护职责应当承担的责任

《学生伤害事故处理办法》第 9 条、第 12 条分别以学校是否履行学校安全保护的相应职责为依据，规定了学校的不同责任。其中对发生于学校的学生伤害事故，学校未履行相应职责，应当依法承担责任的情形如下：

（1）学校的校舍、场地、其他公共设施，以及学校提供给学生使用的学具、教育教学和生活设施、设备不符合国家规定的标准，或者有明显不安全因素的；

（2）学校的安全保卫、消防、设施设备管理等安全管理制度有明显疏漏，或者管理混乱，存在重大安全隐患，而未及时采取措施的；

（3）学校向学生提供的药品、食品、饮用水等不符合国家或者行业的有关标准、要求的；

（4）学校组织学生参加教育教学活动或者校外活动，未对学生进行相应的安全教育，并未在可预见的范围内采取必要的安全措施的；

（5）学校知道教师或者其他工作人员患有不适宜担任教育教学工作的疾病，但未采取必要措施的；

（6）学校违反有关规定，组织或者安排未成年学生从事不宜未成年人参加的劳动、体育运动或者其他活动的；

（7）学生有特异体质或者特定疾病，不宜参加某种教育教学活动，学校知道或者应当知道，但未予以必要的注意的；

（8）学生在校期间突发疾病或者受到伤害，学校发现，但未根据实际情况及时采取相应措施，导致不良后果加重的；

（9）学校教师或者其他工作人员体罚或者变相体罚学生，或者在履行职责过程中违反工作要求、操作规程、职业道德或者其他有关规定的；

（10）学校教师或者其他工作人员在负有组织、管理未成年学生的职责期间，发现学生行为具有危险性，但未进行必要的管理、告诫或者制止的；

（11）对未成年学生擅自离校等与学生人身安全直接相关的信息，学校发现或者知道，但未及时告知未成年学生的监护人，导致未成年学生因脱离监护人的保护而发生伤害的；

（12）学校有未依法履行职责的其他情形的。

对学校发生的学生伤害事故，学校已履行了相应职责，行为并无不当的，《学生伤害事故处理办法》第 12 条规定了学校无法律责任。这些情形包括：

（1）地震、雷击、台风、洪水等不可抗的自然因素造成的；

（2）来自学校外部的突发性、偶发性侵害造成的；

（3）学生有特异体质、特定疾病或者异常心理状态，学校不知道或者难于知道的；

（4）学生自杀、自伤的；

（5）在对抗性或者具有风险性的体育竞赛活动中发生意外伤害的；

（6）其他意外因素造成的。

（三）学校职责之外的学生人身损害事故的归责原则

根据《学生伤害事故处理办法》第 13 条规定，下列情形下发生的造成学生人身损害后果的事故，学校行为并无不当的，不承担事故责任；事故责任应当按有关法律法规或其他有关规定认定：

（1）在学生自行上学、放学、返校、离校途中发生的；

（2）在学生自行外出或者擅自离校期间发生的；

（3）在放学后、节假日或者假期等学校工作时间以外，学生自行滞留学校或者自行到校发生的；

（4）其他在学校管理职责范围外发生的。

（四）学生或者未成年学生监护人应当依法承担的责任

根据《学生伤害事故处理办法》第 10 条规定，学生或未成年学生监护人由于过错，有下列情形之一，造成学生伤害事故，应当依法承担相应的责任：

（1）学生违反法律法规的规定，违反社会公共行为准则、学校的规章制度或者纪律，实施按其年龄和认知能力应当知道具有危险或者可能危及他人的行为的；

（2）学生行为具有危险性，学校、教师已经告诫、纠正，但学生不听劝阻、拒不改正的；

（3）学生或者其监护人知道学生有特异体质，或者患有特定疾病，但未告知学校的；

（4）未成年学生的身体状况、行为、情绪等有异常情况，监护人知道或者已被学校告知，但未履行相应监护职责的；

（5）学生或者未成年学生监护人有其他过错的。

（五）处理学生伤害事故的基本方式

《学生伤害事故处理办法》规定，发生学生伤害事故，学校应当及时救助受伤害学生，并应当及时告知未成年学生的监护人；有条件的，应当采取紧急救援等方式救助。情形严重的，学校应当及时向主管教育行政部门及有关部门报告；属于重大伤亡事故的，教育行政部门应当按照有关规定及时向同级人民政府和上一级教育行政部门报告。学校的主管教育行政部门应学校要求或者认为必要，可以指导、协助学校进行事故的处理工作，尽快恢复学校正常的教育教学秩序。

发生学生伤害事故，学校与受伤害学生或者学生家长可以通过协商方式解决；双方自愿，可以书面请求主管教育行政部门进行调解。成年学生或者未成年学生的监护人也可以依法直接提起诉讼。教育行政部门收到调解申请，认为必要的，可以指定专门人员进行调解，并应当在受理申请之日起 60 日内完成调解。经教育行政部门调解，双方就事故处理达成一致意见的，应当在调解人员的见证下签订调解协议，结束调解；在调解期限内，双方不能达成一致意见，或者调解过程中一方提起诉讼，人民法院已经受理的，应当终止调解。调解结束或者终止，教育行政部门应当书面通知当事人。对经调解达成的协议，一方当事人不履行或者反悔的，双方可以依法提起诉讼。

（六）对学生伤害事故负有责任的组织或者个人应当承担的损害赔偿责任

《学生伤害事故处理办法》第 23 条至第 31 条对发生学生伤害事故负有责任的组织或者个人应当承担的损害赔偿责任，规定按照有关行政法规、地方性法规或者最高人民法院司法解释中的有关规定确定执行。教育行政部门进行调解时，认为学校有责任的，可以依照有关法律法规及国家有关规定，提出相应的调解方案。对受伤害学生的伤残程度存在争议的，可以委托当地具有相应鉴定资格的医院或者有关机构，依据国家规定的人体伤残标准进行鉴定。

《学生伤害事故处理办法》第 26 条、第 28 条同时规定，学校对学生伤害事故负有责任的，根据责任大小，适当予以经济赔偿，但不承担解决户口、住房、就业等与救助受伤害学生、赔偿相应经济损失无直接关系的其他事项。学校无责任的，如果有条件，可以根据实际情况，本着自愿和可能的原则，对受伤害学生给予适当的帮助。未成年学生对学生伤害事故负有责任的，由其监护人依法承担相应的赔偿责任。学生的行为侵害学校教师及其他工作人员以及其他组织、个人的合法权益，造成损失的，成年学生或者未成年学生的监护人应当依法予以赔偿。

（七）对学生伤害事故责任人的处理

《学生伤害事故处理办法》第 32～36 条对学校、教育行政部门、学生、受伤害学生的监护人和亲属或者其他有关人员在学生伤害事故中的违法行为做了明确的行政责任处理规定，触犯刑律的则规定由司法机关依法追究刑事责任。

按照该办法的规定，学校负有责任且情节严重的，教育行政部门应当根据有关规定，对学校的直接负责的主管人员和其他直接责任人员，分别给予相应的行政处分；有关责任人的行为触犯刑律的，应当移送司法机关依法追究刑事责任。学校管理混乱，存在重大安全隐患的，主管的教育行政部门或者其他有关部门应当责令其限期整顿；对情节严重或者拒不改正的，应当依据法律法规的有关规定，给予相应的行政处罚。对教育行政部门，该办法规定未履行相应职责，对学生伤害事故的发生负有责任的，由有关部门对直接负责的主管人员和其他直接责任人员分别给予相应的行政处分；有关责任人的行为触犯刑律的，应当移送司法机关依法追究刑事责任。对违反学校纪律，对造成学生伤害事故负有责任的学生，该办法规定学校可以给予相应的处分；触犯刑律的，由司法机关依法追究刑事责任。对受伤害学生的监护人、亲属或者其他有关人员，在事故处理过程中无理取闹，扰乱学校正常教育教学秩序，或者侵犯学校、学校教师或者其他工作人员的合法权益的，学校应当报告公安机关依法处理；造成损失的，受损失方可以依法要求赔偿。

四、中小学、幼儿园安全管理①

为加强中小学、幼儿园安全管理，防止学生伤害事故的发生，维护中小学、幼儿园

---

① 教育部、公安部、司法部、建设部、交通部等部门于 2006 年 6 月 30 日发布了《中小学幼儿园安全管理办法》，这是我国第一个关于中小学、幼儿园安全管理的专门行政规章，主要适用于普通中小学、中等职业学校、幼儿园（班）、特殊教育学校、工读学校的安全管理。

正常的教育教学秩序，国家相关行政机关对中小学、幼儿园安全管理工作提出了明确的要求。

（一）中小学、幼儿园安全管理工作范围

中小学、幼儿园安全管理工作主要包括如下四个方面：

（1）构建学校安全工作保障体系，全面落实安全工作责任制和事故责任追究制，保障学校安全工作规范、有序进行；

（2）健全学校安全预警机制，制定突发事件应急预案，完善事故预防措施，及时排除安全隐患，不断提高学校安全工作管理水平；

（3）建立校园周边整治协调工作机制，维护校园及周边环境安全；加强安全宣传教育培训，提高师生安全意识和防护能力；

（4）事故发生后启动应急预案、对伤亡人员实施救治和责任追究等。

学校安全管理应遵循积极预防、依法管理、社会参与、各负其责的方针。各级教育、公安、司法行政、住建、交通、文化、卫生、市场监管、质监、新闻出版等部门应当在本级人民政府的领导下，依法履行学校周边治理和学校安全的监督与管理职责。学校应当按规定履行安全管理和安全教育职责。社会团体、企业事业单位、其他社会组织和个人应当积极参与和支持学校安全工作，依法维护学校安全。

（二）安全管理职责

地方各级人民政府及其教育、公安、司法行政、住建、交通、文化、卫生、市场监管、质监、新闻出版等部门应当按照职责分工，依法负责学校安全工作，履行学校安全管理职责。其中教育行政部门对学校安全工作履行的职责主要是：全面掌握学校安全工作状况，制定学校安全工作考核目标，加强对学校安全工作的检查指导，督促学校建立健全并落实安全管理制度；建立安全工作责任制和事故责任追究制，及时消除安全隐患，指导学校妥善处理学生伤害事故；及时了解学校安全教育情况，组织学校有针对性地开展学生安全教育，不断提高教育实效；制定校园安全的应急预案，指导、监督下级教育行政部门和学校开展安全工作；协调政府其他相关职能部门共同做好学校安全管理工作，协助当地人民政府组织对学校安全事故的救援和调查处理。教育督导机构应当组织学校安全工作的专项督导。公安机关对学校安全工作履行的职责包括：了解掌握学校及周边治安状况，指导学校做好校园保卫工作，及时依法查处扰乱校园秩序、侵害师生人身和财产安全的案件；指导和监督学校做好消防安全工作；协助学校处理校园突发事件。卫生部门对学校安全工作履行的职责包括：检查、指导学校卫生防疫和卫生保健工作，落实疾病预防控制措施；监督、检查学校食堂、学校饮用水和游泳池的卫生状况。住建部门对学校安全工作履行的职责包括：加强对学校建筑、燃气设施设备安全状况的监管，发现安全事故隐患的，应当依法责令立即排除；指导校舍安全检查鉴定工作；加强对学校工程建设各环节的监督管理，发现校舍、楼梯护栏及其他教学、生活设施违反工程建设强制性标准的，应责令纠正；依法督促学校定期检验、维修和更新学校相关设施设备。质量技术监督部门应当定期检查学校特种设备及相关设施的安全状况。

公安、卫生、交通、住建等部门应当定期向教育行政部门和学校通报与学校安全管理相关的社会治安、疾病防治、交通等情况，提出具体预防要求。文化、新闻出版、市场监管等部门应当对校园周边的有关经营服务场所加强管理和监督，依法查处违法经营者，维护有利于青少年成长的良好环境。司法行政、公安等部门应当按照有关规定履行学校安全教育职责。

举办学校的地方人民政府、企业事业组织、社会团体和公民个人，应当对学校安全工作履行下列职责：保证学校符合基本办学标准，保证学校围墙、校舍、场地、教学设施、教学用具、生活设施和饮用水源等办学条件符合国家安全质量标准；配置紧急照明装置和消防设施与器材，保证学校教学楼、图书馆、实验室、师生宿舍等场所的照明、消防条件符合国家安全规定；定期对校舍安全进行检查，对需要维修的，及时予以维修；对确认的危房，及时予以改造；举办学校的地方人民政府应当依法维护学校周边秩序，保障师生和学校的合法权益，为学校提供安全保护。有条件的学校举办者应当为学校购买责任保险。

（三）校内安全管理制度

中小学、幼儿园应当遵守有关安全工作的法律、法规和规章，建立健全校内各项安全管理制度和安全应急机制，及时消除隐患，预防发生事故。应当建立健全的校内安全管理制度包括：建立校内安全工作领导机构，实行校长负责制；设立保卫机构，配备专职或者兼职安全保卫人员；健全门卫制度，建立校外人员入校的登记或者验证制度；建立校内安全定期检查制度和危房报告制度；在校内高地、水池、楼梯等易发生危险的地方设置警示标志或者采取防护设施；落实消防安全制度和消防工作责任制；建立用水、用电、用气等相关设施设备的安全管理制度；严格执行《学校食堂与学生集体用餐卫生管理规定》《餐饮业和学生集体用餐配送单位卫生规范》，严格遵守卫生操作规范。建立食堂物资定点采购和索证、登记制度与饭菜留验和记录制度；建立实验室安全管理制度；严格建立危险化学品、放射物质的购买、保管、使用、登记、注销等制度；按照国家有关规定配备具有从业资格的专职医务（保健）人员或者兼职卫生保健教师，购置必需的急救器材和药品，保障对学生常见病的治疗，并负责学校传染病疫情及其他突发公共卫生事件的报告；建立学生安全信息通报制度，做好安全信息记录，妥善保管学生的健康与安全信息资料，依法保护学生的个人隐私；寄宿制学校建立住宿学生安全管理制度，配备专人负责住宿学生的生活管理和安全保卫工作；学校购买或者租用机动车专门用于接送学生的，应当建立车辆管理制度，并及时到公安机关交通管理部门备案；建立安全工作档案，记录日常安全工作、安全责任落实、安全检查、安全隐患消除等情况。

（四）日常安全管理

学校在日常的教育教学活动中应当遵循教学规范，落实安全管理要求，合理预见、积极防范可能发生的风险。学校组织学生参加的集体劳动、教学实习或者社会实践活动，应当符合学生的心理、生理特点和身体健康状况。学校以及接受学生参加教育教学活动的单位必须采取有效措施，为学生活动提供安全保护。日常安全管理包括下列几个方面：

学校组织学生参加大型集体活动，应当采取安全措施，安排必要的管理人员，明确所负担的安全职责；制定安全应急预案，配备相应设施；学校应当按照《学校体育工作条例》和教学计划组织体育教学和体育活动，并根据教学要求采取必要的保护和帮助措施；小学、幼儿园应当建立低年级学生、幼儿上下学时接送的交接制度；学生在教学楼进行教学活动和晚自习时，学校应当合理安排学生疏散时间和楼道上下顺序，同时安排人员巡查，防止发生拥挤踩踏伤害事故；学校不得组织学生参加抢险等应当由专业人员或者成人从事的活动，不得组织学生参加商业性活动；学校不得将校园内场地出租给他人从事易燃、易爆、有毒、有害等危险品的生产、经营活动；不得出租校园内场地停放校外机动车辆；不得利用学校用地建设对社会开放的停车场；学校教职工应当符合相应任职资格和条件要求，不得聘用因故意犯罪而受到刑事处罚的人，或者有精神病史的人担任教职工；学校教师应当遵守职业道德规范和工作纪律，不得侮辱、殴打、体罚或者变相体罚学生；发现学生行为具有危险性的，应当及时告诫、制止，并与学生监护人沟通；学生在校学习和生活期间，应当遵守学校纪律和规章制度，服从学校的安全教育和管理，不得从事危及自身或者他人安全的活动。此外，未成年学生监护人发现被监护人有特异体质、特定疾病或者异常心理状况的，应当及时告知学校。学校对已知的有特异体质、特定疾病或者异常心理状况的学生，应当给予适当关注和照顾。生理、心理状况异常不宜在校学习的学生，应当休学，由监护人安排治疗、休养。

（五）安全教育

学校应当按照国家课程标准和地方课程设置要求，将安全教育纳入教学内容，对学生开展安全教育，培养学生的安全意识，提高学生的自我防护能力；学校应当针对不同课程实验课的特点与要求，对学生进行实验用品的防毒、防爆、防辐射、防污染等的安全防护教育。学校应当对学生进行用水、用电的安全教育，对寄宿学生进行防火、防盗和人身防护等方面的安全教育；学校应当对学生开展安全防范教育，使学生掌握基本的自我保护技能，应对不法侵害。学校应当对学生开展交通安全教育，使学生掌握基本的交通规则和行为规范；学校应当对学生开展消防安全教育，提高防火意识和逃生自救的能力；学校应当根据当地实际情况，有针对性地对学生开展到江河湖海、水库等地方戏水、游泳的安全卫生教育；学校可根据当地实际情况，组织师生开展多种形式的事故预防演练，使师生掌握避险、逃生、自救的方法；教育行政部门与人民法院、人民检察院和公安、司法行政等部门以及高等学校协商，选聘优秀的法律工作者担任学校的兼职法制副校长或者法制辅导员；教育行政部门应当组织负责安全管理的主管人员、学校校长、幼儿园园长和学校负责安全保卫工作的人员，定期接受有关安全管理培训；学校应当制订教职工安全教育培训计划，通过多种途径和方法，使教职工熟悉安全规章制度、掌握安全救护常识，学会指导学生预防事故、自救、逃生、紧急避险的方法和手段；学生监护人应当与学校互相配合，在日常生活中加强对被监护人的各项安全教育。学校鼓励和提倡监护人自愿为学生购买意外伤害保险。

（六）学校周边安全管理

对于学校周边的安全管理，教育、公安、司法行政、住建、交通、文化、卫生、市场监管、质监、新闻出版等部门应当建立联席会议制度；住建、公安等部门应当加强对学校周边建设工程的执法检查；公安机关应当把学校周边地区作为重点治安巡逻区域，在治安情况复杂的学校周边地区增设治安岗亭和报警点；公安、住建和交通部门应当在学校门前道路设置规范的交通警示标志，施画人行横线，根据需要设置交通信号灯、减速带、过街天桥等设施；公安机关和交通部门应当依法加强对农村地区交通工具的监督管理，禁止没有资质的车船搭载学生；文化部门应当依法禁止在中学、小学校园周围200 米范围内设立互联网上网服务营业场所，并依法查处接纳未成年人进入的互联网上网服务营业场所；市场监督管理部门应当依法查处取缔擅自设立的互联网上网服务营业场所；新闻出版、公安、市场监督管理等部门应当依法取缔学校周边兜售非法出版物的游商和无证照摊点，查处学校周边制售含有淫秽色情、凶杀暴力等内容的出版物的单位和个人；卫生、市场监督管理部门应当对校园周边饮食单位的卫生状况进行监督，关停非法经营的小卖部、饮食摊点等。

（七）安全事故处理

在发生地震、洪水、泥石流、台风等自然灾害和重大治安、公共卫生突发事件时，教育等部门应当立即启动应急预案，及时转移、疏散学生，或者采取其他必要防护措施，保障学校安全和师生人身财产安全；校园内发生火灾、食物中毒、重大治安等突发安全事故以及自然灾害时，学校应当启动应急预案，及时组织教职工参与抢险、救助和防护，保障学生身体健康和人身、财产安全；发生学生伤亡事故时，学校应当按照规定的原则和程序等，及时实施救助，并进行妥善处理；发生教职工和学生伤亡等安全事故的，学校应当及时报告主管教育行政部门和政府有关部门；属于重大事故的，教育行政部门应当按照有关规定及时逐级上报；省级教育行政部门应当在每年 1 月 31 日前向国务院教育行政部门书面报告上一年度学校安全工作和学生伤亡事故情况。

（八）奖励与责任

为加强学校、幼儿园的安全管理，各级政府应对教育、公安、司法行政、住建、交通、文化、卫生、市场监管、质监、新闻出版等部门在学校安全工作中成绩显著或者做出突出贡献的单位和个人，规定视情况联合或者分别给予表彰、奖励；对不依法履行学校安全监督与管理职责的，由上级部门给予批评；对直接责任人员由上级部门和所在单位视情节轻重，给予批评教育或者行政处分；构成犯罪的，依法追究刑事责任。

学校不履行安全管理和安全教育职责，对重大安全隐患未及时采取措施的，有关主管部门应当责令其限期改正。拒不改正或者发生重大安全事故、造成学生和教职工伤亡的，发生事故后未及时采取适当措施、造成严重后果的，瞒报、谎报或者缓报重大事故的，妨碍事故调查或者提供虚假情况的，拒绝或者不配合有关部门依法实施安全监督管理职责的，教育行政部门应当对学校负责人和其他直接责任人员给予行政处分。上述责任人构成犯罪的，依法追究刑事责任。

校外单位或者人员违反治安管理规定、引发学校安全事故的，或者在学校安全事故处理过程中，扰乱学校正常教育教学秩序、违反治安管理规定的，由公安机关依法处理；构成犯罪的，依法追究其刑事责任；造成学校财产损失的，依法承担赔偿责任。

五、高等学校学生安全教育及管理

高等学校学生安全教育及管理的目的在于宣传、贯彻国家有关安全管理工作的方针、政策、法律、法规，对学生实施安全教育及管理，妥善处理各类安全事故，引导学生健康成长。高等学校的学生安全教育及管理要以预防为主，本着保护学生、教育先行、明确责任、教管结合、实事求是、妥善处理的原则，做好教育、管理和处理工作。

（一）安全教育

高等学校应将对学生安全教育作为一项经常性工作，列入学校工作的重要议事日程，加强领导。学校各部门和有关群众团体或组织要相互配合，积极开展安全教育，普及安全知识，增强学生的安全意识和法制观念，提高防范能力。学生安全教育应根据不同专业及青年学生的特点，从学生入学到毕业，在各种教学活动和日常生活中，特别是节假日前适时进行，并善于利用发生的安全事故教育学生防患于未然。对学生进行安全教育须注重心理疏导，加强思想政治工作，教育学生注意保持健康的心理状态，帮助学生克服因各种原因造成的心理障碍，把事故消除在萌芽状态。

（二）安全管理

为做好学生日常安全管理工作，加强安全防范，应建立和健全规章制度，严格管理。同时应确定学生安全教育及管理工作的主管部门，明确其职责，具体组织实施安全教育及管理工作。各有关部门应分工协作，积极配合。教职员工要从关心学生，爱护学生出发，树立安全思想，努力做好本职工作，改善环境与条件，保护学生人身财产安全。学生在日常教学及各项活动中，必须严格遵守国家法律、法规和学校的各项规章制度，遵守学校规定的纪律和其他有关规定，听从指导，服从管理；在公共场所，要遵守社会公德，增强安全防范意识，提高自我保护能力，注意自身的人身和财产安全。

学生组织的集体课外活动须经学校同意，按学校规定进行。学校在审批学生组织的活动时须认真进行安全审查，条件不具备的不得批准。学生要严格遵守宿舍管理的规定，自觉维护宿舍的安全与卫生，提高自我管理能力。在发现刑事、治安案件或交通、灾害等事故时，在场学生应保护现场，及时报告学校或公安部门并协作处理。事故是在学校范围内的，学校应迅速采取措施，控制事态发展，减轻伤害和损失。

（三）事故处理

学生人身和财产发生一般伤害后，学校应及时调查处理，根据当事人的过错，责令其赔偿损失，并给予批评教育或相应的行政、纪律处分。在校园内，发生学生非正常死亡、重伤或被窃、失火等造成财产重大损失事故后，学校应迅速采取措施进行抢救、保护现场，同时加强思想政治工作，稳定学生情绪，恢复秩序，并协同地方有关部门妥善处理。学校对事故调查后认为涉及追究刑事责任的，要及时与公安部门联系，协作调查处理。发生重大事故后学校有关领导应亲自参与调查工作，并认真研究调查报告，及时处理。调查机关在调查处理案件中要以事实为依据，不得逼供或诱供。重大事故发生后，学校应在一天内向所在省、直辖市、自治区有关主管部门报告，并及时通知学生家长；事故处理结束后一周内书面报告有关主管部门。

（四）学生伤害事故的处理

学生在教学、实习过程与日常生活中，因学校或有关单位责任发生死亡、重伤或残疾的，由学校或有关单位承担责任。在教学、实习过程与日常生活中，学生因不遵守纪律或不按要求活动而发生意外事故的，学校不承担责任。因忽视安全生产、管理不善、工作不负责任、违章指挥、玩忽职守、徇私舞弊等对学生造成严重的人身、财务损害的，由其所在单位或上级主管部门视具体情况对有关负责人员分别给予责任检查、赔偿损失、行政处分，直至依法追究刑事责任。学生未经批准擅自离校发生意外事故的，学校不承担责任。对擅自离校不归，学校不知去向的学生，学校应及时寻找并报告当地公安部门，及时通知家长。半月不归且未说明原因者，学校可张榜公布，按自动退学除名。学生假期或办理离校手续后发生意外事故的，学校不承担责任。

凡经学校指定的专业医院确诊为精神病、癫痫病患者的学生，应予退学处理，由其监护人负责领回。学生及其监护人不得无理纠缠，扰乱学校教学、生活秩序。学生因病死亡和责任不由学校承担的意外死亡，学校不承担丧葬费。如家庭确有困难者，学校可酌情予以一次性经济补助。因责任不在本人的意外死亡学生，由学校或有关单位参照国家事业职工死亡丧葬有关规定处理，负担丧葬费的全部，学校可一次性给予适当经济补助。在校内正常生活及由学校在校外组织的活动中由于不可抗力而发生的事故，由学校视具体情况处理。凡是事故责任由学校以外的单位、个人承担的，学校不再给予经济补助。

事故导致伤残的学生，经治疗后病情稳定，学校认为生活能自理，能坚持在校学习的，可继续学习；对不能坚持在校学习的，应予退学，由学校按其实际年限发给肄业证书，并根据事故性质和伤残程度一次性给予适当经济补助。退学学生回其监护人所在地，当地民政等有关部门应协助做好接收、落户等工作，由当地劳动部门按国家关于残疾人劳动就业的规定安置。因保护国家财产和他人人身安全，见义勇为而致残或英勇牺牲的学生，学校应报请所在省、自治区、直辖市人民政府授予荣誉称号，并给予相应的待遇。

对事故处理不服或持有异议者，可向学校或学校上一级部门申诉，或者依法向人民法院提起民事诉讼。

第二节　学生伤害事故的类型

学生伤害事故可以根据法律有关学校对未成年学生教育、管理责任的规定以及行政主管部门的相关规定进行分类，也可以根据导致事故的不同侵权主体及其侵权行为性质和责任大小进行分类。本节以前者为主兼顾后者，对发生在学校教育机构中的学生伤害事故做如下分类：

一、学校未尽教育、管理职责导致的学生伤害事故

1. 在教育教学活动时未采取必要的安全措施，从而导致的学生伤害事故

学校在组织教育教学活动时，应当依据有关规定安排未成年学生参加。如在组织实验教学和劳动、军训等活动时，应根据学生年龄适宜安排，在可预见的范围内采取必要的安全措施，并对学生进行有针对性的安全教育。教学所用的放射性材料、危险化学品、生物制剂、实验器具等应当有明显标识，并按规定存放于安全地点，指定专人负责。购买、保管、使用、销毁上述实验室用品应进行登记并严格遵守操作规程。学校在上述所列事项中未尽教育、管理职责，没有在可预见范围内提供必要的防护措施，或超出学生年龄和生理承受能力安排活动，由此造成学生伤害的，学校应当承担责任。

2. 学校组织的体育教学或竞赛活动中发生的学生伤害事故

《民法典》第1 176条规定："自愿参加具有一定风险的文体活动，因其他参加者的行为受到损害的，受害人不得请求其他参加者承担侵权责任；但是，其他参加者对损害的发生有故意或者重大过失的除外。"这意味着对于具有对抗性或风险性的体育活动，如篮球、足球、铅球、跳马、单杠等，参加者与旁观者应在其能够认识的范围内承担相应的风险，此即所谓的"自甘风险"。

由于体育活动具有一定的危险性，因此学校教师在上体育课时要承担高于平时的注意和照管义务。因此《民法典》同时规定了活动组织者的责任，即学校在组织这类活动时，如果没有尽到相应的安全注意义务，则应承担相应责任。这类情况常见的如超出大纲要求组织体育教学或竞赛活动；未进行安全防护知识的教育；未告知学生与活动有关的要领、规则、禁忌；对体育器材没有正确、适当地摆放与使用；对学生的相关活动未采取必要的保护措施；对有特异体质、特殊疾病的学生未给予特别注意和照顾；教师未按规定坚守岗位、全程监督保护学生，以及发生学生伤害事故后未及时、有效地进行救助；等等。体育课上发生的学生人身损害主要有：器材放置不当，存在隐患，或组织体育活动的场所具有某种危险性；竞赛选手搭配不当，如体力、身高差距过大等；要求学生进行与其身心发展阶段不相适应的活动；等等。由此导致的学生人身损害，学校应当承担相应的损害责任。学生未按教师的要求和指导进行活动所造成的人身损害，应根据加害人、受害人双方责任的大小，由其监护人承担相应责任。学校如有教育、管理过失，则与加害人、受害人形成混合过错，各方应根据各自过错程度承担按份责任；学校如无过失，则应免责。

3. 学校未建立健全、认真落实安全管理制度，未开展安全教育而导致的学生伤害事故

学校应当按照规定建立健全学校的安全保卫、消防、设施设备管理等安全管理制度；加强安全工作管理，预防和消除安全隐患，开展和落实学校各项安全工作，定期接受安全业务培训；建立包括应急响应程序、人员分工安排、抢险救援组织、后勤支援、安全保卫、善后处理等内容的安全应急预案；建立安全工作档案，记录日常安全工作、安全

责任落实、安全检查、安全隐患消除等情况；及时上报可能引发学校重大安全事故的险情，或者其他可能引发学校重大安全事故的灾害、灾难的重要信息。学校未履行上述规定的义务，导致发生学生伤害事故的，应当承担相应的侵权责任，如：学校教学楼或宿舍楼所设的紧急通道、安全出口被占用或者没有打开而发生拥挤，由此导致的踩踏事故；疏于安全管理导致的学生伤害事故。

学校应当组织学生参加应对地震、火灾、水灾等自然灾害和其他突发性事件的自护自救演练，使学生熟悉发生突发事件时的应急措施；同时对教职员工进行经常性的学校安全管理和应急培训，使教职工了解安全注意义务的内容，熟悉安全规章制度，了解学校安全事件的预防、应急处理机制，掌握安全救护常识，明确各自的岗位职责。学校组织学生参加教育教学活动或校外集体活动，未对学生进行必要的安全教育，对由此发生学生人身伤害事故，学校应当承担责任。

4. 违反规定聘用不合格教职员工导致的学生伤害事故

为保护学生的人身安全，各地教育行政机关都规定了学校不得聘用因故意犯罪而受到刑事处罚的人员、患有传染性疾病的人员以及有精神病史的人员。教职工在任职期间患有精神疾病、传染性疾病及其他不适宜担任教育教学工作的疾病的，或者有其他情形可能影响学校安全的，应当根据情况暂停其工作或者调离学校工作岗位。学校的卫生保健人员、设备设施维护人员、校车驾驶人员、食堂工作人员和其他特殊岗位的工作人员应当持证上岗。学校应当对教职员工依法进行监督、教育和管理，确保学校教职员工的身体及心理素质适合教育教学工作的要求，避免出现教师或者其他工作人员侵害学生人身的情况。学校未按相应任职资格和条件聘用教职员工，或者知道或应当知道所聘用教职员工不符合聘用要求，不适宜担任教育教学工作，但未采取必要措施，导致学生人身受到损害的，应当承担相应的侵权责任。

5. 因管理措施疏漏导致的学生伤害事故

学校教职员工在负有组织、管理未成年学生的职责期间，未预见学生由于人数因素或其他相关因素而具有的危险性，如集中下课或大型集体活动后集中散场发生拥挤，从而导致的学生踩踏事故；学校提前放学但未及时通知监护人，致使无行为能力的学生在无人监护的情况下独自行动，从而造成的人身伤害；教师发现学生行为具有危险性，但未进行必要的管理、告诫或者制止，从而导致学生伤害事故的发生；等等。学校未尽管理、告诫或者制止危险行为义务的，应当承担相应责任。

6. 疏于安全保卫职责导致的学生伤害事故

学校应按规定配备专职或者兼职安全保卫人员，切实履行安全保卫职责。学校门卫应当由专职安保人员或者其他有能力履行职责的人员担任。学校安保人员应当定时巡逻校园，及时发现并排除安全事故隐患，防止事故发生。幼儿园及中小学应当建立校外人员进入校园的登记、验证制度，禁止无关人员入内。禁止将非教学用易燃易爆物品、有毒物品、动物和管制器具等危险物品带入学校。疏于安全保卫而导致的学生伤害事故，学校应当承担相应的责任。

7. 学校提供的食品、饮用水或其他物品不合格引起的学生伤害事故

学校应当严格管理餐饮用品的采购、运输、储存、加工和销售。食堂应当定点采购物资，完善索证、备案以及饭菜留验等制度。餐饮从业人员应当定期进行体检，并持有健康证。严格禁止无关人员进入食堂操作间。学校向学生提供的药品、食品、饮用水等应当符合国家或者行业的相关标准、要求。学校应当对校内公共场所进行定期卫生防疫检查和消毒。学校未认真履行上述规章制度，或者发现卫生安全隐患未及时处理，致使学生受到损害的，应当承担相应侵权责任。

8. 疏于校车管理引起的学生伤害事故

学校用于接送学生的校车应当经过公安交通管理机关的资格审核、备案，并定期进行维护和检验。学校租用车辆接送学生的，应当委托具有运营资质和良好信誉的车辆出租企业，并与其就学生安全签订责任协议。专用校车应当在车身设置明显标识。学校对接送无民事行为能力学生的校车应当配备专职管理人员，负责核对上下车学生人数、维护学生安全。校车驾驶员应当身体健康，具备相应准驾车型 3 年以上安全驾驶经历。校车运营应当遵守交通规则，不得超载。学校对校车管理不善导致学生伤害的，学校应当承担相应责任。

9. 学生上下学交接不慎导致的学生伤害事故

幼儿园和小学应当与家长或其委托人建立幼儿和低年级学生上下学的直接交接制度，不得将无民事行为能力的学生交与非监护人或非委托人。低年级学生未经家长同意不得让其自行离校。学生由于上下学交接不慎而发生人身伤害事故的，学校应当为自己的过错承担责任。

10. 学校对学生身体状况未尽注意、关照义务导致的学生伤害事故

学校应当了解、掌握学生的身体健康状况，建立学生健康档案，对学生定期进行健康体检。对有特异体质或者疾病，不宜参加某些教育教学活动的学生，学校应当予以必要的注意，对因特异体质或者特定疾病不宜参加某些教育教学活动的学生，学校应当掌握并采取必要的照顾措施。学生在校期间突发疾病的，学校应当根据实际情况及时采取相应的应急预案，避免加重不良后果。学校发现学生身体和心理有异常情况的，应当及时予以救助并通知学生家长就诊治疗。学校未尽以上义务导致学生损害的，应当承担相应责任。

二、学校不当教育措施导致的学生伤害事故

学校教职员工在履行教育、管理职责时，应当遵守相关的工作要求、操作规程、职业道德和其他有关规定，尊重未成年人的人格尊严。学校或其教职员工采取的教育、管理措施不当而导致的学生伤害事故是当前学校中较为常见的事故。这类事故一般都发生于对未成年学生进行教育时，表现为教育方法简单粗暴，主观武断，甚至有体罚、变相体罚、谩骂、侮辱学生、侵害学生人格权与隐私权、恐吓学生等侵权行为。由于中小学生心理尚未完全成熟，教育方法的不当极有可能发生矛盾冲突，甚至导致学生行为上的过度反抗而造成对学生的人身损害，甚至发生自残、自杀等事件。学校教职员工教育方法错误造成学生损害的，应当由学校承担侵权责任，但因非教学和管理的原因而对学生实施身体伤害、性侵害、性骚扰、监禁等故意加害行为造成学生损害的，应当由加害人

承担责任，学校负连带责任。

1. **错误处理学生早恋问题**

由于未成年学生心智尚不成熟且早恋易对学习造成不良影响，学校对学生早恋一般都持否定态度，但学校在处理早恋问题时如果采取不适当的教育方式，就可能给当事学生造成心理压力和社会压力，使其深感受辱，严重者甚至导致学生离校离家出走，直至自残、自杀，造成严重后果。因此学校应充分考虑未成年学生的心理特点，在教育方式上注意做好细致的说服工作，维护未成年学生的人权，并与其家长取得联系，共同努力做好教育工作。学校在处理学生早恋问题时，经常出现不适当的教育方式，如：未经学生本人同意拆阅学生信件并在其他同学面前公开学生恋爱书信；在不适当场合公开当事学生的恋爱情况，或者在其他学生中散播恋爱情况；未有确凿证据即逼迫被怀疑学生承认恋爱行为，强迫涉嫌恋爱学生交代；以粗暴呵斥或其他强迫方式要求涉嫌恋爱学生中止恋爱关系；等等。由此造成学生人身伤害的，学校应当承担相应的责任。

2. **不当处置学校失窃案件**

中小学校发生的金额较小的失窃案件，一般由学校自行查处。由于未成年学生的心理和行为特征，对未成年学生所犯错误不应像对成年人那样给予过大的社会压力和心理压力，尤其是对待未经查实的被怀疑学生更应注重方法，防止有些学生为证明清白，采取自残、自杀等极端的方式。未成年学生的偷窃行为与成年人不同，一般属于初犯、偶犯且情节轻微，经教育易于改过自新。因此，学校应采取尽量保全学生名誉和自尊心的方法，妥善处理学生偷窃案件。如必须给予处分，一般不在学生中公开，或采取暂不进档案的做法，以减轻学生心理压力，给学生改正错误的机会。对屡教不改且情节严重的学生，应交由司法机关处理。对一时难以查出真相的失窃案件应暂时存疑，避免出现冤假错案，伤及无辜学生。

错误的教育方法可能严重伤害中小学生的心理健康。在学校的管理、教育实践中，一些教师为了彻查事件，找出偷窃的学生，不顾及学生声誉及自尊心，采取不当的处理方式，如：未经查实即公布被怀疑学生信息；搜查被怀疑学生甚至全宿舍或全班学生的书包、课桌和身体；强迫被怀疑学生交代“盗窃事实”，或以投票方式“选出”“盗窃者”；给被怀疑学生脸上刺字、颈上挂牌或关禁闭；等等。学校和教师的这些做法严重违反了宪法、刑法和民法，侵犯了未成年学生的基本权利。由此发生的学生人身伤害事件，学校应承担相应的责任。

3. **不当干涉学生穿着或发型**

我国《中学生日常行为规范（修订）》规定，中学生应当不化妆、不烫发，提倡统一着装，但在实践中会有少数学生违反这些规定。学校有时会对此采取较为严厉的处理措施，如强令学生更衣、强行剪发，甚至在公开场合批评学生、责令学生当众换衣服等。这些行为方式伤害了学生自尊，往往引起当事学生的过激反应，导致师生间的严重对立，甚至引发人身伤害事故。学校及其教职员工在面对这类问题时应当采取适当的教育方法，如对待不穿校服或留怪异发型、着奇装异服及其他有关学生形象问题的学生，一般不应在公开场合责令其更衣或强行剪发，而应让学生到教师办公室或僻静地方，以说服教育的方法帮助学生改正错误行为。对抱有对立情绪的学生，一般不宜采取强迫方式解决，而应做耐心细致的说服工作。

4. 把中小学生单独留在办公室或教室

一些中小学老师为了让学生认识错误，采取将学生留在办公室或教室，让其反省，严重的甚至把学生反锁屋内，限制其人身自由。这类教育方法不仅超出了教育的边界，而且容易引起不良的后果。如下午放学后把学生单独留在办公室或教室直至天黑，以致学生由于害怕而从窗户逃离，由此导致人身伤害事故。为预防因此而引起的学生伤害事故，学校应当严格禁止教师把学生单独留在教室或办公室反省。这种情况下教师一般应在现场，如果教师临时需要离开，也应迅速返回，或让其他教师代为看管。任何情况下教师都不得锁门或以其他方式限制学生的行动自由。教师要求学生在办公室等待谈话的，应同时告知返回的确定时间，如未能按时返回，学生应能自己回家。

5. 责令学生回家找家长

一些教师会要求违纪学生在上课期间回家找家长来校谈话，这是一种不当的教育方法，容易引起严重后果。如：有的学生害怕家长呵斥而在街上闲逛，遭人凌辱或欺骗；有的学生离开学校后去野外游泳溺水身亡；等等。一般而言，学生犯了错误，班主任或其他相关老师可将该生带到办公室进行教育，经教育后应当让该生返回教室上课，而不应让其回家找家长。如有必要与家长联系的，学校的正确做法应是亲自与家长联系，而不应该让学生停止上课回家找家长。

6. 不当处理校园欺凌

校园欺凌是世界各国学校中普遍存在的社会现象，如不加约束和管制，甚至有可能演变为比较严重的校园暴力行为。校园欺凌可以分为暴力伤害、威胁伤害及语言伤害等。以上事故中，如造成学生损害的加害人为未成年人，首先应当由其监护人承担责任。《民法典》第 1 188 条、1 189 条规定了这种情形下的监护人责任，即无民事行为能力人、限制民事行为能力人造成他人损害的，由监护人承担侵权责任。监护人尽到监护责任的，可以减轻其侵权责任。监护人将监护职责委托给他人的，监护人也应承担责任，受托人有过错的，应承担相应的连带责任。学校未尽教育、管理责任，如发现校园欺凌苗头未适时进行宣传教育，以杜绝欺凌现象发生，或者发现欺凌行为而未及时制止，因而造成学生损害的，也要为自己的过错负连带责任。

三、不当管理和使用教学和生活设施、设备引发的学生伤害事故

学校应当确保其校舍、场地、其他公共设施，以及学校提供给学生使用的教学和生活设施、设备、教具、学具和玩具符合国家规定的标准，及时排除不安全因素；禁止在建筑物内的楼道、楼梯、疏散通道、安全出口及其他公共场所堆积杂物或改作其他用途，确保这些场所的通畅；对校园内经常容易发生拥挤的时间、地点，学校应当事先安排专人进行管理和疏导；在教室、走廊、楼梯口、学生宿舍等场所应当设置安全警示标志牌、指示牌和应急照明装置等安全防护设施，以免发生危险；学校应当对水、电、气、供暖等设施设备定期进行检查，并按照规定接受有关主管机关的检验，发现有老化或者损毁的，应当及时进行维修或更换；学校使用的体育与游戏器材应当符合国家安全标准，并

按要求定期进行检查和维护，发现安全隐患及时维修或更换；学校在对学校的建筑物、道路等设施进行施工时应当设置相应的警示标志，采取安全防护措施；学校应当定期对校内的树木进行维护、修剪，去除老朽树枝；学校应当建立校内房屋安全的定期检查制度和危房报告制度，发现存在安全隐患的，应当立即停止使用，及时维修或者重建。维修、重建之前应当采取必要的防护措施或者设置警示标志。

因教学和生活设施、设备管理、使用不当造成的学生损害，学校不能证明自己没有过错的，应当承担责任。如建筑物、构筑物或者其他设施及其搁置物、悬挂物发生脱落、坠落造成他人损害，学校作为所有人、管理人或者使用人不能证明自己没有过错的，应当承担侵权责任。学校赔偿后，有其他责任人的，有权向其他责任人追偿；学校的堆放物倒塌造成他人损害，学校不能证明自己没有过错的，应当承担侵权责任；因林木折断造成他人损害，学校作为林木的所有人或者管理人不能证明自己没有过错的，应当承担侵权责任。施工单位在校园内挖坑、修缮安装地下设施等，没有设置明显标志和采取安全措施造成学生损害的，施工单位应当承担侵权责任。学校未尽管理义务的，应承担相应的补充责任。

这类学生伤害事故主要是学校对其所有或者管理的教学场地、教学设施或设备因不当使用或保管上的疏忽而引发。学校对此负有保证安全的义务，对无力解决或者无法排除的重大安全隐患，应当及时书面报告相关部门。违反上述义务造成学生损害的，学校应承担相应责任。这类事故的认定与一般侵权行为的不同之处在于，以法律的单独特别规定为前提，直接推定行为人有过错，行为人不能证明自己没有过错的，应当承担侵权责任。这是一种推定过错责任的适用。

四、校外第三人在校内造成的学生伤害事故

校外第三人是指学校教职员工和在校学生以外的人员，如社会闲散人员、其他学校的学生、已经毕业的本校学生、已经离职的原教职工、未成年学生的监护人等，总之，校外第三人是除了学校人员以外的社会上的任何人。这类事故发生的原因可能是校外第三人的故意侵权行为，如社会不良青年对学生进行敲诈勒索、打击报复，或外来流窜不法分子进入校内，以恶劣、残忍的手段造成学生伤害或者死亡；也可能是校外第三人的过失造成，如校外机动车进入校园停车时剐蹭、撞伤、碾压学生等。这类事故的主要责任人虽然是学校和学生以外的校外第三人，但因学校对其学生负有安全保护的义务，如果这一过失与学生所受损害之间有一定的因果关系，如学校安全管理制度不严，管理混乱，门卫管理松懈，校园围墙存在安全隐患，学校房屋、场地提供给校外人员使用而缺乏有效监管，或者在事故发生过程中未尽防范、救助、保障义务，则学校亦应为此承担学生损害的补充责任。

校外第三人造成的学生伤害事故通常难以预测，具有突发性特点，同时危害性极大，往往造成严重的人员伤亡后果。校外第三人造成的学生伤害事故一般发生于社会治安相对薄弱的地区，此类地区的学校建立学校安全网的任务十分艰巨。

五、因受害学生自身原因造成的学生伤害事故

这类学生伤害事故包括学生在校期间因违反校规、校纪，或者学生之间因玩耍嬉戏、追逐打闹等导致的人身伤害事故，以及因学生间的故意加害行为而导致的人身伤害事故。因受害学生自身原因导致的学生伤害事故，学校应否承担责任，要看学校是否尽到教育、管理义务。

1. 学生因违反校规、校纪导致的学生伤害事故

学生在校期间应遵守法律、法规以及学校的规章制度，服从学校的教育和管理。学校有义务教育学生遵守法律、法规及规章制度，并采取积极有效的管理措施防止违反规定的情况发生。学生因违反校规、校纪而致其他学生损害或受到损害的，如果学校制定的校规、校纪规定合理、明确，或者此规定具有上位法的依据，并以适当的方式对学生进行了教育，则学校一般不具过错，不应当承担损害赔偿责任。但学校及其教职员工知道或者应当知道存在某种危险，而没有特别加以注意，则应承担相应的过错责任。如学生在课间休息时打架斗殴致人受伤，学校一般并无过错，如果学校及其教职员工知道学生正在校内打架斗殴而未采取必要的制止措施，致使学生伤害事故发生的，则学校应对损害结果加重的部分承担责任。

2. 学生自行到校或放学后滞留学校导致的人身损害

学校履行对学生的安全保障义务一般应止于规定的教育教学时间。学生在放学后的非教育教学时间内，未经学校同意，自行到校或放学后滞留学校，从而导致发生非学校原因的人身损害的，学校一般不应承担责任。但学校的校舍、场地、其他公共设施，以及教育教学和生活设施、设备不符合国家规定标准，存在不安全因素，从而导致学生伤害事故的，学校应当承担相应的管理责任。经学校同意或默认，学生下课后继续留在学校学习或进行其他活动的，由此发生的学生人身损害，应等同于学校履行教育、管理义务期间发生的损害，学校应根据其过错承担民事责任。

3. 学生间嬉戏、打闹导致的学生伤害事故

学生天性活泼好动，相互嬉戏、打闹时很容易发生意外，课间和课外则是这类人身伤害事故的高发时段。嬉戏、打闹的情况包括学生追逐奔跑、持危险品嬉闹、玩危险游戏和在危险地带休息嬉闹等。在这些时段教师一般不在现场，很难对学生的打闹行为进行及时的劝阻和制止。学生则在行动上变得更加自由与放松，有可能进行一些与自己年龄和身份不相符的活动，导致损害的发生。如果学校没有相关的安全制度规定，或者未对学生进行必要的安全教育，则属于未尽到教育、管理义务，应承担相应的责任。

4. 开水烫伤事故

在一些寄宿制学校，学生规模急剧扩大，人均占有面积下降，导致学生在打开水时被烫伤的事故时有发生。这种情形学校如无过错，一般不承担责任，但如果学校未尽注意义务，未制定相应规章制度，维持现场秩序，防止事故发生，或者在发生事故后未及时采取救治措施，导致损害后果加重的，则应承担责任。

5. 学生在活动过程中自己造成的人身损害

学生在活动过程中没有听从教师指挥，没有做好准备活动，因而造成自己的人身损

害，或者由于曾受伤的身体部位不能承受高强度运动负荷，从而在运动中旧伤复发，使身体再次受到伤害，或者学生自身身体条件和行为都没问题，在正常运动中给自己的身体造成损害的，如教师未尽合理注意义务，应承担相应的侵权责任。

6. **学生在校园内或校园外自杀、自残**

学生自杀、自残事故的发生有多方面的原因，如个人学业的巨大压力、父母的高期望值和对学生的管理过于严苛；父母、教师等对学生早恋现象采取简单粗暴的限制措施，缺乏合理引导；学生在家庭中长期缺乏温暖、关爱；父母过度溺爱导致学生缺乏心理承受力，面对困难和挫折容易出现过激行为；等等。如学校在教育、管理、安全保护上存在过错的，应承担相应责任。

六、发生于校外的学生伤害事故

学生在校外发生的人身伤害事故一般有上下学途中发生的人身伤害和学校组织的校外活动中发生的人身伤害两类。学校组织的学生校外活动，如组织学生野外郊游、拓展训练、参加校外大型集会、组织学生在校外公共道路或场地进行跑步锻炼等。这类事故虽发生在校外，但由于该活动是由学校组织、举办，因此学校负有安全注意义务。学校如未尽相应义务，导致学生人身受到损害的，应当承担相应责任。学校将活动委托给其他承办人的，应由承办人承担侵权责任，但学校有过错的，如学校委托的承办人不具备相应资质、租赁的交通工具违规超载运输等，也要对自己的过错承担责任。学校在组织学生校外活动时，其安全注意义务的大小取决于特定的活动场所、环境以及未成年学生的行为能力，根据不同的情形，学校承担的安全注意义务相应不同。学校未履行或未适当履行义务，导致学生受到损害的，则应根据其过错大小承担责任。

除了以上两类发生学生伤害事故的情况，还有一种情况即学生非正常缺席或者擅自离校导致的学生伤害事故。学生非正常缺席或者擅自离校的情形包括学生旷课脱离了家长和学校的监管，或沉溺于网吧，或野外游泳，甚至参与违法犯罪活动。家长以为学生已去上学，而学校不见学生来校，却误以为家长知道。为防止这类情况的出现，学校应当建立学生考勤监测制度，负责考勤的教师应当掌握学生到校情况，及时向学校相关部门报告学生非正常缺席或者擅自离校等信息。教师在发现学生旷课后应立即报告校方，校方则应立即联系家长，通报该生旷课情况，同时尽力查找学生下落。学校发现或者知道学生擅自离校等与学生人身安全直接相关的信息后，应当及时告知未成年学生的监护人，避免学生因脱离监护人的保护而受到伤害，同时做好后期的管教工作。一般来说，如果学校及时通知家长，并及时查找学生下落，就能大大减少发生学生伤害事故的可能。《预防未成年人犯罪法》第 34 条规定："未成年学生旷课、逃学的，学校应当及时联系其父母或者其他监护人，了解有关情况"。这就是说及时通知旷课学生的父母或者其他监护人是学校的法定义务，如果学校未尽该义务就有可能为自己的过失承担相应责任。

下列几种情况下学校有可能为自己的行为承担责任。第一种情况是在学校大门外发生的学生伤害事故。学校大门外属于学校的安全责任范围，在学生上下学期间应当设立值勤人员维持秩序。如未能对学生提供恰当、合理的照管，学校则要对其过失承担责任。

第二种情况是学生在自行上下学途中发生的伤害事故。由于法律没有明确规定学生上下学途中属于学校管辖范围，这时学生已脱离了学校的管辖、控制，超出了学校履行职责的范围。然而在现实中，由于责任不清，往往可能发生责任归属上的纠纷。一些家长希望学校承担较多的责任，而学校则因自身能力所限，很难把学生上下学途中的人身安全完全纳入自己的安全注意范围内。因此学校应尽量做好事前的防护工作，避免学生伤害事故的发生。第三种情况是学校提前放学而未事先通知学生的监护人，导致学生在校外发生人身损害。学校提前放学致使未成年学生脱离了监护人的监管、导致学生损害的，学校应当为自己的过失承担相应责任。第四种情况是在正常的上学时间内，学校疏于监管而导致学生擅离学校，发生人身伤害。学校如未及时发现并通知学生监护人的，属于未尽注意和通知义务，应承担相应责任。但如果学校对学生已进行了必要的安全教育，履行了相应的管理职责，而学生仍擅离学校而受到伤害的，则学校不应当承担责任。

七、寄宿制学校的学生伤害事故

近年来，随着社会需要的不断扩大，全国各地出现了不少寄宿制中小学校。如何界定寄宿制学校与其寄宿学生之间的关系，以及如何处理发生在寄宿制学校中的学生伤害事故问题开始成为社会各方面关注的重点。由于寄宿制学校有不同于一般学校的特点，因此应当单独进行讨论。

寄宿制是指学生集中住校学习、生活，实行封闭式管理的一种办学制度，学生除节假期离校回家外，日常学习、生活全部在学校内进行。寄宿制学校对寄宿学生所实施的教育和管理，虽然只是学校管理体制的一种扩展，是把一般学校对学生上学期间应予履行的教育、管理职责延伸至学生寄宿生活的全过程，但从法律的角度看，却已引起二者关系的某种变化。

我国的寄宿制学校主要有两种类型：一类是学校根据自身条件和社会需要而向社会提供的一种有偿的寄宿服务。这类有偿服务性的寄宿制学校与学生家长所构成的是有偿的寄宿服务关系。这类学校包括所有的民办寄宿制学校和部分公办寄宿制学校。另一类是学校因实施某项教育政策的需要而设置的寄宿措施。如一些地区在实施撤点并校政策的同时，为解决一些学生上学距离过远问题而设置寄宿制。由于寄宿制学校体现的是公共政策意志，因此与其寄宿学生的家长构成的是一类公法上的关系。这类学校主要是公办学校。两类寄宿制学校有着不同的性质。第一类寄宿制学校的寄宿管理主要是一种学校的意思与行为，而第二类寄宿制学校的寄宿管理则更多地表现为政府的意志与行为。

无论是政策性的寄宿制学校还是有偿服务性的寄宿制学校，在规定的教育教学时间内对未成年学生的安全保障都是以教育者的身份，依据国家规定的教育目的和教育标准对其学生实施的教育、管理行为。但在教育教学时间之外，走读学生已经放学回家，而寄宿学生则留在了学校。与规定的教育教学时间不同，这段时间本应由监护人承担对自己的未成年子女监护职责，但由于未成年学生寄宿于学校，监护人要对自己的未成年子女履行监护职责，对被监护人进行管理和照顾就非常困难，因此需要寄宿制学校在监护人不能行使监护职责或无法很好地行使监护职责时代替监护人来承担某些职责。我国法律已明确规定学校对未成年学生不承担监护职责。这意味着学校不是未成年学生的监护人，一般不承担对未成年学生的监护职责。但是监护人可以将监护职责部分或全部委托给他人。因被监护人的侵权行为需要承担民事责任的，应当由监护人承担，但另有约定的除外；被委托人确有过错的，负连带责任。这就是说，监护权是可以委托，由他人代理的。在委托代理的过程中，被委托人承担过错责任。对于政策性的寄宿制学校来说，这种安全保护职责产生于实施公共政策的需要，仍然具有公法的性质，由此学校与其寄宿学生之间构成的仍然是一种公法上的教育法律关系。而对于有偿服务性的寄宿制学校来说，这种职责表现为一种以代理人的名义，在其代理权限内实施的民事法律行为，与寄宿学生的家长构成了一种以监护代理为内容的民事法律关系。在这一关系中，学生家长是监护人，学校是监护人代理人，而学生则是第三人。学校对未成年学生的这种监护职责来源于学生监护人的授权，监护人将监护职责中适于学校履行的部分委托给学校，同时向学校支付服务费用。

寄宿制学校与寄宿学生家长之间的委托代理关系的成立应有明确的法律形式。寄宿制学校在接收未成年学生寄宿时应当与其家长签订寄宿合同，明确双方在学生安全保护方面的职责。寄宿制学校应当建立健全寄宿学生的安全教育、管理制度，配备专人负责寄宿学生的安全保卫工作。学校应当对学生宿舍实行夜间巡查、值班制度，对女生宿舍应当加强安全管理。民事法律行为的委托代理，可以用书面形式，也可以用口头形式。《民法典》第 165 条规定：“委托代理授权采用书面形式的，授权委托书应当载明代理人的姓名或者名称、代理事项、权限和期限，并由被代理人签名或者盖章。”由于寄宿过程中委托人与受托人之间存在着较复杂的责任，并且经常会导致纠纷，因此应当把委托人和受托人之间的共同意思表示规定为这种关系确立的必要条件，并且用书面形式表示为好。

第三节　学校的安全注意义务

学校对其学生的安全保护是公法规定的义务，《民法典》延续了公法对学校安全保护义务的规定，以教育、管理的内涵表述与公法规定保持了一致，同时在进入法律救济时又把学校的这一义务归结为民法上的注意义务，实现学校安全保护由公法向私法的转换，使“公法保护，私法救济”成为学校安全法律调整机制的重要特征。

一、民法上的注意义务

注意义务源于各国的侵权行为法，是沟通行为人与过失侵权的桥梁，对受害人的救济和公平的实现具有重要的意义。200 年来，随着社会复杂程度的不断提高，注意义务已从契约责任发展成为法定义务，甚至成为侵权法上的首要义务。可以说，没有注意义务，或者未违反注意义务，就谈不上过失行为，更谈不上行为人过失侵权责任的承担问题，因此是侵权法确定过失侵权责任的重要法理基础。

（一）注意义务概述

注意是指人的心理活动指向和集中于某一行为，即谨慎、小心地行为。在社会生活中，由于个人行为会对他人产生或大或小的影响，因此注意就成为处理与他人关系的一种重要行为方式，并逐渐上升到了义务和责任的层面。注意义务存在于特定主体之间，是指一定法律关系中的义务人对另一方权利人的人身、财产安全依法设定的责任。由于其具有简便易行的特征，因此注意义务不仅是过错判定的法律指标或者基准，同时也对行为人行为模式的选择起着重要的规限作用。注意义务要求义务人对因社会接触或社会交往活动而引发的对他人的危险予以合理注意，并采取必要措施防范去除危险，或在危险发生后采取必要的救助措施，以防止损害进一步扩大。不论该注意义务来源于何处，只要它在特定法律关系中对人们的行为具有约束力，它就是行为人采取行动时应当遵循的规范。违反此种规范而给他人造成损害的，就应承担相应的责任。因此，注意义务具有当为性和法律强制性，义务人不得抛弃、转让、不履行此义务，否则即有可能承担法律责任。但并非人们所做的所有不小心行为均会导致该行为人对受害人承担侵权责任，也并非导致他人损害的所有行为都要被责令承担侵权责任。在特定法律关系中并不存在注意义务或者虽然存在行为人却并未违反该义务，就谈不上过错行为，更谈不上过失侵权责任的承担。只有当行为人负有法律上的某项注意义务时，才有可能为给他人造成的损害承担侵权责任。①

（二）注意义务的存在与违反

一般认为，判断侵权责任的关键乃在于行为人在与相对人的特定关系中是否存在注意义务，以及行为人是否违反了该义务。在一起侵权案件的归责中，首先应该明确被告人是否注意到了自己身上的某种义务，此即注意义务的存在。如义务人通过作为或不作为的方式对他人造成权益上的损害，此即注意义务的违反。然而在现实生活中，违反注意义务的方式是多种多样的，不同案件的要害也不尽相同，因此须在客观事实的基础上，认真考虑如何判定注意义务的存在和违反。

为解决对受害人合法利益的保护，同时维护行为人的行为自由，侵权行为法把违反注意义务而对受害人权益造成的侵害确定为行为人承担侵权责任的标准，形成了一整套判断注意义务存在与违反的司法标准。其中注意义务的成立依据主要包括：

（1）依据法律、法规的规定。这是最明确、最容易检索的注意义务发生根据。法律、法规所规定的注意义务最常见于特定行业依法规定的安全操作规程。

（2）依据合同的约定。这是法律实务中很常见的依据。这类由合同规定的注意义务简单明确，无须由法官进行推定或解释。

（3）依据某些职业、业务的要求。这是指特定的职业与特别的业务有可能给社会公众的生命财产安全造成极大的伤害，因此对这些特定的职业与特别的业务就要求有一定

---

① 屈茂辉．论民法上的注意义务［J］．北方法学，2007（1）：22-34.

的注意义务。

（4）依据习惯、常理的一般要求。虽然作为行为准则的习惯和常理不易确定，但以此为依据的义务是客观存在的，如具体环境下行为人的经验、能力、教育程度、身份等因素，对确定其应当履行的注意义务有着重要的作用。

（5）基于先行行为而产生。先行行为是指由于自己的行为而使法律所保护的某种利益处于危险状态，行为人就有了合理预见和采取有效措施来排除这种危险的义务。这种义务的核心就是注意义务，违反该种义务就形成了不作为的侵权行为。

在现实生活中，违反注意义务的方式多种多样，每一类案例的特点也不尽相同，因此必须在客观事实的基础上，认真考虑如何处理注意义务的违反。这意味着违反注意义务的判定不仅应当使行为人的注意程度符合他人的预期，而且应当基于对社会共同体的保护，而不是简单地把所有责任都推到行为人的注意义务上。在判定违反注意义务的事实时，应当基于对社会共同生活的保护，综合考虑多种因素，如法律与政策的规定、损害的可预见性、实际产生的社会影响等，而不能把所有责任简单地推到行为人的注意义务上。在这一过程中，社会生活的一般经验、行为人“合理注意”的适度原则、法律与政策的规定、损害的可预见性以及案件实际产生的社会影响等，都是做出判断时应给予综合考虑的因素。

（三）不同标准的注意义务

注意义务反映了具体社会生活秩序对行为人的法律要求，应有一定的边界，不考虑环境、对象与场合，抽象地讨论注意义务是没有意义的。具体而言，安全注意义务的边界应从对社会共同生活基本秩序的保护出发考虑，既应加强行为人的责任心，又不因注意程度太深而无法注意，从而影响人们的正常行为，以此确立人们对他人行为注意程度的合理预期，使注意义务限定在一个合理的范围内。

在实践中，为反映社会对行为人注意的合理期待，人们按注意程度的不同区分了三个层次的注意。第一级是普通人的注意，这是以普通人在通常情况下能达到的注意为标准的注意，即普通人通常能够注意却没有注意的，为有过失。第二级是与处理自己事务同一标准的注意，即以行为人平日处理自己事务所表现出来的注意为标准。作为一种主观标准，行为人从主观上是否尽到了注意义务是这一标准的关键。如果行为人能证明自己在主观上已尽注意义务，则应认定其无过失；反之，则认定其有过失。第三级是以理性人为标准的注意，这是以某种设定的经验见识和逻辑推理能力为标准的注意。理性人是法律拟制的人，是消灭了容貌、脾气、智力、教育等方面差别的一个一般人模型，因此理性人标准就是一种从大多数人中归纳出来的客观标准。[①] 上述的注意义务以第一级最低，第二级次之，第三级最高。

与这三种不同程度的注意义务相对应，过失可划分为重大过失、一般过失和轻微过失三种类型。重大过失是指违反了第一级注意义务的过失，行为人因疏忽或过于自信不仅没有遵守法律对他较高的注意要求，甚至连一般应该并能够注意的要求都未达到。一

① 晏宗武．论民法上的注意义务［J］．法学杂志，2006（4）：144-147．

般过失是指违反了第二级注意义务的过失，该注意义务较普通人的注意义务要求要高，它要求行为人在行为过程中应尽到与处理自己事务同等的注意义务，但又未违背通常应该并能够注意的一般规则。轻微过失是违反了第三级注意义务的过失，这一注意义务不以行为人的主观意志为标准，而以客观上应该做到的某一程度为标准，是行为人依其特定职业的要求而负担的注意义务，其要求高于前两种注意义务。①

二、学校的安全注意义务

（一）学校安全注意义务概述

学校是一种以培养人才、促进发展为主要目的的社会组织，其实现自身功能的基本形式是开展教育教学活动，促进在校学生身心发展。学校在依法组织各种必要的心智活动和身体活动时，理应给学生提供相应的安全保护措施，因此其所负有的安全注意义务是一种基于先行行为而产生的作为义务，是依据某种特定的关系、场所以及法律的特别规定而成立的对危及学生安全的防止和制止义务。

我国最早规定学校安全保护义务的法律是《未成年人保护法》。该法规定学校、幼儿园、托儿所应当建立安全制度，加强对未成年人的安全教育，采取措施保障未成年人的人身安全。学校、幼儿园、托儿所不得在危及未成年人人身安全、健康的校舍和其他设施、场所中进行教育教学活动。不同时期的法律都肯定了这一立法精神，把学校对学生的安全保护义务定义为教育、管理义务，并进一步具体化为对未成年学生安全的预见和避免义务。我国法律规定的学校、幼儿园及其他教育机构对其学生的以教育、管理为内容的义务，在法律救济中又进一步转化为针对学生安全的注意义务。尤其是中小学校和幼儿园、托儿所等教育机构，由于其所面对的是未成年学生，因此在其活动范围内必须对学生给予特别的关照和注意。这是法律基于保护在教育关系中处于相对弱势地位的未成年学生一方利益而附加于学校之上令其承担的义务。

一般来说，精神与智力正常的成年人具有完全的认识和辨别能力，具备对一般危险的预判和规避能力，因此对安全注意义务人应承担的义务相对较轻；精神与智力不正常的人、年龄较大的成年人与年龄较小的未成年人，由于对危险的敏感度相对较差，有的甚至无法认识到危险发生的可能性，因此，法律要求安全注意义务人承担较重的义务。由于学校对学生的教育、管理义务基于对社会共同生活的保护，有着较高的社会期待，因此学校的注意义务标准应当达到以教育为业的学校和教师应有的职业行为标准。这意味着学校安全注意义务的标准若低于“理性人”的行为标准，甚至低于通常和习惯的行为标准，就不利于加强学校对学生安全保护的责任感，不利于对学生合法权益的保障。学校的安全注意义务是一种基于学校特殊功能要求而产生的注意要求，目的在于降低可能对学生安全造成的威胁，因此有相当广泛的内容。如针对学生的教育、管理行为而产生的安全注意义务；因教育设施、设备维护而产生的安全注意义务；因来自外部不安全

---

① 黄风．罗马私法导论［M］．北京：中国政法大学出版社，2003：432.

因素而产生的安全注意义务；因不可抗力而产生的安全注意义务；因选任、监督教师而产生的安全注意义务；等等。由于学校功能的特殊性，学校对其未成年学生的安全注意义务不仅应当适用一般注意义务的标准，即通常情况下作为普通人所应达到的注意标准，而且应当采用相对客观的“理性人标准”。

然而，由于学校属于非营利机构，因此其与学生的关系不同于经营场所、公共场所的经营者、管理者与不特定社会公众之间的关系，学校对学生的安全注意义务也不同于从事经营活动或具有特定身份的主体所承担的安全保护义务。虽然在过错导致相对人人身损害后，学校和从事经营活动或具有特定身份的主体都要依据侵权责任法接受司法审查，但二者身份不同，因此归责的标准和尺度也就不同。《民法典》第 1 198 条规定：“宾馆、商场、银行、车站、机场、体育场馆、娱乐场所等经营场所、公共场所的经营者、管理者或者群众性活动的组织者，未尽到安全保障义务，造成他人损害的，应当承担侵权责任。”这里所说的经营者、管理者或群众性活动的组织者，虽然也应在法律规定的合理限度内履行义务，但因其经营活动具有营利的性质，所以市场的经济价值、道德标准就是重要的确立依据。其安全保护义务应以“理性人标准”为前提做出判断，对相对人的人身、财产保护和关照应更严格。这意味着获益越多，应承担的安全注意义务则越多、越重。而学校教育机构是非营利机构，从事的是公益性事业，虽然对其承担的安全保护义务也有着较高的要求，但不应附加过高的注意义务。其实让学校承担不合理的安全注意义务，看似有利于防范学生伤害事故的发生，实际上却有可能束缚学校和教师在组织教育教学活动时的积极性和主动性，最终导致损害学生全面发展的结果。因此学校的安全注意义务应与社会各方面的发展水平相适应，以学校所具有的行为能力为限履行保护相对人人身安全的职责，而不能以获利理论来解释学校对其学生的安全注意义务。

（二）学校安全注意义务的内容

在学生伤害事故中，如果损害后果是由学校侵权行为造成的，则这种侵权行为主要是指学校疏于履行安全注意义务，但不同学校由于职能特点的不同，因而所履行的安全注意义务又有所不同。例如，不同学校因所招学生的年龄不同而在民事行为能力方面存在的差异，以及不同主体举办的不同类别学校如公办学校与民办学校、走读制学校与寄宿制学校等，因其法律地位以及管理方式不同而存在的差异，决定着不同学校的安全注意义务在内容上的差异。在具体的学生伤害案件中，不仅要看学校是否存在违反上述法定义务的情形，还应根据学校的具体情况来确定学校是否负有安全注意义务，是否存在过错。如有法定标准的，应严格按照法律法规的规定；如无法定标准的，则应以高于侵权行为法的一般注意义务为判断标准。

一般而言，学校对成年学生所负的安全注意义务相对简单明了，而对未成年学生的安全注意义务则要复杂得多。具体来说，中小学校在其职责范围内应当履行的安全注意义务主要有如下三类：

(1) 防止由于自己的行为致使未成年学生遭受人身损害的义务。所谓“自己的行为”可以表现为作为和不作为两种，与学校、教师职责范围内的义务相关的作为或者不作为都应当确保不会发生危害学生的后果，否则就有可能构成违法行为。其中作为侵权表现为应当预见自己的行为可能会发生危害学生的结果，并且主观上有预见此种行为的可能而没有预见，从而导致危害后果的发生。如学校、教师或者其他工作人员在履行职责过程中违反工作要求、操作规程、职业道德或者其他有关规定的行为等。与此相反，不作为侵权表现为：学校、教师应当采取合理的措施避免发生危害学生的结果，并且主观上有实施此种行为的可能而没有实施，从而导致危害后果的发生；学生有特异体质或者特定疾病，不宜参加某种教育教学活动，学校知道或者应当知道，但未予以必要注意；等等。

（2）防止由于未成年学生自身的行为致使其人身损害的义务。这类伤害事故包括学生之间因玩耍嬉戏、追逐打闹等导致的人身伤害事故，以及因学生之间的故意加害行为导致的人身伤害事故。这类事故首先应当由造成损害的学生的监护人承担责任。学校未尽到教育、管理责任的，如平时未进行宣传教育、发现危险未及时制止，学生中出现暴力行为的苗头而未引起教师足够注意并加以制止等，学校应就自己的过错承担相应责任。

（3）预防、制止第三人侵权行为致使未成年学生人身损害的义务。校外第三人对未成年学生实施侵权行为时，学校作为安全注意义务人，应当在其能够防止或者制止损害的范围内履行相应的安全注意义务。第三人侵权致未成年人遭受人身损害的，首先应当由实施侵权行为的第三人承担赔偿责任。学校未履行防范或者制止义务有过错的，应当承担相应的补充赔偿责任。学校的不作为或作为有过错并不是发生损害事实的真正原因，只是加大了损害结果发生的概率。因此学生的人身损害结果与学校疏于安全注意义务之间的因果关系可分为两类：一类是学生伤害事故案件中，学校的不作为行为或者作为行为与损害结果之间存在必然的因果关系，则此时学校就应承担责任；另一类是学校的不作为行为或者作为行为与损害结果没有因果关系，则此时学校就不承担责任。但是受害人并不需要证明消极不作为行为与损害之间存在因果关系，而只需要证明行为人或者对损害负有赔偿义务的人负有特定的作为义务，或者不履行该义务与损害之发生存在高度的可能性，如果被告履行了自己的作为义务，损害就极有可能被避免。

三、学校安全注意义务的认定

对学校安全注意义务认定的关键在于判断学校和教师是否已尽安全注意义务，一般可从如下几个方面进行事实和价值的判断：

（一）学校是否已尽安全注意义务

判断学校是否履行了安全注意义务，如有法定标准的，应严格按照法律法规的规定；如无法定标准，则应以侵权法上的理性人为判断标准。教育部的《学生伤害事故处理办法》规定了学校未尽注意义务的12种情况，由此造成的学生伤害事故，学校依法承担相应的责任。对于法律、法规未明确规定的安全注意义务，如由于学校与学生家长的特别约定、学校的特别承诺以及习惯和常理等而发生的安全注意义务，在确定学校是否履行了这些安全注意义务时，一般要以“理性人标准”为原则。学校行为是否达到“理性人标准”，需要考量的因素有：学校的行为是否达到了法律、法规规定或教育行政部门及其他政府部门要求的行为标准；是否达到了学校章程、规章制度上规定或合同、招生广告上承诺的行为标准；是否达到了通常情况下对学校要求的一般行为标准；是否达到了学生监护人事先所要求的合理的行为标准；是否与学生的年龄、辨别能力等相适应；学校组织的具有一定危险性的教育教学活动的目的性和必要性及其防范措施是否与该活动的危险性相当。[①] 以上述行为判断为标准，学校应当对自己实施的可能给学生造成损害的行为承担较高的注意义务并采取预防措施，以防止此种损害的发生，否则即有过错。

（二）危险是否具有能预见性

在判断行为人是否尽到安全注意义务时，行为人能否预见自己的行为对他人的危险性是一个重要的条件。对危险的预见性越明显，行为人就越有防止损害发生的条件，其所承担的安全注意义务就越重；反之，损害后果越不可预见，行为人防止损害发生的可能性就越小，其所承担的安全注意义务就越轻。对危险的能预见性是判断行为人履行法定义务的重要尺度，是对行为人所要求的能够感知潜在危险的范围的衡量准则。对危险的能预见性也是判断学校是否疏于安全注意义务的一个重要尺度。根据过错责任的要求，只要学校尽到了合理、谨慎的注意义务，即使发生了损害后果，也不能要求其承担责任，其目的就是引导人们的行为应具有合理性。

关于怎样认定危险的能预见性，理论上有两种标准。主观标准强调从行为人的角度来判定在特定环境下能否认识到危险的存在，是一种以生理学、心理学为前提的衡量标准。而客观标准是指通常所说的一般标准或专业标准，亦即“理性人标准”，是从这些先置的标准出发，判定行为人从客观上能否预见到其行为可能损害他人，因此与行为人的具体认知无关。如果行为人是具有特殊技能的专业人员，那么判断其行为的标准就应当适用涉及专业人士的专业标准。这一标准比一般人的行为标准要高，不仅要达到一般人的谨慎和理性标准，而且还要以达到该行业的行为规范、习惯为标准。特定行业的行为人在符合一般人标准的基础上还应符合该行业的专业行为规范、习惯，才不认为有过失。

（三）可预见的危险是否可以避免

危险的可预见性并非一个孤立的标准。判断安全注意义务人是否有履行安全注意义务的能力，应对其是否同时具备危险的能预见性与危险的可避免性为前提，最终认定其承担的安全注意义务是否在合理限度内。行为人只有在具备安全注意能力的前提下，不发挥或者不充分发挥自己的主观能动性，不履行或者不充分履行自己的安全注意义务，对由此造成的损害结果，才应当承担相应的责任。具体来说，能预见性与可避免性之间的关系会有多种情况：（1）能预见且可避免，如学校校舍、场地、其他公共设施，以及学校提供给学生使用的学具与教育教学和生活设施、设备等应当符合国家规定的标准，排除明显不安全的因素；（2）能预见但不可避免，如学生在对抗性或者具有风险性的体育竞赛活动中发生的意外伤害；（3）不能预见且不可避免，如因地震、雷击、台风、洪水等不可抗的自然因素造成的学生伤害事故等。在上述三种假设的情形中，只有第一种情形同时具备了能预见性和可避免性，因而学校应当承担安全注意义务。而在后两种情

---

① 杨秀朝．试论学校安全注意义务［J］．当代教育论坛，2008（8）：29-31.

形下，如学校的行为并无不当的，则不应承担责任。

换言之，在认定学校的安全注意义务时，必须有合理限度范围，应与学校对危险的能预见性和可避免性相适应，即必须以学校在主观上对于结果发生有安全注意的可能性，并且可能采取适当的措施回避危害结果的发生为前提。只有在学校具备安全注意能力的前提下，不发挥或者不充分发挥自己的主观能动性，不履行或者没有充分履行自己的安全注意义务，由此造成学生人身伤害后果的，才应承担相应的责任。

（四）义务人与受害人身份的特定性

由于人们一般不可能对专业权威和专业机构提出质疑，因此专业权威和专业机构应当承担比非专业人员和机构更多、更重的安全注意义务。因此，一方面学校没有尽其专业职责致学生伤害，如违反有关规定，组织或者安排未成年学生从事不适宜未成年人参加的劳动、体育运动或者其他活动，或者在履行职责过程中违反工作要求、操作规程、职业道德或者其他有关规定，造成学生损害事实的，应当承担与其身份相应的、较重的责任。但另一方面，在判断安全注意义务人所承担义务的合理限度时，也应当从履行安全注意义务人是否获益、获益多少以及安全注意义务人的专业程度等方面进行综合判断，以此区分不同安全保障义务人的不同行为限度。经营活动主体获益越多，承担的风险也应越高，为此应当比非经营者承担更多、更重的安全保护义务。而学校则是从事教育教学活动的非营利机构，因此与经营活动主体在承担责任方面的标准不同。尤其是中小学校，这是一类不以营利为目的的公益性机构，因此其所承担的安全保护义务应当与其他社会组织，特别是经营活动主体有所区别，而与当前社会的经济发展水平相适应，否则就有可能影响学校功能的发挥和教育公益性的实现。

对安全注意义务的合理限度做出客观、公正的判断，不仅应根据安全注意义务人的身份，而且还应根据受这一义务保护的不同对象。具体来说，学校的安全注意行为是否合理，还与受安全注意义务保护的对象学生有关。不同学校的学生有不同年龄标准，与具有完全认识能力和辨别能力的成年人相比，未成年人由于无法认识或无法全部认识可能危及自身的危险，因此中小学校对其未成年学生要承担较重的安全注意义务。然而不同类型的学校由于其学生的不同情况，所承担的安全注意义务又因义务对象年龄的不同而不同，确认学校是否尽到安全注意义务时，不应一概而论，而应针对学生年龄、认知能力和法律行为能力的不同，采用相应的内容和预防措施。与此同时，不同受教育阶段的学生应当根据自身的年龄、认知能力和法律行为能力，遵守学校的规章制度和纪律，避免和消除相应的危险。这意味着法律是根据不同年龄未成年学生的实际情况为基础来规定学校应达到的安全注意标准的。

第十二章

学生伤害事故的归责

第一节　学校侵权行为与侵权责任

一、学校侵权行为

（一）侵权行为概说

一般来说，侵权行为是由于过错侵害人身、财产和其他合法权益，依法应承担民事责任的违法行为，以及依照法律特殊规定应当承担民事责任的其他侵害行为。以所侵犯权利的内容为标准，侵权行为主要包括侵害人身的侵权行为、侵害人格利益的侵权行为、侵害身份权的侵权行为、侵害财产权的侵权行为、侵害知识产权的侵权行为等五种行为类型。在特殊规定下，某些行为无过错也会构成侵权行为。具体到学校安全保护问题，则所谓的侵权行为可以理解为学校在实施教育教学活动时发生过错造成学生损害的行为。由于现行法律中并没有关于学生伤害事故的无过错责任特别规定，因此学校在学生伤害事故的归责中不存在因无过错行为而须承担责任的情形。

另外，按构成要件、法律适用、归责原则的不同，侵权行为也可划分为一般侵权行为和特殊侵权行为两类。一般侵权行为是指行为人基于主观过错实施的，应适用侵权责任一般构成要件和一般责任条款的致人损害的行为。而特殊侵权行为则是指由法律直接规定，在侵权责任的主体、主观构成要件、举证责任的分配等方面的构成要件不同于一般侵权行为，应适用民法特别责任条款的致人损害的行为。二者主要区别在于：一是构成要件不同。一般侵权必须同时具备过错、加害行为、加害行为与损害后果之间的因果关系，而特殊侵权不需要以过错为要件或者法律直接推定侵权人存在过错由其证明自己不存在过错。二是是否以法律的特别规定为前提。一般侵权不需要法律进行单独特别规定，而特殊侵权必须以法律单独特别规定为前提。三是适用的归责原则不同。一般侵权适用过错责任原则。特殊侵权适用无过错责任原则或推定过错责任原则。按照《民法典》第 1 199 条和 1 200 条的规定，学校对限制民事行为能力学生造成损害的，其行为属于一般侵权，适用过错责任原则归责；对无民事行为能力学生造成损害的，其行为属于特殊侵权，适用推定过错原则归责。两类学生伤害事故的归责原则是不同的。

（二）一般侵权行为的构成要件

行为人实施了某种致人损害的行为后，在侵害人与受害人之间就产生了特定的民事权利义务关系，但是否构成侵权则须有一定的条件。仅有行为人主观方面的因素（故意或过失），或者仅有客观方面的因素（社会危害性），其行为都不足以构成侵权。一般侵权行为的构成要件是指在一般情况下，构成侵权行为所必须具备的因素。只有同时具备这些因素，侵权行为才能成立，行为人才会承担侵权责任。这些要件即违法行为、损害事实、因果关系和过错。

1. 行为有违法性

所谓行为的违法性是指行为人实施的行为违反了法律的禁止性规定或强制性规定。违法行为的认定取决于如下因素：一是须证明行为人的民事行为能力，确认其是否具有责任能力；二是须证明行为人行为的性质，是作为还是不作为；三是证明行为的具体方式，实施行为的前后经过；四是证明行为人的行为是否违法，违反什么法律规定等。如学校违反有关规定，组织或者安排未成年学生从事未成年人不宜参加的体力劳动、体育运动或者其他活动，造成损害事实。反之，行为人违反法律规定的作为义务而不履行，即构成不作为的违法行为。如学校知道某教职员工患有不适宜担任教育教学工作的疾病，但未采取必要措施，从而造成学生损害。

一般而言，产生了损害后果的行为大都是违法的，但不排除虽造成他人人身、财产损害，但并不违法的情况，这时即使产生了损害事实，行为人也不应承担赔偿责任，如正确执行职务的行为、正当防卫行为、紧急避险行为等。

2. 损害事实真实存在

损害事实是侵权行为造成的一种后果，这一后果具有对受害人不利的属性，具体可以表现为受害人死亡、身体受伤，以及由此导致的社会评价降低、精神痛苦、疼痛等。对损害事实应判断是否真实存在，受害人应证明损害事实发生的时间、地点、损害的客体、损害的对象、损害的结果、损害性质和损失范围的真实存在。侵害物质性人格权的，还要证明身体伤害的程度，是否丧失劳动能力，是否造成死亡结果；证明由此造成的财产损失数额；等等。除了人身损害，损害事实还包括各种形式的财产损失。

在学生伤害事故中，学校侵权行为的侵害事实是学生的人身损害，包括对生命、健康等的损害。对人身的损害往往也会生成一定的财产损失，如受害人因身体、健康受到侵害而付出的治疗、住院费用等。学生伤害事故中的损害事实必须是由学校行为造成，并且能够用标准加以衡量。

3. 违法行为与损害事实之间具有因果关系

在民事法律中，当事人的违法行为与损害后果之间是否构成必然的因果关系是承担民事责任的重要依据。侵权行为中的因果关系一般表现为：违法行为为因，损害事实为果，二者之间存在着前因引起后果的客观联系。只有当二者之间存在着这样的因果关系时，行为人才应承担相应的侵权责任。证明行为与损害之间因果关系的方法主要包括：对客观事实的证明，如证人、证言；采用科学技术进行鉴定；进行合乎常理的推论。

然而在实践中，由于损害事实的复杂多变，行为与损害之间的因果关系并非一目了然。比如造成某一损害后果的原因可能是一个，也可能是多个。又如在多个原因中依据原因对损害后果作用的大小和程度又可区分出主要原因和次要原因，由此决定各个原因行为应予承担的责任范围与大小。此外，根据原因行为是否与损害结果之间存在联系还可以区分出直接原因和间接原因。直接原因直接产生损害结果，与结果具有必然联系，间接原因一般只是损害发生的偶然性条件，并不必然产生损害后果。因此作为直接原因的行为的行为人应承担相应的侵权责任，而作为间接原因的行为的行为人须根据其在侵害结果中的作用划定其应当承担的责任范围，而非全部责任。

4. 主观上有过错

过错是决定侵权责任构成的最终要件，作为构成民事侵权的主观要件，其所反映的是行为人实施侵权行为的心理状态。过错有故意和过失两种类型，其中：故意是指行为人预见到自己行为的结果，仍希望或者放任结果发生的心态；而过失则是指行为人应该或者能够预见到自己的行为可能发生危害社会的结果，因疏忽大意而未预见，或者已经预见却存有某种侥幸心理，因而轻信可以避免的一种心态。行为人的过错主要通过行为人在实施违法行为时对行为后果的主观态度来证明。证明故意，应当证明行为人行为的动机、目的，或者证明行为人对行为后果已经预见并希望或听任这种结果发生的主观心理活动；证明过失，首先应当证明行为人是否对受害人权利的损害有注意义务，负有何种程度的义务，该注意义务没有尽到的客观事实。

一般来说，民事侵权赔偿的范围由损害的结果决定，不会因其过错轻重而影响其赔偿，因此民事侵权上的这一过错划分不会影响民事法律的后果，与刑法上的故意和过失所引起的刑法后果不同。刑法意义上的故意犯罪应当负刑事责任，而过失犯罪则须有法律规定才负刑事责任，且相对故意而言责任较轻，以此表明法律对故意犯罪行为的强烈否定。

二、学校侵权责任

责任一词有两个含义，一是指行为人对某项工作应该承担的职责，二是指行为人违反法律规定而应该承担的法律后果。侵权责任取第二种含义，即行为人由于违法行为、违约行为或者由于法律规定而应承受的某种不利的法律后果。此处采用责任的第二种含义。

（一）侵权责任概述

侵权责任作为任何人都须对他人承担的一种义务，其法律特征表现为：

（1）侵权责任是民事主体由于违反民事义务而应承担的法律规定的后果。民事义务有法定义务和约定义务之别。法定义务是通过法律的强制性规范、禁止性规范设定的义务，对所有人都具有普遍的适用性，违反此种义务，即构成侵权责任。而约定义务则是特定当事人之间通过协商设定的某种义务，违反约定义务，即构成违约责任。

(2) 侵权责任产生的前提是侵权行为，没有侵权行为则不存在侵权责任的承担，因此侵权责任是行为人实施侵权行为而产生的法律后果。但是一般侵权行为的归责主要适用一般构成要件和一般责任条款，而特殊侵权行为在侵权责任的主体、构成要件、举证责任分配等方面都与前者不同，应适用民法有关致人损害的特别责任条款。

(3) 侵权责任的形式具有多样性，侵权责任的行为人或责任人除了要承担赔偿损失、返还财产等财产责任外，在很多情况下，还可能同时承担停止侵害、恢复原状、消除影响、赔礼道歉、停止毁誉等非财产形式的责任。

（二）学校侵权责任是由于违反了法定义务所产生的法律后果

学生伤害事故中的学校侵权责任具有民事责任的一般特点，同时又有着自身的特点。根据责任发生根据的不同，民事责任违反的义务可分为法定义务、约定义务等不同类型。其中法定义务是指因侵犯他人的财产权益与人身权益而产生的义务，是一种由法律的禁止性规范和强制性规范所设定的义务。学校在实施教育教学活动中承担的主要是法定义务而不是约定义务。学校如果违反法定义务侵害了学生的人身权利，造成损害事实，依法应当承担侵权法律责任。如按照法律规定，中小学校应当建立健全安全制度，采取相应的管理措施，预防和消除教育教学环境中存在的安全隐患，保障学生的人身安全；当发生学生伤害事故时，应当及时采取措施，对受伤害学生进行救助等。这是法律要求学校承担的一般性义务。学校违反法律规定的这些义务，造成学生人身损害的，应当承担相应的侵权责任。合同义务是指违反合同约定的义务而应当承担的违约责任。虽然法律规定监护人可以将监护职责部分或全部委托给他人，但学校与未成年学生监护人的关系一般不应归为委托监护关系，不过在某些特殊情况下二者也有可能构成某种委托监护关系。如民办学校在未成年学生寄宿于学校期间，除了与学生构成安全保护关系外，还与其监护人构成了委托监护关系，因过失而侵权，导致学生受到损害的，应负相应责任。

（三）学校侵权责任是以侵权行为为前提的责任

侵权责任是法律责任，不是道义责任；是民事法律责任，不是刑事、行政责任。它是因行为人的侵权行为而产生的法律后果。侵权责任是为保护遭受侵权行为侵害的人身、财产权利而设定的法律调节原则，因此是以侵权行为为前提的责任。教育部《学生伤害事故处理办法》列举了 12 种学校的侵权行为，这些侵权行为都是在学校的教育管理范围之内，如果学校按照要求确实履行了职责，那么学生伤害事故本可以避免。但学校没有尽到安全注意义务，导致损害事实发生，表明其行为有过失，应当承担相应的侵权责任。上述侵权行为大致可以归结为三种类型：第一类是以行为人自己的行为侵害学生人身权，是一种直接侵权行为，所承担的是直接责任。如学校对体育场地、设施、实验室仪器设备、校舍、图书馆等管理不当或未加以维修、加固而造成学生人身受到损害的侵权行为等，就属此类行为。第二类是中小学校的未成年学生对其他学生所实施的伤害行为，学校在其中的身份是间接侵权人，如有过错，所承担的是一种间接责任。造成他人损害的未成年人的监护人则是特殊的非侵权人，即使其未实施直接侵权或间接违反任何义务，出于加强对被侵权人保护的目的，也把其列为承担侵权责任的特殊主体。第三类是校外第三人进入学校侵害学生，造成损害事实，学校在管理上如有过错，承担的是补充责任。

总之，在确认学校是否已尽教育管理职责时，不应一概而论，而应当根据学校行为是否有过错，以及过错与事故后果之间的因果关系做出判断。同时应当针对不同年龄阶段的学生，根据其知识、智力状况来判定学校对其应尽的职责，并进一步认定学校是否需要承担责任。

第二节　学校侵权的责任归结

法律责任的归结又称归责，是指由特定国家机关或者国家授权的机关依法对行为人的法律责任进行判断和确认。归责是确定侵权行为人侵权损害赔偿责任的一般程序，是损害事实发生后，确定侵权行为人对自己行为所造成的损害是否需要承担责任以及以何种方式承担民事赔偿责任的责任归属判定过程。

一、学校侵权的过错责任原则适用

在发生一起学生伤害事故后，学校应否承担责任，以及依据何种根据和标准确定学校的侵权民事责任，这涉及侵权责任的归责原则及其在学生伤害事故中的适用问题。由于不同的归责原则直接影响到侵权责任的归属和双方当事人的利益，因此必须由法律加以规定。从世界主要国家的立法看，过错是学校承担侵权责任的主要依据，由此存在着过错责任原则和推定过错责任原则两种不同的立法惯例。我国法律也明确把过错规定为侵权责任的价值判断标准，学校承担侵权责任是依据过错确定的。

（一）过错责任原则概述

过错责任原则以行为人主观上的过错为认定、承担责任的基本条件，是现代侵权法之基本归责原则。《民法典》第 1 165 条规定：“行为人因过错侵害他人民事权益造成损害的，应当承担侵权责任。”这表明，过错是侵害他人民事权益造成损害而应当承担侵权责任的行为，是当事人通过其实施的侵权行为所表现出来的心理状态。法律将过错依程度不同区分为故意与过失两种情况，其中故意是指行为人明知自己的行为会发生危害社会的结果，但仍希望或者放任这种结果发生的一种主观心理状态；而过失则是指行为人应当预见到自己的行为有可能发生危害社会的结果，因为疏忽大意而未预见，或者虽已预见，却存有某种侥幸，轻信能够避免的一种心理状态。过错的构成要件主要有损害事实的客观存在、过错的违法性、过错与损害结果之间存在因果关系以及行为人有过错。

行为人具有过错才可能承担侵权责任，行为人的过错与其所承担的责任之间存在着一种正相关，行为人可能因过错重大而导致责任的加重，也可能因过错轻微而导致责任减轻。在侵权民事责任的归责中，都要对过错类型及程度进行具体区分，以此确定行为人责任的责任形式、责任范围及责任轻重和大小。在责任轻重的过错等级上，一般分为故意、重大过失和一般过失。故意为最重的过错，行为人应承担的侵权责任最重。重大过失为中等的过错，行为人应承担的责任轻于故意、重于一般过失。一般过失是最轻的过失，行为人承担较轻的责任份额，低于重大过失的责任份额。法律对故意而为的侵权行为规定，除了弥补受害人损失之外，还对其行为予以一定的民事惩罚，即在承担了赔偿义务之后，还要承担一定的附加义务。其目的在于表明法律对这种故意侵权行为的强烈否定，从而对行为人及其他人产生警诫和预防的效果。

过错责任原则是我国法律规定的侵权法的基本归责原则，只要是法律没有做出特别规定的侵权行为，都应适用过错责任原则。过错责任原则又可分为一般过错责任原则和推定过错责任原则。前者要求受害人举证证明加害人有过错以及过错行为与损害结果之间有因果关系。后者要求加害人举证证明自身没有过错以及自身的行为与损害结果之间不存在因果关系，否则推定加害人有过错。

（二）学校一般侵权的过错责任原则适用

对学生伤害事故采取过错责任原则归责的国家包括英美法系国家和大陆法系的部分国家，依据这一原则，学生伤害事故中的学校责任属于过错责任。我国《民法典》也规定，学校对限制民事行为能力学生造成损害的，适用过错责任原则归责。法院在审理此类案件时，按照“谁主张，谁举证”的规则，由提出诉讼的原告方承担举证责任。受害学生作为原告要证明的事实主要包括构成学校民事侵权行为的基本要件。只有证明学校未尽注意义务，引起侵权损害时，方能要求学校承担责任，否则学校即可免责。

发生于学校的学生伤害事故，过错责任是最常用、最基本的归责原则。学校既应对自己过失导致的损害负责，又不应赔偿与自己不相干的损害后果。在学生伤害事故的归责中，学校因过错侵害了学生的身体权、健康权、生命权，如果属于故意，责任就大；如果属于过失，责任就相对较小。当法律要求学校负有较高标准的注意义务，而学校非但没有履行这种较高标准的注意义务，而且连较低标准的注意义务也未履行时，即为重大过失。而确定一般过失的标准则是，负有较高标准注意义务的学校虽然未尽此义务，但并未违反普通人应尽的注意义务。

（三）学校特殊侵权的推定过错责任原则适用

推定过错原则是过错责任原则的一种特殊表现形式，以推定的未尽注意责任为其特征。采取这一立法例的大陆法系国家在适用推定过错责任归责的侵权诉讼中，在过错责任的前提下，受害人不承担举证责任，只需证明行为人实施了加害行为，造成了损害后果，即可推定其主观上有过错，要求其承担相应的责任。由此举证责任发生倒置，由行为人承担举证责任，对自己的主张提出证据，证明其并未松懈注意或纵然加以相当的注意也难免发生损害者，方可免责。

在侵权诉讼案件中，推定过错责任原则的意义在于改变诉讼双方所处的诉讼地位，加重行为人的责任，保护受害人的合法权益。因为在学生伤害事故的诉讼中，如果完全由无民事行为能力的受害学生来承担举证责任，判断行为人在主观上是否有过错，事实上存在较大的困难，在某些情况下甚至无法举证，导致法律救济难以实现。为减轻受害人的负担，我国《民法典》依据民事行为能力的不同，对学生伤害事故归责中的举证责任做了分配，对限制民事行为能力人适用过错责任原则，由原告举证；对无民事行为能力人则适用推定过错责任原则，由被告举证。如此规定的合理性在于，通过推定的过错判断标准来调整举证责任，有利于对无民事行为能力人的利益保护。因为学校对发生在学校的事件的举证能力要远胜于无民事行为能力的受害学生，规定推定过错责任使受害学生不必举证学校的过错，而是从损害事实本身推定学校的过错，并据此确定学校的侵权责任。如此规定符合社会正义的要求，同时也有利于督促学校加强对学生人身安全的保护。

在推定过错的情况下，由于行为人的过错是被推定的，具有一定的不确定性，因此很难确定其过错的程度，所以在适用推定过错原则时，过错程度对责任的轻重大小影响不大。

（四）学校补充责任的适用

补充责任的设计遵循有损害必有救济的理念，因此在要件构成上，把第三人的侵权行为规定为损害事实发生的直接原因，将安全注意义务人对侵权发生未尽合理义务的行为作为赔偿侵权成立的条件，赔偿责任经二者竞合后产生。对第三人侵权导致损害结果发生的，由实施侵权行为的第三人承担赔偿责任；安全注意义务人有过错的，应当在其能够防止或者制止损害的范围内承担相应的补充赔偿责任。补充责任的要件构成表明，补充责任虽属过错责任，但与同为过错责任的直接责任不同，第三人才是主责任人，对损害的发生具有全部原因力。在学校发生的第三人侵权案件中，首先应由第三人承担侵权责任。而学校并非主责任人，其未尽安全注意义务的不作为行为与损害后果的发生没有必然的联系，仅仅是间接原因。那种认为受害人不能赔偿的部分应由安全注意义务人全额赔偿、视补充责任为全部责任的说法，是没有法律依据的。在第三人的财产不能或不足以承担其应负的民事责任时，学校才应当承担补充赔偿责任。

补充赔偿责任是一种有限度的责任，表现在安全注意义务人有过错的，应当在其能够防止或者制止损害的范围内承担相应的补充赔偿责任，即学校所承担的补充赔偿责任的范围应当与其尽到职责范围内教育、管理、保护义务能够防止或者制止损害的范围相一致。学校作为补充责任人虽然不是实际的侵害人，但按照最终原则，如果主责任人对受害人承担了全部赔偿责任，补充赔偿责任人的赔偿责任就最终消灭；反之，如果侵权人不能赔偿，或不能全部赔偿，则受害人可以请求补充赔偿责任人承担补充赔偿责任。学校承担补充责任后可以向第三人追偿。

《民法典》第 1 201 条规定了未成年学生在校内受到第三人侵权时的责任分担："无民事行为能力人或者限制民事行为能力人在幼儿园、学校或者其他教育机构学习、生活期间，受到幼儿园、学校或者其他教育机构以外的第三人人身损害的，由第三人承担侵权责任；幼儿园、学校或者其他教育机构未尽到管理职责的，承担相应的补充责任。幼儿园、学校或者其他教育机构承担补充责任后，可以向第三人追偿。"这是有关学校补充责任的规定，它是指在主责任人不能或不足以承担赔偿责任的情况下，负补充责任的人应当承担的一种补充赔偿责任。补充责任属于多个责任主体的民事责任承担方式，在多个责任人中存在主责任人和补充责任人的区分。补充责任中的债务是由主责任人产生的，因此应先由主责任人独立承担责任，在主责任人的财产不能或不足以承担应负的责任时，补充责任人对不足部分进行补充性清偿。

学校的补充责任产生于第三人过错。第三人过错是指除原告和被告之外的第三人对原告损害的发生和扩大所具有的过错。第三人过错既不同于普通过错，也不同于混合过错和共同过错。第三人过错的特殊性主要表现在：一是第三人不属于被告或原告一方。在第三人有过错的情况下，第三人或者与被告共同引起损害的发生，或者单独构成侵权。在这些案件中，第三人均应作为被告向原告负赔偿责任。然而第三人虽有过错，但原告没有向其提出请求或对其提起诉讼，而仅对学校被告提起诉讼并要求其承担责任，这时学校被告应就第三人对损害的发生有过错提出举证，以求被免责或减轻责任。二是第三人和被告之间不存在共同的故意和共同过失。如果第三人和被告之间具有共同的意思联络，或者被告对第三人的行为能够预见，从而使他们之间具有共同过失，则第三人的行为就和被告的行为一起构成一个整体，他们将作为共同侵权人而对受害人负连带责任。而在此种情况下，作为免责和减轻责任根据的第三人过错也就不存在了。三是第三人过错是减轻或免除被告的责任的根据。第三人对受害人的损害的发生有过错，或对损害的扩大有过错，都构成损害发生的原因。学校被告如果就第三人有过错的举证能够成立，其法律效果即是导致自身责任的减轻或免除，或由第三人向原告负赔偿责任，或允许被告在赔偿后向第三人追偿。在具体的诉讼中，行为人如果成为被告，而他确实又没有过错，此时他必须举证第三人有过错，否则他将可能因此而承担责任。

二、学校侵权归责的举证责任

举证责任是民事诉讼证据制度的核心，即当事人应当对自己主张的事实加以证明，当案件事实在诉讼中真伪不明时，由负有举证责任的一方承担败诉后果。民事案件的举证责任有当事人举证责任、人民法院举证责任和举证责任倒置等不同类型，主要是根据证明对象由双方当事人分担。一般来说，原告对自己提出的诉讼以及有关事实负举证责任，此即“谁主张，谁举证”原则；被告反驳原告的诉讼请求、提出反诉时应举证加以证明；第三人在提出自己的主张或请求时，也应承担举证责任。当事人因客观原因不能自行收集的证据，或者人民法院认为应由自己进行收集的所需证据，也会由人民法院调查收集。

民事侵权的举证责任是与归责原则联系在一起的，过错责任原则和推定过错责任原则二者的最大不同就在于举证责任的不同。在适用“谁主张，谁举证”这一原则的前提下，法律直接规定了对某些侵权行为实行举证责任倒置，即本应由原告承担的举证责任，转为由被告来承担，这是对“谁主张，谁举证”原则的例外和补充。具体来说，以限制民事行为能力人为受害人的学生伤害事故属于一般侵权，依法适用过错责任原则处理侵权案件，一般应由受害人就行为人的过错举证。但是以无民事行为能力人为受害人的学生伤害事故属于特殊侵权，适用推定过错责任原则，实行举证责任倒置，即：举证责任转移给了行为人，受害人无须就行为人的过错负举证责任；行为人须证明自己无过错，如果证明不能，则为有过错。举证责任倒置不能随意适用，一般出现在侵权纠纷中，并且在适用举证责任倒置时，须有《民法典》等相关法律做出规定。适用举证责任倒置的情形主要包括法律规定实行推定过错的侵权诉讼，实行因果关系推定的侵权诉讼和难以收集证据、难以举证的诉讼。

学校对学生履行教育、管理职责。为防止学生伤害事故的发生，依据现行法律、法规的规定，学校应积极采取措施，履行安全保障义务，预防学生伤害事故的发生。学校必须充分领会法律规定，认真理解无民事行为能力人、限制民事行为能力人在人身伤害事故中的不同归责原则和举证责任，据此制定完善的管理制度，维护学校安全的常态化管理。除此之外，学校在处理学生伤害事故时，应树立程序和证据意识，如果只重实体而轻程序，就会导致责任认定困难。由于学生在校内受到损害时，学校通常须承担较多的举证责任，须证明自己已履行教育、管理职责，因此加强程序和证据意识对学校管理和处理学生伤害事故具有至关重要的作用。在日常的学校管理中，发生事故后，学校应及时收集相关证据，如造成损害的物品、师生证言等，防止证据的灭失，提高应对学生伤害事故的能力。

三、学校侵权责任的承担方式

《民法典》第 1 167 条规定，侵权行为危及他人人身、财产安全的，被侵权人有权请求侵权人承担停止侵害、排除妨碍、消除危险等侵权责任。这表明，虽然民事侵权责任的主要形式是财产责任，但为充分保护公民、法人的人身权利，当行为人侵害他人的人身权以后，法律也规定了非财产的责任形式，如赔礼道歉、恢复名誉、消除影响等。承担民事责任的方式，可以单独适用，也可以合并适用。

（一）学校侵权责任的损害赔偿方式

侵权责任是公民、法人由于过错侵害国家、集体的财产或者侵害他人的人身、财产而应该承担的一种民事责任。对受害人的法律保护以损害赔偿而非惩罚性赔偿为基本方法，这是因为若以同态复仇的方法对所受侵害进行保护，则其不仅是野蛮的、不道德的，而且也是无益的。此外，由于人身伤害一般无法用金钱计算其价值，也无法用其他方法补偿人身伤害，只能采取财产赔偿的方式进行救济，因此损害赔偿就是救济人身权侵害的基本方法。

民事侵权的损害赔偿，是指加害人因侵权行为造成他人人身或财产损害，依法应当承担的以给付金钱或实物补偿受害人所受损害的民事责任。损害赔偿是最主要的侵权责任承担方式，一般应遵循如下两个原则：一是全部赔偿原则，即侵权行为人承担赔偿责任的大小，应当以行为所造成的实际财产损失的大小为依据，对全部损失予以赔偿。换言之，即赔偿以所造成的实际损害为限，损失多少，赔偿多少。但与此同时，要受损益相抵、过失相抵规则的限制。二是财产赔偿原则，即侵权行为无论是造成人身损害、财产损害，还是精神损害，均以财产赔偿作为唯一的赔偿方法，而不能以其他方法为之。

民事侵权责任除了损害赔偿外，其他非财产的责任承担方式还有停止侵害、排除妨碍、消除危险、返还财产、恢复原状、消除影响，恢复名誉等。其中停止侵害是指侵害人终止其正在进行或者延续的损害他人合法权益的行为；排除妨碍是指侵害人排除由其行为引起的妨碍他人权利正常行使和利益实现的客观事实状态；消除危险是指侵害人消除由其行为或者物件引起的现实存在的某种有可能对他人合法权益造成损害的紧急事实状态；返还财产是指侵害人将其非法占有或者获得的财产移转给所有人或者权利人；恢复原状是指使受害人的财产恢复到受侵害之前的状态；消除影响是指加害人在其不良影响所及范围内消除对受害人不利后果的民事责任，针对的是侵害人格权如隐私权、肖像权的民事责任；恢复名誉是指加害人在其侵害后果所及范围内使受害人的名誉恢复到未曾受损害的状态，专属于侵害名誉权的民事责任。

学生人身伤害事故由于危及学生的身体、健康和生命，因此在侵害学生的人身权、健康权和生命权的同时，还可能侵害学生的肖像权、名誉权、人身自由权、隐私权、贞操权等，或者由此导致学生自杀、自伤、离家出走、离校出走等。教育部《学生伤害事故处理办法》规定了学生伤害事故处理中学校应当承担的侵权责任。这些责任都是由于学校过错而产生，属于学校教育管理职责范围。如果学校确实履行了安全保护职责，那么这些事故本可避免，或者减少损害，正是学校的侵权行为导致学生损害的发生或加重，因此学校应当承担与学生所受损害程度相应的侵权责任。

学校侵权行为造成的学生损害后果虽然不是财产损失或者不是直接的财产损失，而是表现为身体的和人格利益的损害，但是这些损害事实也会间接表现为财产的损失，如学生受伤后所支出的医疗费用，或者学生因人格利益受损为恢复权利而支出的费用等。对于这些表现为财产形式的费用，学校应予赔偿。

（二）人身损害赔偿的范围和标准

学生伤害事故处理和救济的及时与否直接涉及受害人利益的实现问题。规定学生伤害事故发生后的紧急处理程序，体现及时性，有利于减少人员伤亡和财产损失，并防止事故扩大。民法对学生伤害事故救济的规定，从责任认定的角度明确了责任的承担主体，有利于追究负有事故责任的单位和个人的法律责任，从而真正实现对受到伤害的学生的救济。

在《民法典》之前，《最高人民法院关于审理人身损害赔偿案件适用法律若干问题的解释》就已规定了“营养费、住院伙食补助费”的计算标准，《民法典》第 1 179 条在人身损害赔偿费用的规定中纳入了上述司法解释中的“营养费、住院伙食补助费”。按照这一规定，可以合法主张的费用有医疗费、护理费、交通费、营养费、住院伙食补助费等为治疗和康复支出的合理费用。

按照原来《侵权责任法》的规定，侵害他人人身权益造成财产损失的，先按照所受的损失进行赔偿，所受损伤难以确定的，按照侵权人获得的利益进行赔偿。如此规定造成的一种情况即被侵权人能举证的所受损失小于侵权人所获利益时，被侵权人的权益无法得到完全保障，侵权人也得不到应有惩罚，有可能使得侵权人更加肆无忌惮。为此，